Für
Margret Eleanor Forman
(selber Historikerin)
in Dankbarkeit für ihre Liebe, ihre Unterstützung
und ihre Gebete in mehr als 50 Jahren

Inhalt

Inhalt

Inhalt

Inhalt

Vorwort zur deutschen Ausgabe

Mit der deutschen Ausgabe der Kommentarreihe von N.T. Wright zum gesamten Neuen Testament verbinden sich einige Hoffnungen.

Die erste Hoffnung ist eine schlichte, aber nicht unwichtige: dass Wrights Übersetzung und Auslegung vielen Menschen helfen möge, das Neue Testament besser zu verstehen. Der Kommentar bietet dazu geschichtliche Erläuterungen und Impulse für das Leben hier und heute – kurzweilig erzählt sowie mit Bildern und Geschichten aufgelockert.

Die zweite Hoffnung lautet, dass sich durch die Lektüre die Sicht dafür weiten möge, was das Neue Testament zu sagen hat. N.T. Wright ist ein Mann für die großen Linien und Zusammenhänge der gesamten Bibel. Also werden auch die alttestamentlichen Bezüge des Neuen Testaments gebührend beachtet. Wrights Kommentar zu lesen heißt, sich herausfordern zu lassen, die Bibel als gewaltiges, atemberaubendes Drama zu lesen. Dieses Drama umspannt die Geschichte Gottes mit der Welt von der Schöpfung bis zur Neuschöpfung des Kosmos. Jesus ist darin der Dreh- und Angelpunkt.

Die dritte und größte Hoffnung lautet, dass diese Kommentarreihe dazu dienen möge, dass viele Menschen die Stimme Gottes im Neuen Testament hören. Die Bibel kompetent zu lesen und zu verstehen ist das eine. Sich von dem Drama anstecken zu lassen und selber eine Rolle darin zu spielen, ist das andere. Erst wenn beides geschieht, wird der Gott, der hier präsentiert wird, wirklich ernst genommen.

Das Neue Testament präsentiert diesen Gott schließlich nicht als nette Idee oder Wunschvorstellung, die vielleicht tröstlich, aber nur eine schöne Illusion ist. Dieser Gott wird als die letzte umfassende Wirklichkeit und Jesus von Nazareth als reale geschichtliche Person und lebendiger Herr der Welt präsentiert. Darin steckt Sprengstoff, den es wieder neu zu entdecken und im Geist der Liebe auszuleben gilt.

Rainer Behrens, Herausgeber

Einleitung

Als jemand zum allerersten Mal den Menschen öffentlich von Jesus erzählte, machte er eines ganz klar: Diese Botschaft ist für alle Menschen, und sie ist aktuell, sie ist jeweils *für heute*.

Das war ein großer Tag – manchmal wird er der Geburtstag der Kirche genannt. Der stürmische Wind des Geistes Gottes hatte die Nachfolger Jesu durchgepustet und sie mit einer neuen Freude erfüllt, mit einem Gefühl für Gottes Gegenwart und Kraft. Petrus, ihr Anführer, hatte nur ein paar Wochen vorher wie ein kleines Kind geweint, weil er gelogen, geflucht und geleugnet hatte, Jesus überhaupt zu kennen. Nun war er selbst überrascht, dass er vor einer riesigen Menschenmenge stand und den Leuten erklärte, dass etwas geschehen war, das die Welt für immer verändert hatte. Was Gott für ihn, Petrus, getan hatte, begann er nun für die ganze Welt zu tun: Neues Leben, Vergebung, neue Hoffnung und Kraft blühten auf wie eine Frühlingsblume nach einem langen Winter. Ein neues Zeitalter hatte begonnen. Der lebendige Gott war nun dabei, neue Dinge in der Welt zu tun – und er fing damals an Ort und Stelle mit den einzelnen Menschen an, die Petrus zuhörten. „Diese Verheißung ist für *euch*", sagte er, „und für eure Kinder und für alle, die weit weg sind" (Apostelgeschichte 2,39). Die Botschaft war nicht nur für die Person neben Ihnen. Die Botschaft war für alle.

Innerhalb einer erstaunlich kurzen Zeit bewahrheitete sich dies in einem derartigen Ausmaß, dass sich die junge Bewegung in einem Großteil der damals bekannten Welt verbreitet hatte. Die Verheißung, dass die Botschaft für alle war, wurde unter anderem durch die Schriften der frühchristlichen Anführer vorangetrieben. Diese kurzen Werke – zumeist Briefe und Storys[1] über Jesus – wurden weit ver-

[1] Anm. des Übers.: Der Gebrauch des Begriffs *story* (eine „Geschichte") ist im Werk von N. T. Wright von besonderer Bedeutung. Um der besseren Lesbarkeit willen wird im Folgenden der engl. Begriff „Stroy" mit „Geschichte" o.ä. wiedergegeben. Wright

breitet und begierig gelesen. Sie waren niemals für eine religiöse oder intellektuelle Elite gedacht. Von Anfang an richteten sie sich an alle Menschen.

Das gilt für heute genauso wie damals. Natürlich ist es wichtig, dass sich einige Leute sorgfältig mit der historischen Evidenz befassen, mit der Bedeutung der ursprünglichen Wörter (die frühen Christen schrieben auf Griechisch) und mit der exakten und zielgerichteten Stoßkraft dessen, was die Autoren über Gott, Jesus, die Welt und sich selbst sagten. Diese Kommentarreihe basiert ganz klar auf Arbeit dieser Art. Doch der Punkt, um den es letztlich geht, ist der: dass die Botschaft alle Menschen erreicht, besonders Menschen, die normalerweise kein Buch mit Fußnoten und griechischen Wörtern lesen würden. Für diese Menschen sind diese Bücher geschrieben worden. Deshalb gibt es am Ende jedes Bandes eine Liste mit Begriffen, mit den Schlüsselwörtern, ohne die man nicht auskommt. Die Bedeutung dieser Begriffe wird in einfachen Worten erklärt. Immer, wenn ein Wort **fettgedruckt** erscheint, können Sie in der Liste am Ende nachschlagen und sich erinnern, was der Begriff bedeutet.

Heute stehen uns natürlich zahlreiche Übersetzungen des Neuen Testaments zur Verfügung. Die Übersetzung, die ich hier liefere, ist auf dieselbe Leserschaft zugeschnitten: Leser, die den stärker formalen, manchmal gar schwerfälligen Ton von manchen Standardübersetzungen nicht unbedingt leicht verstehen. Ich habe natürlich versucht, mich so nah wie mir möglich an den Urtext zu halten. Doch meine Hauptabsicht war es, sicherzustellen, dass die Wörter nicht nur zu einigen Menschen sprechen können, sondern zu allen Menschen.

---

benutzt den Begriff „Story" in keiner Weise abwertend benutzt im Sinne von: „Das ist doch bloß so eine Story." Eine Story ist nach Wright eine erkenntnistheoretische Grundkategorie, eine Geschichte oder Erzählung, *die dem Erzählten einen bedeutungsvollen Rahmen gibt*. Die Story beantwortet also nicht die Frage, ob Ereignisse historisch gesichert sind oder nicht, sondern sie verleiht den erzählten Ereignissen die Bedeutung, die der Autor vermitteln will. Vgl. dazu ausführlicher N. T. WRIGHT, *Das Neue Testament und das Volk Gottes* (Marburg: Francke, 2011), Teil II.

Einleitung

Der vorliegende Band führt uns zu einer der brillantesten Schriften des frühen Christentums. Lukas erzählt uns, dass er die Möglichkeit hatte, von den Ereignissen, die vorgefallen waren, einen Schritt zurückzutreten, mit den beteiligten Personen zu sprechen, einige frühere Schriften darüber zu lesen und seine eigene umfassende Version zu schreiben, damit die Leser die Wahrheit über die Ereignisse wissen konnten, die mit Jesus zu tun hatten. Er war ein gebildeter und kultivierter Mann, der erste echte Historiker, der über Jesus geschrieben hat. Sein Buch verortet Jesus nicht nur im Zentrum der jüdischen Welt des ersten Jahrhunderts, sondern auch im Zentrum der römischen Welt, in die das christliche Evangelium hineinplatzte – ein Evangelium, das dazu bestimmt war, diese Welt radikal zu verändern. Hier ist es also: das Lukasevangelium für heute!

Tom Wright

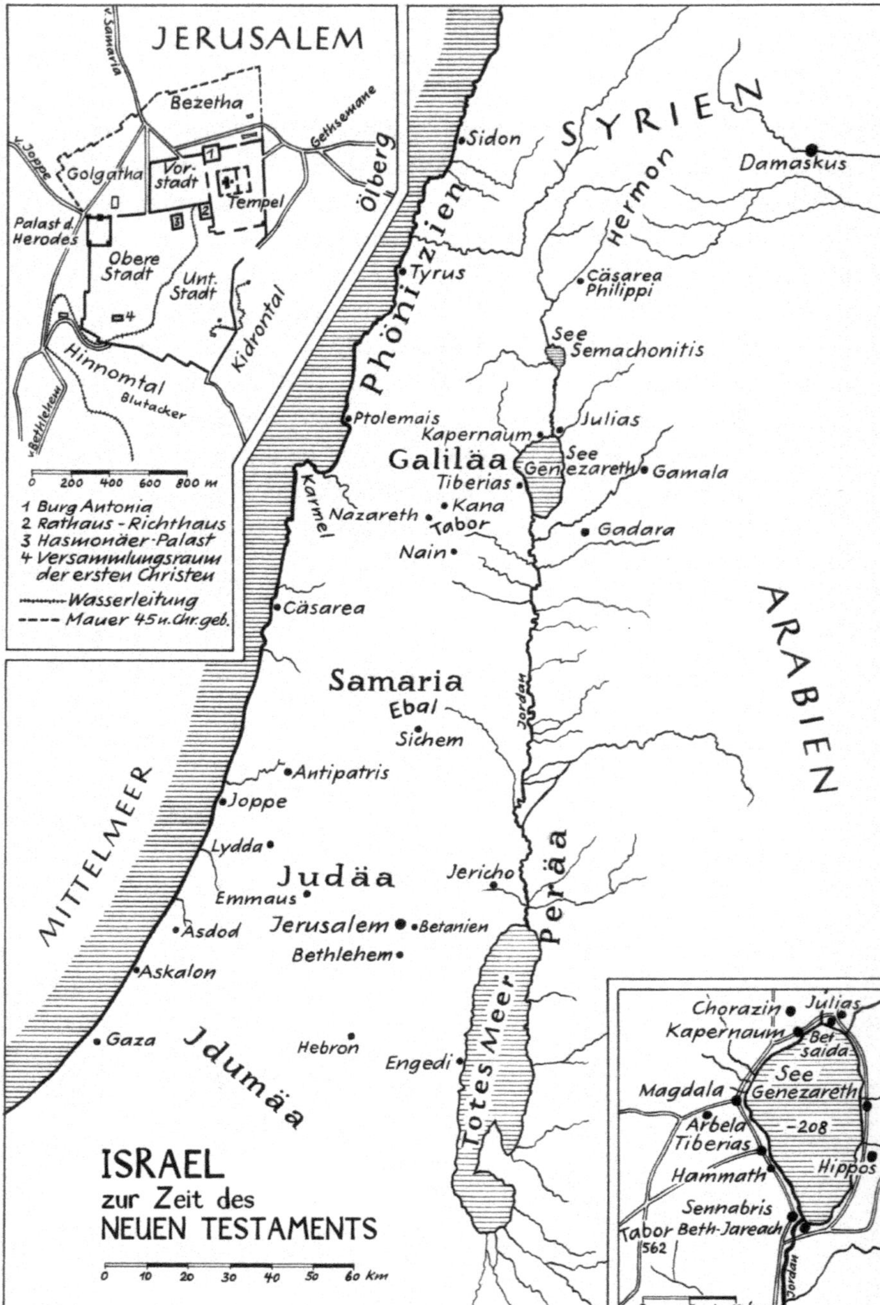
JERUSALEM
v. Samaria
Bezetha
Gethsemane
v. Joppe
Golgatha
Vorstadt
Tempel
Ölberg
Palast d. Herodes
Obere Stadt
Unt. Stadt
Kidrontal
Hinnomtal
Blutacker
v. Bethlehem
0 200 400 600 800 m
1 Burg Antonia
2 Rathaus - Richthaus
3 Hasmonäer-Palast
4 Versammlungsraum der ersten Christen
Wasserleitung
Mauer 45 n. Chr. geb.
SYRIEN
Sidon
Damaskus
Hermon
Phönizien
Tyrus
Cäsarea Philippi
See Semachonitis
Ptolemais
Julias
Kapernaum
Galiläa
See Genezareth
Gamala
Tiberias
Karmel
Nazareth
Kana
Tabor
Gadara
Nain
Cäsarea
ARABIEN
Samaria
Ebal
Sichem
Jordan
Antipatris
Joppe
MITTELMEER
Lydda
Judäa
Jericho
Peräa
Emmaus
Jerusalem
Betanien
Asdod
Bethlehem
Askalon
Totes Meer
Gaza
Idumäa
Hebron
Engedi
ISRAEL
zur Zeit des
NEUEN TESTAMENTS
0 10 20 30 40 50 60 Km
Chorazin
Julias
Kapernaum
Betsaida
See Genezareth
Magdala
Arbela
−208
Tiberias
Hippos
Hammath
Sennabris
Beth-Jareach
Tabor 562
Jordan
0 5 10 km

Lukas 1,1-4: Prolog

1Viele haben schon sorgfältig die Ereignisse niedergeschrieben, die in unserer Mitte stattgefunden haben. 2Sie wurden uns überliefert von Augenzeugen und Dienern des Wortes. 3Weil ich, hochverehrter Theophilus, den Verlauf von alldem sehr gründlich und von Anfang an erforscht habe, halte ich es für eine gute Idee, sie für dich sorgfältig aufzuschreiben, 4damit du eine gute Grundlage für die Dinge hast, in denen du unterwiesen worden bist.

„AUSSERIRDISCHE HABEN MEIN BABY ENTFÜHRT", prangt groß die reißerische Schlagzeile. Oder vielleicht: „GROSSMUTTER DURCHQUERT SCHWIMMEND DEN ATLANTIK." Und was sagen die Leute dazu? „Das muss wahr sein, es stand schließlich in der Zeitung." „Ich habe es im Fernsehen gesehen." „Die Person, von der ich es erfahren habe, hörte es von einer Person, die dabei war."

Darüber können wir nur lachen. Die Nachrichten sind voll von Dingen, die wir hören möchten. Kameraperspektiven täuschen oft. Und Geschichten über einen „Freund eines Freundes" könnten gerade so gut frei erfunden sein. Wie wissen wir, was wir glauben können?

Lukas setzt an den Anfang seines **Evangeliums** einen langen formellen Satz, als wäre es ein riesiger steinerner Torbogen eines großen Gebäudes, der uns eindrucksvoll willkommen heißt. Hier, sagt er damit, hier ist etwas Solides, etwas, dem man trauen kann. Schriftsteller in der mediterranen Welt des ersten Jahrhunderts schrieben oft solche Eröffnungssätze, und die Leser wussten dann, dass sie gerade ein seriöses, gut recherchiertes Werk vor sich hatten. Das war kein unzuverlässiger informeller Bericht. Er würde sich ganz im Gegenteil in der ganzen Welt behaupten.

„Natürlich, er musste das ja sagen, nicht wahr?", denken wir mit unserem argwöhnischen modernen Geist. Aber schauen Sie sich an, welchen Anspruch er erhebt. Lukas bittet uns nicht einfach, seinen Bericht vertrauensvoll anzunehmen. Er beruft sich auf eine breite Basis an Beweisen. Andere hatten über die gleichen Ereignisse berichtet; er besitzt diese Schriftstücke als Quellentexte, von welchen wir einige sogar zurückverfolgen könnten. Er kannte Augenzeugen, die ihm berichtet hatten, was sie gesehen und gehört hatten. Und vielleicht das Wichtigste: Er hatte autorisierten Lehrern in den Gemeinden vor Ort zugehört. Über diese müssen wir noch etwas mehr sagen.

Stellen Sie sich ein Dorf im alten Palästina vor. Die Menschen hatten weder Bücher, noch Zeitungen, Fernsehen oder Radio. Sie hatten offizielle Geschichtenerzähler. Wenn etwas Großes passierte wie ein Erdbeben, eine Schlacht oder der Besuch eines Kaisers, wurde die Geschichte innerhalb eines einzigen Tages im ganzen Dorf erzählt und bekam eine festgelegte Form. Jeder kannte diese Geschichte, aber einige der besseren Geschichtenerzähler waren in den Augen der Leute besonders berechtigt dazu.

Also erzählten sie genau diese Geschichte. Sie veränderten die Geschichte nicht und wandelten sie auch nicht ab; wenn sie dies getan hätten, hätten es die Leute bemerkt und sie korrigiert. In unserer modernen westlichen Welt gibt es ein sehr ähnliches Phänomen: Eine Familie erzählt eine Geschichte oder eine Anekdote und jeder weiß, was als Nächstes kommt. Man verändert ja auch nicht den Text seiner Nationalhymne oder die Lieder, die man als Kind gesungen hat. Als Lukas also in der zweiten Hälfte des ersten Jahrhunderts die Dörfer Palästinas besuchte und sich die Geschichten von den anerkannten Geschichtenerzählern anhörte – er nannte sie „die Diener des Wortes" – dann wusste er, dass er es mit soliden, verlässlichen Aussagen zu tun hatte, die direkt von den früheren Geschehnissen berichteten. Platon hatte fünfhundert Jahre früher gesagt, dass es gefährlich sei, Dinge niederzuschreiben. Menschliche Erinnerungen, dachte er, seien der beste Weg, um die Ereignisse unverfälscht zu erhalten und sie weiterzugeben. Im Jahrhundert nach Lukas sagte einer der großen christlichen Lehrer, dass er lebendige Zeugnisse dem geschriebenen Wort vorziehe. Man kann nicht genau sagen, wo ein Buch herkommt; Zeugen aber kann man in die Augen sehen und man kann seine Urteilskraft benutzen um zu entscheiden, ob sie vertrauenswürdig sind.

Also warum schreibt Lukas dennoch alles auf? Riskiert er damit nicht seine Glaubwürdigkeit? Wer war er überhaupt und wann schrieb er diese Dinge nieder?

Ich wünschte, wir könnten mit Gewissheit sagen, wer der Autor dieses Buches war. Leider können wir hier nicht ganz sicher sein. Wir nennen ihn „Lukas“, weil die Kirche schon sehr früh sagt, dass er dieses Evangelium und die Apostelgeschichte aufgeschrieben hat. (Wie Sie in Apostelgeschichte 1,1 sehen, scheint die Apostelgeschichte von der gleichen Person geschrieben worden zu sein, und es gibt im ganzen Buch durchgängig Anhaltspunkte dafür, dass dies auch tatsächlich der Fall ist). Er könnte sehr gut der Lukas sein, den Paulus als seinen Gefährten nennt (Kolosser 4,14; Philemon 24; Timotheus 4,11). Er könnte irgendwann zwischen 50 und 90 n. Chr. geschrieben haben, aber auf jeden Fall müssen wir genug Zeit einrechnen für die „vielen anderen“, die in der Zwischenzeit ihre Werke geschrieben und verbreitet hatten. Gleichzeitig gibt es keinen bestimmten Grund, darauf zu bestehen, dass er erst um 80 oder gar 90 n. Chr. schrieb. Es ist durchaus plausibel anzunehmen, dass es wirklich Lukas war, einer von Paulus' Gefährten, und dass er sein Werk in den 60er- und 70er-Jahren des ersten nachchristlichen Jahrhunderts verfasste.

Der Hauptgrund für sein Buch besteht für ihn darin, dass die **Botschaft** von Jesus sich schon weit verbreitet hatte, weit über die ursprünglichen Gemeinschaften in den Regionen hinaus, die Jesus selber besucht hatte. Petrus, Paulus und andere Missionare hatten die gute Botschaft in alle Himmelsrichtungen getragen. Zweifelsohne gab es verzerrte, verworrene und irreführende Berichte darüber, wer Jesus genau war, was er getan und gesagt hatte und was ihm passiert war. Lukas weiß von anderen Schreibern, die mit der Aufgabe begonnen hatten, alles niederzuschreiben. Er selber hat aber für sein Werk ein größeres Publikum vor Augen: eine gebildete, intelligente, wissbegierige Öffentlichkeit. „Hochverehrter Theophilus“ könnte sich an eine wirkliche Person wenden, vielleicht an einen römischen Statthalter oder einen ortsansässigen Beamten, den Lukas kennengelernt hatte. Ebenso gut könnte es auch ein literarischer Kunstgriff sein, eine Art und Weise, alle anzusprechen, die vom Christentum gehört hatten und die vielleicht „Geliebte Gottes“ waren („Theophilus“ bedeutet im Griechischen „Geliebter Gottes“). Er geht davon aus, dass „Theophilus“ schon einiges über Jesus gehört hatte und darüber belehrt worden war, was Nachfolge Jesu bedeutet. Vielleicht hat Lukas also Menschen vor Augen, die vor Kurzem eine Bekehrung erlebt hatten und nun mehr wissen wollten.

Sollte er in den späten 60er- oder den frühen 70er-Jahren schreiben, wäre der entsetzliche Krieg, der zu jener Zeit in Palästina wütete, ein weiterer Grund, alles niederzuschreiben. Die Juden rebellierten im Jahr 66 gegen die römischen Besatzungsmächte, bis schließlich Jerusalem nach einer langen Belagerung im Jahr 70 zerstört wurde. Die Folge davon war, dass die Bevölkerung in vielen Städten und Dörfern, in denen Jesus gewesen war, dezimiert wurde. Das Problem bestand nicht nur darin, dass die ältere Generation ausstarb, sondern auch darin, dass Gemeinschaften, die Jesu Taten miterlebt hatten, zerstreut und zerstört wurden. Die Geschichten, die für ihre Verbreitung auf eine friedliche, stabile Gesellschaft angewiesen waren, waren vom Aussterben bedroht. Wenn man nichts unternehmen würde, wenn man die Geschichten also nicht aufschreiben würde, könnte die Botschaft nicht an die nächste Generation weitergegeben werden. Und weil Lukas wie alle frühen Christen glaubte, dass die Dinge, die tatsächlich geschehen waren – wir sprechen von historischen Fakten –, dass also diese Dinge die Welt verändert hatten, war es unabdingbar, dass sie so klar und eindeutig wie möglich präsentiert wurden.

So konstruiert Lukas ein glanzvolles Eingangsportal für sein Evangelium. Er lädt uns ein einzutreten und uns zu Hause zu fühlen. Hier werden wir Gewissheit finden, eine solide Basis für einen dauerhaften **Glauben**.

Lukas 1,5-25: Gabriel besucht Zacharias

*5Zu der Zeit, als Herodes König von Judäa war, lebte ein Priester mit
Namen Zacharias. Er gehörte zur priesterlichen Abteilung Abija. Seine
Frau, die von Aaron abstammte, hieß Elisabeth. 6Beide waren gerecht
in Gottes Augen. Sie hielten sich völlig an alle Gesetze und Anweisun-
gen des Herrn. 7Sie konnten keine Kinder bekommen, weil Elisabeth
unfruchtbar war. Sie beide waren schon im fortgeschrittenen Alter.*

*8Eines Tages, als Zacharias gemäß der Einteilung seiner Gruppe
Gott diente, 9wurde er nach der priesterlichen Sitte ausgelost, um im
Heiligtum das Rauchopfer darzubringen. 10Zum Zeitpunkt, als das
Rauchopfer dargebracht wurde, hatte sich vor dem Tempel eine große
Menschenmenge zum Gebet versammelt. 11Ein Engel des Herrn er-
schien ihm. Er stand auf der rechten Seite des Rauchopferaltars. 12Als
Zacharias den Engel sah, erschrak er zu Tode und fürchtete sich sehr.*

*13Aber der Engel sagte ihm: „Hab keine Angst, Zacharias, dein Ge-
bet ist erhört worden. Deine Frau Elisabeth wird dir einen Sohn ge-
bären, und du sollst ihm den Namen Johannes geben. 14Er wird dir
Grund zur Freude und zum Feiern sein, und viele werden sich über
seine Geburt freuen. 15In Gottes Augen wird er ein großer Mann sein.
Wein und starke Getränke wird er nicht trinken. Bereits im Mutterleib
wird der Heilige Geist ihn erfüllen, 16und er wird viele Kinder Israels
zu ihrem Gott zurückführen. 17Er wird im Geist und in der Kraft des
Elia vor ihm hergehen. Die Herzen der Väter wird er ihren Kindern
zuwenden. Die Herzen von Ungläubigen wird er zur Weisheit der Ge-
rechten lenken. Er wird für den Herrn ein Volk vorbereiten."*

*18Zacharias fragte den Engel: „Wie kann ich da sicher sein? Ich bin
ein alter Mann, und auch meine Frau ist nicht mehr so jung wie frü-
her!"*

*19Der Engel antwortete: „Schau, ich bin Gabriel. Ich stehe in der
Gegenwart Gottes. Ich wurde zu dir gesandt, um dir diese wunder-
volle Nachricht zu übermitteln. 20Jetzt höre zu: Du wirst stumm sein
und nicht mehr reden können bis zu dem Tag, an dem all dies ge-*

schieht, weil du meinen Worten nicht vertraut hast. Sie werden aber zur richtigen Zeit in Erfüllung gehen."

21 Die Leute warteten in der Zwischenzeit auf Zacharias. Sie wun-
derten sich, dass er so lange im Heiligtum blieb. 22 Als er endlich her-
auskam, konnte er nicht zu ihnen sprechen. Ihnen wurde klar, dass er im Heiligtum eine Vision gehabt hatte. Er kommunizierte durch Zeichen mit ihnen, blieb aber stumm.

23 Als die Tage seines priesterlichen Dienstes vorbei waren, ging er
wieder nach Hause. 24 Nach dieser Zeit empfing Elisabeth. Sie verbarg sich für fünf Monate.

25 Sie sagte: „Hier ist Gott am Werk! Endlich hat er mich doch angesehen und meine öffentliche Schande weggenommen."

Die wundervolle alte Stadt Dublin ist die Hauptstadt Irlands. Sie ist aus verschiedenen Gründen berühmt. Menschen aus der ganzen Welt reisen nach Dublin, um durch Straßen zu bummeln, in den Pubs etwas zu trinken, die historischen Gebäude zu besuchen und Orte zu sehen, die durch Schriftsteller wie James Joyce Weltruhm erlangt haben.

Vielleicht ist es überraschend, dass von allen Attraktionen der Zoo von Dublin die meisten Besucher anzieht. Und vielleicht ist es genauso überraschend, dass die Sehenswürdigkeit an zweiter Stelle das „Book of Kells" ist, das im Zentrum einer speziellen Ausstellung im Trinity College steht. Dieses wunderbar verzierte Manuskript der Evangelien wird um das Jahr 800 n. Chr. datiert. Damit liegt es zeitlich bedeutend näher an der Zeit des Neuen Testaments als an unserer Zeit.

Die Leute, die diese Ausstellung eingerichtet haben, lassen die Besucher nicht direkt die Evangelien sehen. In weiser Vorausicht führen sie sie zuerst an anderen alten Büchern vorbei, die sie auf den eigentlichen großen Schatz vorbereiten. Wenn man dann im Zentrum der Ausstellung ankommt, ist man gedanklich schon in der Welt der frühen keltischen Christenheit. Man ist bei den Mönchen, die Jahre ihres Lebens damit verbrachten, sorgfältig Teile der Bibel abzuschreiben und dann aufwendig auszuschmücken. Nun ist man bereit, das „Book of Kells“ angemessen zu würdigen.

Lukas gestaltet den Anfang seines **Evangeliums** sehr ähnlich. Seine Geschichte handelt natürlich vorwiegend von Jesus, aber der Name „Jesus“ taucht in den ersten dreißig Versen nicht auf, und Jesus wird erst geboren, als die Geschichte schon weit fortgeschritten ist. Lukas wird uns von Marias außergewöhnlicher Schwangerschaft und Jesu außergewöhnlicher Geburt erzählen, aber er weiß, dass wir unseren Verstand und unsere Herzen auf diese Geschichte vorbereiten müssen. So beginnt er mit der Geschichte von Zacharias und Elisabeth, einem tiefgläubigen Ehepaar, das ein ganz gewöhnliches Leben führte.

Zuerst packt er uns mit ihrem menschlichen Leid. Dieses Ehepaar hatte das gebärfähige Alter schon lange hinter sich gelassen. Nun wird es endlich einen Sohn bekommen. In einer Kultur, in der kinderlose Frauen verspottet wurden, war das eine dramatische Wendung. Dieses Drama wird noch verstärkt durch die komische Begegnung von Zacharias mit dem Engel (haben Sie keine Angst davor, die Bibel an den Punkten lustig zu finden, an denen sie es wirklich ist!). Lukas zeigt, dass sich Gottes Heilsplan mitten in dieser allzu menschlichen Geschichte von Verwirrung, halbherzigem Glauben und verbissener Hingabe an die Pflicht dramatisch weiterentwickelt. Der Sohn, der geboren werden soll, wird die biblischen Verheißungen erfüllen, die davon erzählen, dass Gott jemanden senden wird, um Israel auf die bevorstehende göttliche Heimsuchung vorzubereiten. Die Schriften hatten vorausgesagt, dass der Prophet Elia eines Tages zurückkommen wird, um die Menschen auf Gottes Ankunft vorzubereiten. Gabriel erklärt Zacharias nun, dass dies Johannes’ Aufgabe sein wird.

Diese Geschichte erinnert jeden Bibelleser an viel ältere Geschichten: an Abraham und Sarah, die im hohen Alter noch ein Kind bekamen (1. Mose 21); an Rahel, die Jakob nach jahrelanger Kinderlosigkeit zwei Söhne schenkt (1. Mose 30,22); vor allem an die Geburten von Simson (Richter 13) und Samuel (1. Samuel 1). Lukas deutet an, dass die Geschichte von Zacharias und Elisabeth nicht eine merkwürdige neue Sache ist, sondern sich in eine uralte Kette von Gottes Absichten einfügt. Das Kind, das geboren werden wird, soll **Johannes** heißen und eine Schlüsselrolle bei der Erfüllung von Gottes Verheißungen spielen. So bereitet uns diese Geschichte auf die noch bemerkenswerteren Ereignisse vor, die bald folgen werden, als wären wir Touristen, die auf das Herzstück der Ausstellung vorbereitet werden.

Zacharias und Elisabeth hatten nichts von alledem erwartet. Sie waren einfach gottesfürchtige Menschen, die ihren täglichen Verrichtungen nachgingen. Sie waren „gerecht in Gottes Augen", gläubige Juden, die das Gesetz einhielten als ein Zeichen dankbarer Hingabe an Gott. Sie wohnten außerhalb von Jerusalem im judäischen Hügelland. Wie alle **Priester** – mit Ausnahme der Hauptpriester, die in Jerusalem selbst lebten – musste Zacharias in die Stadt gehen, wenn seine Abteilung an der Reihe war, die regelmäßige Tempelliturgie zu halten. Dann wohnte er jeweils in den Räumlichkeiten des **Tempel**bezirks und kehrte danach zurück, um seine alltägliche Arbeit als Lehrer und Vorsitzender in der lokalen Gemeinschaft wieder aufzunehmen. Beim beschriebenen Ereignis wurde Zacharias durch das Los dazu bestimmt, in den inneren Hof zu gehen, weg von den Gläubigen, um ein Rauchopfer darzubringen. Manchmal ereignen sich außergewöhnliche Visionen im Rahmen von normalen Verpflichtungen.

Lukas vermeidet es bewusst, die Geschichte dadurch aufzuhübschen, dass er Zacharias zu einem **Glauben**shelden macht. Wie einige der alttestamentlichen Helden reagiert er auf die Neuigkeiten des Engels, indem er nach Strohhalmen greift: Er braucht ein Zeichen, etwas, das ihm hilft zu glauben. Das bekommt er, aber in Form einer Strafe. Wir können vor unserem inneren Auge beinahe den Engel sehen, wie er die Hände in die Hüften stemmt und Zacharias zurechtweist, weil dieser sich erdreistet hatte, sein Wort anzuzweifeln. Zacharias wird mit Stummheit geschlagen. Die dunkle Komödie wird damit fortgesetzt, dass der alte Priester zu den Menschen hinauskommt und Zeichen und Gesten macht um zu beschreiben, was ihm passiert ist (wie würden *Sie* mit den Händen beschreiben, dass Sie einem Engel begegnet sind?). Die Erzählung schließt natürlich mit der Freude Elisabeths über ihre unerwartete Schwangerschaft.

Diese Geschichte bereitet uns auf die noch bemerkenswertere Empfängnis und Geburt von Jesus selber vor und erinnert uns an etwas Wichtiges. Gott wirkt immer wieder durch ganz normale Menschen, die tun, was sie für gewöhnlich tun; Menschen, die sich mit einer Mischung aus halbherzigem Glauben und Hingabe für Gottes Pläne bereithalten, wie diese auch immer aussehen mögen. Die Geschichte handelt von viel mehr als von Zacharias' Freude über den lang ersehnten Sohn oder Elisabeths Jubel darüber, dass sie vom Spott der Mütter im Dorf befreit wurde. Sie handelt von der großartigen Erfüllung von Gottes Zusagen und Absichten. Dabei werden die Bedürfnisse, Hoffnungen und Ängste der einfachen Menschen in dieser größeren Geschichte nicht vergessen, gerade weil der Gott Israels so ist, wie er ist: der Gott der verschwenderischen, selbstaufopfernden Liebe. So stellt ihn uns Lukas auf viele Arten in seinem Evangelium vor. Wenn dieser Gott in den großen Zusammenhängen wirkt, dann kümmert er sich auch um die kleineren menschlichen Anliegen. Das Drama, das nun auf der Hauptbühne zu sehen sein wird, ist wahrhaftig die Geschichte von Gott, der Welt und jedem gewöhnlichen Menschen, der je auf ihr gelebt hat. Genauso hat Lukas es beabsichtigt.

Lukas 1,26-38: Die Ankündigung der Geburt Jesu

26*Im sechsten Monat sandte Gott den Engel Gabriel in eine Stadt in Galiläa mit Namen Nazareth.* 27*Dort ging er zu einer Jungfrau, die mit einem Mann namens Josef verlobt war. Er stammte von David ab. Die Jungfrau hieß Maria.*

28*Der Engel sagte zu ihr, als er eintrat: „Gegrüßt seist du, die Gnade gefunden hat! Der Herr sei mit dir!"*

29 Diese Worte verwirrten sie, und sie fragte sich, was sie wohl zu bedeuten haben.

30 „Hab keine Angst, Maria", sagte der Engel. „Du hast Gunst bei Gott. 31 Hör gut zu: Du wirst schwanger werden und wirst einen Sohn haben. Gib ihm den Namen Jesus. 32 Er wird ein großer Mann sein, und man wird ihn den Sohn des Allerhöchsten nennen. Gott der Herr wird ihm den Thron seines Vaters David geben, 33 und er soll für immer über das Haus Jakob herrschen. Seine Königsherrschaft wird niemals enden."

34 Maria fragte den Engel: „Wie kann das sein? Ich bin noch eine Jungfrau!"

35 Der Engel antwortete: „Der Heilige Geist wird auf dich kommen und die Macht des Allerhöchsten wird dich überschatten. Deshalb wird der Heilige, den du gebären wirst, Gottes Sohn genannt werden.

36 Ich sage dir noch etwas: Deine Cousine Elisabeth hat in ihrem hohen Alter ebenfalls einen Sohn empfangen. Sie, die als unfruchtbar galt, ist jetzt im sechsten Monat schwanger. 37 Du siehst: Für Gott ist nichts unmöglich."

38 Maria antwortete: „Hier bin ich. Ich bin die Dienerin Gottes. Alles soll so geschehen, wie du es gesagt hast."

Darauf verließ der Engel sie.

Fragt man einen Zeitungsredakteur, welche Art von Geschichten die besten Verkaufszahlen bringen, dann dominieren diese drei Themen: Sex, Königsfamilien und Religion. Wenn sie kombiniert werden können, umso besser. „DAS UNEHELICHE KIND DES POPSTARS" ist gut; „DIE GEHEIME AFFÄRE EINER PRINZESSIN" ist besser; „KÖNIG VERBRINGT GEHEIME LIEBESNACHT MIT NONNE" ist noch besser. Wenn Menschen also die Geschichte lesen, wie Gabriel Maria besucht und ein Kind ankündigt, das der künftige Herrscher der Welt sein wird, dann ziehen sie sehr schnell der Zeitungslogik entsprechende Schlüsse. Man hat in diese Geschichte viel hineingelesen, was überhaupt nicht darin steht, und hat dabei einige der wirklich wichtigen Dinge schlicht übersehen.

Lassen Sie uns mit dem Offensichtlichen beginnen. Die Geschichte macht klar, dass Jesus in Marias Bauch gezeugt wurde, noch bevor sie jemals sexuellen Verkehr hatte. Viele heutige Menschen halten dies für unmöglich. Sie denken oft, dass diese Schwierigkeit erst in der modernen Zeit auftaucht, weil wir heute so viel über Zeugung und Geburt wissen. Das stimmt so nicht. Die Menschen im Altertum wussten zwar nichts über X-Chromosomen und Y-Chromosomen, aber sie wussten genauso gut wie wir, dass Babys das Ergebnis von Geschlechtsverkehr sind, und dass Frauen, die behaupteten, anderweitig schwanger geworden zu sein, vermutlich versuchten, ein moralisches und gesellschaftliches Vergehen zu vertuschen. Und doch wird Marias Geschichte von Lukas und Matthäus in so verschiedenen Versionen erzählt, dass sie kaum voneinander abhängig sein können. Mit anderen Worten: Die Geschichte scheint in der frühen Kirche sehr weit verbreitet und keine Fantasieerzählung gewesen zu sein, die Generationen später erfunden worden ist. Warum sollten diese beiden Autoren diese Geschichten aufgeschrieben haben und warum sollten tiefgläubige judenchristliche Gemeinden solche Geschichten weitergegeben und sich damit dem Risiko ausgesetzt haben, ausgelacht zu werden, wenn sie nicht gute Gründe gehabt hätten zu glauben, dass sie wahr sind?

Es ist wichtig zu betonen, dass die Geschichte nichts darüber sagt, dass Maria nach Jesu Geburt Jungfrau blieb. Diese Vorstellung kam viel später auf. Und sie fällt auch keine Werturteile über sexuelle Identität oder sexuelle Beziehungen. Was auch immer Lukas (und Matthäus) mit dieser Geschichte sagen wollen, sie sagen nicht, dass Jungfräulichkeit ein moralisch besserer Zustand ist als verheiratet zu sein. Sie machen weder Sex noch Frauen, Zeugung oder Geburt schlecht. Sie berichten einfach, dass Jesus nicht einen Vater im alltäglichen Sinn hatte, und dass der Grund dafür war, dass Maria die besondere Gnade zuteil wurde, die Mutter von Gottes fleischgewordenem Sohn zu sein.

Lukas verschwendet keinen Gedanken daran, dass dies Jesus irgendwie weniger menschlich macht. Wissenschaftler werden sagen, dass eine jungfräuliche Geburt theoretisch möglich ist (manchmal geschieht das bei kleinen Tieren, zum Beispiel bei Eidechsen), und dass ein Kind, welches so gezeugt wurde, ganz Mensch sei. Wenn wir einmal annehmen, dass so etwas tatsächlich möglich wäre, dann müsste so ein Kind natürlich weiblich sein. Das wirklich Erstaunliche aus einem wissenschaftlichen Blickwinkel ist, dass Jesus männlich war.

Der Engel scheint eine Art doppelte Erklärung für das kommende Ereignis zu geben. Der **Heilige Geist** wird über Maria kommen und (wie er es immer tut) sie befähigen, mehr zu sein und zu tun als sie alleine je könnte. Aber zugleich wird die „Macht des Allerhöchsten" sie überschatten. Das ist etwas anderes: Gott selber, der Schöpfer, wird sie ganz mit seiner souveränen Kraft umgeben.

Dies alles klingt sehr eigenartig, aber wir sollten bedenken, dass in der Bibel und im jüdischen und christlichen Denken der wahre Gott den Menschen nach seinem Bilde geschaffen hat. Wir sprechen hier nicht über einen heidnischen Gott, der roh und unangemessen in die Angelegenheiten von Sterblichen eingreift, sondern über den, der uns, wie der heilige Augustinus sagte, für sich selber schuf. Wenn er die Initiative ergreift, geschieht das immer aus Liebe. Diese Liebe kümmert sich um uns und nimmt uns in seinen Heilsplan auf. Maria ist gewissermaßen das größte Beispiel für das, was immer passiert, wenn Gott durch Gnade in den Menschen wirkt. Gottes Kraft von außen und der innewohnende Geist von innen vollbringen zusammen Dinge, die ansonsten undenkbar gewesen wären.

Natürlich wird kaum jemand von Lukas' Geschichte überzeugt sein, der nicht schon in einem gewissen Maß für die Möglichkeit offen ist, dass Jesus, obwohl mit Sicherheit ganz Mensch, auch der eine war, in dem der Gott Israels auf der Bühne der Geschichte persönlich in Erscheinung trat. Und es ist auch wichtig zu sagen, dass weder Lukas noch Matthäus (die beiden Autoren, die direkt über Jesu Zeugung berichten) andeuten, dass dies das Wichtigste ist, was es über Jesus zu sagen gibt. Paulus erwähnt in keiner seiner Schriften, dass bei Jesu

Zeugung und Geburt irgendetwas ungewöhnlich war. Für ihn sind Jesu Tod und **Auferstehung** viel wichtiger. Aber für jene, die an den gekreuzigten und auferstandenen Jesus glauben und deren Verständnis deshalb dafür offen ist, dass Gott in ihm einzigartig gegenwärtig ist, sind die Berichte von Lukas und Matthäus irgendwie sachgemäß und glaubhaft – das ist schwer zu definieren, aber in den Berichten einfach zu erkennen. Es ist nicht das, was wir erwartet hätten, aber es klingt irgendwie richtig.

Viel wichtiger für die ganze Geschichte ist allerdings die politische oder königliche Bedeutung, die Lukas dem ganzen Geschehen gibt. Das ungeborene Kind wird der **Messias** sein, der König des Hauses Davids. Gott hatte David einen Nachkommen versprochen, der für immer herrschen wird – nicht nur über Israel, sondern über die ganze Welt. Und dieser König würde in gewissem Sinne „Gottes Sohn“ sein (2. Samuel 7,14; Psalm 2,7; Psalm 89,27). Wie so oft in der neutestamentlichen Sprache über Jesus ist dies einerseits ein gewaltiger theologischer Anspruch (Jesus wird mit Gott identifiziert, und zwar auf eine einzigartige Weise, die für die Menschen damals und heute schwer zu verstehen und zu glauben ist) und ein gewaltiger politischer Anspruch (Jesus ist der wahre Herrscher der Welt auf eine Art, die den damaligen Kaiser und die Mächtigen der heutigen Welt weit übertrifft).

Wenn man all dies zusammenfügt – die Zeugung eines Babys, die Macht Gottes und die Herausforderung an alle menschlichen Reiche – kann man sehen, warum die Geschichte so explosiv ist. Vielleicht ist das ein Grund dafür, dass sie so umstritten ist. Könnte es sein, dass einiges von dem Wirbel und dem Unbehagen angesichts der Frage, ob Maria Jesus ohne einen menschlichen Vater empfangen konnte, darin begründet liegt, dass wir tief im Innern nicht darüber nachdenken wollen, dass es einen König geben könnte, der diese Art der absoluten Gefolgschaft fordert?

Wie auch immer wir darauf antworten mögen, wir sollten nicht den Kontrast zwischen dem verwirrten und überraschten Zacharias in der vorherigen Geschichte und der gehorsamen Demut von Maria in dieser Geschichte übersehen. Auch sie stellt Gabriel Fragen, aber das wirkt mehr wie ein Wunsch nach Information als nach einem Beweis. Sie sieht die Möglichkeit vor sich, die Mutter des Messias zu werden, und zugleich ist sie völlig im Unklaren darüber, was das genau bedeuten wird. Und genau jetzt spricht sie die Worte, die als die vorbildliche Antwort auf Gottes unerwartete Berufung durch die Zeiten hallen: „Hier bin ich. Ich bin die Dienerin Gottes. Alles soll so geschehen, wie du es gesagt hast.“

Lukas 1,39-56: Das Magnifikat: Marias Jubellied

[39]Maria machte sich sofort voller Spannung auf den Weg ins judäische
Hügelland. [40]Sie kam in das Haus des Zacharias und begrüßte Elisa-
beth. [41]Als Elisabeth Marias Gruß hörte, hüpfte das Kind in ihrem
Leib. Elisabeth wurde vom Heiligen Geist erfüllt [42]und rief, so laut sie
nur konnte:
„Du bist die Gesegnete unter allen Frauen! Und die Frucht dei-
nes Leibes, auch sie ist gesegnet! [43]Womit habe ich es verdient, dass
die Mutter meines Herrn mich besucht? [44]Schau, als der Klang deines
Grußes mein Ohr erreichte, tat das Kind in meinem Leib einen Freu-
densprung! [45]Du sollst gesegnet sein, weil du glaubst, dass Gott seine
Zusagen erfüllen wird!“
[46]Maria antwortete:
„Mein Herz verkündet, dass der Herr groß ist,
[47]Mein Geist jubelt in meinem Retter, meinem Gott.
[48]Er sah seine Dienerin in ihrer Demut an;
von jetzt an werden alle Menschen mich segnen.
[49]Der Mächtige, dessen Name heilig ist,
hat an mir, ausgerechnet an mir, gewaltige Dinge getan.
[50]Seine Gnade erstreckt sich vom Vater zum Sohn,
von der Mutter zur Tochter bei denen, die ihn fürchten.

[51]Mit seinem Arm hat er mächtige Taten ausgerichtet:
Den Arroganten bringt er durch ihre eigene Gerissenheit eine Niederlage bei.
[52]Herrscher stürzt er vom Thron,
von der Erde erhebt er die Demütigen.
[53]Den Hungrigen gibt er vom Besten des Landes,
aber die Reichen lässt er mit leeren Händen dastehen.
[54]Er hat seinen Diener, seinen Sohn Israel gerettet,
weil er sich an seine uralte Gnade erinnert hat
[55]wie er es unseren lange schon verstorbenen Vorfahren verheißen hat – Abraham und seinen Nachkommen für immer.“

[56]Maria blieb drei Monate bei Elisabeth. Dann kehrte sie wieder nach Hause zurück.

Was müsste geschehen, damit Sie wild und ungehemmt feiern würden?

Vielleicht wäre es die Neuigkeit, dass jemand, dem Sie nahestehen und der sehr krank war, auf dem Weg der Besserung ist und bald zu Hause sein wird.

Vielleicht wäre es die Nachricht, dass Ihr Land von Unterdrückung und Tyrannei befreit wurde und sich nun auf eine Zeit von Freiheit und Wohlstand freuen kann.

Vielleicht wären es die Anzeichen dafür, dass die Flut, die Ihr Haus bedroht hatte, zurückgeht.

Vielleicht wäre es das Wissen, dass all ihre finanziellen Sorgen oder geschäftlichen Probleme sich erledigt haben und Sie wieder entspannen können.

Vielleicht wäre es der Anruf, der Ihnen die Arbeitsstelle bringt, die sie schon immer gerne gehabt hätten.

Was auch immer es sein mag, zur Feier dieser Dinge würden Sie Dinge tun, die Sie normalerweise nicht tun würden. Vielleicht würden Sie mit einem Freund tanzen. Sie könnten laut rufen und Ihren Hut in die Luft werfen (ich habe das einmal getan, ohne darüber nachzudenken, bevor mir bewusst wurde, was für ein Klischee das ist).

Sie könnten jeden, den Sie kennen, anrufen und zu einem Fest einladen.

Sie könnten singen. Sie könnten sogar ein Lied erfinden, während Sie es singen – wahrscheinlich aus Bruchstücken von Gedichten oder Liedern, die Sie schon kennen, oder vielleicht ergänzen sie ein altes bekanntes Lied mit neuen eigenen Worten.

Und sollten Sie in einer Kultur leben, in der Rhythmus und Beat eine große Rolle spielen, dann wäre es wohl ein Lied, zu dem man in die Hände klatschen und mit den Füßen stampfen kann.

Lesen Sie sich Marias Lied nach diesen Überlegungen noch einmal durch. (Es wird oft *Magnifikat* genannt, weil die lateinische Übersetzung mit diesem Wort beginnt.) Es ist eines der berühmtesten Lieder im Christentum. Es wurde in Klöstern geflüstert, in Kathedralen gesungen, in kleinen abgelegenen Kirchen bei Kerzenlicht vorgelesen und von Johann Sebastian Bach in Musik mit Pauken und Trompeten verwandelt.

Es ist das **Evangelium** vor dem Evangelium, ein kämpferischer heller Triumphschrei dreißig Wochen vor Bethlehem und dreißig Jahre vor Golgatha und Ostern. Es hat Schwung, und man kann dazu klatschen und stampfen. Es geht um Gott und um eine Revolution. Und all das wegen Jesus – Jesus, der gerade erst empfangen und noch nicht geboren war. Und doch hatte er schon Elisabeths Baby in ihrem Bauch vor Freude hüpfen lassen. Maria war ganz schwindlig vor Aufregung und Hoffnung und Triumph. In vielen Kulturen heutzutage sind es die Frauen, die wissen, wie man wirklich feiert, wie man singt und tanzt, wie man mit dem Körper und der Stimme Dinge ausdrückt, die viel tiefer gehen als Worte. So fühlt sich Marias Lied an.

Ja, Maria wird noch viele andere Dinge erfahren müssen. Als Jesus noch ein Baby ist, wird ihr gesagt, dass sich ein Schwert durch ihre **Seele** bohren wird. Sie verliert ihn für drei Tage, als er zwölf Jahre alt ist. Als er dreißig Jahre alt ist, glaubt sie, dass er verrückt geworden ist. In Jerusalem ist sie noch einmal drei Tage lang verzweifelt, weil der Gott, den sie hier so wild feiert, sie scheinbar hinters Licht geführt hat (auch das ist ein Teil der gleichen jüdischen Tradition, aus der dieses Lied entspringt). Wir alle, die wir ihr Lied singen, sollten auch das im Kopf behalten. Aber zu Ostern und Pfingsten kommt die Zeit des Jubelns zurück, und dieses Mal kann niemand sie mehr dämpfen.

Warum hat Maria so ein Lied angestimmt? Was hat die Neuigkeit über ihren Sohn mit Gottes Macht zu tun, die die Machtstrukturen der Welt zerstört, die Mächtigen erniedrigt und die Demütigen erhöht?

Maria und Elisabeth hatten denselben Traum. Es war der uralte Traum des Volkes Israel: der Traum, dass eines Tages alles wahr werden würde, was die Propheten vorausgesagt hatten. Eines Tages würde Israels Gott tun, was er zu den Vorfahren das Volkes gesagt hatte: Alle Völker würden durch die Nachkommen Abrahams gesegnet werden. Aber damit das geschehen konnte, mussten die Mächte, die die Welt in die Sklaverei zwangen, gestürzt werden. Normalerweise würde kein Mensch Gott für seinen Segen danken, solange er arm, hungrig, versklavt und elend ist. Gott musste zuerst die Tyrannen, die Machthaber und die Mächte des Bösen besiegen. Maria und Elisabeth kannten diese Mächte des Bösen nur zu gut. Sie lebten ja in den dunklen Tagen von **Herodes** dem Großen, dessen alltägliche Brutalität von Rom unterstützt wurde. Maria und Elisabeth forschten in den Heiligen Schriften. Sie sogen die Psalmen und prophetischen Schriften geradezu auf, in denen von Hoffnung, Gnade, Erfüllung und einer Wende die Rede ist, von Revolution, dem Sieg über das Böse und von Gott, der endlich kommt, um sein Volk zu erlösen.

All dies wird in dieses Lied quasi hineingegossen, als wäre es ein schäumendes Getränk, das über den Rand des Kruges schwappt und überläuft. Beinahe jedes Wort in diesem Lied ist ein Zitat aus der Bibel, wie sie Maria schon seit ihrer Kindheit kannte. Vieles davon erinnert an das Lied von Hanna in 1. Samuel 2, das Lied, das die Geburt von Samuel und allem feiert, was Gott durch ihn tun würde. Nun feiern diese beiden werdenden Mütter gemeinsam, was Gott durch ihre Söhne **Johannes** und Jesus tun würde.

Dies alles ist ein Teil von Lukas' Art der Vorbereitung auf das, was nun folgt. Die beiden Jungen wachsen auf und werden wirklich zu Männern, die Gottes lang verheißene Revolution, den Sieg über die Mächte des Bösen, vorantreiben. Vieles von Marias Lied klingt in den Lehren ihres Sohnes nach, als er die Reichen davor warnt, auf ihren Reichtum zu vertrauen und den Armen Gottes **Reich** verspricht.

Aber wieder hat Lukas für uns nicht einfach die großen Linien der Geschichte skizziert. Der Besuch von Maria bei Elisabeth ist ein wundervoll menschliches Portrait der älteren Frau, die endlich schwanger ist, obwohl sie schon alle Hoffnung aufgegeben hatte, und der jüngeren, die schwanger wird, lange bevor sie es erwartet hatte. Es hätte auch ein Moment der Anspannung werden können: Maria hätte stolz und Elisabeth vielleicht neidisch sein können. Aber nichts davon passiert. Stattdessen erfahren wir diese intimen Details: Drei Monate vor seiner Geburt hüpft Johannes im Bauch, als er Marias Stimme hört, und der Heilige Geist lässt Elisabeth einen Schrei der Anbetung tun und Maria ein neues Lied anstimmen.

Hinter all dem wird Gott selbst gefeiert. Er hat die Initiative ergriffen – Gott der Herr, der Retter, der Mächtige, der Heilige, der Gnädige, der Treue. Gott selbst ist der ultimative Grund zu feiern.

Lukas 1,57-80: Zacharias' Loblied

57 Für Elisabeth kam die Zeit der Geburt heran, und sie brachte einen
Sohn zur Welt. 58 Als ihre Nachbarn und Verwandten hörten, dass der
Herr ihr noch mehr Gnade gegeben hatte, kamen sie, um mit ihr zu
feiern.

59 Als sie sich am achten Tag versammelten, um das Kind zu be-

schneiden, wollten sie ihn nach seinem Vater „Zacharias" nennen. 60Seine Mutter wehrte sich: „Nein, er soll Johannes heißen."

61Sie protestierten: „Keiner von euren Verwandten heißt so."

62Sie wandten sich mit Zeichen an seinen Vater, um ihn nach dem Namen für das Kind zu fragen. 63Er verlangte eine Schreibtafel und schrieb darauf: „Er heißt Johannes."

Alle wunderten sich darüber. 64Unmittelbar darauf wurden sein Mund und seine Zunge gelöst, er fing wieder an zu reden und lobte Gott. 65Alle Nachbarn bekamen es mit der Angst zu tun. Im ganzen judäischen Bergland sprach man über diese Vorkommnisse. 66Wer davon hörte, dem ging es zu Herzen. Man fragte sich: „Was wird wohl aus diesem Kind einmal werden?" Die Hand des Herrn war mit ihm.

67Johannes' Vater Zacharias wurde vom Heiligen Geist erfüllt und sprach prophetische Worte:

68„Gepriesen sei der Herr, Israels Gott!
Er kam zu seinem Volk und hat ihnen ihre Freiheit erkauft.
69Er hat für uns ein Horn der Errettung aufgerichtet
im Haus Davids, dem Haus seines Dieners.
70So hat er es durch den Mund der Propheten versprochen,
den Heiligen, die schon in uralten Zeiten sprachen:
71Errettung vor unseren Feinden,
Zuflucht vor den Hassern,
72Gnade unseren Vorfahren, die seinen heiligen Bund hielten.
73Er schwor unserem Vater Abraham einen Eid,
74uns aus den Händen unserer Feinde zu erlösen,
damit wir ihn anbeten können, 75heilig und gerecht
vor seinem Angesicht bis ans Ende unserer Tage.
76Man wird dich, mein Kind, ‚Prophet des Höchsten' nennen.
Geh vor dem Herrn her und bereite seinen Weg vor
77und mach seinem Volk die Rettung bekannt
durch die Vergebung ihrer Sünden.
78Das Herz unseres Gottes ist voller Erbarmen.
Deshalb lässt er sein helles Licht aus der Höhe aufscheinen

79*und bringt so Licht in die Finsternis, wo wir im Schatten des Todes saßen.*
Er leitet unsere Füße auf dem Weg des Friedens."

80*Das Kind wuchs heran eund wurde stark im Geist. Bis zu dem Tag, an dem er in Israel öffentlich auftrat, hielt er sich in der Wildnis auf.*

Die meisten Menschen können sich heute ein Leben ohne Fernseher nicht mehr vorstellen. Wir sind es gewohnt, dass uns der Fernseher vorgibt, worüber wir nachdenken sollen. Wenn er fehlt, werden manche Menschen sehr unruhig, weil sie sich in ihren eigenen ungewohnten Gedanken verlieren, wie ein Wanderer in der Wildnis, dessen Führer plötzlich verschwindet. Denken Sie sich Radio und Zeitung ebenfalls weg und ... worüber würden *Sie* den ganzen Tag nachdenken?

Bis vor ganz kurzer Zeit lebten die meisten Menschen auf der Welt genau so. Zu Jesu Zeiten war das für alle Menschen ganz normal. Wenn Sie Zacharias wären, worüber würden Sie den ganzen Tag nachdenken?

Über Ihre Familie selbstverständlich. Wahrscheinlich über das, was im dörflichen Alltag so passiert. Ziemlich sicher auch über Ihre Gesundheit, den Zustand des Getreides und die zu erwartende Ernte.

Aber hinter diesen offensichtlichen Belangen liegen tiefere Fragen. Etwas stimmt nicht mit der Welt. Menschen leiden. *Ihr* Volk leidet. Gefährliche Fremde kamen von weit her mit Augen voller Hass und Waffen in den Händen. Dunkelheit und Tod hatten sich ins Land geschlichen. Viele Menschen in vielen Ländern mussten über all dies nachdenken, viele Jahrhunderte lang.

Noch tiefer unter diesen Gedanken mag eine Ahnung liegen, dass es, auch wenn viel schiefgelaufen ist, irgendwie eine größere Hoffnung gibt. Die Dinge können wieder in Ordnung kommen. Die Dinge *werden* wiederhergestellt werden. Wenn Sie diese Hoffnung nicht haben, sind Sie verloren. Oft sind es ältere Menschen, die alte Erinnerungen und Vorstellungen hoch- und die Worte der Hoffnung am Leben erhalten.

In diesem Abschnitt, vor allem im prophetischen Gedicht, begegnet uns Zacharias als einer, der sich schon seit vielen Jahren über den Schmerz und die Hoffnung Gedanken macht. Jetzt, da er endlich voller Ehrfurcht und Entzücken seinen kleinen Sohn betrachtet, sprudelt beides aus ihm heraus.

Es ist ein Gedicht darüber, dass Gott endlich eingreift, dass er endlich tut, was er viele Jahrhunderte vorher versprochen hatte. Er greift endlich ein, nachdem sein Volk lange genug unter Hass und Unterdrückung gelitten hat. Ein grausames Reich nach dem anderen hatte auf Israel herumgetrampelt, und nun endlich würde Gott sein Volk befreien. Wir können die langen Jahre des Schmerzes, des Leides, der Dunkelheit und des Todes spüren, die Zacharias' Gedanken überschatten. Namenlose Feinde lauern in seiner Vorstellung und seiner Erfahrung hinter jeder Ecke. Das war wohl auch der Grund, warum er zuerst an Gabriels Worten gezweifelt hat.

Aber wir können auch die langen Jahre des stillen Gebets und des Vertrauens spüren. Gott hatte mit Abraham einen **Bund** geschlossen. Gott hatte versprochen, einen neuen David zu schicken. Gott hatte von einem Propheten gesprochen, der vorausgeht und den Weg bereitet. All das hatte Zacharias gewusst, geglaubt, dafür gebetet und sich danach gesehnt. Und nun würde alles wahr werden.

Große Teile des Gedichts könnte man auf die Freude über eine „politische" Befreiung reduzieren – obwohl nur wenige Juden damals und nicht sehr viele moderne Juden das Weltliche vom Geistlichen so trennen würden, wie es der moderne Westen tut. Aber es gibt Anzeichen, dass Zacharias' Vision über eine Neuordnung der politischen Kräfte hinausgeht. Gottes Gnade, die Vergebung der Sünden, die Errettung vom Tod – all das deutet auf eine tiefere und weitere Bedeutung von „Erlösung" hin. Lukas bereitet uns vor zu sehen, dass Gott, wenn er die alttestamentlichen Verheißungen erfüllt, viel mehr vollbringt als eine innerweltliche Erlösung. Gott stößt die Tür zu einer völlig neuen

Welt auf, in der die Sünde und der Tod selbst bezwungen sein werden. Und das ist natürlich die Nachricht, mit der sich der Rest dieses Buches beschäftigt.

Zacharias' eigene Geschichte von neun Monaten der Stille, die endet, als er den Namen seines Kindes nennt, spiegelt in einem kleineren Rahmen wider, was in Israel zu jener Zeit vorging. Viele glaubten, dass das prophetische Reden seit langer Zeit verstummt war. Nun würde es wieder erklingen und viele wieder dazu bringen, Gott wahrhaftig treu zu sein. Was als eine Art Strafe für Zacharias' Mangel an **Glauben** angefangen hatte, wird zu einer neuen Art Zeichen, einem Zeichen, dass Gott etwas Neues tut.

Lukas' langes erstes Kapitel bringt zusammen, was wir oft getrennt halten wollen, weil das einfacher zu sein scheint. Punkt für Punkt hat er seine Geschichte mit der alttestamentlichen Geschichte des Volkes Israel verbunden, mit den Patriarchen, den Königen, den Propheten und Psalmen. Er schreibt von einer Zeit, in der die jahrhundertealte Geschichte endlich aus dem Dunkel ins plötzliche Licht kommt. Nie vergisst er diesen größeren Zusammenhang. Alles, was er uns über Jesus erzählen wird, ergibt Sinn als Erfüllung von Gottes uralten Verheißungen. Die Hoffnung Israels trägt endlich Früchte.

Gleichzeitig vibriert Lukas' Geschichte geradezu, weil sie voller persönlicher Hoffnungen und Ängste ganz normaler Menschen ist. Zacharias, Elisabeth und Maria werden als wirkliche Menschen geschildert. Sie schwanken zwischen Glauben und Zweifel. Sie sind berufen, Gott in einem nie dagewesenen Moment der Geschichte zu vertrauen. Dies ist nicht nur ein Zeichen von Lukas' Schreibstil, sondern auch vom Charakter des Gottes, über den er schreibt. Dieser hält nämlich beides, das große Ganze und die kleinen menschlichen Geschichten, für gleichermaßen wichtig. Dies ist, Zacharias erahnte es, die Geschichte, wie der Schöpfergott kam um sein Volk zu retten. Es ist die Geschichte, wie Gott selbst als Baby geboren wird, und dies wird uns Lukas jetzt erzählen.

Lukas 2,1-20: Jesu Geburt

[1]In diesen Tagen gab Kaiser Augustus einen Erlass heraus: Die ganze
Welt sollte registriert werden. [2](Es war die erste Registrierung, die vor
derjenigen stattfand, als Quirinius Statthalter in Syrien war). [3]Jeder
musste in seine Stadt gehen, um sich registrieren zu lassen. [4]Auch Jo-
sef, der zum Haus und zur Familie Davids gehörte, machte sich von
Nazareth in Galiläa auf den Weg nach Bethlehem in Judäa, in Davids
Stadt, [5]um sich mitsamt seiner Verlobten Maria registrieren zu lassen.
Sie war schwanger.

[6]Dort waren sie, als die Zeit der Geburt kam; [7]sie gebar ihren erst-
geborenen Sohn. Den wickelte sie und legte ihn zum Schlafen in eine
Futterkrippe, weil es in den Wohnräumen keinen Platz für sie gab.

[8]In jener Gegend gab es Schafhirten. Sie hielten Nachtwache bei ih-
rer Herde. [9]Ein Engel des Herrn stellte sich vor sie hin. Die Herrlich-
keit des Herrn leuchtete um sie, und sie erschraken zu Tode.

[10]„Habt keine Angst", sagte der Engel zu ihnen. „Schaut, ich habe
eine gute Neuigkeit für euch. Diese Neuigkeit wird alle Menschen sehr
glücklich machen. [11]Heute ist für euch in der Stadt Davids ein Retter
geboren – der Messias, der Herr! [12]Dies soll euch als Zeichen dienen:
Ihr werdet das Baby finden. Es ist gewickelt und liegt in einer Fut-
terkrippe."

[13]Plötzlich war da ein großes himmlisches Heer. Das pries Gott mit
den Worten:

[14]„Ehre sei Gott in der Höhe
und Friede auf der Erde unter allen, denen seine Gunst gilt."

[15]Als die Engel wieder in den Himmel zurückgekehrt waren, sagten
die Hirten zueinander:

„Also gut, gehen wir nach Bethlehem und sehen uns all das an, was
der Herr uns gesagt hat."

[16]Schnell machten sie sich auf den Weg. Sie fanden Maria und Josef
und das Kind, das in der Futterkrippe lag. [17]Als sie es sahen erzählten

sie, was ihnen über das Kind gesagt worden war. 18*Alle, die das hör-*
ten, staunten darüber, was die Hirten ihnen erzählten. 19*Maria aber*
bewahrte alle diese Dinge in ihrem Herzen und dachte darüber nach.
20*Die Hirten kehrten wieder um. Sie ehrten und priesen Gott für*
alles, was sie gehört und gesehen hatten, so wie es ihnen gesagt wor-
den war.

Wenn Sie einem Hund etwas zeigen wollen, wird dieser oft auf Ihren Finger achten statt auf das Objekt, auf das sie zeigen. Das ist frustrierend, aber es zeigt einen ganz natürlichen Fehler, der uns allen von Zeit zu Zeit unterläuft.

Dieser Fehler unterläuft vielen Menschen, wenn sie die Weihnachtsgeschichte im Lukas**evangelium** lesen. Was wissen die Leute über Jesu Geburt? Das Erste, was ihnen dazu in den Sinn kommt, ist die Futterkrippe – die Weihnachtskrippe. Der berühmteste Tierfutter-Trog der Weltgeschichte. Man sieht sie auf Weihnachtskarten. Kirchen stellen aufwendige „Krippen" auf und ermutigen die Menschen manchmal, davor zu beten. Wir kennen auch die Tiere, die bei Jesu Geburt dabei waren, auch wenn Lukas kein einziges davon erwähnt. Ochse und Esel erscheinen prominent auf Weihnachtskarten und in Weihnachtsliedern, obwohl es auch keinen Hinweis darauf gibt, dass die Hirten ihre Tiere mitgenommen hätten, oder dass es Tiere gab an dem Ort, an dem sich Maria und Josef aufhielten.

Wir sollten klar vor Augen haben, wo die beiden untergekommen waren. In vielen Krippenspielen sehen wir, wie sie an die Tür einer Gaststätte anklopfen. Weil es dort kein Zimmer mehr für sie gab, bot man ihnen den Stall an, in dem auch Tiere waren. Aber das Wort für „Herberge" in der traditionellen Übersetzung hat verschiedene Bedeutungen. Wahrscheinich übernachteten sie im Erdgeschoss eines Hauses, in dem Menschen normalerweise im Obergeschoss lebten. Das Erdgeschoss wurde oft als Stall für die Tiere genutzt – daher die Krippe, die sich dann als Wiege anbot –, aber es steht nirgends, dass tatsächlich Tiere dort waren.

Wenn wir auf die Krippe starren und vergessen, warum sie überhaupt erwähnt wird, sind wir wie der Hund, der auf den Finger statt auf das Objekt schaut. Aber wieso erwähnt Lukas sie drei Mal in dieser Geschichte?

Die Antwort lautet: Weil eben gerade die Futterkrippe – und das ist doch sehr passend – den Hirten als Zeichen diente. Sie zeigte ihnen, welches Baby sie suchen mussten. Und sie zeigte ihnen, dass der Engel wusste, wovon er sprach. Und natürlich ist es ein weiterer wundervoller menschlicher Zug an der Geschichte, in der eine junge Mutter eine Futterkrippe zu einer Wiege für ihren neugeborenen Sohn umfunktioniert. Ohne Zweifel ist das Stoff für viele Predigten, die noch gepredigt werden, über Gott, der in den Dreck und die Unordnung des normalen Lebens hinabkommt. Aber der Grund, warum Lukas die Krippe erwähnt, besteht darin, dass sie wichtig ist, um den Hirten die Neuigkeiten zu bestätigen und das richtige Kind zu finden.

Warum nun ist das von Bedeutung? Weil den Hirten gesagt wurde *wer dieses Kind war*. Dieses Kind ist der Retter, der **Messias**, der Herr. Die Krippe als solche ist nicht wichtig. Sie ist ein Wegweiser, ein Finger, der auf etwas deutet, und zwar auf die Identität und die Aufgabe des kleinen Jungen, der darin liegt. Die Hirten, die von den Feldern herbeigerufen werden (so wie David als Hirtenjunge von den Feldern gerufen worden war, um zum König gesalbt zu werden), waren in die Neuigkeiten eingeweiht worden. So erhalten Maria und Josef von einer unerwarteten Seite die Bestätigung, dass ihr Geheimnis, das bis dahin ihr eigenes war, wirklich wahr ist.

Wir können davon ausgehen, dass die Hirten – wie andere palästinische Juden ihrer Zeit, einschließlich des alten Zacharias aus dem vorangegangenen Kapitel – wussten, was ein Retter, ein Messias und Herr tun würde. Falls wir eine Gedankenstütze brauchen: Lukas begann die Geschichte damit, dass er uns von Augustus erzählte, der weit weg in Rom auf dem Höhepunkt seiner Macht stand.

Augustus war der Adoptivsohn von Julius Cäsar. Nachdem er in einem blutigen Bürgerkrieg alle Rivalen besiegt hatte, setzte er sich als Alleinherrscher des Römischen Imperiums durch. Der letzte, den er vernichtet hatte, war der berühmte Marcus Antonius, der bald nach seiner Niederlage in der Schlacht von Actium im Jahr 31 v. Chr. Selbstmord beging. Augustus machte aus der großartigen römischen Republik ein Kaiserreich und setzte sich selbst an die Spitze; er verkündete, dass er der ganzen Welt Gerechtigkeit und Frieden gebracht hatte. Seinen verstorbenen Adoptivvater erklärte er für göttlich; damit stilisierte er sich selbst zum „Sohn Gottes". Dichter schrieben Lieder über die neue Epoche, die nun begonnen hatte; Historiker erzählten die lange Geschichte von Roms Aufstieg zur Macht, die ihren Höhepunkt (offensichtlich) mit Augustus erreicht hatte. Die Leute nannten Augustus den „Retter" der Welt. Er war der König und der „Herr" der Welt. Im östlichen Teil des Reiches wurde er immer mehr auch als Gott verehrt.

Währenddessen wurde weit weg an der gleichen östlichen Grenze ein Junge geboren, der innerhalb einer Generation als „**Sohn Gottes**" bejubelt werden würde. Seine Nachfolger würden von ihm als „Retter" und „Herr" sprechen. Sie waren überzeugt, dass seine Ankunft der Welt wahre Gerechtigkeit und Frieden gebracht hatte. Jesus stand nie vor einem römischen Kaiser, aber auf dem Höhepunkt von Lukas' Evangelium steht er vor dessen Vertreter, dem Statthalter Pontius Pilatus. Bestimmt hat Lukas diese Szene im Kopf, während er seine Geschichte erzählt: wie der römische Kaiser sich entscheidet, in seinem ganzen Herrschaftsbereich eine Volkszählung durchzuführen, und wie diese dafür sorgt, dass Jesus an dem Ort geboren wird, der mit König David selbst in Verbindung gebracht wird.

Viele Historiker haben sich über diese Volkszählung den Kopf zerbrochen. Diejenige, die durchgeführt wurde, als Quirinius Statthalter in Syrien war, fand lange nach Jesu Geburt statt (und verursachte interessanterweise Aufstände, weil die Juden sich dagegen wehrten, von den Römern besteuert zu werden). Man kann den griechischen Grundtext hier auch so übersetzen, dass diese Zählung als eine betrachtet wird, die jener berühmten unter Quirinius vorausging. Es gibt viele Rätsel, die die Geschichtsforschung nie lösen wird; vielleicht ist dies eines davon.

So oder so wird aber klar, worauf Lukas hier hinaus will. Die Geburt dieses kleinen Jungen ist der Anfang einer Konfrontation zwischen dem **Reich** Gottes – in all seiner sichtbaren Schwäche, Bedeutungslosigkeit und Verletzlichkeit – und dem Reich der Welt. Augustus hörte nie von Jesus von Nazareth. Innerhalb eines Jahrhunderts aber hatten Augustus' Nachfolger nicht nur von ihm gehört, sondern sie unternahmen Schritte, seine Anhänger auszulöschen. Nur etwas mehr als drei Jahrhunderte später wurde der Kaiser selber ein Christ. Wenn Sie also die Krippe auf einer Karte oder in der Kirche sehen, bleiben sie nicht bei ihr stehen. Schauen Sie, worauf sie hinweist. Sie deutet auf die explosive Wahrheit hin, dass das Baby in ihr schon der wahre König der Welt genannt wird. Der Rest der Geschichte von Lukas, im Evangelium sowie später in der Apostelgeschichte, wird davon handeln, wie Jesus seine Königsherrschaft aufrichtet.

Lukas 2,21-40: Simeon und Hanna

21 *Acht Tage später war es Zeit, den Jungen zu beschneiden. Er bekam den Namen Jesus, wie es der Engel ihnen aufgetragen hatte, noch bevor er im Mutterleib empfangen worden war.*

22 *Als es Zeit war für die Reinigung, wie sie Mose im Gesetz vorgeschrieben hatte, brachten sie ihn nach Jerusalem, um ihn dem Herrn*
zu zeigen. 23 *Das Gesetz des Herrn sagt: „Jeder Erstgeborene ist dem*
Herrn geheiligt.“ 24 *Sie waren also auch gekommen, um ein Opfer darzubringen, wie es das Gesetz vorschreibt: „ein Paar Turteltauben oder junge Tauben“.*

25 *In Jerusalem lebte zu der Zeit ein Mann namens Simeon. Er war gerecht und tief gläubig und wartete darauf, dass Gott Israel trösten*
würde. Der Heilige Geist war auf ihm 26 *und hatte ihm offenbart, dass*

er erst dann sterben würde, wenn er vorher den Messias des Herrn ge-
sehen hat. 27Er kam in den Tempel, weil der Heilige Geist ihn führte.
Als die Eltern Jesus in den Tempel brachten, um die Vorschriften des
Gesetzes zu erfüllen, 28nahm er das Baby auf den Arm und lobte Gott
mit diesen Worten:

29„Jetzt endlich, Herr, entlässt du deinen Diener im Frieden, wie du es
verheißen hast.
30 Meine Augen haben deine Erlösung gesehen,
31die du im Angesicht aller Menschen vorbereitet hast:
32ein Licht, das den Nationen Offenbarung bringt,
und Herrlichkeit für dein Volk Israel."

33Seine Eltern wunderten sich über das, was über ihn gesagt wurde.
34Simeon segnete sie.
Zu Maria sprach er: „Hör gut zu! Dieses Kind wurde hier hinge-
stellt, damit viele in Israel zu Fall kommen und viele wieder aufstehen.
Er ist ein Zeichen, dem widersprochen wird (und ein Schwert wird
deine Seele durchdringen), 35damit die Gedanken vieler Herzen ans
Licht kommen."
36Auch eine Prophetin namens Hanna hielt sich dort auf. Sie war
eine Tochter Phanuëls und stammte aus dem Stamm Asser. Sie war
sehr alt. Nach nur sieben Jahren Ehe war sie verwitwet. 37Jetzt war sie
84 Jahre alt. Sie verließ den Tempel nie, sondern diente Gott Tag und
Nacht mit Beten und Fasten. 38Sie trat in diesem Augenblick zu ihnen
und dankte Gott. Allen, die auf die Erlösung Jerusalems warteten, er-
zählte sie von Jesus.
39Nachdem sie alles getan hatten, was das Gesetz vorschreibt, kehr-
ten sie nach Galiläa zurück, in ihre Heimatstadt Nazareth. 40Das Kind
wuchs heran und wurde stark. Er war voll Weisheit, und die Gnade
Gottes war auf ihm.

Ich beobachtete, wie der Handwerker zu Werke ging. Vorsichtig setzte er Blei in das Fenster. So bereitete er den Rahmen für das wunderschöne bunte Glas vor, das er vorher eingefärbt hatte. Jetzt kam der besondere Moment: Wo vorher ein simples Glasfenster war, sah man nun ein Feuerwerk von Farben und Formen; sie erzählten eine Geschichte und ließen sie gleichzeitig erstrahlen.

Lukas hat nun sein Gemälde gewissermaßen vorskizziert. Er hat das Fenster mit Blei umrahmt. Welches bunte Glas wird er nun einsetzen, um es fertigzustellen? Was für eine Geschichte wird er erzählen und welches Funkeln wird er ihr verleihen?

Das Bild zeigt Jesus als wahren Herrscher: der Herr, der **Messias**, der Retter, der wahre König der Welt anstelle des Kaisers. Wie einfach wäre es jetzt, dieses Bild mit glänzenden königlichen Farben auszufüllen und uns so ein Gefühl für die zukünftige Herrlichkeit, Weltherrschaft, Macht und Majestät Jesu zu vermitteln.

Doch Lukas entscheidet sich für das genaue Gegenteil. Er wählt düstere Farben; und je mehr er das Bild ausfüllt, desto mehr wird uns bewusst, dass dieses Reich sich vom Reich des Kaisers Augustus stark unterscheidet. Es ist in der Tat das, was Gott versprochen hatte, aber – und Lukas warnt uns hier nicht zum letzten Mal – dieses Reich sieht nicht so aus wie es die Menschen erwartet hatten.

Diese Geschichte wird eine Geschichte des Leidens werden. Simeon sehnt sich danach, dass Gott Israel tröstet. Hanna steht in Beziehung mit den Menschen, die sich nach Israels Erlösung sehnen. Beide leben in einer Welt der geduldigen Hoffnung, in der das Leiden zu einem ganz selbstverständlichen Teil des Lebens geworden war. Nun scheint es, dass der von Gott berufene Erlöser sich darum kümmern wird, indem er selber leidet. Simeon spricht dunkle Worte aus über Widerstand und ein Schwert, das Marias Herz durchbohren wird.

Das also, sagt Lukas, passiert, wenn Gottes **Reich** dem Reich der Welt entgegentritt. Lukas lädt uns durch die ganze Geschichte hindurch ein, dabei zuzuschauen, wie die Prophetien wahr werden. Maria wird bestürzt zusehen, wie ihr Sohn von eben jener Stadt abgelehnt wird, der er den Weg des Friedens angeboten hatte, von eben jenen Menschen, zu denen er gekommen war, um sie zu erretten. Am Schluss wird das Kind, das, wie Simeon sagt, „gekommen ist, damit viele in Israel zu Fall kommen und viele wieder aufstehen", selber durch den Tod hindurch und in die Auferstehung hineingehen und die Hoffnungen und Ängste der Stadt, der Nation und der Welt mit sich nehmen.

Lukas malt zwar das Bild mit den dunklen Farben des Leidens. Gleichzeitig zeigt er aber auch, dass das Reich, das mit diesem Baby seinen Anfang nimmt, nicht nur für Israel, sondern für die ganze Welt bestimmt ist. Simeon hat die Wahrheit im Herzen des Alten Testaments verstanden (und Lukas hält sorgfältig fest, dass Jesus und seine Eltern das AT erfüllten): Wenn die Geschichte Israels zu ihrem von Gott gewollten Ziel kommt, wird endlich das Licht für die Welt aufgehen. Alle Nationen, nicht nur die Juden, werden sehen, was Gott enthüllt: einen Plan zur Erlösung aller Menschen ohne Unterschied. Dies wird die wahre Herrlichkeit von Israel selber sein, dass es Träger der Verheißung war, die Nation, aus welcher und in welcher der wahre Herrscher der Welt sich erhebt: „ein Licht, das den Nationen Offenbarung bringt, und Herrlichkeit für dein Volk Israel." Dies ist keine Offenbarung, wie die Welt sie wollte, aber trotzdem wahre Offenbarung und wahre Herrlichkeit.

Lukas gibt der Geschichte eine weitere menschliche Dimension. Am Ende der ersten zwei Kapitel wird fast jeder Leser jemanden gefunden haben, mit dem er oder sie sich identifizieren kann. Wir haben das ältere Paar getroffen, das mit der Nachricht überrascht wurde, endlich doch noch ein Kind zu bekommen. Wir haben das junge Mädchen gesehen, das noch überraschter davon war, so bald schon ein Kind zu bekommen. Zusammen mit ihrem Ehemann kommt sie in den **Tempel**, um das gebotene **Opfer** zu bringen. Der nächste Abschnitt wird nun Jesus selber zeigen, der auf der Schwelle zum jungen Erwachsenen steht. In unserem Abschnitt haben wir den alten Mann und die alte Frau, die wissen, dass sie bald sterben werden. Sie preisen Gott Tag und Nacht und beten für die Erlösung seines Volkes. Lukas möchte

Leser jeden Alters und aus jedem Lebensabschnitt in sein Bild hineinziehen. Ganz egal, wer oder wo Sie sind, die Geschichte von Jesus, von der Futterkrippe in Bethlehem bis zum leeren Grab und darüber hinaus kann Ihre Geschichte werden.

Wenn sie Ihre Geschichte wird, wird sie auch Ihre Berufung werden. Jeder hat seine eigene Rolle in Gottes Plan. Für einige wird es eine aktive Rolle sein, für alle sichtbar vor den Augen der Öffentlichkeit. Vielleicht predigt man das Evangelium oder man bringt durch praktische Hilfe die Liebe Gottes zu den Menschen. Für andere wird es eine stille Rolle sein, im Geheimen treu im Gebet dafür, dass Gott seine Verheißungen tatkräftig erfüllen möge. Für viele wird es eine Mischung aus beidem sein, manchmal das eine und dann wieder das andere. Maria und Josef brauchten in diesem Augenblick Simeon und Hanna; und der alte Mann und die alte Frau brauchten sie, nachdem sie so lange schon auf sie gewartet hatten. Jetzt dankten sie Gott für diese Begegnung. Die Geburten von **Johannes dem Täufer** und Jesus haben schon jetzt ihre Auswirkungen und ziehen die verschiedensten Menschen in eine neue Anbetung und Gemeinschaft hinein.

Lukas 2,41-52: Jesus als Junge

[41]Jesu Eltern hatten die Gewohnheit, jedes Jahr am Passahfest in Je-
rusalem teilzunehmen. [42]Als er zwölf Jahre alt war, besuchten sie wie
gewohnt wieder das Fest. [43]Als die Festtage vorbei waren, machten
sie sich auf die Heimreise. Der Junge Jesus blieb in Jerusalem zurück,
ohne dass seine Eltern das wussten. [44]Sie dachten, er sei irgendwo in
der Reisegruppe. Erst am Ende des ersten Reisetages suchten sie unter
ihren Verwandten und Freunden nach ihm.

[45]Als sie ihn nicht finden konnten, gingen sie zurück nach Jerusa-
lem, um ihn dort zu suchen. [46]Nach drei Tagen fanden sie ihn end-
lich im Tempel. Er saß mitten unter den Lehrern, hörte ihnen zu und

stellte ihnen Fragen. 47*Alle, die ihn hörten, wunderten sich über seine*
Einsicht und seine Antworten.
48*Als sie ihn so sahen, wurden sie von ihren Gefühlen überwäl-*
tigt. „Kind, wieso hast du uns das angetan?“, fragte ihn seine Mutter.
„Dein Vater und ich haben ganz verzweifelt nach dir gesucht!“
49*Er antwortete: „Wieso habt ihr nach mir gesucht? Wusstet ihr*
nicht, dass ich anfangen muss, mich an der Arbeit meines Vaters zu
beteiligen?“
50*Sie verstanden nicht, was er sagen wollte.* 51*Er machte sich mit ih-*
nen auf den Weg und kam nach Nazareth. Hier lebte er und war ihnen
gehorsam. Seine Mutter bewahrte all das in ihrem Herzen auf.
52*So wurde Jesus weiser und größer und gewann Gunst bei Gott*
und bei den Menschen.

Als ich noch ein Kind war, musste ich alleine oder mit meiner Schwester jeden Morgen mehr als einen Kilometer zur nächsten Bushaltestelle gehen. Am anderen Ende der Fahrt ging ich alleine den Weg zur Schule. Am Abend nahm ich den gleichen Weg wieder zurück. Ich habe mich nie unsicher gefühlt, auch nicht an dunklen Wintertagen. Heute werden viele Kinder im Auto zur Schule gebracht. Ihre Eltern machen sich Sorgen wegen der vielen Gefahren, die ihnen unterwegs vielleicht auflauern könnten.

Das Erste, was an dieser Geschichte ins Auge sticht, ist, dass Maria und Josef sich sorglos mit der großen Gruppe aus Galiläa auf den Heimweg machten, ohne sich vorher zu versichern, dass Jesus mit dabei war. Dies sagt viel über ihre Welt aus, in der Großfamilien, Verwandte und Freunde in engem Vertrauensverhältnis zusammenlebten. Ebenso gilt aber auch: Nachdem sie Jerusalem verlassen hatten und dann alleine ohne die Sicherheit der Gruppe wieder in die Stadt zurückkehren, wird die große Stadt zu einem potenziell gefährlichen Ort. Sie wird zu einem Ort voller dunkler Gassen und fremder Menschen, voller Soldaten und Händler. Das ist kein Ort, an dem man ohne Bedenken seinen zwölfjährigen Sohn ein paar Tage alleine lassen würde.

Lukas 2,41-52: Jesus als Junge

Marias und Josefs Qualen, als sie drei Tage lang ihren Sohn suchen, stehen in krassem Gegensatz zu der ruhigen Antwort von Jesus, als sie ihn schließlich finden. Marias Vorwürfe sind mit der Mischung aus Schuldgefühlen und Erleichterung gefärbt, die viele Eltern wohl selber kennen. Anstatt zu sagen: „Wie konnte es *uns* nur passieren, dass wir *dich* zurückgelassen haben?", sagt sie: „Wie konntest *du uns* das antun?" Jesus nimmt die Schuldzuweisung allerdings nicht an und äußert stattdessen einen behutsamen Tadel, der Bände darüber spricht, wie sich seine Selbstwahrnehmung entwickelt. „Dein Vater und ich", sagt Maria, „haben dich gesucht." – „Nein", entgegnet Jesus, „ich habe mich um meines Vaters Werk gekümmert." Manche Familien sammeln die bemerkenswertesten Aussagen ihrer Kinder in einem Heft. Maria trug ihr Notizbuch gewissermaßen im Herzen und insbesondere diese Bemerkung wird (mit einem schmerzhaften Stich verbunden) dort festgehalten worden sein.

Einem aufmerksamen Leser seines **Evangeliums** fällt vielleicht auf, dass Lukas diese Geschichte als Teil eines großen Rahmens um die eigentliche Geschichte herumstellt, die jetzt bald beginnt. Eine der beliebtesten Begebenheiten in seinem Evangelium ist die Geschichte vom Weg nach Emmaus (Kapitel 24,13-35), in der zwei **Jünger** einander von ihrem Schmerz in den letzten drei Tagen seit Jesu Tod erzählen. Jesus tritt zu ihnen und erklärt, inwiefern „es nötig war, dass diese Dinge passieren mussten." Hier haben wir also noch ein Paar, das nach Jerusalem zurückkommt und nach drei Tagen den Jesus wiederfindet, den sie verloren glaubten, und dem Jesus erklärt, „dass es nötig war" (das griechische Wort ist dasselbe), „dass ich mich um meines Vaters Werk kümmerte". Man könnte die zwei Geschichten wie folgt betiteln: „Jesus finden, wenn man glaubt, ihn verloren zu haben." Und wenn das die Botschaft dieser zwei Abschnitte ist, dann möchte Lukas uns vielleicht damit etwas über sein ganzes Evangelium sagen: Vielleicht schreibt er, zumindest auf einer Ebene, für Menschen, die glaubten, sie hätten eine Ahnung davon, wer Jesus ist, die aber dann herausfinden, dass er doch schwerer zu fassen ist als sie dachten.

Ihn zu finden beinhaltet nämlich normalerweise eine Überraschung. Jesus sagt nicht, was Maria und Josef oder die zwei Jünger auf der Straße erwartet hatten. Für uns wird es ebenso sein. Jedes Mal, wenn wir uns entspannt zurücklehnen und denken, wir hätten ihn nun wirklich verstanden, wird er uns voraus sein, oder vielleicht auch zurückbleiben, während wir ohne nachzudenken einfach weitergehen. Jüngerschaft schließt immer auch das Unerwartete ein.

Im Zentrum des Bildes aber ist Jesus im **Tempel** – ein bedeutungsvolles Thema für Lukas. Und tatsächlich haben wir den Tempel in diesem Evangelium bis jetzt schon einige Male besucht: die Vision von Zacharias, die Begegnung mit Simeon und Hanna, und nun Jesus selber, der sich auf das Gespräch mit den Lehrern des Gesetzes einlässt. Das Evangelium wird auch mit den Jüngern enden, die im Tempel Gott preisen. Aber zwischen diesem Anfang und Ende werden der Tempel und die Heilige Stadt, die ihn umgibt, von Jesus aufs Schärfste gewarnt. Von nun an wird Jesus seine Zeitgenossen herausfordern, die Versprechen einzulösen, die mit dem Tempel zu tun haben. Wenn sie das nicht tun, wird der Tempel selber zerstört werden.

Wenn wir diese Geschichte betend lesen, können wir uns wahrscheinlich ziemlich leicht mit Maria und Josef identifizieren – und vielleicht auch mit Jesus, der ganz ruhig seine geistige Unabhängigkeit und seine Berufung erklärt, auch wenn er dann mit seinen Eltern nach Hause zurückkehrt und gehorsam bei ihnen lebt. Vielleicht sollten wir uns an eine Zeit erinnern, in der wir jemanden oder etwas verloren glaubten, der oder das uns sehr wertvoll war. Vielleicht sollten wir darüber nachdenken, ob wir Jesus selbst als selbstverständlich hingenommen haben; wenn das Maria und Josef passieren konnte, dann kann das genauso gut auch uns passieren. Wir dürfen nicht einfach annehmen, er würde uns begleiten, wenn wir unserem eigenen Tagewerk nachgehen. Aber falls und wenn wir spüren, dass er nicht (mehr) da ist, dann müssen wir bereit sein ihm nachzujagen, ihn im Gebet, in der Bibel und im **Abendmahl** zu suchen und nicht aufgeben, bis wir ihn gefunden haben.

Wir müssen auch erwarten: Wenn wir ihn wiederfinden, tut oder sagt er nicht, was wir erwarten würden. Er muss sich um seines Vaters Werk kümmern. Aber das ist ja auch unsere Aufgabe.

Lukas 3,1-9: Die Predigt von Johannes dem Täufer

1 Als Kaiser Tiberius seit fünfzehn Jahren regierte, war Pontius Pilatus
Gouverneur in Judäa. Herodes war Tetrarch von Galiläa, sein Bruder
Philippus regierte als Tetrarch über Ituräa und Trachonitis und Lysa-
nias war Tetrach in Abilene. 2 Hannas und Kaiphas waren in jenen Ta-
gen Hohepriester.

Zu dieser Zeit kam das Wort des Herrn zu Johannes, dem Sohn des
Zacharias, der sich in der Wüste aufhielt. 3 Er zog durch die ganze Jor-
danregion und lud zu einer Taufe der Umkehr zur Vergebung der Sün-
den ein. 4 Das ist schon im Buch des Propheten Jesaja so angekündigt:

„In der Wüste ruft eine Stimme:
Bereitet den Weg des Herrn vor,
baut ihm eine gerade Straße!
5 Jedes Tal soll aufgefüllt
und jeder Berg abgetragen werden,
krumme Pfade werden begradigt
und holprige Straßen werden geebnet.
6 Alles, was lebt, soll Gottes Rettung sehen.“

7 Große Menschenmengen kamen zu ihm heraus, um sich taufen zu
lassen. Johannes sagte ihnen immer wieder: „Ihr Schlangenbrut! Wer
sagt euch denn, dass ihr dem kommenden Zorn Gottes entfliehen
könnt? 8 Zeigt doch zuerst, dass ihr wirklich umgekehrt seid, indem
ihr die entsprechende Frucht bringt! Sagt nicht bei euch selbst: ‚Ab-
raham ist ja unser Vater.‘ Ich sage euch, dass Gott aus diesen Steinen
Kinder Abrahams machen kann! 9 Die Axt liegt schon an der Wurzel

der Bäume. Jeder Baum, der keine gute Frucht produziert, wird umgehauen und ins Feuer geworfen werden.“

Stellen Sie sich vor, wie riesige Flutwellen das Land überfluten. Uralte Städte finden sich plötzlich unter Wasser wieder. Niemand hätte das erwartet. Alle sind total überrascht und können kaum glauben, was passiert.

Wenn die Verantwortlichen früh genug gewarnt werden, tun sie ihr Bestes, damit die Menschen aus ihren Häusern evakuiert werden, sodass niemand darin eingeschlossen wird. Sie fahren in der Stadt herum und warnen vor der Gefahr, damit die Menschen rechtzeitig die Stadt verlassen können. Sie lassen im Radio und Fernsehen Meldungen verlesen. Wenn Gefahren unmittelbar bevorstehen, muss man schnell handeln.

Diese Art von Arbeit erledigte auch **Johannes der Täufer**. Normalerweise stellen wir uns nicht vor, dass Prediger derartige Ankündigungen machen. Nicht einmal Politiker sagen uns, dass etwas sehr dringlich wird – und wenn sie es tun, dann achten wir nicht darauf. Aber die Menschen glaubten Johannes und kamen wegen einer anderen Art von Überflutung zu ihm: wegen der **Taufe**; sie kamen um sich in den Jordan tauchen zu lassen.

Was für eine Art Notfall war das damals und wie würde es den Menschen helfen, der Gefahr zu entfliehen, wenn sie im Jordan untergetaucht wurden?

Lukas hat die Einführung in die Geschichte von Johannes dem Täufer so gestaltet, dass wir einen ziemlich genauen Eindruck von dem Zeitpunkt haben, zu dem dies alles geschah. Er gibt uns aber noch weitere wichtige Informationen: Hinter der Liste von Namen und Orten versteckt sich eine Geschichte der Unterdrückung und des Leides, die sich immer mehr verschlimmerte bis zu einem Punkt, an dem alles zu explodieren drohte.

Rom hatte in dieser Gegend seit etwa einem Jahrhundert regiert, aber erst seit dem Jahr 6 n. Chr. gab es einen römischen Statthalter.

Er lebte in Cäsarea an der Mittelmeerküste, besaß aber auch eine Residenz in Jerusalem. Augustus, der erste römische Kaiser, war im Jahr 14 n. Chr. gestorben. Seinen Platz hatte der skrupellose Tiberius eingenommen, der im östlichen Teil des Reiches schon als Gott angebetet wurde. Zwei von den Söhnen von **Herodes** dem Großen, **Herodes** Antipas und Philippus, regierten auf etwas wackligen Füßen mit Roms Erlaubnis den Norden des Landes, aber Rom hatte die direkte Kontrolle über den Süden übernommen, auch über Jerusalem. Die meisten Juden betrachteten die Söhne von **Herodes** nicht als wahre Herrscher; sie waren eine selbst ernannte Herrscherfamilie, die ihre Macht auf Angst und Unterdrückung baute – genauso wie Rom. Auch die **Hohepriester** waren nicht viel besser. Einige populäre Widerstandsbewegungen waren gekommen und wieder gegangen. In manchen Fällen waren sie brutal niedergeschlagen worden. Jeder wusste: So kann es nicht weitergehen. Irgendetwas musste geschehen. Aber was?

Gläubige Juden hatten sich nach einem Wort von Gott gesehnt. Einige glaubten, dass das prophetische Reden verstummt war, aber dass es eines Tages wieder aufleben würde. Viele erwarteten, dass eine Bewegung entstehen würde, durch die ihr Gott den alten **Bund** erneuern und Israel aus der Sklaverei in eine neue Freiheit führen würde. Die alten Propheten hatten von einer Zeit der Erneuerung gesprochen, durch die Gott selbst zu ihnen zurückkehren würde. Sie hatten nur eine schemenhafte Idee, wie das aussehen könnte; aber als ein feuriger junger Prophet in der judäischen Wüste erschien und in die Dörfer und Städte ging, um den Menschen zu erzählen, dass die Zeit gekommen sei, waren sie bereit zuzuhören.

Die Taufe, also das Untertauchen im Jordan, war ein mächtiges Zeichen dieser Erneuerung. Als die Kinder Israels aus Ägypten herausgeführt worden waren – eine Geschichte, welche den Menschen durch die regelmäßigen Passahfeiern und andere Feiertage vertraut war –, wurden sie durch das Rote Meer geführt, durch die Wüste des Sinai und dann durch den Jordan in ihr gelobtes Land. Nun waren sie wieder in der Sklaverei – in ihrem eigenen Land! – und ersehnten einen neuen **Exodus**, um in eine neue Freiheit zu kommen. Weil die alten Propheten verkündet hatten, dass diese Sklaverei ein Resultat von Israels Sünde war (sie hatten Götzen angebetet statt den eigenen wahren Gott), müsste der neue Exodus, wenn er geschehen würde, damit ein Ende machen. Der einzige Weg aus der Sklaverei, so hatten es die Propheten gesagt, bestand darin, von ganzem Herzen und ganzer **Seele** zu Gott „zurückzukehren“, was bedeutete: „Buße zu tun“, also „umzukehren“. „Kehrt um zu mir, und ich werde mich euch wieder zuwenden“, hatte einer der letzten Propheten gesagt (Maleachi 3,7).

Daher auch Johannes' Programm: „eine Taufe der **Buße** zur Vergebung der Sünden“. Johannes tat, was der Prophet Jesaja vorausgesagt hatte: Er bereitete für den Herrn einen Weg für dessen Rückkehr zu seinem Volk. Jetzt war die Zeit gekommen. Die Rettung stand kurz bevor.

Aber das Volk war in keinem guten Zustand. Weil Heiden, die zum Judentum konvertieren wollten, sich als Teil des Rituals taufen lassen mussten, sprach Johannes' Ruf zur Taufe, der sich ja an Israel richtete, für sich selber. Und es waren auch nicht nur die politischen Wirren, in welche die Nation verstrickt war; jeder in der Menge musste sich mit seiner eigenen moralisch misslichen Lage auseinandersetzen. Johannes gab sich nicht mit einem rein äußerlichen Ritual zufrieden, hinter dem man seine wahren Beweggründe verstecken konnte, indem man sich einfach pro forma dieser neuen Bewegung anschloss. Wenn Gott zurückkam, dann nicht um ihnen zu sagen, dass alles gut werden würde, nur weil sie Abrahams Kinder waren. Der Grund, warum Gott Rettung und Erlösung bringt, besteht genau darin, dass er der heilige und treue Gott ist, der den Bund mit seinem Volk hält – aber wenn das so ist, muss er mit der Gnade auch Strafe über sie bringen. Er ist kein zahmer Gott.

Johannes benutzt ein Bild, das Jesus später weiterentwickelt. Der Baum ist dazu da Frucht zu bringen. Wenn er das nicht tut, wird er gefällt (siehe Lukas 6,43-45). Die Frucht muss zeigen, dass die Umkehr echt war. Diese Warnung erschallt durch die Jahrhunderte. Auch wer heute getauft ist, muss sie ernstnehmen. Die Tatsache, dass wir Anteil am großen christlichen Geheimnis haben, am neuen Exodus, und durch das Taufwasser hindurchgegangen sind mit allem, was das bedeutet – diese Tatsache heißt nicht, dass wir davon ausgehen können, dass Gott automatisch mit uns zufrieden sein wird, auch wenn wir keine Anzeichen von echter Umkehr zeigen. Natürlich ist das christliche Leben viel mehr als nur Umkehr, aber es ist nicht weniger. Jeder geistliche Fortschritt beginnt damit, dass wir uns von den Dingen abwenden, die unseren Gehorsam behindern. Wenn Johannes mit einem Megafon Ihre Straße hinabginge, was würde er heute sagen?

Lukas 3,10-20: Johannes der Täufer fordert seine Zuhörer heraus

10 „Was sollen wir denn tun?", fragte die Menschenmenge.
11 Johannes antwortete: „Wer zwei Mäntel hat, soll dem einen ge-
ben, der keinen hat. Das Gleiche gilt für jeden, der reichlich zu essen
hat."
12 Einige Zolleinnehmer kamen, um sich taufen zu lassen. Sie fragten
ihn: „Lehrer, was sollen denn wir tun?"
13 „Nehmt nicht mehr Zoll ein, als vorgeschrieben ist", antwortete er.
14 Auch einige Soldaten fragten Johannes: „Was ist mit uns? Was
sollen wir tun?"
„Kein Raub und keine Erpressungen", gab er ihnen zur Antwort.
„Gebt euch mit eurem Sold zufrieden."
15 Die Leute waren sehr aufgeregt. Jeder fragte sich im Stillen, ob Jo-
hannes vielleicht der Messias ist. 16 Darauf antwortete Johannes: „Ich
taufe euch mit Wasser. Es wird einer kommen, der stärker ist als ich.
Ich bin es nicht einmal wert, seine Sandalen zu binden. Er wird mit
dem Heiligen Geist und mit Feuer taufen. 17 Er wird die Worfschau-
fel mitbringen und bereitet sich vor, das Durcheinander auf seinem

Dreschplatz zu trennen. Das Getreide wird er in seiner Scheune sammeln, allen Abfall aber wird er mit einem Feuer verbrennen, das nie mehr verlöscht.“

18 Mit vielen weiteren Worten legte Johannes den Leuten seine Botschaft ans Herz.

19 Der Tetrarch Herodes aber – ihn hatte Johannes zur Rede gestellt, weil er sich Herodias, die Frau seines Bruders, genommen hatte und wegen all der anderen bösen Dinge, die er getan hatte –
20 verlängerte die Liste seiner Verbrechen noch, indem er Johannes ins Gefängnis warf.

Ein Cartoon zeigt einen Skeptiker, der zum Himmel ruft: „Gott! Wenn du da oben bist, dann sag uns, was wir tun sollen!“

Eine Stimme ruft zurück: „Gebt den Hungrigen zu essen, den Heimatlosen ein Zuhause und richtet Gerechtigkeit auf.“

Der Skeptiker ist beunruhigt. „Ich wollte nur mal testen“, sagt er.

„Ich auch“, antwortet die Stimme.

Johannes der Täufer scheint weder Worte noch Zeit verschwendet zu haben, um sich auf eine detaillierte ethische Debatte einzulassen. Gelehrte Diskussionen über Einzelfälle oder die kleinen Details im Gesetz, die einem die Zeit und Energie rauben, die man eigentlich bräuchte, um tatsächlich etwas auf der Welt, an sich selbst und am eigenen Leben zu verändern: All das war seine Sache nicht. Man könnte natürlich daran herummäkeln, dass Johannes kein Wort zu den Menschen sprach, die *nicht* zwei Mäntel oder zu viel zu essen hatten. Darum geht es hier aber nicht. Wenn Menschen kamen um sich **taufen** zu lassen, dann verpflichteten sie sich dazu, das Israel Gottes zu sein, das Licht der Welt, das Volk, in dem Gottes Gerechtigkeit für alle anderen sichtbar würde. Es gab weder Zeit noch das Bedürfnis für lange Diskussionen, wie wir sie in den Schriften der **Rabbinen** finden. Was die Menschen brauchten, war eine Faustregel. „Zwei Mäntel? Gib einen dem, der keinen hat. Zu viele Lebensmittel? Da gilt das Gleiche.“ Niemand konnte das missverstehen. Wie die großen Propheten aus dem

Alten Testament sah Johannes, dass die Reichen immer reicher wurden und die Armen immer ärmer. Man musste jetzt damit beginnen, die Dinge wieder auf den rechten Weg zu bringen.

Die Spezialfälle sind doppelt interessant. Auch in den besten Zeiten zahlt niemand gerne Steuern. Einige der Abgaben wurden von den lokalen Machthabern je nach Lust und Laune erhoben. Sie füllten sich die eigenen Taschen ohne Skrupel und gaben so den Eintreibern ihr stilles Einverständnis, dasselbe zu tun. Johannes sagt nicht, sie sollten nicht mehr für die verhassten Herrscher arbeiten; er spricht sich nicht für Arbeitslosigkeit aus. Aber sie dürfen nur ihren Lebensunterhalt verdienen und nicht mehr. Keine Bereicherung auf Kosten der eigenen Landsleute. Später im Evangelium werden wir noch weiteren Steuer- und Abgabeneintreibern begegnen.

Die Soldaten sind wahrscheinlich **Herodes**' eigene Truppen; sie sind ziemlich sicher keine römischen Soldaten, kommen sie doch zu einem jüdischen Propheten für ein Ritual, das nur im Zusammenhang von Israels Nationalgeschichte Sinn macht. Wie die Steuereintreiber werden auch sie nicht aufgefordert, ihre Anstellungen aufzugeben, aber sie sollen ihre Position nicht missbrauchen, wie das offensichtlich sehr oft geschah. Kein rücksichtsloses Verhalten mehr, um ungestraft mit roher Gewalt Leute auszurauben. „Seid mit eurem Sold zufrieden“, war nicht eine Art ihnen zu sagen, sie dürfen keine höheren Löhne von ihren Arbeitgebern fordern; die schleichende Inflation, die die westliche Wirtschaft heute erlebt, war in der römischen Welt des ersten Jahrhunderts unbekannt und jährliche Lohnerhöhungen waren kein Thema. Aber die Soldaten sollten niedrige Löhne nicht als Ausrede benutzen um zu rauben und zu erpressen („**Herodes** zahlt uns nicht genug, deshalb haben wir keine andere Wahl.“).

Einfache, klare Gebote; aber wenn sie befolgt würden, würde das zeigen, dass es die Menschen ernst meinen. Keines dieser Dinge geschieht zufällig; sie geschehen nur, wenn Menschen die kleinen Ungerechtigkeiten ernsthaft bereuen, die das Zusammenleben sauer werden lassen. Aber da ist noch mehr. Johannes ist nicht nur ein Reformer der Moral, er kündigt nicht nur an, dass die Zeit für die große Befreiung, den neuen **Exodus** gekommen ist. Er ist der Vorbote des **Messias**.

Natürlich gab es damals schon einen „König der Juden". **Herodes** Antipas, offiziell ein „Tetrarch" – eine Art Prinz zweiten Grades – war dabei, den **Tempel** wieder aufzurichten, was in sich selber schon ein Anspruch auf Königswürden war. Schließlich war König Salomo der erste Tempel-Bauherr gewesen, und einige der größten Könige Israels hatten den Tempel wieder aufgebaut oder wiederhergestellt. **Herodes** hoffte, den Titel seines Vaters, König der Juden, zu erben.

Aber Johannes dachte anders über die Zukunft. Der wahre Messias, der wahre König der Juden, würde bald kommen, und er bringt messerscharfe Urteile und ein klares Gericht mit sich. Die Vorstellung, dass der Messias Richter und Retter zugleich ist, ist ein wichtiger Teil der jüdischen Erwartung; der Messias bringt Gottes Gericht über die Welt. Dazu gehört, das Böse beim Namen zu nennen und auszumerzen. Johannes redet über ihn und benutzt das Bild der Worfschaufel und des Feuers: Mit der Worfschaufel trennt der Bauer die Spreu vom Weizen. Das Feuer verbrennt die Spreu. Das ist nicht gerade das Bild von Jesus, das sich viele westliche Christen wünschen. Wenn wir das biblische Zeugnis ernst nehmen wollen, dürfen wir diesen Aspekt der Wahrheit nicht ignorieren.

Herodes Antipas hatte eine Affäre mit Herodias, der Frau seines Bruders Philippus, wegen der Herodias sich von Philippus scheiden ließ (im jüdischen Gesetz konnte eine Frau sich eigentlich nicht von ihrem Mann scheiden lassen) und Antipas heiratete. Dass Johannes diesen abscheulichen und inzestuösen Ehebruch anprangerte, war nicht nur eine moralische Kritik. Ein Teil der Kritik betraf Herodes' Anspruch, der König der Juden zu sein, denn ein solches Verhalten entlarvte ihn als Betrüger. Der Gesalbte des Herrn würde so etwas nie tun. Wie Elia Ahab entgegentrat (1. Könige 17–18), wandte sich Johannes ohne Angst gegen **Herodes** und nahm die Konsequenzen in Kauf.

Jesus selber wird detailliertere Lehren bringen als Johannes. Wir werden uns das zur gegebenen Zeit ansehen. Aber er hat nie die zwei Dinge zurückgenommen, die Johannes hier sagt. Einerseits liegt es ihm ebenso wie Johannes am Herzen, dass die Gerechtigkeit Gottes in der Welt durch den Lebensstil seiner Jünger sichtbar werden soll. Andererseits war er wie Johannes massiv gegen das Haus von **Herodes** und nutzte seine öffentliche Wirksamkeit, um es klammheimlich zu untergraben, indem er sein eigenes Netzwerk von Nachfolgern und Unterstützern schuf. Seine Vision vom Reich Gottes unterschied sich radikal von der Vision des **Herodes**: Für ihn würde sich die Gerechtigkeit Gottes nicht in Reichtümern und weltlichem Königtum zeigen, sondern in der Liebe und Gerechtigkeit, die sich schlussendlich am Kreuz verbinden würden.

Lukas 3,21-38: Jesu Taufe und Abstammung

21Als sich all die Menschen taufen ließen, ließ sich auch Jesus taufen. Als er betete, wurde der Himmel geöffnet 22und der Heilige Geist stieg in leiblicher Gestalt, wie eine Taube, auf ihn herab. Vom Himmel ertönte eine Stimme: „Du bist mein Sohn, mein geliebter Sohn! Ich freue mich an dir.“

23Jesus war ungefähr dreißig Jahre alt, als er seinen Dienst begann. Die Leute hielten ihn für den Sohn Josefs, der seine Vorfahren in dieser Linie zurückverfolgen kann: Eli, 24Mattat, Levi, Melchi, Jannai, Josef, 25Mattitja, Amos, Nahum, Hesli, Naggai, 26Mahat, Mattitja, Schimi, Josech, Joda, 27Johanan, Resa, Serubbabel, Schealtiël, Neri, 28Melchi, Addi, Kosam, Elmadam, Er, 29Joschua, Eliëser, Jorim, Mattat, Levi, 30Simeon, Juda, Josef, Jonam, Eljakim, 31Melea, Menna, Mattata, Nathan, David, 32Isai, Obed, Boas, Salma, Nachschon, 33Amminadab, Admin, Arni, Hezron, Perez, Juda, 34Jakob, Isaak, Abraham, Terach, Nahor, 35Serug, Regu, Peleg, Eber, Schelach, 36Kenan, Arpachschad,

Sem, Noah, Lamech, [37]*Metuschelach, Henoch, Jered, Mahalalel,*
Kenan, [38]*Enosch, Set, Adam und Gott.*

Als ich vor einigen Jahren Neuseeland besuchte, wurde mir beigebracht, wie man ein Publikum in der traditionellen Maori-Art begrüßt. Das herzliche Willkommen und die Gelegenheit, etwas über die Geschichte und Kultur dieses uralten Volks zu lernen, schätzte ich sehr.

Viele der heutigen Maori in Neuseeland können Ihnen genau sagen, auf welchem der acht langen Kanus ihre Vorfahren vor 800 bis 1000 Jahren auf der Insel ankamen. Es gibt gute Gründe anzunehmen, dass diese Erinnerung an die Familienstammbäume und Ursprünge ziemlich genau ist. Viele Völker in der heutigen Welt, und wahrscheinlich noch mehr im Altertum, erzählen und erzählten sich regelmäßig Episoden aus der Familiengeschichte. Auch wenn diese manchmal ausgeschmückt wurden, kann man sie trotzdem als vertrauenswürdig betrachten. Nur in der westlichen Welt oder dort, wo es große soziale Brüche durch Kriege und Zu- oder Abwanderung gab, haben die Menschen den Kontakt zu ihrer Abstammung über mehr als zwei Generationen hinaus verloren.

Die Juden waren sich aus gutem Grund ihrer Herkunft besonders bewusst. Gott hatte Abraham und seiner Familie ewige Verheißungen gegeben. Durch alle Kriege, Verschleppung ins **Exil** und versuchten Völkermord hindurch haben sie sich (und sie tun es auch heute noch) an ihre Erinnerungen und die Geschichten ihrer Herkunft geklammert wie an eine Rettungsleine. Die Chronikbücher im Alten Testament beginnen mit mehreren Kapiteln, die nur Namen enthalten, was auf uns als moderne Leser sehr ermüdend wirkt. Für die Menschen damals waren sie aber lebenswichtig. Sie mussten wissen, wer sie waren, denn das hieß zu wissen, zu welchem Teil des Volkes Israel sie gehörten.

Vor diesem Hintergrund scheint es überraschend, dass wir nicht einen, sondern zwei ziemlich verschiedene Stammbäume von Jesus haben. Matthäus beginnt sein Buch mit einer Namensliste von Abraham bis Jesus; Lukas fügt eine Namensliste in sein Evangelium ein, die von Jesus zurückreicht bis Abraham, dann zu Adam und so zu Gott selbst. Und das Merkwürdige ist, dass diese Listen nicht die gleichen sind. Lukas listet deutlich mehr Generationen auf zwischen Abraham und Jesus; und obwohl die Listen in einigen Abschnitten dieselben sind, unterscheiden sie sich gänzlich zwischen David (ca. 1000 v. Chr.) und Schealtiël und seinem Sohn Serubbabel (nach dem Exil) sowie zwischen Serubbabel und Josef. Sogar der Name des Vaters von Josef ist nicht derselbe. Und überhaupt, warum macht man sich die Mühe, einen Stammbaum von Josef zusammenzustellen, wenn sich Matthäus und Lukas einig sind, dass er nicht der leibliche Vater von Jesus ist?

Schon seit den Anfängen der Kirche haben sich Gelehrte schwer getan, auf diese Fragen gute Antworten zu finden, und die meisten haben es aufgegeben. In einer kleinen und eng umrissenen Gemeinschaft ist es gut möglich, dass jemand seine Abstammung vom gleichen Urahnen über zwei oder mehrere verschiedene Wege ableitet. Die Maori können für sich selber mehrere Stammbäume angeben, je nachdem, welchen Vorfahren sie hervorheben wollen und wie viele andere Stämme und Gruppen eingeheiratet haben. Verschiedene Untergruppen des gleichen Stammes können ihre Abstammung unterschiedlich zurückverfolgen, je nachdem, welches Ziel sie damit verfolgen. Das hat sich überkreuzende Verbindungen aller Art zur Folge.

Auch in modernen westlichen Gesellschaften verhält es sich nicht anders. Nachdem meine Eltern geheiratet hatten, fanden sie heraus, dass sie entfernt Cousin und Cousine waren mit einer Generation Abstand. Wenn Sie jetzt an das kleine Israel in der Zeit zwischen David und Jesus denken, dann hätten ähnliche Dinge auch dort passieren können. Viele konnten ihre Ahnen auf mindestens zwei verschiedenen Wegen ermitteln.

Es scheint, dass Lukas einen Familienstammbaum gefunden hat, den er ohne Kommentar präsentiert, einfach um klarzustellen, dass Jesus nicht nur ein wahrer Jude, sondern auch ein Nachkomme Davids und Serubbabels ist – also ein Teil der wahren königlichen Familie. Er wurde als Josefs Adoptivsohn angesehen, was, wie es scheint, für diesen Zweck reichte (wir erfahren nie, ob Maria von königlicher Abstammung war, aber weil sie Elisabeths Cousine war, ist es denkbar, dass sie aus einer Priesterfamilie kam). Falls es andere Motive dafür gab, diese Auflistung von Namen zu präsentieren (einige haben vorgeschlagen, dass die 77 Namen als sieben Gruppen von elf Namen betrachtet werden sollen), sagt uns Lukas nichts davon.

Die einzige Verbindung zwischen dem Stammbaum und dem, was vorher und nachher steht, ist der letzte Satz: Jesus ist der **Sohn Gottes**. So betrachtet träfe das auch auf jede der anderen Personen auf der Liste zu, von Josef bis Adam. Aber Lukas meint sicherlich mehr als das, wenn er die Bezeichnung „Sohn Gottes" als Titel für Jesus benutzt (1,35; 3,22; 4,3.9). Vielleicht will Lukas durch den Stammbaum, der bis zur Erschaffung der Welt zurückreicht, deutlich machen, dass Jesus, auch wenn er tatsächlich der **Messias** (eine andere Bedeutung von „Sohn Gottes") für Israel ist, dies auch für die ganze Welt ist. Die Schöpfung, die gesamte Menschheit wird von dem profitieren, was er tun wird.

Vor dem Hintergrund dieses weltumspannenden Gültigkeitsbereichs von Gottes Absichten kommt Jesus zum Jordan, um sich von **Johannes** taufen zu lassen. Lukas fügt hier hinzu, dass Jesus betet, als die entscheidende Offenbarung geschieht – wie er dies auch noch in ein oder zwei anderen Schlüsselstellen tut. In dem Jesusbild, das er malt, hebt Lukas immer wieder hervor, dass Jesus ein Mann des Gebets ist. Es wird oft gesagt, dass die **Taufe** der Moment war, in dem Jesus eine erste Ahnung von seiner messianischen Berufung bekam, aber das kann kaum stimmen. Die Stimme vom Himmel kommt, um etwas zu bestätigen und auszurichten, was schon immer wahr war. Lukas hatte uns schon davon erzählt (2,49). Der **Geist** und das Wort zusammen geben Jesus die Ermutigung und die Kraft, die er braucht, um sein kurzes öffentliches Wirken zu beginnen.

Sie geben uns auch schon einen Anhaltspunkt, wohin dieses Wirken ihn führen wird. In der Aussage der himmlischen Stimme hallen Worte des Propheten Jesaja wider (42,1). So bestätigt sie den Messias als den Diener, der für die Menschen der Welt leiden und sterben wird. Darin wiederum klingt Genesis 22,2 an, als Abraham befohlen wurde, seinen geliebten Sohn Isaak zu opfern. Die Stimme ist zugleich eine wunderbare Bestätigung der Berufung von Jesus und eine klare Erinnerung daran, wohin sie führen wird.

Die Geschichte über die Taufe und der Stammbaum erzählen uns in ihrer Verbindung, woher Jesus kam, wer er ist und wohin er gehen wird. Wenn wir im Gebet und in unserer eigenen Taufe seine Geschichte zu unserer machen, dürfen auch wir mit der frischen Energie des Geistes rechnen, ebenso auch mit der leisen Stimme, die uns an Gottes fantastische, bestätigende Liebe erinnert und an die Berufung, die vor uns liegt.

Lukas 4,1-13: Versuchung in der Wüste

[1]*Erfüllt vom Heiligen Geist kehrte Jesus vom Jordan zurück. Der*
Geist führte ihn weg in die Wüste [2]*für vierzig Tage, damit der Teufel*
ihn auf die Probe stellen konnte. Während dieser Zeit aß er nichts und
am Ende dieser Tage war er hungrig.

[3]*„Wenn du Gottes Sohn bist," sagte der Teufel zu ihm, „dann sage*
doch zu diesem Stein, dass er zu Brot werden soll."

[4]*Jesus antwortete: „Es steht geschrieben, dass es mehr als Brot*
braucht, um lebendig zu bleiben."

[5]*Der Teufel brachte ihn an einen hochgelegenen Ort und zeigte ihm*
in einem Augenblick alle Königreiche der Welt.

[6]*Er sagte ihm: „Ich gebe dir Autorität über sie alle und auch das*
Ansehen, das sich damit verbindet. Sie wurden mir anvertraut, und ich
kann sie jedem geben, dem ich sie geben will. [7]*All das kann dir gehö-*
ren – du musst mich nur anbeten."

[8]*Jesus antwortete: „Es steht geschrieben: Der Herr, unser Gott, ist*

der Einzige, den du anbeten darfst; er ist der Einzige, dem du dienen
sollst."
9 Darauf nahm ihn der Teufel mit nach Jerusalem und stellte ihn auf
den höchsten Punkt des Tempels.
„Wenn du Gottes Sohn bist, dann wirf dich von hier herab. 10 Es
steht schließlich geschrieben: ‚Er wird seinen Engeln einen Befehl ge-
ben, sich um dich zu kümmern'; und: ‚Sie werden dich auf Händen
tragen sodass du dir den Fuß nicht an einen Stein stößt.'"
12 „Es wurde auch gesagt", antwortete Jesus: „Du darfst Gott, dei-
nen Herrn, nicht auf die Probe stellen."
13 Als der Teufel alle Versuchungen beendet hatte, ließ er ihn bis zur
nächsten Gelegenheit in Ruhe.

Jesus war kein Superman. Viele heutige Menschen, auch viele überzeugte Christen, sehen ihn als eine Art christliche Version dieser Filmfigur, die alles kann, was sie will und der es möglich ist, die Realität nach ihrem Willen zu verändern. Im Film sieht Superman aus wie irgendein Mensch. In Wirklichkeit ist er aber völlig anders. Unter der Verkleidung ist er allmächtig, eine Art Superzauberer des Computerzeitalters. So wird uns Jesus im Neuen Testament aber nicht beschrieben.

Lukas hat uns gerade daran erinnert, dass Jesus zur Familie von Adam gehört. Falls noch jemand Zweifel hegt, ob Jesus wirklich Mensch war, zeigt Lukas mit dieser eindringlichen Geschichte der Versuchung, dass er wie wir aus Fleisch und Blut bestand. Wenn Jesus von Adam abstammte, muss er sich nun nicht nur mit allem auseinandersetzen, mit dem sich schon Adam herumschlagen musste, sondern auch mit den Mächten, die durch die menschliche Rebellion und Sünde freigesetzt worden waren. Die langen Jahre ständiger Rebellion gegen den Schöpfergott hatten eine Situation geschaffen, in der die Welt, das Fleisch und der Teufel es sich angewöhnt hatten, die Menschen nach ihrem Willen zu verdrehen und verbiegen.

Insbesondere nach seiner **Taufe** musste sich Jesus der doppelten

Frage stellen: Was bedeutet es, auf diese spezielle, einzigartige Weise Gottes Sohn zu sein? Und was für eine Art Messias würde er sein? In seiner Zeit hatten verschiedene Menschen Ansprüche auf Königswürden erhoben. Das betraf nicht nur das bekannte Haus des **Herodes**, sondern auch einige weniger bekannte Figuren, die uns in den Schriften des Historikers Josefus begegnen. Menschen wie Simon (keiner der verschiedenen Männer mit Namen Simon, die wir aus der Bibel kennen) und Atronges haben Nachfolger um sich geschart und sich zu Königen ausrufen lassen – und wurden bald darauf von römischen Soldaten oder von **Herodes**' Truppen umgebracht. Es gab selbsternannte Propheten, die ihren Jüngern Zeichen des Himmels und großartige Wunder versprachen, die Gottes Macht beweisen sollten. Auch ihr Einfluss hat nie lange angehalten. Was sollte Jesus tun?

Die drei Versuchungen kann man als mögliche Antworten auf diese Frage deuten. Die Geschichte zeigt uns Jesus nicht im Gespräch mit dem Teufel wie mit einer anderen sichtbaren Person; die Stimme des Teufels erscheint als eine Folge von naheliegenden Ideen in seinem eigenen Kopf. Sie sind plausibel, attraktiv und wir würden sie auch als durchaus sinnvoll bezeichnen. Gott kann nicht wollen, dass sein geliebter Sohn den Hungertod stirbt, oder? Wenn Gott will, dass Jesus der Herrscher der Welt wird (immerhin hat das Gabriel Maria erzählt), warum sollte er die Herrschaft dann nicht in einem einfachen Schritt an sich reißen? Wenn Jesus Israels **Messias** ist, warum sollte er dann seine Macht nicht spektakulär demonstrieren?

In dieser Geschichte hören wir ein Echo von Adam und Eva und der Schlange im Paradies, die ihnen einleuchtende Lügen über Gott, seine Absichten und Pläne einflüstert. Ebenso klingt hier die Erzählung von Israel in der Wüste an. Israel war durch das Rote Meer aus Ägypten gezogen und Gott hatte verkündet, dass Israel sein Sohn, ja sogar sein Erstgeborener sei. Darauf folgte die vierzigjährige Wanderung durch die Wüste, in der Israel murrte, weil es kein Brot gab, verhängnisvollerweise mit Götzenanbetung liebäugelte und Gott immer wieder herausforderte. Und jetzt steht hier Jesus, der aus der Taufe kommt und als Gottes einziger Sohn bezeichnet wurde, durch den die Bestimmung Israels erfüllt werden soll. Er muss sich der Frage stellen: Wie soll er Israels Repräsentant sein, ihr rechtmäßiger König? Wie kann er Israel und mit ihm die ganze Welt aus den Klauen des Feindes befreien? Wie kann er die wahre Befreiung herbeiführen, nicht nur die von Rom oder anderen politischen Feinden, sondern vom Erzfeind persönlich, dem Teufel?

Die Antwort darauf ist: Er muss auf der persönlichsten und intimsten Ebene damit anfangen, ihn zu besiegen. Heutige christliche Leiter machen manchmal den Fehler, sich der Illusion hinzugeben, dass es nicht so sehr darauf ankommt, was sie in ihrem Privatleben tun, solange sie im beruflichen Leben die richtigen Ziele verfolgen. Dies ist eine typische Lüge, die von der gleichen Stimme eingeflüstert wird, die auch Jesus in der Wüste hörte. Wenn Gottes **Geist** durch eine Person wirkt, dann wird das Leben dieser Person immer mehr von diesem Geist geformt werden. Das geschieht, indem die Person auf jeder Ebene auf die Probe gestellt wird. Wenn Jesus an diesem Punkt nicht siegreich gewesen wäre, hätte es wenig Sinn gehabt weiterzumachen.

Jesus antwortet nicht, indem er sich mit der Stimme streitet (mit der Versuchung zu diskutieren bedeutet oft, dass man mit dem Gedanken spielt, bis er zu attraktiv erscheint, als dass man noch widerstehen könnte), sondern er antwortet mit Bibelzitaten. Er zitiert einen Abschnitt aus der Geschichte Israels in der Wüste. Er wird dort erfolgreich sein, wo Israel versagte. Körperliche Bedürfnisse und Wünsche sind wichtig, aber Loyalität gegenüber Gott ist wichtiger. Jesus wird tatsächlich der wahre Herrscher der Welt werden, aber der Weg zu diesem Status und die Art, diese Position zu leben, ist demütiger Dienst, nicht eine teuflische Suche nach Macht und Status. Gott zu vertrauen bedeutet nicht, dass man sich dumm verhält und so Gott zwingt, eine spektakuläre Rettungsaktion zu starten. Die Kraft, die Jesus schon hat und die er bald speziell durch Heilungen offenbaren wird, soll dazu benutzt werden, in anderen Menschen **Leben** und Kraft wiederherzustellen und nicht dazu, billige Tricks zu zeigen. Sein

Status als Sohn Gottes verpflichtet ihn nicht zu angeberischem Prestige, sondern zum ungewöhnlichen Pfad der Demut, des Dienstes und schlussendlich zum Tod. Der Feind wird zurückkehren, um diese Entschlossenheit erneut zu testen. Für den Moment ist ein Sieg errungen und Jesus kann seinen öffentlichen Dienst antreten. Er weiß: Obwohl Kämpfe vor ihm liegen, wurde der Feind auf dem ersten Schlachtfeld, das wirklich zählt, besiegt.

Es ist unwahrscheinlich, dass wir auf die genau gleiche Art wie Jesus versucht werden, aber jeder Christ wird an den Punkten versucht, die für sein Leben und seine Berufung am wichtigsten sind. Es ist ein zentraler Teil der christlichen Berufung, die Stimmen, die uns attraktive Lügen einflüstern, kennenzulernen und sie von Gottes Stimme zu unterscheiden. Wir müssen lernen, die einfachen, aber wirkungsvollen Waffen in der Schrift zu benutzen, um die Lüge mit der Wahrheit zurückzuweisen.

Bei der christlichen Disziplin im Kampf gegen die Versuchung geht es nicht um Selbsthass oder darum, gottgegebene Teile unseres Menschseins abzulehnen. Es geht vielmehr darum, Gottes Geschenk des ganzheitlichen Menschseins zu feiern. Wie beim Erlernen eines Musikinstruments lernen wir, wie man es stimmt und so spielt, dass es am besten klingt. Die Grundlage für unseren Widerstand gegen die Versuchung sind die Liebe und Loyalität dem Gott gegenüber, der uns schon als seine geliebten Kinder in Christus berufen hat und der uns ruft, ihm auf dem Weg zur wahren Herrlichkeit zu folgen. In dieser Herrlichkeit liegt wahres Glück und wahre Erfüllung, die weder die Welt, noch das Fleisch, noch der Teufel imitieren kann.

Lukas 4,14-30: Widerstand gegen Jesus in Nazareth

*14In der Kraft des Heiligen Geistes kehrte Jesus nach Galiläa zurück.
Im ganzen Gebiet redete man über ihn. 15Er lehrte in ihren Synagogen
und gewann bei allen großes Ansehen.*

*16Er kam nach Nazareth, wo er aufgewachsen war. Am Sabbat ging
er wie gewöhnlich in die Synagoge und stand auf, um zu lesen. 17Man
gab ihm die Schriftrolle mit dem Propheten Jesaja. Er rollte sie auf
und stieß auf den Abschnitt, wo es heißt:*

*18„Der Geist des Herrn ist auf mir,
weil er mich gesalbt hat,
um den Armen die Gute Nachricht zu bringen.
Er hat mich gesandt, den Gefangenen zu verkünden, dass sie freigelassen werden
und den Blinden, dass sie wieder sehen können,
die verwundeten Opfer zu befreien
19und das Jahr der besonderen Gnade Gottes auszurufen.“*

*20Er rollte die Schriftrolle wieder zu, gab sie dem Aufseher und
setzte sich. Alle Augen in der Synagoge waren auf ihn gerichtet.*

21„Heute“, sagte er, „ist dieses Schriftwort erfüllt, während ihr zuhört.“

*22Alle sahen ihn erstaunt an und wunderten sich über das, was er
gesagt hat – Worte voller Gnade.*

„Ist das nicht Josefs Sohn?“, fragten sie.

*23„Ich weiß, was ihr sagen wollt“, sagte Jesus. „Ihr wollt mir das
Sprichwort vorhalten: ‚Arzt, heile dich selbst!‘ Wir haben von den großen Wundern gehört, die in Kapernaum geschehen sind, tu sie doch
auch hier in deiner eigenen Heimat!“*

*24Er fuhr fort: „Ich sage euch die Wahrheit: Propheten werden in
ihrer Heimat nie anerkannt. 25Die feierliche Wahrheit lautet: Zur Zeit
des Propheten Elia gab es viele Witwen in Israel, als der Himmel drei-*

einhalb Jahre verschlossen wurde und eine große Hungersnot im Land
herrschte. 26*Elia wurde zu keiner von ihnen geschickt, sondern zu ei-*
ner Witwe in der Stadt Sarepta im Land Sidon.
27*Auch gab es viele Leprakranke in Israel zur Zeit des Propheten*
Elisa. Keiner von ihnen wurde geheilt, nur Naaman, der Syrer."
28*Als sie dies hörten, wurde jedermann in der Synagoge wütend.*
29*Sie standen auf und warfen ihn aus der Stadt heraus. Sie brachten*
ihn auf die Spitze des Berges, auf dem die Stadt gebaut war, und woll-
ten ihn hinunterwerfen. 30*Er ging unbehelligt mitten durch ihre Rei-*
hen und zog an einen anderen Ort.

Die Kommentatoren waren nach dem Spiel völlig euphorisch. „Er spielte, als ob er inspiriert worden wäre", sagten sie. Welche Bilder ruft das in Ihnen hervor?

Vielleicht ein Sportstar, der die gegnerische Abwehr umläuft und ein fantastisches Tor erzielt?

Oder, aus einer anderen Welt, ein Musiker: seine Augen geschlossen, die Finger fliegen auf dem Instrument nur so hin und her, und die Luft füllt sich mit wundervollem Jazz?

„Inspiration" – mit diesem Wort gehen wir recht locker um. Wir meinen damit: „Es kam einfach so über sie oder ihn." Plötzlich war er oder sie wie ausgetauscht. Natürlich wissen wir, dass es nicht so geschah. Der herausragende Athlet hatte seit Wochen und Monaten trainiert und geübt. Der Musiker hatte viele Stücke zur Übung gespielt und seine Technik verbessert, ohne dass es jemand sehen konnte. Und dann, wenn der Moment kommt, bringt ein Adrenalinschwall eine Darbietung hervor, die wir „inspiriert" nennen – die aber in Wirklichkeit die Frucht von geduldiger, langer und harter Arbeit ist.

Als Jesus sagte: „Der **Geist** des Herrn ist auf mir", hat uns Lukas schon in dieses Geheimnis eingeweiht. Seine Jahre der stillen Vorbereitung. Sein Gebetsleben, das zu seiner **Taufe** führte. Die Bestätigung seiner Berufung – und dann seine Prüfung in der Wüste. Und endlich fängt er an, öffentlich in Kapernaum zu wirken (das Gespräch in der

Synagoge von Nazareth macht klar, dass die Menschen schon von seinen Taten anderswo gehört hatten). Nun, nach Jahren des Gebets, des Nachdenkens und des Studiums der Schriften, steht er vor seiner eigenen Stadt. Er kennt jeden dort und sie kennen ihn. Er lehrte wie ein inspirierter Mann; und in der Tat nimmt er das in seiner Predigt für sich in Anspruch. Aber was er sagte war das Gegenteil von dem, was sie erwartet hatten. Wenn das Inspiration war, dann wollten sie es nicht.

Was war denn so falsch an dem, was er sagte? Was brachte sie dazu, ihn aus der Synagoge zu werfen, ihn aus dem Dorf zu jagen zur Klippe hin, um ihn von dort hinunterzustürzen? (Beachten Sie die Ironie: Der Teufel lud Jesus ein, sich selbst hinunterzustürzen, weil Gott ihn beschützen würde; Jesus fand sich nun, nachdem er dem widerstanden hatte, in einer ähnlichen Situation wieder. Vielleicht sagt uns Lukas, dass Gott ihn tatsächlich beschützt hatte, weil es hier nicht darum ging, für sich selber Werbung zu machen, sondern um seine Hingabe an die Berufung).

Der entscheidende Teil liegt in dem, was Jesus seinen Zuhörern sagt. Er spürt, dass sie ihm nicht folgen; sie sind bereit, ihn mit Sprichwörtern zu verspotten und ihn so herauszufordern, eine große Show abzuziehen. Vielleicht erscheinen sie Jesus auch wie der Teufel: Wie er wollen sie, dass Jesus Zauberkunststücke zeigt. „Arzt, heile dich selbst!“ – die Herausforderung ist nicht weit weg von der Schmähung: „Er rettete andere, aber sich selber kann er nicht retten“ (23,35). Aber warum? Was war so falsch an dem, was er sagte?

Um zu rechtfertigen und zu erklären, wieso er diesen Abschnitt der Schrift gewählt hat, macht Jesus deutlich, was in den Tagen der großen Propheten Elia und Elisa geschah. So identifiziert er sich selbst mit diesen Propheten. Elisa hatte einen **Leprakranken** geheilt – und dieser Leprakranke war der Kommandant der feindlichen Armee. Das war es, was das Fass zum Überlaufen brachte. Das machte sie wütend. Der Gott Israels rettet die falschen Leute.

Der Anfang der Worte Jesu musste für sie auch schon in die gleiche Richtung gegangen sein. Schließlich warteten seine Zuhörer darauf, dass Gott Israel von heidnischen Feinden befreite. In mehreren jüdischen Schriften aus der Zeit finden wir eine Sehnsucht danach, dass Gott die bösen Nationen verdammen und Zorn und Zerstörung über sie ausgießen möge. Und nun spricht Jesus stattdessen davon, dass es zur Zeit der großen Propheten die Heiden waren, die profitierten, und nicht Israel. Das ist, als wenn jemand zur Zeit des zweiten Weltkriegs in England oder Frankreich über Gottes Heilung und Wiederherstellung von Adolf Hitler geredet hätte. Es war nicht das, was die Menschen hören wollten.

Worum also ging es in seinen Anfangsworten?

Lukas sagt, dass die Menschen „sich über das wunderten, was er gesagt hat – Worte voller Gnade." Manchmal wurde das einfach so verstanden, dass die Menschen erstaunt darüber waren, was für ein guter Redner er war. Aber es ist wahrscheinlicher, dass es bedeutet, dass sie erstaunt darüber waren, dass er über Gottes Gnade sprach – Gnade für alle, auch alle Völker – anstelle von Gnade für Israel und scharfes Gericht für alle anderen." Das passt perfekt zu dem, was folgt.

Warum hat Jesus seine Rede mit dem langen Abschnitt aus Jesaja begonnen (61,1-2)?

In dem Abschnitt, den er liest, geht es um den **Messias**. Im ganzen Buch Jesaja finden wir Bilder einer merkwürdigen „gesalbten" Gestalt, die den Willen des Herrn tun wird. Aber obwohl der Text weiter unten von Vergeltung für Übeltäter spricht, liest Jesus diesen Teil nicht. Stattdessen scheint er das Gesamtbild in Jesaja und auch anderswo vor Augen zu haben, wo die Rede davon ist, dass Israel berufen ist, das Licht der Nationen zu sein. Dieses Motiv hatte Lukas schon im zweiten Kapitel beleuchtet. Der dienende Messias kam nicht, um Strafe über die Nationen zu bringen, sondern um ihnen Gottes Gnade und Liebe zu bringen. Und das wiederum wird die Erfüllung eines zentralen Themas in Israels eigenen Schriften sein.

Diese Botschaft war und bleibt schockierend. Jesu Anspruch darauf, sich allen Menschen zuzuwenden, indem er sie heilt, war nicht das, was die meisten Juden des ersten Jahrhunderts wollten oder erwarteten – obwohl es doch als solches eine zentrale jüdische Idee war. Wie wir noch sehen werden, verband Jesus damit auch ernsthafte Warnungen an seine Landsleute. Wenn sie nicht sehen konnten, dass dies die Zeit war, in der ihr Gott gnädig war; wenn sie ihre unnützen Träume eines militärischen Siegs über ihre nationalen Feinde nicht aufgeben würden, würden sie auf allen Ebenen besiegt werden – militärisch, politisch und theologisch.

Hier, wie auch auf dem Höhepunkt der Erzählung des Evangeliums, provoziert Jesu Herausforderung und Warnung eine gewalttätige Reaktion. Das **Evangelium** tut das heute noch, wenn die überraschende Neuigkeit von Gottes Gnade alle Interessen und Absichten infrage stellt.

Lukas 4,31-44: Jesus zeigt seine Vollmacht, indem er heilt

31 Jesus ging nach Kapernaum, einer Stadt in Galiläa. Er lehrte dort die
Menschen an jedem Sabbat. 32 Sie staunten über seine Lehre, weil seine
Botschaft voller Kraft und Vollmacht war.

33 In der Synagoge war ein Mann, der den Geist eines unreinen Dämons hatte.

34 Der schrie so laut er nur konnte: „He du, was haben wir miteinander zu schaffen, Jesus von Nazareth? Bist du gekommen, um uns zu zerstören? Ich weiß, wer du bist: Du bist der Heilige Gottes!“

35 „Schweig!“, wies ihn Jesus zurecht. „Verlasse ihn!“

Der Dämon warf den Mann vor ihren Augen zu Boden und verließ
ihn, ohne ihm zu schaden. 36 Furcht erfasste sie. Sie sprachen zueinan-
der: „Was bedeutet das alles? Er hat Macht! Er hat Autorität! Er gibt
den unreinen Geistern Befehle, und sie fliehen!“ 37 In der ganzen Ge-
gend sprach man über ihn.

38 Er verließ die Synagoge und kam in das Haus Simons. Dessen
Schwiegermutter litt an hohem Fieber, und sie baten ihn, ihr zu helfen.
39 Er stellte sich vor sie hin, wies das Fieber zurecht und es verließ sie.
Sofort stand sie auf und diente ihnen.
40 Als die Sonne unterging, brachten alle, die Kranke zu Hause hat-
ten – und zwar alle Arten von Krankheiten – diese zu ihm. Er legte ei-
nem nach dem anderen die Hände auf und heilte sie. 41 Dämonen fuh-
ren aus vielen Menschen aus und riefen „Du bist der Sohn Gottes!“
Er verbot ihnen zu reden, weil sie wussten, dass er der Messias ist.
42 Als der Morgen heraufdämmerte, verließ er die Stadt und zog sich
an einen einsamen Ort zurück. Die Menschenmengen jagten ihn. Als
sie ihn gefunden hatten, baten sie ihn, sie nicht zu verlassen.
43 Er antwortete: „Ich muss auch den anderen Städten die Gute
Nachricht von Gottes Reich bringen. Dazu bin ich gesandt worden.“
44 Und er verkündete die Botschaft in den Synagogen von Judäa.

Als ich das letzte Mal in Kapernaum war, konnte man sich vor lauter Menschen kaum bewegen. Ganze Busladungen von Pilgern kamen und gingen. Gruppen von Touristen lauschten ihren Fremdenführern, die in verschiedenen Sprachen die Sehenswürdigkeiten erklärten. Menschen fotografierten, andere versuchten, kleine Unterrichtseinheiten abzuhalten. Einige wollten beten, andere drängten sich nach vorne, um die alten Gebäude besser zu sehen – und auch die neuen, besonders die Kirche, die sich über dem angeblichen Haus von Simon Petrus erhebt.

Der Grund für den großen Auflauf war der Besuch des Papstes. Im Rahmen seiner offiziellen Reise ins Heilige Land hielt er sich in Galiläa auf. Römisch-katholische Pilger aus der ganzen Welt kamen mit ihm. Viele waren zum ersten Mal in Israel. Ein Gottesdienst auf einem Hügel ein wenig nördlich vom See Genezareth fand besonders Interesse. Jemand bemerkte: „Ungefähr so muss es gewesen sein, als sich das Gerücht verbreitete, dass Jesus in der Stadt ist.“

Damals musste man die Pilger aber nicht mit öffentlichen Verkehrsmitteln heranschaffen, selbst wenn es diese in jenen Zeiten schon gegeben hätte. Die Leute strömten herbei, weil Jesus angefangen hatte, auf bemerkenswerte Art Menschen zu heilen. Das kleine Fischerstädtchen Kapernaum, am Nordufer des Sees Genezareth gelegen, hatte so etwas noch nie gesehen. Offenbar hatte sich Jesus dazu entschlossen, es zu seiner Operationsbasis zu machen, nachdem er Nazareth verlassen hatte. Hier waren die beiden Brüderpaare Petrus und Andreas sowie Jakobus und Johannes zu Hause, und hier hatten sie ihre kleinen Fischereibetriebe.

Auch heute noch kann man die kleine Synagoge besuchen, in der sich einige der ersten bemerkenswerten Heilungen Jesu abgespielt haben. Die Gebäude, die man besichtigen kann, stammen zwar aus einer späteren Zeit, sie stehen aber am richtigen Ort. Man kann hier ein Gespür dafür entwickeln, wie es damals war: eine Kleinstadt, die sich an ihrem wichtigsten Versammlungsort trifft. (Synagogen wurden für öffentliche Versammlungen wie auch für Gottesdienste benutzt. Für einen ehrbaren Juden waren Gottesdienst und Stadtgemeinschaft so miteinander verquickt, dass man sich das eine ohne das andere nicht vorstellen konnte.) Hier erleben wir das erste Zusammentreffen Jesu mit einem kreischenden, schreienden, von Dämonen besessenen Mann.

In der modernen Welt glauben viele nicht mehr an **Dämonen**. Sie denken eher, dass man in der Zeit Jesu halt noch keine genauen medizinischen Diagnosen für diese Art von Erkrankungen stellen konnte. Viele andere jedoch in verschiedenen Teilen der Welt wissen nur zu gut, dass es seltsame Mächte gibt, die scheinbar in der Lage sind, in die Persönlichkeit eines Menschen einzudringen und ihn dazu zu bringen, mit seltsamer Stimme zu reden und diesen eigenartigen, man möchte sagen besessenen Blick zu zeigen. Es ist mehr als eine psychische Erkrankung, auch wenn manche Symptome ähnlich aussehen. In diesem Zustand scheinen sie Dinge zu wissen, die sonst keiner weiß.

Wie wir auch immer über einen solchen Zustand denken, historisch gesehen gibt es keinen Zweifel: Jesus heilte eine ganze Reihe

Menschen, die als „besessen“ galten. Das war ungewöhnlich. An anderen Stellen der **Evangelien** und in der Apostelgeschichte werden Exorzisten erwähnt, die im Rahmen des Judentums arbeiteten. Außergewöhnlich bei Jesus war, dass er das, was er tat, durch einfache Befehle bewirkte. Keine magischen Formeln, kein (wie wir sagen würden) Hokuspokus. Er befahl den Mächten zu gehen, und sie gingen. *Das* hat die Menschen erstaunt. Er musste nicht Mächte beschwören, die stärker waren als er selbst; es setzte einfach die Autorität ein, die er selber bereits hatte. Dieser Abschnitt macht klar: Mit den gewöhnlichen Krankheiten verfuhr er genauso. Das sehen wir beim Fieber, das die Schwiegermutter des Petrus befallen hatte.

Wieder einmal will uns Lukas klarmachen, was all das über Jesus aussagt. Wer eine tiefere Einsicht hat, sieht hinter seinen Taten und seiner Lehre mehr. Die meisten Menschen nahmen lediglich einen Propheten wahr. Er war der **Sohn Gottes**. Das bedeutet hier: der **Messias**. Er war der Gesalbte Gottes. Der **Geist** des Herrn ruhte wirklich auf ihm, wie er in Nazareth schon angekündigt hatte, um die Unterdrückten zu befreien, den Blinden das Augenlicht zu schenken und den Gefangenen die Ketten zu lösen.

Auch wenn Kapernaum seine Basis war: Den größten Teil seiner Zeit war Jesus unterwegs. Teilweise geschah das wohl auch dem Dorf selbst zuliebe. Es hätte wohl kaum immer größere Mengen von Heilungssuchenden verkraften können. Manche denken, dass Jesus verhindern wollte, dass sich eine Art Gewerbe rund um ihn aufbaute. Der Hauptgrund war aber, dass er dorthin gehen wollte, wo die Menschen waren. Er musste den Menschen mitteilen, dass Gott auf einem neuen Weg König werden würde. Gottes lang ersehntes Heil bricht sich Bahn in dieser Welt, auch wenn es völlig anders aussieht als erwartet. Dabei musste er den Behörden immer einen Schritt voraus sein. Es wird nicht lange dauern, bis auch seine Gegner ihm folgen. Menschenmengen und Heilungen, kraftvolle Lehre über das **Reich** Gottes: Viele hielten das für eine Bedrohung, und auch heute noch halten das viele für eine Gefahr.

Lukas 5,1-11: Der wundersame Fischfang

1 Eines Tages stand Jesus am Ufer des Sees Genezareth. Die Menschen
drängten sich an ihn heran, um das Wort Gottes zu hören. 2 Er sah
zwei Boote, die am Land festgemacht waren. Die Fischer waren ans
Ufer gegangen, um ihre Netze zu reinigen. 3 Er trat in eines der Boote –
es gehörte Simon – und bat ihn, ein wenig vom Land wegzufahren.
Dann setzte er sich im Boot hin und begann, die Menschenmenge zu
lehren.

4 Als er seine Rede beendet hatte, sagte er zu Simon: „Fahre an eine
Stelle, wo das Wasser tiefer ist, und wirf deine Netze dort aus.“ 5 Si-
mon antwortete: „Meister, wir haben die ganze Nacht hindurch hart
gearbeitet und gar nichts gefangen. Aber wenn du es sagst, werde ich
die Netze noch einmal auswerfen.“

6 Als sie das taten, fingen sie so viele Fische, dass die Netze zu rei-
ßen begannen. 7 Sie winkten ihren Partnern im anderen Boot, dass sie
herausfahren und ihnen helfen sollten. So kamen sie ihnen zu Hilfe.
Sie füllten beide Boote. Es waren derart viele Fische, dass sie zu sin-
ken drohten.

8 Als Simon Petrus das sah, fiel er vor Jesus auf die Knie. Er sagte:
„Geh weg von mir, ich bin ein Sünder!“ 9 Großes Staunen packte ihn
und seine Kollegen über das, was sie erlebt hatten. 10 Jakobus und Jo-
hannes, die Söhne von Zebedäus, waren auch unter ihnen. Sie waren
Partner von Petrus. „Hab keine Angst!“, sagte Jesus zu Simon. „Von
jetzt an wirst du Menschen fangen.“

11 Sie brachten die Boote ans Land. Anschließend ließen sie alles hin-
ter sich und folgten ihm.

Dietrich Bonhoeffer erklärte: „Wenn Christus einen Menschen ruft, dann befiehlt er ihm, ihm zu folgen und zu sterben.“ Natürlich erlebte Bonhoeffer genau dies: Er wurde von den Nazis im Widerstand gegen Hitler erhängt. Als Simon Petrus Jesus zum ersten Mal begegnete, ahnte er davon noch nichts. Wenn er einen Film davon hätte sehen können, was ihm in den kommenden Jahren begegnen würde, dann hätte er vielleicht seine Bitte an Jesus wiederholt: „Lass mich in Frieden!" So geht das mit Jesus aber nicht. Das ist nicht Gottes Vorgehensweise. Petrus spürte offenbar deutlich, dass sein Leben nie mehr dasselbe sein würde und dass neue Herausforderungen und Abenteuer auf ihn warteten. Das änderte aber nichts daran, dass die Ereignisse ihn aus den Socken hauten.

Es fing alles mit einem kleinen Beispiel an, wie erfinderisch Jesus war. Er begann, eine Gruppe am Ufer zu lehren. Die Menge wuchs aber immer mehr an, bis am Ende kein Platz mehr übrig blieb. Also improvisierte er. Am Seeufer nahe bei Kapernaum gibt es eine ganze Reihe Buchten. Die Küste verläuft im Zickzack. Jede Bucht bildet ein natürliches Amphitheater. Man kann es auch heute noch ausprobieren: Wenn man sich in einem Boot ein wenig vom Ufer entfernt, kann man mit ziemlich normaler Stimme reden und jeder am Ufer kann einen deutlich hören – sogar deutlicher, als wenn man direkt am Ufer zu den Menschen sprechen würde. Jesus machte sich einfach die Geografie dieser Gegend und die Verfügbarkeit eines Bootes zunutze.

Nachdem Jesus ihr Boot beschlagnahmt und sichergestellt hatte, dass die Fischer jedem Wort zuhörten, forderte er sie heraus. Als ich zum letzten Mal in dieser Region versucht habe zu angeln, war es helllichter Tag. Wir fingen gar nichts, obwohl die Fischer in der Nacht zuvor reiche Beute gemacht hatten. Fische fängt man hier am besten im Dunkeln. In diesem Fall hatten die Männer die ganze Nacht vergeblich gearbeitet. Normalerweise wäre es das Allerletzte gewesen, es am helllichten Tage nochmals zu versuchen. Jesus wies sie an, genau das zu tun, und sie taten es. So stark war der Eindruck, den Jesus auf Menschen machte – sogar auf hart arbeitende Fischer, die nicht zu Scherzen aufgelegt waren.

Der Rest ist Geschichte, wie man so schön sagt. Ein gewaltiger Fang. Ein schneller Hilfeschrei zum anderen Boot. Der Kampf, die Boote und den Fang an Land zu schaffen, bevor die Boote volllaufen. Und dann der Augenblick der Wahrheit. Petrus findet sich plötzlich in einer ganz anderen Liga wieder. Jesus verspricht, dass sich solche Dinge wieder ereignen werden – dann aber mit Menschen statt mit Fischen. Aus den Fischern werden Nachfolger, die ein neues Leben beginnen. Dabei haben sie kaum eine Ahnung, auf was sie sich da einlassen.

Diese Art von Geschichte hilft uns, ins Innere vorzustoßen. Stellen Sie sich einmal für einige Momente vor, Sie seien Petrus. Denken Sie darüber nach, was Sie Tag für Tag so tun. Plötzlich taucht Jesus auf und bittet Sie, ihn bei seiner Arbeit zu unterstützen. Nachher trägt er Ihnen etwas aus Ihrem Arbeitsbereich auf, was im Moment völlig unpassend und sinnlos scheint. Vielleicht murren Sie leise, tun aber doch, was er sagt. Plötzlich gelingt alles. Der Erfolg übersteigt alles, was Sie sich je erträumt haben. Was passiert denn da? Wie kam das zustande? Fühlen Sie das Staunen, vielleicht sogar den Schrecken, wenn Sie sich der Kraft Jesu bewusst werden! Dann spüren Sie, wie der Schrecken wächst, als sich Jesus Ihnen zuwendet. In seinen Augen steht eine Frage, die sich wie ein Befehl anfühlt: „Du und ich werden von jetzt an zusammenarbeiten.“ Und Ihnen wird bewusst, dass Sie keine andere Wahl haben. Wenn dieser Mann es nicht wert ist, ihm zu folgen, dann ist es niemand.

Vielleicht sind Sie aber noch gar nicht an diesem Punkt. Vielleicht sind Sie eher jemand, der inmitten der Menschenmenge am Ufer steht und beobachtet, was geschieht. Sie haben einiges von dem gehört, was Jesus gesagt hat. Sie kennen diese Fischer – jeder kennt diese hart arbeitenden Typen, die am Morgen von ihrer nächtlichen Arbeit heimkehren, wenn Sie selber erst auf dem Weg zu ihrer Arbeit sind. Große, starke Männer mit Händen wie Schaufeln. Vom Ufer aus sehen Sie, wie Jesus mit ihnen redet. Sie sehen, wie sie mit den Schultern zucken, ein wenig hinausrudern und dann ihre Netze ins Wasser lassen. Sie hören die Rufe und beobachten die hektischen Aktivitäten, die folgen. Sie sehen den starken Petrus vor Jesus niederknien. Und dann gehen sie alle zusammen weg. Was geht Ihnen durch den Kopf?

Viele Menschen – vielleicht auch viele, die diese Zeilen lesen – stehen im Blick auf das **Reich** Gottes an diesem Punkt. Sie haben genug gehört, um zu merken, dass irgendetwas im Gange ist. Sie beobachten, wie sich Menschen plötzlich verändern, wie ihr Leben eine andere Richtung nimmt. Vielleicht sind sie ein wenig eifersüchtig, aber auch erleichtert, dass der Scheinwerfer nicht sie erfasst hat. Auch wenn dieser Scheinwerfer Dinge ans Licht bringt (die spontane Reaktion von Petrus bestand darin, dass er sich selber im Licht der Heiligkeit Gottes sah und die nötigen Schlüsse daraus zog) – sein Licht zeigt den Weg zum Leben.

Jesus möchte niemanden außen vor lassen. Seine Berufung, die sich an Petrus und die anderen richtete – dass sie ihm jetzt helfen sollten, Menschen zu fangen – hat genau damit zu tun, dass die **Gute Nachricht** sich mehr und mehr verbreitet und so viele Menschen wie möglich erreicht. Im Reich Gottes gibt es eigentlich keine Zuschauer. Wir können heute im Lukas**evangelium** lesen, weil Jesus sein Versprechen an Petrus gehalten hat – obwohl Petrus zuerst zögerte und später immer wieder versagte. Wenn Jesus ruft, fordert er sicher alles. Das tut er aber nur, weil er selber auch alles gegeben hat und weil er Pläne für uns und für die Welt hat, von denen wir nicht zu träumen gewagt hätten.

Lukas 5,12-16: Die Heilung des Leprakranken

12 Eines Tages hielt sich Jesus in einer anderen Stadt auf. Ein Mann, der am ganzen Körper Lepra hatte, sah Jesus und warf sich vor ihm zu Boden.

Er beschwor Jesus: „Herr, wenn du willst, kannst du mich reinigen!“
13 Jesus streckte seine Hand aus und berührte ihn. „Ich will!“, sagte er. „Sei rein!“

Im selben Augenblick verschwand die Lepra.
14 Jesus wies ihn an, niemandem davon zu erzählen. „Geh und zeige dich den Priestern“, trug er ihm auf. „Bring die Opfer dar, die Mose

im Zusammenhang mit der Heilung befohlen hat. So können sie bezeugen, was geschehen ist."

15 Trotzdem verbreitete sich die Nachricht von Jesus in Windeseile. Große Mengen von Menschen kamen zusammen, um ihn zu hören und um sich von ihm heilen zu lassen. Er entzog sich ihnen aber immer wieder und ging an einen einsamen Ort, um zu beten.

Stellen Sie sich einmal folgende Situation vor: Ein Mann sitzt eine Gefängnisstrafe ab, weil er größere Summen unterschlagen hat. Nach seiner Entlassung versucht er, wieder in der Gesellschaft Fuß zu fassen. Was würde geschehen, wenn er bei seinem ehemaligen Arbeitgeber um einen Job nachfragt? Oder auch bei irgendeinem anderen Arbeitgeber? Wird ihm überhaupt noch jemand eine Arbeit geben, besonders eine, die mit Geld zu tun hat?

Jetzt stellen Sie sich einen Mann vor, der im ersten Jahrhundert lebt. Er hat eine gefährliche und hoch ansteckende Krankheit. Jedermann weiß, dass sein Körper davon durchdrungen ist. Seit Jahren muss er isoliert von der Stadt leben. Seine Familie stellt ihm Essen und Trinken hin, aber sie halten dabei großen Abstand von ihm. Und eines Tages taucht er mitten in der Stadt auf und behauptet, dass ein Wanderprediger ihn geheilt hat. Würde ihm irgendjemand glauben?

Wenn Jesus Menschen heilte, war es oft nicht nur eine körperliche Angelegenheit. In einer Zeit lange vor der modernen Medizin unterlagen diese Kranken oft sehr strikten Regelungen. Die alten jüdischen Reinheitsgebote waren nicht irgendwelche willkürlichen Tabus, die von engstirnigen Gesetzgebern in die Welt gesetzt worden waren. Oft entsprachen sie dem, was wir heute als ganz normale hygienische Maßnahmen ansehen: Wir waschen uns zum Beispiel regelmäßig vor dem Essen und nachdem wir die Toilette besucht haben die Hände. Die Regeln, die Menschen mit ernsthaften Hautkrankheiten aus der Gesellschaft ausschlossen, sorgten dafür, dass sie diese Krankheiten nicht weiter verbreiten konnten. Die meisten Bestimmungen über „rein" und „unrein" entspringen diesen Motiven.

Das erklärt, wieso Jesus dem Kranken hier und in einer ähnlichen Situation (Kap. 17,12-19) aufträgt, sich den **Priestern** zu zeigen. Priester, die in den Städten und Dörfern wohnten, waren dafür verantwortlich, das Gesetz zu lehren und anzuwenden. Wenn jemand für „rein und gesund" erklärt werden wollte, gab es im Gesetz (beschrieben in 3. Mose 13) eine genaue Prozedur. Es war die Aufgabe der Priester, die Person zu untersuchen und sie für rein oder unrein zu erklären. Jesus wollte den Kranken heilen. Gleichzeitig wollte er ihn aber auch wieder mit seiner Familie, seinem Dorf und seiner Gemeinschaft zusammenbringen. Deshalb schickte ihn Jesus zu den Priestern. Und bei der nächsten Gelegenheit (wenn er wieder einmal nach Jerusalem pilgerte) musste er das vom Gesetz vorgeschriebene Opfer bringen, um Gott in angemessener Art seinen Dank zu zeigen.

Wesentlich an diesem Bericht ist aber nicht der Befehl, zu den Priestern zu gehen. Zentral ist die einfache, aber tief greifende Tat Jesu. Er streckte seine Hand aus und berührte den Mann. Wir wissen aus heutigen psychologischen Studien, wie stark und lang anhaltend die Auswirkungen von angemessenen menschlichen Berührungen sind. Eltern und Kinder, Geschwister, Liebespaare, Freunde und Nachbarn – sie alle berühren sich auf unterschiedliche Art: ein Kuss, ein Handschlag, eine Umarmung, eine leichte Berührung an der Schulter. Ein Gutteil menschlicher Kommunikation läuft nicht über gesprochene Worte, sondern über solche Gesten. Von solchen Kontakten abgeschnitten zu sein ist deshalb fast so schlimm wie der Verlust des Augenlichts oder des Gehörs. Liebe kann zu großen Teilen nur durch Berührungen ausgedrückt werden.

Seit Jahren, so kann man annehmen, hatte niemand diesen Mann berührt. Sein Körper war jetzt von der Krankheit gezeichnet. Sie hat ihn seit langer Zeit buchstäblich zerfressen. Und jetzt streckt Jesus seine Hand aus und berührt ihn. Wir können nur ahnen, wie viel Ehrfurcht und Freude das in dem **Lepra**kranken auslöste.

Theoretisch hätte diese Handlung Jesus zeremoniell unrein gemacht und sie barg auch das Risiko, dass er sich selber ansteckte. Wie bei vielen seiner Heilungen funktioniert es aber umgekehrt. Seine Reinheit, seine heilende Kraft „infiziert“ den Mann, ebenso wie die Liebe und Güte seiner Berührung der ganzen Person des Kranken guttaten – wie ein heißes Getränk an einem kalten Wintertag.

Lukas lässt diese Geschichte enden, indem er wieder einmal unser Augenmerk auf die Quelle der Kraft Jesu lenkt. Er hatte es sich zur Gewohnheit gemacht, sich immer wieder von den Menschenmengen in die Einsamkeit zurückzuziehen und zu beten. Wenn wir auch nur anfingen, uns so zu verhalten, dann würden wir vielleicht erleben, wie wir dazu ausgerüstet und befähigt werden, auch Wege zu finden, den Menschen um uns herum solche „Liebe in Aktion“ zu bringen. Die Umstände ändern sich, aber auch in unserer Zeit gibt es viele Menschen, die (wörtlich und im übertragenen Sinne) eine Berührung von Jesus brauchen. Sie warten darauf, dass wir ihnen diesen Liebesdienst leisten.

Lukas 5,17-26: Die Heilung des Gelähmten, der durch das Dach heruntergelassen wird

17 Eines Tages, als Jesus lehrte, hatten sich Pharisäer und Gesetzes-
lehrer aus jedem Dorf in Galiläa, aus Judäa und Jerusalem dort ein-
gefunden. Die Kraft des Herrn war mit Jesus, sodass er heilen konnte.
18 In dem Augenblick erschienen einige Männer, die einen gelähmten
Mann auf einer Matte trugen. Sie versuchten, ihn vor Jesus hinzulegen.
19 Die Menschenmenge machte es ihnen unmöglich, durchzukommen.
So stiegen sie auf das Dach und ließen ihn auf seiner Matte durch die
Ziegel hinab, sodass er mittendrin, genau vor den Füßen Jesu landete.
20 Jesus sah, wie viel Vertrauen sie hatten.
„Mein Freund“, sagte er, „deine Sünden sind dir vergeben!“
21 Die Gesetzeslehrer und die Pharisäer fingen an, miteinander zu

flüstern: „Für wen hält er sich? Das ist Gotteslästerung! Kein Mensch
kann Sünden vergeben, das kann nur Gott selber!"
22 Jesus kannte ihre Überlegungen.
„Wieso macht ihr euch diese Gedanken?", fragte er sie. „Was ist
eurer Ansicht nach einfacher: zu sagen ‚Deine Sünden sind dir verge-
ben' oder ‚Steh auf und geh!'? 24 Wenn ihr euch aber davon überzeu-
gen wollt, dass der Menschensohn Vollmacht hat, auf der Erde Sün-
den zu vergeben" – jetzt wandte er sich dem Gelähmten zu – „Ich
befehle dir: Steh auf, nimm deine Matte und geh heim!"
25 Augenblicklich stand er vor ihnen allen auf, nahm seine Matte
und ging nach Hause. Dabei lobte er Gott.
26 Ehrfurcht erfüllte alle, die dabei waren. Sie lobten Gott und wur-
den von Furcht ergriffen. „Heute haben wir außerordentliche Dinge
gesehen", sagten sie zueinander.

An dem Tag, an dem ich dies schreibe, bereiten sich Demonstranten darauf vor, mit Lastwagen und Transportern langsam die lange Hauptstraße in die Hauptstadt hineinzufahren. Sie wollen damit den normalen Verkehr so stark wie möglich stören und so im ganzen Land auf ihr Anliegen aufmerksam machen. Sie protestieren gegen die sehr hohen Steuern auf Treibstoffe, die es – so sagen sie – für viele Speditionen schwierig machen, zu überleben.

Moderne Gesellschaften dulden solche Interessenverbände, solange sie sich an die Spielregeln halten. Sie sind ein Weg, Befindlichkeiten zu äußern. Regierungen werden nicht in jedem Fall auf solche Forderungen eingehen. Sie sind aber doch gut beraten, gut begründete und weit verbreitete abgestützte Meinungen zur Kenntnis zu nehmen. Wenn sich genügend Menschen entschlossen genug für ein Anliegen einsetzen, muss eine Regierung dies wahrnehmen – auch wenn die Demonstranten völlig inoffiziell und niemandem als sich selbst verantwortlich sind. Sie beanspruchen natürlich für sich, dass ihnen das Wohl des Landes am Herzen liege. Weil niemand sie gewählt hat, kann man das aber nicht nachweisen.

Die **Pharisäer** waren eine Interessengruppe, keine offizielle Körperschaft. Lukas stellt sie uns hier zum ersten Mal vor. Sie treten machtbewusst auf und kommen aus allen Ecken des kleinen Landes. Das scheint ein wenig übertrieben zu sein. Wieso sollten sie sich so geballt versammeln, um einen jungen Propheten zu überprüfen, der seltsame Dinge tut und lehrt? Die Antwort ist, dass ihr spezifisches Anliegen, für das sie sich von Zeit zu Zeit drastische Aktionen einfallen ließen, das kommende **Reich** Gottes war. Wenn jetzt jemand auftritt, der über das gleiche Thema spricht, *aber alles völlig falsch verstanden hat*, dann wollen sie darüber informiert sein. Ähnliches geschieht, wenn unsere Demonstranten auf ihrem langsamen Weg südwärts durch England plötzlich auf eine andere Gruppe treffen, die langsam nach Norden fährt und *ihren* Weg blockiert.

Der Reich-Gottes-Plan der Pharisäer lag auf einer Linie mit vielen älteren jüdischen Zielen und Idealen: Sie drängten darauf, das jüdische Gesetz, die **Tora**, noch strikter zu befolgen. Sie erwarteten, dass auf diese Weise das Feld vorbereitet wird, damit Gott wie verheißen eingreifen kann. Dann wird er die Heiden, die Israel unterdrücken, verurteilen und sein Volk befreien. Einige eher militante Vertreter glaubten darüber hinaus, dass Gott ihnen den Auftrag gegeben hat, das Gesetz selber in die Hand zu nehmen und Gewalt anzuwenden, um den Prozess der Revolution in Gang zu bringen. Jesu Vision vom Reich Gottes war ganz anders – fast diametral entgegengesetzt. Weil immer mehr Menschen zu ihm strömten, mussten sie jetzt herausfinden, was da vor sich ging.

Lukas betont, dass Jesus Kraft hatte und dass Gottes Kraft durch ihn wirkte. Das zog natürlich so viele Menschen an, dass die schwerfällige kleine Prozession, als sie endlich mit ihrem gelähmten Freund auf ihrer behelfsmäßigen Trage oder Matte beim Haus ankam, nicht mehr hineinkam. Den Einfallsreichtum der Männer, das Dach aufzubrechen und ihn herunterzulassen, sah Jesus als Zeichen ihres Glaubens an, dass hier wirklich Gott am Werk ist und dass sich dieser Einsatz lohnen wird. Immer wieder zieht Jesus die Verbindung zwischen dem **Glauben** und der Kraft Gottes.

Es ist in der Tat so: Wenn Menschen nicht glauben, dann können sie zwar sehen, was sich vor ihren Augen abspielt – wie es bei den Pharisäern an diesem Tag der Fall war – und doch bekritteln, dass da etwas faul ist. „Deine Sünden sind vergeben." Da hatten sie es! Gott allein kann Sünden vergeben. Der ordentliche Weg dahin war in ihrem System der **Tempel** und alles, was dort stattfand: das Opfersystem, die Reinigungsrituale, die großen Feste und nicht zuletzt der Große Versöhnungstag. Wenn überhaupt Menschen an Gottes Stelle erklären konnten, dass Sünden vergeben sind, dann wären das die **Priester** und ganz besonders der **Hohepriester**, nachdem das Sündopfer vollzogen war.

Jesus setzt sich über all das hinweg. Er erklärt aus eigener Vollmacht, dass dieser Mann, der vor ihm lag, jetzt mit Gott im Reinen ist, und das aufgrund des Glaubens seiner Freunde. Es geht hier nicht so sehr darum, dass Jesus für sich beansprucht, Gott zu sein (obwohl Lukas bald klarstellen wird, dass Menschen Gott begegnen, wenn sie Jesus begegnen); er nimmt in Anspruch, *für Gott zu reden*, und das unter Umgehung der gewohnten Autoritätskanäle. Aus Sicht der Pharisäer übertrifft das ihre schlimmsten Befürchtungen.

Es kommt aber noch schlimmer. Jesus erklärt seine Handlung mit dem geheimnisvollen Ausdruck „der **Menschensohn**". In Daniel 7 wird nach einer langen Verfolgungszeit einer „wie der Sohn eines Menschen" vor Gott gestellt. Ihm wird Autorität über die ganze Welt verliehen. Der Ausdruck könnte einfach „ein menschliches Wesen" bedeuten. Viele Juden in der Zeit Jesu gaben der Gestalt aus Daniel 7 eine viel spezifischere Bedeutung. Sie sahen darin den **Messias.** Das ist der eine, durch den Gott am Ende der Leidenszeit Israels sein **Reich** aufrichten würde.

Vielleicht haben nicht alle Zuhörer Jesu dies verstanden. Den meisten war aber klar, dass Jesus damit eine große Autorität beanspruchte. Seine Taten und Worte waren in der Tat Taten und Worte von Gottes Reich. Trotz Verfolgung und Leiden würde Gott ihn rehabilitieren und sich am Ende zu ihm stellen. Mit einem Schlag hat Jesus ein lebendiges

Element des zeitgenössischen jüdischen Glaubens und der jüdischen Hoffnung aufgenommen und für sein eigenes Anliegen dienstbar gemacht. Die Heilung des Gelähmten Mannes diente, wie er es beabsichtigt hatte, als Zeichen dafür, dass seine Autorität real war, und das wurde auch so verstanden.

Kein Wunder, dass die Menschenmenge so erstaunt war. Die Kombination von Heilung, Autoritätsanspruch und scharf geführter Diskussion mit dem führenden Interessenverband ihrer Zeit ging weit über alles hinaus, was sie je erlebt hatten. Das Wort für „außerordentliche Taten“ in der letzten Zeile ist *paradoxa* – Dinge, die man normalerweise nicht so erwarten würde. Und es sollten noch viel mehr kommen. Wie in der Szene mit dem „Menschensohn“ in Daniel 7 bestand die ganze öffentliche Karriere Jesu darin, Dinge anders anzupacken, als es die Leute erwartet hatten. Wenn Menschen mit nur einem Körnchen Glauben zu Jesus kommen, dann können und werden auch heute noch unerwartete Dinge geschehen.

Lukas 5,27-39: Fragen rund um die Tischgemeinschaft und das Fasten

27 *Nach diesen Ereignissen zog Jesus weiter. Er sah einen Zolleintrei-*
ber am Zollhaus sitzen. Sein Name war Levi. „Folge mir“, sagte er zu
ihm. 28 *Und er stand auf, ließ alles hinter sich, und folgte ihm.*

29 *Levi veranstaltete in seinem Haus ein großes Fest Jesus zu Eh-*
ren. Viele Zolleinnehmer und andere waren um den Tisch versam-
melt. 30 *Die Pharisäer und die Gesetzeslehrer beschwerten sich bei*
Jesu Jüngern: „Wieso isst und trinkt der mit Zolleinnehmern und
Sündern?“

31 *„Wer gesund ist braucht keinen Arzt“, erwiderte Jesus. „Die*
Kranken brauchen ihn! 32 *Ich bin nicht gekommen, um die Gerechten*
zu rufen. Ich rufe die Sünder zur Umkehr.“

33 *„Die Jünger des Johannes fasten oft und beten", sagten sie ihm.*
„Auch die Jünger der Pharisäer halten es so. Deine Jünger aber essen
und trinken."
34 *Jesus antwortete: „Kann man denn die Hochzeitsgäste zum Fasten*
verpflichten, solange der Bräutigam noch bei ihnen ist? Es wird eine
Zeit kommen, wenn der Bräutigam nicht mehr bei ihnen ist. Dann
werden sie fasten."
36 *Er fügte noch dieses Gleichnis an: „Niemand reißt ein Stück aus*
einem neuen Gewand, um daraus einen Flicken für ein altes Kleid zu
machen. Und wenn es doch jemand tun würde: Er würde das neue
Gewand zerreißen, ohne dass es dem alten nützen würde.
37 *Niemand füllt jungen Wein in alte Weinschläuche. Wenn das doch jemand ver-*
suchte, würde der junge Wein die Schläuche zum Platzen bringen; der
Wein würde verschüttet werden und auch die Schläuche wären rui-
niert.
38 *Neuer Wein gehört in neue Schläuche.*
39 *Niemand, der den al-*
ten Wein kennt, will jungen Wein trinken. Er wird sagen: ‚Der alte
Wein schmeckt mir besser'."

Die Technik entwickelt sich so schnell, dass die meisten von uns nicht mehr Schritt halten können. Wenn Sie heute einen Computer kaufen, ist er morgen schon veraltet. Schon in ein bis zwei Jahren wird es für ihn keine Ersatzteile mehr geben. Ganze Ingenieurteams arbeiten mit Hochdruck daran, Geräte zu entwickeln, die in immer kürzerer Zeit immer mehr Aufgaben erledigen können. Was dieses Jahr noch brandneu aussieht und die Kunden mit seiner Leistung überrascht, wirkt im nächsten Jahr bereits alt und langsam.

Das ist besonders für Menschen wie mich frustrierend, die nicht jeder Neuheit hinterherjagen. Die Software, die auf dem alten Gerät noch perfekt funktionierte, kann auf dem neuen Gerät schon nicht mehr installiert werden. Der neue Computer meldet, dass er nicht erkennen kann, was man da installieren will. Das alte Programm, mit dem man sich so wohlgefühlt hat, läuft plötzlich nicht mehr.

Das ist eine moderne Illustration für das, was Jesus seinen Kritikern antwortet. In einem Punkt passt unser Beispiel allerdings offensichtlich nicht. Wenn man heute Computer (oder Medikamente oder Maschinen für den Landbau oder was auch immer) kauft, dann erwartet man, dass die Forschung und Entwicklung immer weitergeht. Was jetzt neu ist, wird eines Tages veralten. In der Welt Jesu und seiner Nachfolger setzte man die Hoffnung und Erwartung darauf, dass Gottes neue Welt ein für alle Mal kommt und nie wieder veraltet sein wird. Das Alte würde vorübergehen, das Neue würde erscheinen, und das wäre es dann gewesen. Dieser Übergang würde sich nicht immer wieder wiederholen.

Wenn wir das im Hinterkopf behalten, passt die Illustration ziemlich gut. Jesus bringt tatsächlich die neue Welt Gottes – und die alten Wege passen da nicht mehr hinein. Sie sind überflüssig geworden. Das heißt nicht, dass sie als solche schlecht sind. Gottes neues Zeitalter hat aber eine neue Kraft, neue Möglichkeiten und eine neue Hoffnung, die es vorher einfach noch nicht gab. Veränderungen sind zutiefst bedrohlich, vor allem, wenn Menschen ihr ganzes Leben um die alten Wege herum organisiert haben. Überlegen Sie einmal, wie die Leute sich gefühlt haben, die von Pferden gezogene Kutschen gebaut und unterhalten hatten, als plötzlich die ersten Dampfeisenbahnen und später Automobile auftauchten. Oder wie die ganze Schiffbauindustrie erschüttert wurde, als die Flugzeuge mehr und mehr zum normalen Transportmittel für Reisen von Kontinent zu Kontinent wurden. Jesus nimmt für sich in Anspruch, dass er einen derart tief greifenden Wandel einläutet.

Wie so oft bei Lukas (und bei Jesus selbst, um das einmal festzuhalten) beginnt alles mit einer sehr menschlichen Situation. Zolleinnehmer sind nie sehr beliebt. In Jesu Zeiten waren sie es noch viel weniger. Sie waren Erpresser. Und was es noch schlimmer machte: Sie arbeiteten für die Römer oder für **Herodes**. Ihr regelmäßiger Umgang mit **Heiden** machte sie politisch verdächtig (Kollaboration mit dem Feind) und schloss sie aus der Religionsgemeinschaft aus (wahrscheinlich waren sie unrein). Levi schmeißt eine Party, und es fällt auf, dass die meisten Gäste auch Zolleinnehmer waren. Sie konnten nur Freunde unter ihresgleichen finden. Die meisten „normalen" Menschen wollten mit ihnen nichts zu tun haben.

Jesus bricht in diese Welt ein, wie er mit einer einzigen Berührung in die abgeschottete Welt des Leprakranken eingebrochen ist. Er ruft Levi von seinem Arbeitsplatz weg in seine Nachfolge. Wie zu erwarten gibt es Menschen, die über diese Berufung murren. Ihnen begegnet Jesus mit etwas, was wir heute ein „Mission Statement" nennen würden: Er ist wie ein Arzt, der seinen Beruf auch nur ausüben kann, wenn er mit Kranken zusammen ist. Seine Aufgabe ist es, Sünder zur Umkehr zu rufen. Wir dürfen Menschen nicht länger in zwei Lager einteilen, wo niemand das Lager wechseln kann (außer natürlich, wenn ein Gerechter sündigt). Das neue Zeitalter bricht an, und dieses neue Zeitalter ist die Zeit der Vergebung. Das hatte Gott schon immer verheißen. Von diesem neuen **Bund** haben die Propheten gesprochen. Die Vergebung ist da, ist für jeden greifbar, und sobald Menschen umkehren, gehört sie ihnen. Es spielt keine Rolle, dass dies die engen Klassen des alten Systems durcheinanderwirbelt. Das ist ein Fest – das erste von vielen Festen im Evangelium des Lukas – und wie alle Feste Jesu ist es ein Zeichen für das neue Zeitalter. Für alle, die Augen haben, um zu sehen, ist es ein messianisches Festbankett in Kleinformat.

Lukas folgt Markus an diesem Punkt und verknüpft diese Geschichte mit einer Kette von kurzen Aussprüchen darüber, wie neu diese Botschaft vom Reich Gottes ist. Zunächst einmal schließt sie das Fasten aus. Im Judentum und auch in den verschiedenen Sekten und Gruppierungen zur Zeit Jesu war das Fasten ein Zeichen für das Warten und das Klagen über die jetzige Zeit, in der das **Reich** Gottes noch nicht angekommen ist. Es war ein Weg, um auf die Katastrophen zurückzuschauen, die über Israel hereingebrochen waren. Man demütigte sich selbst, tat Buße und betete um Gottes Erbarmen. Was aber, wenn Gottes Erbarmen jetzt lebendig und in Aktion war – wenn es jetzt heilte, feierte, eine völlig neue Welt erschuf und Sie eingeladen wären, Teil davon zu sein? Hier ist wieder das Motiv des Festes: Es ist wie bei einer Hochzeitsfeier (für Juden ein vertrautes Bild für den Anbruch von Gottes kommendem neuen Zeitalter). Das Letzte, was man an einer Hochzeit tun will, ist, sich des Essens und Trinkens zu enthalten. Es ist ein Fest des Lebens selbst. Es gibt zwar auch einen dunklen Punkt im Bild: Eines Tages wird der Bräutigam weggenommen, und dann wird es wieder Zeit sein zu fasten. Das wird aber nicht lange dauern. Das Evangelium des Lukas endet mit zwei Osterfeiern: eine in Emmaus und eine im Obergemach. Der Bräutigam kehrt zurück, und sein Auferstehungsleben bedeutet, dass Gottes neues Zeitalter unumkehrbar angefangen hat.

Die Aussprüche Jesu haben bei Lukas eine leicht andere Fassung als bei Markus. In Markus' Version ist der springende Punkt des neuen Stoffs die Tatsache, dass er noch nicht eingelaufen ist. Wenn er dann beim Waschen einläuft, ruiniert er das alte Gewebe. Lukas hebt hervor, dass man den neuen Mantel ruiniert, wenn man ein Stück Stoff herausschneidet, und dem alten trotzdem nicht hilft. Anders gesagt: Es ist sinnlos zu versuchen, einzelne Punkte von Jesu Reich-Gottes-Programm in die Programme der Jünger des Johannes oder der **Pharisäer** einzubauen. Wenn man ein Element von Jesu Werk herausnimmt, geht man am Sinn des Ganzen vorbei. Und es ist sowieso unmöglich, dieses eine Element in die alten Denkweisen einzubauen. Entweder nimmt man die neue Botschaft als Ganzes oder gar nicht.

So verhält es sich auch mit dem Wein und den Weinschläuchen. Wenn man versucht, Jesu neues Werk in die Denkweisen und Verhaltensmuster der Johannes-Bewegung oder der Bewegung der Pharisäer einzupassen, dann gibt es eine Explosion (und die hatte ja schon begonnen). Aber – und diese letzte Zeile findet sich nur bei Lukas, und sie enthält eine ernste Warnung – man darf nicht erwarten, dass Menschen, die ihr ganzes Leben den alten Bewegungen gewidmet haben, ohne Weiteres ihre Gefolgschaft aufkündigen und auf ein neues Pferd setzen. Wahrscheinlich bleiben sie bei dem, was ihnen vertraut ist. Sie haben sich an den alten Wein gewöhnt und haben Angst, dass der neue ihnen nicht schmecken wird.

Jeder Reformer wird mit diesem Problem konfrontiert. Dieser Abschnitt bezieht sich aber selbstverständlich nicht auf jegliche Art von Erneuerung und Reformation, von denen Menschen träumen mögen. Manchmal wird dieser Abschnitt zitiert, um jede neue Idee zu rechtfertigen und sich über jegliche Tradition lustig zu machen. Darum geht es aber überhaupt nicht. Jesus tut etwas Neues. Dieses Neue bildet bis heute die Basis des Christentums. Die wahre Herausforderung in diesem Abschnitt besteht darin, dass wir achthaben, wo in der Welt – und natürlich auch in der Kirche – Menschen immer noch so leben, als ob das alte Leben normal wäre und als ob das neue Leben des Evangeliums nicht schon hereingebrochen wäre. Es ist unsere Aufgabe, das neue Leben und die neue Kraft auszuleben, die das Herz von Jesu Verkündigung und Leben bildeten.

Lukas 6,1-11: Über den Sabbat

1Jesus ging an einem Sabbat durch einige Getreidefelder. Seine Jünger pflückten und aßen einige Ähren, indem sie sie zwischen ihren Händen zerrieben.

2Einige Pharisäer fragten: „Wieso tut ihr Dinge, die am Sabbat verboten sind?“

3„Habt ihr nicht gelesen, was David tat?“, gab ihnen Jesus zur Antwort. „Als er und seine Männer Hunger hatten,
4ging er in das Haus Gottes und nahm die ‚Schaubrote‘. Eigentlich durften nur die Priester von ihnen essen. Er aß einige und teilte sie auch mit seinen Freunden.“

5„Der Menschensohn“, so erklärte er, „ist Herr über den Sabbat.“

6An einem anderen Sabbat besuchte er die Synagoge und lehrte. Dort war ein Mann, dessen rechte Hand verkrüppelt war.
7Die Gesetzeslehrer und die Pharisäer beobachteten ihn genau, um zu sehen, ob er den Kranken am Sabbat heilen würde. Dann hätten sie einen Grund, ihn zu verklagen.

[8]*Er kannte ihre Überlegungen.*
Zu dem Mann mit der verkrüppelten Hand sagte er: „Steh auf und stell dich hier in die Mitte." Er stand auf und stellte sich dorthin.
[9]*„Ich will euch etwas fragen", sagte Jesus zu ihnen. „Entspricht es dem Gesetz, am Sabbat Gutes zu tun oder Böses zu tun, das Leben zu schützen oder zu zerstören?"*
[10]*Er sah ihnen allen in die Augen.*
„Strecke deine Hand aus!", sagte er zu dem Mann.
Der streckte seinen Arm aus, und seine Hand war geheilt. [11]*Sie wurden sehr wütend und diskutierten miteinander, was sie mit diesem Jesus anstellen sollten.*

Ein Verwandter von mir erzählt gerne davon, wie er einmal mit einigen Geschäftsfreunden nach Irland flog, um sich ein Rugby-Spiel anzuschauen. Als sie ausstiegen, war der Zollschalter nicht besetzt. Zwei oder drei von ihnen stellten sich daraufhin hinter den Schalter, setzten offizielle Mützen auf, die sie dort fanden, und kontrollierten die Pässe der Mitreisenden. Sie hatten keine offizielle Autorität, und doch funktionierte es. Ich habe mich schon oft gefragt, was wohl geschah, als die wirklichen Zollbeamten zurückkehrten. Wie so oft schweigt sich die Geschichte über diesen Punkt aus.

Viele Zuschauer haben über Jesus wohl ähnlich gedacht. Er hatte kein öffentliches Amt. Er war kein **Priester** (Priester hatten die Aufgabe, die Menschen im Gesetz zu unterweisen). Er war kein Teil einer anerkannten Interessengruppe wie der Gruppe der **Pharisäer**, die ihre eigene Ansicht darüber vertraten, wie man das Gesetz einhalten sollte, und die versuchten, diese Ansicht der ganzen Gesellschaft aufzudrängen. Er hatte auch keine Ausbildung als Lehrer genossen.

Und doch stand er hier bildlich gesprochen im Ankunftsbereich des Flughafens und sagte den Leuten, was sie zu tun hatten. Einigen gab er die Erlaubnis, Dinge zu tun, die normalerweise verboten sind. Für wen hielt er sich? In der Tat ist das die Schlüsselfrage, und Lukas will, dass wir uns diese Frage stellen. Er interessiert sich eigentlich nicht für die Frage: „Sollen wir den Sabbat halten oder nicht?“, sondern für die Frage: „Für wen hielt sich Jesus?“

Die erste kleine Begebenheit wirkt etwas kompliziert, bis wir sie uns näher angeschaut haben. Der Kerngedanke von Jesus ist, dass er und seine Männer in der gleichen Position sind wie damals David und seine Männer. Sie waren eine Ausnahme von der Regel, und so ist es auch bei ihm. Normalerweise aßen nur die Priester im Heiligtum von den „Schaubroten“ (das Brot, das beiseitegestellt war, um Gottes Gegenwart in der Gemeinschaft seines Volkes zu symbolisieren). David beanspruchte aber das Recht, auch davon zu essen. Wieso? Vermutlich, weil er der rechtmäßige König Israels war. Samuel hatte ihn schon als Teenager gesalbt und zum König ausgerufen. Und doch saß Saul noch auf dem Thron. Zum Zeitpunkt dieser Begebenheit war David der Anführer einer zusammengewürfelten Truppe, die ihm folgte. Er war auf der Flucht vor Saul und wartete auf den Moment, in dem er als König gekrönt werden würde.

Das spricht Bände über Jesus. Lukas wird nicht müde uns zu erklären, dass Jesus auch bereits zum König Israels gesalbt worden ist. Auch er wartet auf den Augenblick, in dem seine Königsherrschaft anerkannt wird. Auch er ist unterwegs mit einer kleinen, zusammengewürfelten Truppe von Nachfolgern. Und er war – hier nimmt er ein biblisches Bild auf, das einige seiner Hörer sicher verstanden, viele aber wohl nicht – der „**Menschensohn**“. Er war der eine, den Israels Gott zur rechten Zeit als wahren und rechtmäßigen König krönen würde: An dem Tag, an dem alle Feinde zum Schweigen gebracht und das Recht endgültig durchgesetzt werden würde.

Entscheidend war also nicht so sehr, dass Jesu Jünger den Sabbat brachen. Sie taten es und sie taten es nicht – je nach dem, welche Sabbatregeln man zur Anwendung brachte. Die Meinungen gingen weit auseinander, was am Sabbat genau erlaubt war und was nicht. Entscheidend war, dass Jesus der kommende König war, der bei Bedarf sogar das heilige Sabbatgebot außer Kraft setzen konnte. Und er hielt es wohl für nötig. Gottes neue Welt war im Anbruch, und die Regeln, die in der alten Welt galten, mussten neu durchdacht werden.

Für viele heutige Christen ist das Einhalten des Sabbatgebotes nur ein altmodisches Überbleibsel. Manche halten sich noch daran; für viele in der westlichen Welt ist es nur noch eine Erinnerung an etwas, das man früher einzuhalten pflegte, an das man heute aber nicht mehr viele Gedanken verschwendet. Für die Zeitgenossen Jesu dagegen war der Sabbat eines der wichtigsten Erkennungszeichen in einer feindlichen Welt. Sie signalisierten damit sich selber und ihren Nachbarn, dass sie Gottes auserwähltes Volk waren. Für uns moderne westliche Christen ist es einfach, die Juden der Zeit Jesu auszulachen, weil sie sich so sehr sorgten um Dinge, die uns heute irrelevant erscheinen. In unserer Zeit und Welt gibt es aber manche Dinge, die für uns ähnlich wichtig geworden sind – und die vielleicht genauso unter Gottes Zorn stehen – wie es das Halten des Sabbats für sie war.

Die andere Geschichte – die Heilung des Mannes mit der verkrüppelten Hand – bringt es auf den Punkt. Entscheidend ist, dass Gott, der Schöpfer des Lebens, in allem verherrlicht wird. Jesus fragt: „Rettet diese Tat **Leben** oder zerstört sie es?" Er tat bei dieser Gelegenheit nichts, was das offizielle jüdische Gesetz oder die inoffiziellen Vorschriften der Pharisäer als illegal bezeichnet hätten. Er berührte den Mann nicht einmal. Jemanden dazu aufzufordern, seine Hand auszustrecken, kann man ja kaum als „Arbeit" betrachten und deshalb verbieten. Es war aber ausreichend, dass Jesus Dinge tat, die andeuteten, dass er in souveräner Freiheit mit den Gesetzen der Vorfahren und den Traditionen umging. Lukas bereitet uns auf das vor, was jetzt folgen wird: die Art, wie Jesus die wachsende Gemeinschaft seiner Jünger zunehmend prägte und aus ihnen Gottes neues Israel formte – das Volk, das in Gottes neuer Zeit leben wird. Dieses Volk, das sich durch die Loyalität zu Jesus, dem wahren König, dem wahren „Menschensohn" definiert, feiert bereits den Anbruch der neuen „Woche". Das Sabbatgebot bindet sie nicht länger. Es ist Teil der alten Schöpfung, die sich dem Ende zuneigt.

Lukas 6,12-26: Die Seligpreisungen

12 Ungefähr zur gleichen Zeit zog sich Jesus auf einen Berg zurück, um zu beten. Er verbrachte die ganze Nacht im Gebet zu Gott. 13 Als der Tag anbrach, rief er seine Jünger zu sich. Er wählte zwölf von ihnen aus und nannte sie „Apostel“: 14 Simon, den er Petrus nannte, und seinen Bruder Andreas; Jakobus und Johannes; Philippus und Bartholomäus; 15 Matthäus, Thomas und Jakobus, den Sohn von Alphäus; Simon, den man den „Hitzkopf“ nannte, 16 Judas, den Sohn des Jakobus, und Judas Iskariot, der zum Verräter wurde.

17 Er ging mit ihnen vom Berg herab und kam auf einen ebenen Platz. Dort hatte sich schon eine große Menge seiner Nachfolger eingefunden, begleitet von vielen Leuten aus ganz Judäa, von Jerusalem und aus der Küstenregion von Tyrus und Sidon. 18 Sie waren gekommen, um ihn zu hören und um von ihren Leiden geheilt zu werden. Alle, die von unreinen Geistern geplagt waren, wurden frei. 19 Die ganze Menschenmenge versuchte, ihn zu berühren, weil eine Kraft von ihm ausging und jeden heilte.

20 Er hob seine Augen auf, sah seine Jünger an und sagte:

„Segen für die Armen: Gottes Reich gehört euch!

21 Segen für alle, die heute Hunger leiden: Ihr werdet feiern!

Segen für alle, die heute weinen: Ihr werdet lachen!

22 Segen für euch, wenn die Leute euch hassen und ausgrenzen, wenn sie schlecht über euch reden und euren Namen zurückweisen, als ob er böse sei, nur weil ihr zum Menschensohn gehört. 23 Feiert an diesem Tag! Springt vor Freude! Seht ihr es nicht? Im Himmel wartet eine große Belohnung auf euch! Eure Vorfahren haben die Propheten auch nicht besser behandelt.

24 Fluch aber über euch Reiche: Ihr habt euren Trost schon gehabt!

Fluch auf euch, die ihr heute in der Fülle lebt: Ihr werdet Hunger leiden!

25 Fluch auf euch, wenn ihr heute lacht: Ihr werdet trauern und weinen!

[26]*Fluch auf euch, wenn jeder gut über euch redet: So haben eure Vorfahren die falschen Propheten behandelt.*

Stellen Sie sich vor, dass Sie Lehrer an einer Schule sind. Eines Tages gehen Sie auf den Pausenhof. Ein paar Dutzend Kinder kicken hier Bälle herum. Sie gehen zu ihnen hinüber und rufen alle zu sich. Dann fangen Sie an, langsam aber sicher elf von ihnen auszuwählen. Sie müssen das nicht erklären. Wählen Sie ihre Elf und gehen Sie mit ihnen woanders hin. Jeder wird wissen, was das bedeutet: Sie haben sich ein Fußballteam zusammengestellt.

Jetzt stellen sie sich vor, wie Sie und Ihr Team anfangen, zusammenzuarbeiten, um sich auf den Ernstfall vorzubereiten – auf die zukünftigen richtigen Spiele. Was werden Sie tun? Sie können davon ausgehen, dass die Schüler einiges über Fußball wissen und ein paar Regeln kennen. Sie möchten ihnen aber klarmachen, dass sich heutzutage einiges verändert hat. Eine andere Spielweise ist angesagt. Auf dem Schulhof laufen die Dinge anders als in einem wirklichen Fußballspiel.

Es wäre jetzt nicht gut, ihnen stundenlange Vorträge zu halten über Taktik und Regeln. Sie müssen ihnen drei oder vier Sachen einhämmern, die sie tun sollen, und drei oder vier Dinge, die sie nicht tun sollen. Sie hoffen, dass sie sich in der Hitze des Gefechts an diese grundlegenden Richtlinien erinnern und dass diese Richtlinien ihnen helfen, ihr bestes Spiel zu spielen.

Jetzt vergleichen wir das einmal mit dem, was Jesus tat. Damals gab es noch keine Fußballteams. Was er tat, hatte auch eine weit größere Tragweite als nur ein Spiel. Was es aber gab, waren lang zurückreichende Erinnerungen an die Zeit, als Gott die zwölf Stämme Israels – die Nachkommen der zwölf Söhne Jakobs – berufen und sie zu seinem erwählten Volk geformt hatte, durch das er seine Absichten für die ganze Welt erfüllen konnte. Und jetzt war hier Jesus. Er kam sozusagen auf das Spielfeld, auf dem alle möglichen Leute Wege suchten, als Gottes Volk zu leben. Einige von ihnen schlugen neue Regeln vor, denen man folgen sollte. Andere brüteten über Revolutionsgedanken.

Einige unterstützten **Herodes**, andere zogen sich in die Wüste zurück und beteten in der Abgeschiedenheit. Und zweifelsohne gab es noch viele weitere Ideen. Aus all den Leuten, die Jesus traf, wählte er **zwölf** aus. Auch wenn er nichts dazu gesagt hätte, wäre es jedem klar, was da passiert: Er stellte ein Israel-Team zusammen. Sie bildeten den Kern, das Zentrum und den Anfangspunkt für das, was Gott jetzt tun würde. Sie bildeten das Herzstück von Gottes erneuertem Israel.

Er gab ihnen klare Anweisungen, wie Gottes Werk sich entfalten sollte. Vier Verheißungen und vier Warnungen. Diese waren formuliert wie die großen Abschnitte aus der Heiligen Schrift Israels: Im Buch Deuteronomium (5. Mose) finden wir lange Listen von „Segnungen" für alle, die das Gesetz einhalten und „Flüche" für jene, die sich nicht daran hielten. Sie bildeten einen Teil der Satzung, des **Bundes**, der bindenden Vereinbarung zwischen Gott und Israel. Jetzt, wo sich das erneuerte Israel um ihn herum zu bilden beginnt, gibt er ihnen seine eigene Version der gleichen Sache.

Und diese Version ist radikal. Sie stellt alles auf den Kopf, oder (wie Jesus vielleicht gesagt hätte) auf die Füße, was die Leute bislang befolgt hatten. Gott tut etwas völlig Neues. Schon in der Synagoge von Nazareth in Kapitel 4 hatte Jesus betont, dass Gott endlich seine Verheißungen erfüllt. Das ist **Gute Nachricht** für all die Menschen, die schon lange keine gute Nachricht mehr gehört haben: Die Armen, die Hungrigen, alle, die weinen, alle, die gehasst werden – sie sollen gesegnet sein! Es ist an sich keine Tugend, arm oder hungrig zu sein. Wenn aber die Ungerechtigkeit regiert, muss die Welt wieder einmal richtig auf die Füße gestellt werden, damit Gottes Gerechtigkeit und sein **Reich** zum Durchbruch kommen können. Das wird Widerstand hervorrufen vonseiten derer, die die Dinge so mögen, wie sie jetzt sind. Jesu Botschaft von Verheißung und Warnung, von Segen und Fluch, lässt Echos der alten jüdischen Propheten anklingen. Und Jesus war sich bewusst, dass die Reaktion darauf auch die Gleiche sein würde.

Wenn Jesus heute auf unsere „Spielfelder" käme, wo wir uns mit Ideen und Konzepten vergnügen und versuchen, dem Leben einen

Sinn abzugewinnen – gewöhnlich mit eher mäßigem Erfolg – was für ein Team würde er sich heute zusammenstellen? Wen beruft er, und zu welcher Aufgabe? Welche Verheißungen und Warnungen gibt er unserer Welt, den Menschen, die seinen Ruf hören und ihm nachfolgen? Das müssen wir für uns selber beantworten. Als Christen glauben wir jedoch, dass das, was Jesus mit der Berufung der Zwölf und mit den messerscharfen Lehren von Segen und Fluch begonnen hat, auch heute noch in Kraft ist. So sieht dieses Reich aus: Es ist auch heute noch das Reich, das die Welt auf den Kopf oder vielmehr auf die Füße stellt, wie es das schon immer getan hat.

Lukas 6,27-38: Unsere Feinde lieben

27 *„Dies ist mein Wort", fuhr Jesus fort, „an alle, die zuhören: Liebt*
eure Feinde! Tut den Menschen, die euch hassen, Gutes! 28 *Segnet Men-*
schen, die euch verfluchen! Betet für Menschen, die euch schlecht be-
handeln!

29 *Wenn euch jemand auf die Wange schlägt – haltet ihm die an-*
dere Wange auch noch hin! Wenn jemand euch den Mantel wegneh-
men will – hindert ihn nicht daran, auch noch euer Hemd zu nehmen!
30 *Gebt jedem das, worum er euch bittet, und fragt nicht danach, dass*
es euch zurückgegeben wird.

31 *Behandelt die Menschen so, wie ihr von ihnen behandelt werden*
wollt. 32 *Was ist so Besonderes daran, die zu lieben, die euch auch lie-*
ben? Denkt daran: Sogar die Sünder lieben die, die sie lieben. 33 *Anders*
gesagt: Wenn ihr nur den Menschen Gutes tut, die gut zu euch sind,
was soll daran besonders sein? Sünder tun das auch. 34 *Wenn ihr nur*
den Menschen Geld leiht, von denen ihr eine Rückzahlung erwarten
könnt, was ist daran besonders? Sogar Sünder verleihen Geld, wenn
sie es sicher zurückbekommen. 35 *Nein: Liebt eure Feinde, tut Gutes*
und verleiht Geld, ohne eine Gegenleistung zu erwarten. Eure Beloh-

nung wird groß sein! Ihr werdet die Kinder des Höchsten sein! Ihr wisst, dass er sogar Geizigen und Bösen gegenüber großzügig ist. Seid barmherzig, wie auch euer Vater barmherzig ist.

37 Richtet nicht, dann wird man auch euch nicht richten. Verdammt nicht, dann wird man auch euch nicht verdammen. Vergebt, und man wird euch vergeben. 38 Gebt, und man wird euch geben: ein gutes Maß, gepresst, geschüttelt und überfließend – das wird in eurem Schoß landen. Ja: So großzügig oder kleinlich ihr gebt, so großzügig oder kleinlich werdet ihr beschenkt werden."

David Flusser war einer der größten jüdischen Lehrer der Neuzeit, die über Jesus geschrieben haben. Viele Jahre lehrte er an der Hebrew University in Jerusalem. Nicht jeder war mit seinen Lehrmeinungen einverstanden. Als einer seiner besten Studenten einmal eine andere Universität besuchte, gab ihm ein dortiger Professor eine sehr schlechte Note, und das nur, weil er ein Student von Flusser war. Einige Zeit später studierte ein Student dieses anderen Professors bei Flusser. Seine Leistungen waren mäßig. Flusser bestand aber darauf, ihm die Bestnote zu geben. Sein Assistent protestierte: „Wie können Sie das tun, ganz besonders nach diesem anderen Vorfall?" Flusser bestand darauf: „Geben Sie ihm eine Eins. Das habe ich bei Jesus gelernt."

Im **Reich Gottes**, wie es Jesus verkündigte und lebte, ging es um überströmende, ungezähmte, unverschämte Großzügigkeit. Stellen Sie sich das größte Geschenk vor, das Sie der schrecklichsten Person machen könnten – und dann schenken Sie es ihr. Stellen Sie sich vor, wovon Sie selber schon immer träumen, dass es jemand Ihnen schenkt – und tun Sie es für diese Person. Denken Sie an Menschen, denen Sie am liebsten die Augen auskratzen würden, und überschütten Sie diese Menschen stattdessen mit Großzügigkeit. Diese Anweisungen tragen eine frische, frühlingshafte Qualität in sich. Sie drehen sich darum, dass sich neues **Leben** Bahn bricht, wie frische Frühlingsblumen, die den Beton aufsprengen und jedermann mit ihren Farben und ihrer Lebenskraft in Erstaunen versetzen.

Ist das denn überhaupt realistisch? Ja und nein. Jesus wollte seinen Nachfolgern nicht ein neues moralisches Handbuch in die Hand drücken, eine Checkliste von „Tu dies“ und „Lass das“, damit sie sich am Abend eines moralisch erfolgreichen Tages zufrieden zurücklehnen können. Er wollte ihnen eine Herzenshaltung, eine Leichtigkeit des Geistes demonstrieren und einimpfen im Angesicht all dessen, was die Welt an Widrigkeiten für uns bereithalten kann. Mitten drin steht das, was dies alles antreibt und lebendig macht. Ihr sollt so sein, *weil Gott so ist*. Gott geht mit allen Menschen großzügig um. Seine Großzügigkeit geht in den Augen der Kleinkrämer viel zu weit: Er schenkt allen Menschen Gutes – ob sie es verdienen oder nicht. Er ist unfassbar gnädig. (Wer auch immer sein eigenes Herz wirklich kennt und Gottes Gnade und Liebe immer noch erfährt, kann das nur bestätigen.) Wie können dann wir, seine begnadigten Kinder, uns anders verhalten? Menschen werden erst, wenn sie entdecken, dass sie es mit einem solchen Gott zu tun haben, überhaupt die Chance bekommen, dies auch zu ihrem Lebensstil zu machen.

Diese Liste von Anweisungen dreht sich in Wahrheit nur um ein Thema: An welchen Gott glaubst du, und was für ein Lebensstil folgt daraus? Wir müssen beschämt zugeben, dass im Laufe der Jahre große Teile der Christenheit wenig oder gar nichts von dem Gott gewusst haben, von dem Jesus erzählt. Stattdessen glaubten viele anscheinend an einen finsteren Gott, einen Pfennigfuchser, dem nur daran gelegen war, den Menschen das Leben so schwer wie möglich zu machen und ihnen den Weg zur Erlösung zu verbauen. Dieser Abschnitt entlarvt zugleich den alten Gedanken (der zur Zeit Jesu ähnlich populär war wie heute), dass alle Religionen im Grunde gleich sind und alle Götter nur Variationen des gleichen Themas darstellen. Dieser Gott ist anders. In einer Gesellschaft, in der alle an diesen Gott glauben, gäbe es keine Gewalt. Es gäbe keine Rache mehr. Unterschiede von Klassen oder Kasten würden aufgelöst. Eigentum und Besitz wären bei Weitem nicht mehr wichtiger als die Frage, ob es auch dem Nächsten gut geht. Stellen sie sich vor, dass auch nur ein paar Menschen in ihrem

Umfeld Jesus ernst nehmen würden und begännen, so zu leben. Das Leben wäre überschwänglich, anders, überraschend. Die Menschen kämen ins Staunen.

Und natürlich kamen die Menschen über Jesus ins Staunen. Lukas zeigt das schon vorher: Diese Kraft floss aus Jesus heraus und Menschen wurden geheilt. Das war der Grund, weshalb sich immer wieder große Menschenmengen ansammelten. Sein ganzes Leben war geprägt von überschäumender Großzügigkeit. Er gab jedem, der bedürftig war, alles, was er hatte. Er sprach über Dinge, die er kannte: die verschwenderische Liebe seines Vaters und die Berufung, als Antwort darauf ein verschwenderisches menschliches Leben zu leben. Am Ende, als sie ihn auf die Wange schlugen, ihm die Kleider vom Leib rissen und ihn folterten, da hörte er nicht auf, sie zu lieben und ihnen zu vergeben. Lukas wird uns das später noch berichten (Lukas 23,34.43). Er zeigte nicht nur seinen Freunden Liebe, sondern auch seinen Feinden. Er weinte über die Stadt, die seine Einladung zum Frieden ausgeschlagen hatte. Er war die wahre Verkörperung des Gottes, von dem er sprach.

Zwei Dinge verwundern uns ganz besonders, wenn wie diese Anweisungen lesen: Da ist zunächst ihre Einfachheit. Sie sind offensichtlich, klar, direkt, und man kann sie sich merken. Dann fällt auch auf, wie selten sie sind: Wie viele Menschen kennen sie, die wirklich so leben? Wie viele Gemeinschaften haben sich diese Anweisungen wirklich zur Richtschnur ihres Lebens genommen? Was ist da schiefgegangen? Hat sich Gott verändert? Oder haben wir vergessen, wie er wirklich ist?

Lukas 6,39-49: Andere richten und wahrer Gehorsam

[39]Jesus erzählte ihnen dieses Rätselwort: „Was passiert, wenn ein Blin-
der den anderen führt? Sie werden beide zusammen ins Loch stürzen!
[40]Schüler können nicht besser sein als ihr Lehrer; wenn die Ausbildung
vorbei ist, werden sie alle sein wie der Lehrer.

[41]Wieso achtest du auf den Splitter im Auge deines Bruders, wäh-
rend du den Balken in deinem eigenen Auge ignorierst? Wie kannst
du deinem Bruder sagen: ‚Lieber Bruder, ich ziehe dir den Splitter aus
dem Auge!‘, wenn du nicht einmal den Balken in deinem eigenen Auge
wahrnimmst? Du bist ein Betrüger! Kümmere dich zuerst um den Bal-
ken in deinem Auge, dann siehst du klar genug, um auch den Splitter
aus dem Auge deines Bruders zu entfernen.

[43]Ihr wisst ja, dass kein guter Baum schlechte Früchte trägt. Ebenso
kann ein schlechter Baum keine guten Früchte hervorbringen. [44]Man
erkennt die Bäume an ihren Früchten. Von Dornbüschen kann man
keine Feigen ernten und auch keine Trauben vom Gestrüpp. [45]Ein gu-
ter Mensch wird aus dem guten Schatz seines Herzens gute Dinge
hervorbringen. Aus dem Herzen eines bösen Menschen kommen böse
Dinge hervor. Aus dem Mund kommt das, was aus dem Herzen über-
läuft.

[46]Wieso redet ihr mich dauernd mit ‚Herr, Herr!‘ an und tut doch
nicht, was ich euch auftrage? [47]Ich sage euch, wie es Menschen er-
geht, die zu mir kommen, meine Worte hören und dann tun. [48]Sie
sind wie ein weiser Mann, der ein Haus baute. Er grub tief und legte
das Fundament auf den felsigen Untergrund. Als die Flut kam, um-
spülte der Fluss das Haus. Es wurde aber nicht zerstört, weil es gut
gebaut war. [49]Wenn Menschen mir zwar zuhören, aber nicht gehor-
chen, dann sind sie wie ein Mann, der sein Haus einfach auf den
Erdboden baute, ohne ein Fundament zu legen. Als die Flut kam,
wurde es unterspült und stürzte ein. Das Haus wurde völlig zer-
stört.“

Ein Bild sagt mehr als tausend Worte. In schneller Abfolge finden wir hier vier der eindrücklichsten Wortbilder Jesu. Sie sollen lustig sein. Wenn man sie so liest, dann sieht man schnell einen trockenen, vielleicht typisch jüdischen Humor durchschimmern. Die Bibel steckt voller Humor – wenn wir ihn nur erkennen könnten. Die Aussagen dieser kleinen Szenen sind allerdings todernst gemeint. Jesus wollte, dass die Leute sich an diese Lektionen erinnern. Sie werden darauf angewiesen sein.

Jede von ihnen ist eine Warnung vor rivalisierenden Lehren und Visionen vom **Reich** Gottes und vor „Lösungen“, die das Problem in der Tiefe gar nicht berühren. Sie richten sich an konkurrierende Lehren aus der Zeit Jesu, lassen sich aber ebenso gut auch auf einige Ideen unserer Tage zur Frage anwenden, wie das menschliche **Leben** aussehen sollte.

Die Reihe beginnt mit dem Rätselwort über den Blinden, der Blinde führt. „Seid wachsam!“, sagt Jesus damit. „Es gibt andere Lehren, die gut aussehen, euch aber in Wahrheit ins Verderben stürzen.“ Der nächste Spruch wirkt wie ein Kommentar zu diesem Punkt: Schüler werden nicht weiter kommen als ihre Lehrer. „Es ist nicht sinnvoll, von den **Pharisäern** zu lernen. Sonst wirst du letztlich als ein weiterer Pharisäer enden.“ Jesus fordert seine Zuhörer heraus, sich den vorgefertigten Formen zu verweigern, die ihnen angeboten wurden, sondern lieber mit ihm zusammen als Pioniere den neuen Weg zu leben.

Das nächste Rätselwort über den Splitter im Auge der anderen Person und den Balken im eigenen Auge (auch das soll bewusst lächerlich klingen; Jesus skizziert hier eine Karikatur aus Worten) warnt uns ebenfalls vor einer bestimmten Art der Lehre. Wie bei dem Blinden im vorhergehenden Spruch stellt er auch hier die Frage: „Siehst du klar genug, um andere anzuleiten – geschweige denn, sie zu kritisieren?“ Menschen kritisieren oft, wenn auch nicht immer, an anderen Menschen das, was sie unbewusst an sich selber wahrnehmen oder wovor sie Angst haben, dass sie es bei sich selbst entdecken könnten. Der Splitter und der Balken sind das, was Psychologen eine klassische

„Projektion“ nennen. Die Person weiß, dass sie ein Problem mit dem Auge hat. Sie lenkt davon ab, indem sie andere auf ihr viel kleineres Augenproblem hinweist.

Wie passten die anderen Lehrer zu Jesu Zeiten in dieses Bild? Vielleicht so: Mit ihren vielen Vorschriften und Verhaltensregeln versuchten sie, den Gehorsam dem Gesetz gegenüber bis ins kleinste Detail zu regeln und sicherzustellen – und verpassten dabei den allerwichtigsten Punkt des ganzen Gesetzes. Sie versuchten, Israel immer heiliger zu machen, indem sie sich immer stärker *von den Nationen absonderten*. Das Ziel des Gesetzes und der Propheten war aber, dass Israel das Licht *für die Nationen* sein sollte. Mit großen Lupen machten sie Jagd auf die Splitter in den Augen der anderen und bemerkten nicht den Balken in ihrem eigenen: ein einziger massiver Ungehorsam.

Das Bild Jesu bleibt natürlich auch für viele weitere Zeitalter und neue Situationen bedeutungsvoll. Es gibt leider viele Kirchen, in denen man sich mit großer Hingabe um Details streitet, während man die Hauptsache des **Evangeliums** und des radikalen christlichen Zeugnisses in der Welt völlig verpasst. Man erzählt sich, dass die Anführer der Russisch-Orthodoxen Kirche 1917 in eine lang andauernde Debatte über Amtskleidung verstrickt waren, während die bolschewikische Revolution durch das Land zog. Ob das wahr ist oder nicht, allein schon die Vorstellung davon sollte allen Kirchen zu allen Zeiten als Warnung dienen. Es ist nicht falsch, sich sorgfältig um Details zu kümmern. Jede Geschichte endet damit, dass man sich auch um die Splitter kümmert. Zuerst muss man sich aber den Balken vorknöpfen.

Der entscheidende Punkt der ganzen Sache – die Bestimmung des Judentums; der Kern der Berufung Israels; die Mitte des Rufes Gottes an jeden einzelnen Menschen – ist die Absicht, wahrhaft menschliche Wesen hervorzubringen. Das ist die Stoßrichtung im Gleichnis über Früchte und Bäume. Eine moralische Revolution, die das Herz nicht berührt, bringt ungefähr so viel Veränderung wie der Versuch, ein paar Bündel Trauben an einen Dornstrauch zu binden. Jesus lädt seine Zuhörer zu einem Lebensstil ein, der so radikal neu ist, dass er die Veränderung des Herzens erfordert, eine Veränderung in der Tiefe der Persönlichkeit. Auf dem heutigen Markt der Möglichkeiten gibt es viele Alternativen zur Einladung Jesu (so war es auch schon zu seiner Zeit); sie lassen das eigentliche Problem jedoch unberührt.

Die Predigt endet mit einer ernsten Warnung, die auch in ein lebhaftes Bild gekleidet ist. Wer der wahren Weisheit zuhört und ihre Lehren nicht praktisch auslebt, der ist wie jemand, der ein Haus ohne ein Fundament baut. Früher oder später werden die Fluten kommen, und dann wird ans Licht kommen, in was für einem Haus man lebt. Vielleicht haben die Zeitgenossen Jesu hier einen Hinweis gehört auf das größte Bauvorhaben ihrer Zeit: **Herodes** erneuerte und vergrößerte den **Tempel** in Jerusalem. Später im Evangelium stellt Lukas klar, dass der Tempel unter dem Urteil Gottes stand, weil die Anführer sich der Einladung Jesu zu einer anderen Art von Gehorsam verweigert hatten. Diese Botschaft gilt aber für alle Menschen aller Zeiten. Eine der bleibenden Errungenschaften Jesu bestand darin, dass er derartig lebhafte und einfach zu lernende Geschichten erzählte, dass Menschen aller Zeitalter und in jeder Ecke der Welt ein persönliches Wort hören können.

Die Frage bleibt auch heute: Sind wir so sehr damit beschäftigt, die Splitter in den Augen der Menschen zu entdecken, dass wir unsere eigenen Balken nicht mehr wahrnehmen? Sehen unsere Pläne und Konzepte makellos aus, lassen aber das Herz unberührt? Bauen wir ohne Fundament? Wenn wir uns diese Fragen stellen und auch wachsam bleiben, ob uns andere in diese Fallen locken wollen, müssen wir doch als grundlegende Lebensregel den großzügigen Lebensstil aus den vorhergehenden Teilen der Botschaft beibehalten – ein Lebensstil, der von der Freiheit des Geistes geprägt ist. Jesu Angebot von neuem und überfließendem Leben umfasst alles und verlangt darum auch alles. Deshalb werden Menschen immer wieder alternative Wege suchen. Dem müssen wir widerstehen, sonst wird das Haus eines Tages mit lautem Getöse einstürzen.

Lukas 7,1-10: Die Heilung vom Sklaven des Zenturio

1Nachdem Jesus die Rede vor seinen Zuhörern beendet hatte, ging er nach Kapernaum.

2Dort lebte ein Zenturio, der einen Sklaven hatte, der ihm besonders ans Herz gewachsen war. Dieser Sklave war todkrank. 3Der Zenturio hatte von Jesus gehört und sandte einige jüdische Älteste zu ihm um ihn zu bitten, dass er komme und den Sklaven vor dem Tod rette. 4Sie kamen zu Jesus und baten ihn inständig:

„Er verdient deine Gunst! 5Er liebt unser Volk und hat uns die Synagoge erbaut."

6Jesus kam mit ihnen.

Als sie nicht mehr weit vom Haus entfernt waren, schickte ihnen der Zenturio Freunde mit einer weiteren Nachricht entgegen.

Er ließ ausrichten: „Meister, mach dir nicht unnötig Arbeit! Ich verdiene es nicht, dass du unter mein Dach kommst. 7Deshalb bin ich auch nicht persönlich zu dir gekommen. Aber sprich das Wort, und mein Sklave wird geheilt sein. 8Du weißt: Ich bin es gewohnt, unter Autorität zu leben. Andererseits sind meine Soldaten mir Rechenschaft schuldig. Wenn ich zu einem sage: ‚Geh weg!', dann geht er; einem anderen sage ich: ‚Komm her!', und sofort kommt er her."

9Als Jesus das hörte staunte er und sagte zu der Menge, die ihm folgte:

„Ich sage euch: So einen Glauben habe ich noch nie gesehen, nicht einmal in Israel."

10Die Boten kehrten zurück zum Haus. Dort trafen sie den Sklaven an – er war völlig gesund.

Vorsichtig bewegt sich der Soldat durch den Dschungel. Er soll Dorfbewohner vor Terroristen schützen. Jeder Schritt ist gefährlich. Plötzlich erreicht ihn ein Funkspruch. Sein Vorgesetzter hat das Versteck der Terroristen entdeckt. Er muss sofort reagieren und gehorchen, sowohl im Interesse seiner eigenen Sicherheit als auch, um den Auftrag zu erledigen. Er hatte etwas ganz anderes erwartet. Sein Training lässt ihn aber die neuen Befehle ohne Zögern umsetzen.

In vielen gefährlichen Situationen ist eine solche Art von Autorität und eingeübtem Gehorsam lebenswichtig. Solche Autorität funktioniert wie eine gut geölte Maschine: Der Befehl läuft von oben nach unten. Jeder untergeordnete Rang handelt wie befohlen und gibt den Befehl zugleich an den nächsten untergeordneten Rang weiter.

Die meisten von uns leben nicht in derart engen und klaren Befehlsstrukturen. Zwar gibt es immer Menschen, die wir respektieren. An unseren Arbeitsplätzen gibt es auch Menschen, deren Entscheidungen wir annehmen und deren Aufträge wir ausführen. Wir können aber in den Fehler verfallen, dass wir Gottes Autorität als weniger klar definiert betrachten und sie den weniger direkten Autoritätsmodellen gleichstellen, die wir sonst in unserem Leben kennen.

Natürlich ist es wahr, dass Gott seine Souveränität über diese Welt mit so viel Liebe und Barmherzigkeit ausübt, dass das Bild eines Offiziers, der einen Kampf anführt oder einen Marsch organisiert, kaum das beste Bild dafür ist. Wenn wir aber Gottes Autorität, die in Jesus am Werk ist, als irgendwie weniger absolut und umfassend ansehen als die Autorität eines militärischen Offiziers, dann liegen wir gemäß diesem Abschnitt nicht nur falsch, sondern dann fehlt uns der **Glaube**.

Der Kern dieser Geschichte ist nicht die Heilung des Sklaven. Die ist zwar wichtig, weil ohne sie niemand diese Geschichte erzählen würde; sie bildet aber lediglich den Rahmen für das, was Lukas herausstreichen will. Entscheidend ist der Glaube des Zenturios. Er war ein mittlerer Offizier, der in Kapernaum stationiert war. Seine Befehle bekam er von seinem vorgesetzten Offizier, der vermutlich im 80 Kilometer entfernten Cäsarea Dienst tat. Unter seinem Kommando standen einige Soldaten, die vor Ort eingesetzt wurden, unter anderem zur Friedenssicherung.

Soldaten in dieser Position verachteten oft die Einheimischen als minderwertige Rasse. Ganz anders dieser Mann. Er hatte die jüdische Bevölkerung lieben und respektieren gelernt. Sogar für ihre Synagoge hatte er Geld gespendet. Lukas stellt ihn uns (wie auch den Zenturio in Apostelgeschichte 10) als demütigen **Heiden** vor, der Israel und Israels Gott als Außenstehender wohlwollend betrachtet und sich dafür öffnet, diesen neuen und in mancher Beziehung fremdartigen Lebensstil einzuüben. Matthäus erzählt diese Geschichte kürzer (8,5-13) und lässt diese Details weg, mit denen Lukas den Respekt und die Demut des Offiziers kennzeichnet, der zwei Gruppen von Boten zu Jesus schickt.

Jesus staunt über die zweite Botschaft. Und wir wundern uns über sein Erstaunen! In den **Evangelien** ist es normalerweise Jesus, der Menschen durch seine Taten und Worte überrascht. Hier ist eine der weniger Stellen, an denen Jesus selbst überrascht wird. Grund für sein Staunen ist die Qualität des Glaubens dieses Mannes. Dieser Glaube ist nicht einfach ein abstrakter Glaube oder ein Für-Wahr-Halten von bestimmten Dogmen. Es ist das unerschütterliche feste Vertrauen in die schlichte Tatsache, dass etwas geschieht, wenn Jesus es befiehlt. Er sieht in Jesus einen militärischen Offizier, der Autorität hat über Krankheit und Gesundheit. Wenn Jesus befiehlt, dass etwas gut wird, dann wird es gut. Was könnte einfacher sein?

Woher er diesen Glauben hatte, wissen wir nicht. Wenn er schon länger in Kapernaum lebte, hatte er zweifelsohne von Jesus gehört oder vielleicht sogar die eine oder andere Heilung selber miterlebt. Er erkannte, dass in Jesus eine Kraft wirksam ist, der man alles zutrauen kann. Wie noch ein anderer Zenturio, von dem später die Rede sein wird (Lukas 23,47), sah er auf Jesus und war bereit, viel mehr zu riskieren als Jesu jüdische Mitbürger, indem er bekannte, dass hier Gott selber am Werk ist.

Die Geschichte zeigt in ganz praktischer Weise etwas von dem, was die Predigt im vorhergehenden Kapitel betont hatte. Für Jesu jüdische Mitbürger bestand keine Notwendigkeit, sich mit immer enger gezogenen Kreisen von Heiligkeit gegen solche Heiden abzuschotten. Obwohl der Zenturio keinen entsprechenden religiösen Hintergrund mitbrachte, hatte er den Kern des jüdischen Glaubens verstanden: Der eine wahre Gott, der Gott Israels, ist der souveräne Herr über **Himmel** und Erde. Und er packte dies in eine schockierende neue Form: *Dieser eine wahre Gott ist persönlich in Jesus von Nazareth anwesend und handelt.* Lukas präsentiert uns diesen Heiden als ein Beispiel für die vielen, die von außen zum alten Bundesvolk dazukommen werden, um an den Segnungen von Heilung und Errettung teilzuhaben.

Stellen wir das Gebet des Zenturio einmal den Gebeten gegenüber, die wir nur zu oft selber formulieren. Sagen wir nicht oft (zwar nicht laut, aber wir denken doch oft so): „Herr, vielleicht möchtest du ja dies oder das tun ... ich weiß aber, dass du es vielleicht auch nicht willst, oder vielleicht ist es zu schwierig oder unmöglich ...“ So stammeln wir verwirrt und unsicher vor uns her und wissen am Ende nicht mal so genau, ob wir jetzt überhaupt um etwas gebeten haben oder nicht. Klar, manchmal bitten wir Gott um etwas, und seine Antwort ist: „Nein“. Gott behält sich das Recht vor, so zu antworten. Diese Geschichte lehrt uns aber, dass wir nicht zögern sollten zu fragen. Ist Jesus der Herr der Welt, oder ist er es nicht?

Lukas 7,11-17: Die Auferweckung des Sohnes der Witwe

11 Nicht lange danach ging Jesus in eine Stadt namens Nain. Seine Jün-
ger begleiteten ihn, und auch viele andere Leute waren mit ihm unter-
wegs. 12 Als er sich dem Stadttor näherte, wurde ein junger Mann he-
rausgetragen, der kurz zuvor gestorben war. Er war der einzige Sohn
seiner Mutter, die eine Witwe war. Eine große Gruppe von Stadtbe-
wohnern begleitete sie.

13 Als der Herr sie sah, tat sie ihm leid. „Weine nicht!“, sagte er zu ihr.
14 Dann ging er zur Bahre und berührte sie. Die Träger blieben stehen.

„Junger Mann, ich befehle dir: Steh auf!“, sagte er. 15 Der Tote setzte
sich auf und begann zu reden. Er gab ihn seiner Mutter zurück.

16 *Ein Schrecken überfiel sie alle, und sie lobten Gott.*
„Unter uns ist ein großer Prophet aufgestanden!", so sagten sie. „Gott hat sein Volk besucht!"
17 *In ganz Judäa und in den umliegenden Gebieten redete man über diese Begebenheit.*

Wo ist denn der Glaube in diesem Bericht? Der Sklave des Zenturio wurde geheilt, weil sein Besitzer Glauben hatte. In dieser Geschichte ist Jesus der Einzige, der irgendwelche Zeichen von Glauben zeigt, dass der Tote wieder lebendig werden kann. Auch wenn Jesus sehr gerne Spuren des Glaubens sieht, ist er doch nicht daran gebunden. In diesem Fall handelt er völlig frei, allein von Mitleid getrieben, und tut etwas, was keiner für möglich gehalten hätte.

Lukas möchte sicher, dass wir diese Szene mit einer Begebenheit später im Evangelium verknüpfen: Jesus wird dann selber als Sohn einer Witwe zum Begräbnis außerhalb von Jerusalem vor die Stadtmauern herausgetragen. In der gegenwärtigen Situation kommt der junge Mann zurück ins normale **Leben** und wird eines Tages wieder sterben. Lukas wird uns später klarmachen, dass Jesus in seinem neuen Leben den Tod ein für alle Mal hinter sich gelassen hat.

Lassen Sie uns zusammen in diese Geschichte eintauchen und ihre Kraft erleben. Wir gehen mit der Menschenmenge, ein paar Reihen hinter der Bahre. Es ist ein heißer, trockener Tag in Galiläa. Die Sonne spiegelt sich in den Tränen, die jedermann über die Wangen laufen. Der Tod ist nur zu vertraut. Jeder weiß, was er zu tun hat. Die professionellen Klageweiber sind da und machen viel Lärm, sodass die Freunde und Angehörigen und ganz besonders die arme Mutter ihre Trauer laut herausweinen können, ohne dass es peinlich wird. (Ist diese Art der Trauer nicht viel sympathischer als die klinische, abgeklärte Feierlichkeit einer westlichen Beerdigung?) Die Leute tragen Gewürze bei sich. Der Leichnam wird damit gesalbt und sie werden zwischen die Leichentücher gelegt, um den Geruch der Verwesung zu überdecken.

Die kleine Prozession macht sich auf ihren Weg, vom Haus der Familie durch die Straßen zum Stadttor. Ein Todesfall in einer kleinen Gemeinde im Mittleren Osten betrifft jedermann. Der Begräbnisplatz der Familie wird ein wenig außerhalb der Stadt liegen. Wahrscheinlich handelt es sich um eine kleine Höhle in einem Hügel, wo bereits der Ehemann und Vater begraben liegt. Dessen Knochen waren mit Sorgfalt und Hingabe in einen Knochenkasten geschichtet worden, sodass der Hauptplatz frei ist für die nächste Bestattung. Dorthin ist die Gruppe jetzt unterwegs.

Plötzlich taucht eine Gruppe von Fremden auf. Ein Mann führt die Gruppe an. Irgendwie kommt er einem vertraut vor: Das obere Galiläa ist überschaubar in seiner Größe. Vielleicht ist er ja in einem Nachbarort aufgewachsen? (Nain liegt ungefähr acht Kilometer südöstlich von Nazareth.) Er sieht die verwitwete und jetzt doppelt leidtragende Frau an, und er wirkt sehr aufgewühlt und berührt. Er nähert sich ihr und spricht ein paar Worte. Zur Überraschung und zum Schrecken aller geht er dann zu der Bahre und berührt sie (normalerweise würde niemand außer den Totengräbern die Bahre oder ihre Träger berühren, weil man dann sofort selber unrein würde). Dann der größte Schock: Er befiehlt dem jungen Mann, aufzustehen – und der steht auf. Die ganze Beerdigungsprozession bricht in Staunen, Erleichterung und Unglauben aus.

Sie wissen nicht, wen sie anschauen sollen: den nicht mehr toten Jungen, seine erstaunte und begeisterte Mutter oder diesen Fremden, der vor ihren Augen die Taten der großen Propheten Elia und Elisa wiederholt hatte (Lukas erzählt diese Geschichte bewusst so, dass sie an 1. Könige 17 und 2. Könige 4 anklingt). „Gott hat sein Volk besucht!“, ist ihre Reaktion. Das meinen sie nicht im Sinne eines netten Besuchs zum Kaffeetrinken, sondern in dem alten biblischen Verständnis. Dort wurde dieser Ausdruck verwendet, als Gott in den Zeiten des **Exodus** und bei anderen großen Ereignissen sein Volk „besuchte“. Es bedeutet: „Gott ist nahe gekommen, um uns zu retten!“ Es bedeutet: „Jetzt bricht die Zeit an, auf die wir schon so lange warten!“

Gehen Sie jetzt noch einmal die Szene durch. Anstelle der Beerdigungsprozession in einer galiläischen Kleinstadt des ersten Jahrhunderts stellen Sie sich jetzt die Situation vor, vor der Sie sich in der kommenden Woche oder im kommenden Jahr am meisten fürchten. Vielleicht ist es etwas, um das Sie schon wissen, z. B. ein traumatischer Verlust des Arbeitsplatzes oder des Hauses. Vielleicht ist es auch etwas, vor dem Sie sich schon seit Langem fürchten, z. B. ein plötzlicher Unfall, eine Krankheit, eine Tragödie oder ein Skandal. Wenn es Ihnen möglich ist, begeben Sie sich im Gebet mitten in die Szene hinein. Fühlen Sie die Trauer und Frustration, die Bitterkeit und den Zorn. Dann sehen Sie hin, wie Jesus mitten in all das hineinkommt. Nehmen Sie sich die Zeit im Gebet. Lassen Sie ihn herankommen, reden, berühren, befehlen. Vielleicht sagt er nicht das, was Sie erwartet hätten. Wenn seine Gegenwart zu Ihnen kommt, wird er aber immer das bringen, was Sie am dringendsten brauchen. Und sobald er mitten in all dem drin ist, werden Sie auch in der Lage sein, hindurchzukommen.

Diese beiden Berichte am Anfang von Lukas 7 – der Sklave des Zenturio und der Sohn der Witwe – haben im Fortgang der größeren Erzählung des Lukas vor allem zwei Funktionen. Sie nehmen die Befehle der großen Predigt aus Kapitel 6 und zeigen uns, wie ein solches Leben praktisch aussehen kann, sodass Gottes Liebe in neuer, unerwarteter, heilender Großzügigkeit fließen kann. Und sie bereiten uns auf die Frage vor, die sich jetzt aufdrängt: Was denkt Jesus über sich selber? Was sagen seine Taten über seine Rolle, seine Berufung und seine Mission?

Lukas 7,18-35: Jesus und Johannes der Täufer

18Die Jünger von Johannes dem Täufer berichteten ihm von all diesen Dingen. Johannes ließ zwei dieser Jünger zu sich kommen
19und sandte sie mit dieser Botschaft zum Herrn: „Bist du der Verheißene, oder sollen wir auf jemand anderen warten?“

20Die Männer trafen dort ein, wo sich Jesus aufhielt. Sie sagten: „Jo-
hannes der Täufer hat uns zu dir geschickt, um dich zu fragen: ‚Bist du
der Verheißene, oder sollen wir auf jemand anderen warten?‘“

21Jesus hatte dort zu der Zeit viele Menschen von ihren Krankhei-
ten, Plagen und Besessenheit durch unreine Geister geheilt. Einigen
Blinden hatte er das Augenlicht zurückgegeben. 22Er gab ihnen zur
Antwort:

„Geht und berichtet Johannes, was ihr hier gehört und gesehen
habt: Blinde sehen wieder, Lahme können wieder gehen, Leprakranke
werden gereinigt, Tote stehen wieder auf und Arme hören die Gute
Nachricht. 23Und jeder, der nicht an mir Anstoß nimmt, ist glücklich
zu preisen!“

24So gingen die Boten wieder zu Johannes zurück.

Jesus begann, zur Menschenmenge über Johannes zu reden.

Er fragte sie: „Wozu seid ihr in die Wüste gegangen? Was habt ihr
gesucht? Ein Schilfrohr, das sich im Wind bewegt? 25Was hättet ihr
denn gerne gesehen? Jemanden, der sich in Samt und Seide kleidet?
Wenn ihr Leute sucht, die in luxuriösen Gewändern herumspazieren,
dann besucht lieber die königlichen Paläste. 26Was wolltet ihr gerne se-
hen? Einen Propheten? In der Tat, das ist er – und sogar mehr als ein
Prophet. 27Von ihm sprechen bereits die Heiligen Schriften: ‚Schaut,
ich sende meinen Boten vor mir her. Er wird den Weg für mich vor-
bereiten.‘

28Hört mir gut zu“, so fuhr er fort. „Er ist der größte Mensch, den
je eine Frau geboren hat. Und doch wird der Kleinste im Reich Gottes
größer sein als er.“

29Als das all die Leute und auch die Zolleinnehmer hörten, priesen
sie Gott; sie hatten sich von Johannes taufen lassen. 30Die Pharisäer
aber und die Gesetzeslehrer, die sich nicht von Johannes hatten taufen
lassen, wiesen Gottes Plan für sie von sich.

31Jesus fuhr fort: „Was für ein Bild kann ich für die Leute dieser
Generation verwenden? Wie sind sie? 32Sie sind wie Kinder auf dem
Dorfplatz, die einander das alte Rätselwort zurufen:

‚Wir haben für euch gespielt, ihr aber wolltet nicht tanzen;
Wir haben für euch geklagt, ihr aber wolltet nicht weinen!‘

33 *Als Johannes kam, hat er weder Brot gegessen noch Wein getrunken.*
Ihr sagtet: ‚Er ist von einem Dämon besessen!‘ 34 *Als der Menschen-*
sohn kam, der aß und trank, da sagtet ihr: ‚Schaut, ein Fresser und ein
Säufer, der sich mit Zolleintreibern und Sündern anfreundet!‘
35 *Die Weisheit wird durch ihre Kinder gerecht gesprochen.“*

Nehmen Sie eine Münze aus Ihrem Portemonnaie. Was sagt sie Ihnen?

Ich meine jetzt nicht, wie reich Sie sind. Auch die eingeprägten Worte interessieren mich jetzt nicht. Ich beziehe mich auf die Bilder und Symbole.

Griechenland und die Vereinigten Staaten waren die beiden letzten Länder, die ich besuchte, bevor ich dieses Buch schrieb. Wie üblich nahm ich mir einige Münzen mit nach Hause. Die griechischen Münzen vor der Euro-Einführung trugen Bilder antiker Helden: Alexander der Große auf der 100-Drachmen-Münze und der Philosoph Demokrit auf dem 10-Drachmen-Geldstück. Die andere Seite war mit Symbolen geprägt: Die erste trug das Bild der Sonne mit ihren hellen Strahlen, die andere die Sonne und das Sonnensystem. Auch auf den amerikanischen Münzen sind Helden eingeprägt, auch wenn die noch nicht ganz so alt sind. Abraham Lincoln auf der einen, George Washington auf einer anderen. Und die dazugehörigen Symbole (für diejenigen, die es interessiert) sind ebenfalls kraftvoll: Monticello, das Landgut Thomas Jeffersons in Virginia, ziert die Rückseite des 5-Cent-Stücks. Auf dem Vierteldollar findet sich der mächtige Adler, und so weiter.

Jetzt stellen Sie sich einmal vor, Sie hätten noch nie ein Buch, eine Zeitung, eine Fotografie oder auch nur ein Kirchenfenster gesehen. Die einzigen Bilder, die Sie kennen, sind vielleicht das eine oder andere Gemälde oder eine Schnitzerei; wenn Sie sehr reich sind oder bei sehr reichen Leuten arbeiten, kennen sie vielleicht Mosaikfußböden. Was hingegen jeder kennt, sind Münzen. Und das wären auch die einzigen Bilder, die jeder regelmäßig zu Gesicht bekommt. In der antiken Welt waren sie das einzige Massenmedium. Münzen waren der wichtigste Kanal, um einfachen Leuten symbolische Botschaften zu übermitteln. Für Juden, denen es (mindestens theoretisch) nicht erlaubt war, Menschen abzubilden, war die Auswahl der Symbole für Münzen umso wichtiger.

Als **Herodes** Antipas nur wenige Jahre vor dem öffentlichen Wirken Jesu die Symbole für seine Münzen wählte, war das typisch galiläische Schilfrohr sein Favorit. Man konnte ganze Felder von ihnen sehen, wie sie sanft im Wind wogten. Das Schilfrohr steht für die Schönheit und Fruchtbarkeit dieser Region.

„Was habt ihr gesucht?", fragt Jesus die Menschenmengen, die sich von **Johannes** hatten taufen lassen und die jetzt ihm nachfolgten: „ein Rohr, das sich im Wind bewegt?" Sie hätten die Botschaft verstanden. „Sucht ihr einen neuen König, in der gleichen Art, wie es der-und-der schon gewesen ist?" Sollten sie diesen Hinweis missverstanden haben, wird die nächste Zeile noch deutlicher: Habt ihr nach der neuesten Kleidermode Ausschau gehalten? Dann sucht ihr am falschen Ort. Der Königspalast ist der Ort für luxuriöse Gewänder. Wenn es das nicht ist – was sucht ihr dann? Einen Propheten? In der Tat, aber hier findet ihr mehr als einfach irgendeinen Propheten. Er war in der Tat ein besonderer Prophet. Er war der Vorläufer, der Wegbereiter.

Der ganze lange Abschnitt, das Gespräch zwischen Jesus und den Abgesandten des Johannes und auch die rätselhaften Bemerkungen Jesu an die Menschenmenge – all das stellt vor allem eine Frage in den Mittelpunkt: Was denkt Jesus über sich selbst? Für wen hält er sich? Einerseits über **Herodes** zu reden, und sei es auch nur in Form von Andeutungen, und andererseits über Johannes, ist eine Form, über die dritte Person zu reden, die dazwischensteht: Ist Jesus einfach ein mächtiger Prophet? Ist er der neue König, der Gesalbte Gottes, der **Herodes** ersetzen wird? Oder was ist er?

Johannes war im Gefängnis und war offensichtlich ratlos und irritiert. Jesus verhielt sich nicht so, wie er es sich vorgestellt hatte. Wieso richtete Jesus nicht die Art von messianischem Reich auf, die Johannes erwartet hatte, wenn er wirklich der **Messias** war – einschließlich der Freilassung von Gefangenen wie Johannes? Jesus ist natürlich viel zu klug, um vor all den Ohren um ihn herum offen zu sagen: „Ich bin der Messias." Einige Kapitel später lesen wir, dass **Herodes** ihn umbringen lassen wollte (Lukas 13,31). Eine derart klare Aussage wäre ein unnötiges Risiko gewesen. Stattdessen heilt er alle möglichen Leute vor den Augen der Abgesandten und lässt sie ihre eigenen Schlüsse ziehen. Indem er verschiedene Stellen aus Jesaja zitiert (manche Juden hatten für sich schon solche Listen der Dinge zusammengestellt, die der Messias tun sollte; in **Qumran** hat man eine solche Liste gefunden), schubste er sie in die richtige Richtung. So ein Messias wollte Jesus sein: nicht ein direkter Gegenspieler zu **Herodes** (obwohl seine Herrschaft die Macht aller **Herodes**se dieser Welt herausfordern und überdauern sollte), sondern ein Reich, das in einer völlig anderen Art wirkt: Es heilt die Menschen und die Welt auf allen Ebenen.

Wenn aber Jesus ein ganz anderer König ist, dann ist auch Johannes eine ganz andere Art von Prophet. Er ist nicht einfach ein weiterer Prophet unter vielen anderen. Er ist der eine, von dem Maleachi sprach, derjenige, der den Weg für den kommenden Herrn vorbereiten soll. In Maleachi 3,1 bereitet der Bote den Weg vor, damit der Herr kommen und den **Tempel** von aller Unheiligkeit reinigen kann. So kommt Gottes Gericht und Gnade über ganz Israel zum Tragen. Beim „Herrn" in diesem Abschnitt scheint es sich nicht nur um den Messias zu handeln. Er ist **JHWH** selbst, Israels Gott in Person. Wir können annehmen (auch wenn es anfangs überraschend scheint), dass deshalb der Kleinste im Reich Gottes größer ist als Johannes. Der Kleinste, der zu der von Jesus initiierten Bewegung gehört, ist größer als der größte Mensch, der bis dahin geboren worden ist. In der Tat ist das ein starker Anspruch, und doch ist er zu indirekt, als dass irgendjemand Jesus daraus bei **Herodes** einen Strick drehen könnte. Alle, die sich die Zeit nahmen und die Aussagen durchdachten, merken schnell, worum es geht. Wer sich die Zeit nicht nahm, konnte hinstarren so lange er wollte, er würde am wesentlichen Punkt vorbeigehen.

Viele Zeitgenossen klagten über Johannes, er sei zu asketisch. Im nächsten Atemzug klagten sie Jesus an, weil sich zu gerne auf Partys sehen ließ. Die Weisheit wird es ans Licht bringen. Alle, die wussten, was geschah, waren sich sehr bewusst, dass es genau so geschehen musste.

Auch heute messen viele Menschen Jesus an ihren Erwartungen, statt innezuhalten und die Fakten anzuschauen, um zu sehen, was wirklich geschah. Und mit den Nachfolgern Jesu machen sie es genauso: Die einen kritisieren sie als zu streng, den anderen werfen sie vor, sie seien zu intellektuell, wieder andere seien zu bodenständig. Die Weisheit aber zeigt sich denen, die Augen für sie haben. Es ist immer anspruchsvoll, dem Messias nachzufolgen, der so ganz anders ist als alle unsere Vorstellungen – und doch ist das der einzige Weg ins Reich Gottes.

Lukas 7,36-50: Jesus wird von einer sündigen Frau gesalbt

36*Ein Pharisäer lud Jesus zum Essen zu sich nach Hause ein. Er ging in
das Haus des Pharisäers und legte sich zu Tisch.* 37*Eine Frau aus die-
ser Stadt, die für ihren schlechten Charakter berüchtigt war, entdeckte,
dass er dort am Tisch war. Sie brachte einen Krug aus Alabaster, gefüllt
mit Salböl.* 38*Dann stellte sie sich zu den Füßen Jesu. Sie weinte und
machte seine Füße mit ihren Tränen nass. Mit ihren Haaren trocknete
sie seine Füße, küsste sie und salbte sie dann mit dem Salböl.*

39*Der Pharisäer, der ihn eingeladen hatte, beobachtete das Geschehen.*

„Wenn dieser Kerl wirklich ein Prophet wäre", dachte er sich, „dann wüsste er, was für eine Sorte Frau ihn da berührt. Sie ist eine Sünderin!"

[40]*„Ich habe dir etwas zu sagen, Simon", sagte Jesus.*
„Bitte rede, Lehrer!", antwortete der.
[41]*„Es war einmal ein Geldgeber, der zwei Schuldner hatte. Der erste*
schuldete ihm fünfhundert Denar, der zweite fünfzig. [42]*Keiner von bei-*
den konnte seine Schulden begleichen. Beiden erließ er die Schuld.
Wer von beiden wird ihn mehr lieben?"
[43]*„Ich denke derjenige, dem die größere Schuld erlassen wurde",*
antwortete Simon.
„So ist es", sagte Jesus.
[44]*Mit Blick auf die Frau sagte er dann zu Simon: „Siehst du diese*
Frau? Als ich in dein Haus kam, hast du mir kein Wasser gegeben, da-
mit ich meine Füße waschen kann – sie aber hat meine Füße mit ih-
ren Tränen gewaschen und sie mit ihrem Haar getrocknet. [45]*Du hast*
mich nicht geküsst, sie hat nicht aufgehört, meine Füße zu küssen, seit
ich hier bin. [46]*Du hast mein Haupt nicht mit Öl gesalbt, sie aber hat*
meine Füße mit Salböl gesalbt.
[47]*Ich schließe daraus, dass ihr viele Sünden erlassen worden sind!*
Ihre große Liebe beweist es! Wenn jemandem nur wenig vergeben
worden ist, wird er nur wenig lieben."
[48]*Dann sagte er zu der Frau: „Deine Sünden sind dir vergeben."*
[49]*„Für wen hält er sich", tuschelten die andern Gäste untereinander,*
„dass er sogar Sünden vergibt?"
[50]*„Dein Glaube hat dich gerettet", sagte Jesus zu der Frau. „Geh in*
Frieden weiter."

Worauf achten Sie zuerst, wenn Sie ein Gemälde betrachten?

Manche treten zuerst ein paar Schritte zurück und lassen das Bild mit ganzer Wucht auf sich einwirken: die herrlichen Farben, die Kontraste, die Wirkung von Schatten und Licht.

Einige Leute konzentrieren sich zunächst auf die Charaktere, die Menschen, die abgebildet sind. Sind sie glücklich oder traurig, aufrichtig oder böse, still oder aufgewühlt?

Andere machen sich auf die Suche danach, wie der Künstler in dem

Bild seine Zeit kommentiert hat und wie er vielleicht Stellung bezog zu ihren sozialen oder politischen Fragen.

Wieder andere – vielleicht sind sie selber Künstler – treten ganz nahe heran und versuchen herauszufinden, wie der Maler Pinselstrich um Pinselstrich den künstlerischen Gesamteindruck aufgebaut hat.

Lukas präsentiert uns hier ein weiteres seiner „Gemälde", und jeder der oben genannten Zugangswege dazu wird funktionieren. Die Erzählung, wie Jesus das Haus des **Pharisäers** Simon besucht, steckt so voller Bedeutung, voller **Evangelium**, wie jede andere Geschichte im Neuen Testament. Sie ist aber auch so unglaublich kunstvoll gestaltet, dass uns das Evangelium in einer dreidimensionalen lebendigen Realität entgegenkommt.

Werfen wir zuerst einen Blick auf den Gesamteindruck. Auch wenn verschiedene Menschen erwähnt werden, wird die Szene doch von drei Personen beherrscht: der Pharisäer Simon, Jesus und die namenlose Frau. (Manche nehmen an, dass es sich um die gleiche Begebenheit handelt, die auch in Markus 14,3-9 und in den vergleichbaren Abschnitten Matthäus 26 und Johannes 12 berichtet wird. Dem ist wahrscheinlich aber nicht so.) Die Szene ist hervorragend ausbalanciert. Jesus hält das Gleichgewicht zwischen der unerhörten Verehrung vonseiten der Frau und der ebenso unerhörten Unhöflichkeit seines Gastgebers – und mitten hinein bringt er etwas Frisches, Neues, was in den Augen der Zuschauer ebenso unerhört war wie das Verhalten der anderen beiden. Die Geschichte bewegt sich voller Leidenschaft und Kraft zwischen den dreien hin und her.

Auch wenn die zentralen Gestalten nur mit wenigen Pinselstrichen gezeichnet werden, sind sie doch sehr lebendig und glaubwürdig. Der Gastgeber war ein Pharisäer. Wahrscheinlich war er kein entschlossener Gegner Jesu – jedenfalls nicht am Anfang. Innerhalb der pharisäischen Bewegung gab es unterschiedliche Standpunkte. Die Mehrheit könnten wir wohl als rechtsorientierte Hardliner bezeichnen. Etliche, darunter vielleicht auch dieser Simon, waren durchaus bereit, Jesus eine faire Gelegenheit zu geben, sich zu erklären. Er hat sicher von dem Gerücht gehört, dass Jesus ein Prophet ist (Lukas 7,16), und möchte das für sich selbst herausfinden. Er glaubt, dass er die Antwort gefunden hat (Jesus kann kein Prophet sein, sonst hätte er nicht zugelassen, dass *so eine* Frau ihn berührt). Jesus überführt ihn aber gleich doppelt: Er weiß durchaus, was die Frau war und was sie jetzt ist – eine begnadigte Sünderin – *und* was er, Simon, denkt. In den ersten beiden Sätzen hat Lukas bereits dreimal betont, dass Simon ein Pharisäer ist und dass sowohl Jesus als auch diese Frau in dieses Haus gekommen sind.

Die Frau war nicht als Gast eingeladen. Was wir im Westen als „Privatsphäre" bezeichnen, gab es in der Welt Jesu jedoch kaum. Türen blieben gewöhnlich offen, sodass Bettler, nicht eingeladene Freunde oder einfach neugierige Passanten hereinkommen konnten. Es scheint, dass die Frau den Plan gefasst hatte, die Füße Jesu zu salben. Am Ende wird uns erklärt, dass sie so auf Gottes überströmende Vergebung reagieren und Jesus ihre dankbare Liebe zeigen wollte. Als sie ihn aber sieht, wird sie von Gefühlen überwältigt. Jesu Füße sind nass von ihren Tränen, noch bevor sie das Salbgefäß öffnen kann. Sie will dem abhelfen und macht aus Sicht der Zeugen alles noch viel schlimmer: Sie öffnet ihre Haare – keine anständige Frau würde so etwas in der Öffentlichkeit tun – und trocknet seine Füße mit ihnen ab und küsst sie dabei. Schließlich tut sie das, wofür sie eigentlich gekommen ist, und salbt seine Füße.

Lassen sie uns das Gemälde jetzt noch mit den Augen eines Künstlers betrachten, der seine Welt beschreibt. Anders gesagt: Lukas zeigt uns hier, was passiert, wenn Gottes Liebe im Evangelium eine menschliche Situation verändert. Lukas hat uns schon gezeigt, wie Jesus in Nazareth und dann auch in seiner großen Predigt die gewohnten Erwartungen im Blick darauf auf den Kopf stellt, was passieren würde, wenn Gott sein **Reich** aufrichtet. Er erzählt von einer Zeit mit überschäumender Großzügigkeit, überraschender Gnade und zugleich auch entschlossenem Widerstand, der auf Gottes Gericht treffen würde. Hier sehen wir in einer einzigen Begebenheit, wie das in der Praxis aussieht. Die gesellschaftlichen Konventionen zählen nicht mehr. Vergebung und Liebe setzen neue Maßstäbe und wecken neue Erwartungen. Menschen werden so gesehen, wie Gott sie sieht, und nicht länger so, wie die Gesellschaft sie abgestempelt hat. Das Herzstück mancher Gleichnisse bei Lukas ist solch eine „Umkehr“: Denken wir nur an den „verlorenen Sohn“ in Lukas 15 oder den „Pharisäer und den Zolleinnehmer“ in Lukas 18. Lukas war Teil einer Kirche, die Schritt für Schritt lernte, mit Gottes erstaunlicher Umkehrung der Verhältnisse zurechtzukommen. Viele Juden hatten die Botschaft von Jesus zurückgewiesen. Viele Nichtjuden aber nahmen sie an und strömten in die Kirche, ähnlich begeistert wie diese Frau, dass ihre Sünden durch Gottes großzügige Liebe vergeben sind.

Wenn wir die Details dieser Geschichte beachten, fällt uns auf, wie Jesus den Spieß gegen den Pharisäer umdreht. *Er* ist schuldig geworden, weil er die Grundregeln der Gastfreundschaft verletzt hat. Dieser Fauxpas ist fast genauso schlimm wie derjenige der Frau, die in aller Öffentlichkeit ihre Haare öffnet. Der Pharisäer kommt mit den Tiefen seines eigenen Herzens nicht zurecht. So kann er sich nicht einmal dann an Gottes großzügiger Liebe freuen, wenn sie an seinem eigenen Tisch sitzt. Wahrer **Glaube** ist für Lukas das, was geschieht, wenn jemand Jesus ansieht und Gottes vergebende Liebe entdeckt. Zeichen und Siegel dieses Glaubens ist die Liebe.

Lukas 8,1-15: Das Gleichnis vom Sämann

1 *Kurz darauf machte sich Jesus auf den Weg. Die Zwölf begleiteten*
ihn. Er verkündigte und proklamierte die Gute Nachricht vom Reich
Gottes in den Städten und Dörfern. 2 *Verschiedene Frauen begleiteten*
ihn, die er von Krankheiten und bösen Geistern geheilt hatte: Maria,
die man „Magdalena“ nannte, aus welcher sieben Dämonen ausge-
fahren waren, 3 *Johanna, die Frau des Chuzas (er war ein Diener des*

Herodes), Susanna und viele andere. Sie kamen aus der eigenen Tasche für die Bedürfnisse Jesu und seiner Begleiter auf.

4Eine große Menschenmenge versammelte sich. Menschen aus einer Stadt nach der anderen kamen zu ihm. Er redete in Gleichnissen mit ihnen:

5„Ein Sämann machte sich auf den Weg, seine Samen auszustreuen. Als er säte, fiel ein Teil der Samen auf den Weg. Sie wurden zertreten oder von den Vögeln des Himmels aufgepickt. 6Andere Samen fielen auf steinigen Boden. Sie gingen zwar auf, verwelkten aber bald wieder, weil sie keine Feuchtigkeit hatten. 7Andere Samen fielen zwischen die Dornen. Als die Dornen größer wurden, erstickten sie das Saatgut. 8Andere Samen fielen aber auf gutes Ackerland. Sie gingen auf und brachten hundertfach Frucht."

Nachdem er dies gesagt hatte, rief er aus: „Wenn du Ohren hast um zu hören, dann höre!"

9Seine Jünger fragten ihn, was dieses Gleichnis zu bedeuten hat.

10„Es ist euch gegeben, die Geheimnisse des Reiches Gottes zu verstehen", antwortete er ihnen, „den Übrigen aber erzähle ich Gleichnisse, damit sie ‚sehen und nicht begreifen, hören und nicht verstehen.'

11Das Gleichnis hat folgende Bedeutung: Die Samen sind das Wort Gottes. 12Die auf dem Wege sind diejenigen, die das Wort hören. Dann kommt aber der Teufel und nimmt das Wort aus den Herzen weg, sodass sie es nicht glauben und nicht gerettet werden. 13Diejenigen auf dem steinigen Untergrund sind diejenigen, die das Wort begeistert aufnehmen – es schlägt in ihnen aber keine Wurzeln. So lebt ihr Glaube nur eine kurze Zeit. Wenn sich dann Verfolgung erhebt, ziehen sie sich zurück. 14Der Same, der zwischen die Dornen fällt, steht für die Menschen, die Gottes Wort hören. Dann wird es aber von Sorgen, Besitz und Vergnügen erstickt. So kann keine Frucht heranreifen. 15Die mit dem guten Ackerboden sie diejenigen, die das Wort hören und mit einem guten aufrechten Herzen daran festhalten. Sie bringen in Geduld Frucht hervor.

Wenn Jesus diese Geschichte heute erzählen würde, kämen wohl noch weitere Kategorien dazu. Was wäre mit den Samen, die zwar in guten Boden gesät, dann aber vom sauren Regen verätzt werden? Was ist mit den hoffnungsvollen Sämlingen, die aufsprossen, dann aber von einer Besatzungsmacht niedergewalzt werden, um Platz für eine neue Straße zu schaffen? Da ist viel Raum, um solche Gedanken weiterzuentwickeln.

Jesus kommentiert hier natürlich nicht die Schwierigkeiten, mit denen Bauern zu kämpfen haben. Er erklärt die seltsame Art, in welcher das **Reich** Gottes ankommt. Viele seiner Zuhörer erwarteten, dass etwas Großes und Offensichtliches geschehen würde: ein neuer König, der **Herodes** stürzt; ein neuer legitimer Priester, der den amtierenden **Hohepriester** verdrängt; insbesondere eine jüdische Bewegung, die die verhassten Heiden aus dem Land vertreibt, die jetzt noch ihre Herren waren. Nichts davon geschah, jedenfalls nicht so wie gedacht. Jesus bemühte sich vielmehr darum, ihnen die Augen für die Dinge zu öffnen, die Gott bereits tat.

Lukas hat uns schon genug vom öffentlichen Wirken Jesu mitgeteilt, damit wir sehen können, wen er meint. Hier sind die Dorfbewohner in der Synagoge von Nazareth. Sie hören Jesu Worte aus dem Propheten Jesaja, sind aber nicht bereit, diese Worte anzunehmen. Das Wort wird von Füßen zertreten und von den Vögeln des Himmels aufgepickt. Da ist der **Pharisäer** am Tisch. Er hat Jesus zum Essen eingeladen und will ihn offensichtlich genauer unter die Lupe nehmen. Was Jesus dann tut und sagt, schockiert ihn derart, dass er sich so weit wie nur möglich von ihm distanziert. Die Samen sind zwischen den Steinen seiner Vorurteile gelandet. Nichts kann ihnen nahe genug kommen, um sie zu nähren und ihnen ein Wachstum zu ermöglichen. Dort sind die Leute „dieser Generation" (Lukas 7,31). Sie haben anderes im Sinn und sind nicht bereit, auf einen Propheten wie **Johannes** oder Jesus zu hören. Der Same landet zwischen Dornen und erstickt.

Auf der anderen Seite sehen wir aber einen **heidnischen** Zenturio, der fest darauf vertraut, dass Jesus mit einem einzigen Befehl auch schwerste Krankheiten besiegen kann. Dort ist auch der Zolleinnehmer Matthäus, der sein zwielichtiges Geschäft verlässt und Jesus nachfolgt. Wir sehen die namenlose Frau, die durch ihr auffälliges Verhalten zeigt, dass sie Vergebung Gottes und sein neues **Leben** tief in ihrem Herzen erfahren hat. Und da sind viele, viele andere, die bereits in den ersten Wochen des Reich-Gottes-Projekts Jesu zeigen, wie sein Wort in ihrem Leben Frucht hervorbringt. Wir sehen auch die **Zwölf**, die wir im Verlauf von Lukas' Geschichte noch besser kennenlernen werden. Auch wenn er ihre Schwächen nicht so deutlich herausstreicht wie Markus, zeigt er sie uns auch als verwirrt und verunsichert und oft genug der Leitung und Korrektur bedürftig. Die Pflanzen wachsen auf, sind aber noch nicht reif genug, um „in Geduld Frucht hervorzubringen". („Geduld" wird hier nur von Lukas erwähnt. Wir können annehmen, dass die verheißene Frucht in der Tat Zeit braucht, um heranzureifen.)

Wir finden hier auch eine Gruppe von Frauen (8,1-3), die von den anderen Evangelisten erst viel später erwähnt wird. Am Fuß des Kreuzes sehen wir sie. Sie helfen mit bei der Beerdigung und gehören zu den Ersten am Grab. Sie haben das **Wort** gehört und wurden von ihm geheilt (Lukas legt nahe, dass sie alle geheilt worden sind, nicht nur Maria Magdalena). Und sie haben das Undenkbare unternommen: Sie verließen ihren klar umrissenen Platz in der Gesellschaft bei Heim und Kindern, wo sie ihre Rolle und Aufgaben hatten. Stattdessen entschieden sie sich, Jesus und seine Nachfolger auf ihrer Reise von Ort zu Ort zu begleiten und sie zu versorgen. Das taten sie sogar aus eigener Tasche.

Das ist in den Augen eines Einwohners von Palästina im ersten Jahrhundert genauso schockierend wie der Bericht von der Frau, die ihre Haare geöffnet und Jesu Füße geküsst hat. (Die Tatsache, dass Maria Magdalena hier so bald nach dem Vorfall erwähnt wird, könnte ein versteckter Hinweis von Lukas sein, dass sie diese namenlose Frau ist. Wir können aber nicht sicher sein.) Wir können uns ausmalen, wie die Leute damals eine solche zusammengewürfelte Truppe angesehen haben und was man über sie reden würde. Wir können uns aber auch vorstellen, wie Jesus über sie gedacht hat: Er sah in ihnen Menschen, in denen das Wort bereits begonnen hat, Frucht zu tragen und die ihr Leben, ihren guten Ruf und ihren Besitz zur Verfügung stellten, um dem gewaltigen Anliegen dieser neuen Reich-Gottes-Bewegung zu dienen.

Sehen Sie einmal aus dem Fenster auf die Menschen, die dort vorbeigehen. Auf welche Art von Erde wird heute der Same ausgesät? Was können wir tun, um den harten Boden aufzubrechen, die Steine zu entfernen, die Dornen auszureißen? Was können wir tun, um das Wort erfolgreicher zu säen? Wir werden an verschiedenen Orten und zu verschiedenen Zeiten unterschiedliche Antworten geben müssen. Vielleicht ist aber die erste und wichtigste Frage die Frage an uns selbst: Wie viel reifes Wachstum, wie viel Frucht hat das Wort in unserem eigenen Leben schon hervorgebracht? Wenn wir Ohren haben, müssen wir lernen zu hören.

Lukas 8,16-25: Jesus beruhigt den Sturm

16*Jesus fuhr fort: „Niemand wird ein Licht anzünden und es dann unter einem Topf oder einem Bett verstecken. Man stellt es auf einen Leuchter, sodass alle, die ins Haus kommen, das Licht sehen können.*
17*Wisst ihr, nichts ist verborgen, das nicht aufgedeckt wird; nichts ist so versteckt, dass es nicht ans Licht kommt.*

18*Achtet also sorgfältig darauf, wie ihr zuhört. Wenn du schon etwas hast, wirst du mehr bekommen. Wenn du nichts hast, wird dir auch das weggenommen, was du hast.“*

19*Seine Mutter und seine Brüder kamen, um ihn zu treffen. Wegen der vielen Menschen konnten sie nicht zu ihm gelangen.* 20*So ließen sie ihm ausrichten: „Deine Mutter und deine Brüder stehen draußen und möchten dich gerne sehen.“*

21 „Mutter und Brüder?", fragte Jesus zurück: „Hier sind meine Mutter und Brüder: Menschen, die Gottes Wort hören und tun!"

22 Eines Tages stieg er mit seinen Jüngern in ein Boot. Er schlug vor,
ans andere Ufer überzusetzen. So legten sie ab.
23 Unterwegs schlief er ein. Plötzlich brach ein gewaltiger Sturm über dem See los, und das Boot füllte sich bedrohlich mit Wasser.

24 „Meister, Meister, wir sind verloren!", schrien die Jünger und weckten ihn auf.

Er stand auf und wies den Wind und die Wellen zurecht. Sie hörten auf und augenblicklich war es völlig ruhig.

25 „Wo ist euer Glaube?", fragte er sie.

Sie waren von Angst und Staunen gepackt. „Wer ist er", so fragten sie einander, „dass er sogar Wind und Wellen Befehle erteilt – und sie gehorchen ihm?"

Der Vorstandsvorsitzende schaute in die Runde. Diese Entscheidung hatte eine große Tragweite. Das war jedem im Raum bewusst. „Wir müssen zur Entscheidung kommen. Ist jeder mit dem Plan einverstanden?", fragte er. Zwanzig ernste Gesichter wandten sich ihm zu. Jeder hatte Gedanken, Hoffnungen und Ängste für seinen eigenen Bereich.

Genau in diesem Augenblick betrat der Sekretär den Raum. „Bitte entschuldigen Sie, Herr Vorsitzender. Aber sie wollten diesen Anruf annehmen, sobald er eintrifft."

Er verließ den Raum um das Telefongespräch entgegenzunehmen. Zwanzig Augenpaare folgten ihm. Was konnte so wichtig sein, dass diese Entscheidung warten musste? Fünf Minuten vergingen.

„Meine Tochter war am Apparat", erklärte er fröhlich, als er den Raum wieder betrat. „Sie hat an einem Schwimmwettbewerb für unter Neunjährige teilgenommen und gewonnen! Ist das nicht ein wunderbarer Tag?" In der verblüfft schweigenden Runde setzte er die Sitzung fort.

Schockiert Sie das? Oder ist es eher eine amüsante Überraschung? In der Tat: Bei der Art, wie sich die Geschäftswelt in der westlichen

Welt im letzten Jahrhundert entwickelt hat, wäre es erstaunlich, um es einmal vorsichtig zu sagen, wenn ein leitender Geschäftsmann wegen eines Kinderschwimmwettbewerbs eine zentrale Entscheidung verschöbe. Das widerspricht allen normalen Erwartungen.

Nur wenn wir die Wucht dieser Geschichte fühlen, können wir auch die Schockwellen verstehen, die die Antwort Jesu auf die Anfrage seiner Familie durch die Jünger und durch die ganze Gesellschaft schickte. Vielleicht wünschen wir uns tief drinnen, dass unsere Familien uns wichtiger sind, als es manchmal der Fall ist. Wir können sicher sein, dass in der Zeit Jesu die Einheit und Solidarität in der Familie sehr viel wichtiger waren. Das zeigt uns wieder einmal, wie erschütternd seine Antwort war, als seine Mutter und Brüder (Jakobus und die anderen) ihn sehen wollten.

An diesem Punkt erzählt uns Markus (3,21), dass sie befürchteten, er hätte seinen Verstand verloren. Johannes erklärte an anderer Stelle, dass sie nicht an ihn glaubten (7,5). Lukas bietet keinerlei Erklärung an. Wir lesen hier nur von einem scheinbar völlig normalen Familienbesuch – und dass Jesus ihnen einen unerwarteten Schlag ins Gesicht versetzte. „Mutter? Brüder?" (Das sind immerhin zwei der heiligsten Beziehungen für jeden Menschen, besonders auch für Juden.) Er sah den zusammengewürfelten Haufen um sich herum an: „Hier sind sie doch: jeder, der Gottes Wort hört und tut!"

Wir dürfen hier das Echo aus dem **Gleichnis** vom Sämann im vorausgegangenen Abschnitt nicht überhören. Die Menschen um ihn herum sind wie die, bei denen der Same auf guten Boden fiel. Sie hören Gottes **Wort** und bringen Frucht hervor. So wichtig ist das **Reich Gottes**: Es ist sogar wichtiger als die Bindungen an die Familie, die doch die wichtigsten Bindungen sind, die wir im menschlichen Leben haben. Jesus ist nicht wie ein fahrlässiger Geschäftsmann, der seine Familie vernachlässigt, weil er so auf die nächste große Entscheidung fixiert ist. Jesus ist so fürsorglich für seine Familie, wie man es sich nur vorstellen kann. Dennoch verliert er nicht aus den Augen, dass es noch wichtiger ist, Gottes Wort zu hören und ihm gehorsam zu sein.

Wehe allen Predigern, Pastoren oder Theologen, die diesen Abschnitt als Ausrede dafür genommen haben, ihre Familien zu vernachlässigen, weil sie ja mit Gottes Arbeit so beschäftigt sind. Oft ist das nur eine Ausrede für pure Karrieresucht und eigennützige Konzentration auf „meine Arbeit“, als ob die Arbeit die Hauptquelle meiner Identität und meines Status’ wäre. Es liegt aber auch eine andere Gefahr darin. Wir könnten auch die absoluten Ansprüche und Anforderungen von Gottes Wort so weit verdünnen, bis sie keinen Einfluss mehr auf unser Leben nehmen. Weil Jesus wusste, dass seine Familie seine Berufung nicht versteht (aber immer noch voller Hoffnung, dass sie eines Tages so weit kommen würden), konnte er nicht zulassen, dass sie ihn von dem entscheidenden und dringenden Vorhaben abhielten, das er angepackt hatte.

Den Warnungen am Anfang dieses Abschnittes liegt die schockierende Spannung zwischen den familiären Bindungen und der neuen Welt des **Evangeliums** zugrunde. Gott tut etwas Neues, das nicht versteckt werden oder im Verborgenen bleiben darf. Selbst wenn man das versuchen würde, würde es nicht klappen, denn die Zeit wird kommen, wenn alle Geheimnisse öffentlich werden, wenn die Dunkelheit Licht wird, wenn Gottes Reich in all seiner Herrlichkeit ans Licht kommt und wenn das, was jetzt noch verborgen ist, allen zugänglich sein wird. Nach dem Verständnis des Lukas offenbaren die Ereignisse von Jesu Kreuz und **Auferstehung**, der Gabe des **Geistes**, der Sendung und Gründung der Kirche und vom Fall Jerusalems das, was im irdischen Dienst Jesu noch verborgen war. Gott tat all das schon jetzt, und es würde bald ans Licht kommen, wer wirklich zuhörte und wer wahrhaft nachfolgte.

Den **Jüngern** wird diese Lektion auf dem See endgültig klar. Auch uns geht es ähnlich, wenn wir am Ende unserer eigenen Möglichkeiten angelangt sind und entdecken, dass der einzige Ausweg, der uns noch bleibt, die Gnade Jesu ist. Nichts und niemand sonst kann uns noch helfen. Die Entscheidung des **Glaubens** ist absolut. Entweder vertrauen wir ihm, oder wir sind dem Sturm ausgeliefert. Lukas nutzt diese Geschichte, um die Frage einen Schritt weiterzuführen: „Wer ist er denn?“ Im nächsten Kapitel werden wir die erste wesentliche Antwort finden. Diese Geschichte stellt aber auch die Frage des Glaubens. Wir können nur dann die Frage richtig beantworten, wer Jesus ist, wenn uns bewusst ist, dass uns das zu totalem Vertrauen und Gehorsam verpflichtet.

Lukas 8,26-39: Die Heilung des Besessenen

[26]Sie setzten über in das Land der Gerasener, welches Galiläa gegenüber liegt. [27]Als er an Land stieg, kam ihm ein Mann aus der Stadt entgegen, der von Dämonen besessen war. Schon seit langer Zeit trug er keine Kleider mehr. Er lebte nicht in einem Haus, sondern zwischen den Gräbern. [28]Als er Jesus sah, schrie er auf und fiel vor ihm zu Boden.

„Du und ich, Jesus – du und ich!“, schrie er mit aller Macht. „Was haben wir beide miteinander zu schaffen, du Sohn des allerhöchsten Gottes? Quäle mich bitte nicht, bitte quäle mich nicht!“ [29]Jesus befahl dem unreinen Geist, den Mann zu verlassen. Der hatte ihn schon viele Male heimgesucht. Man hatte versucht, ihn mit Ketten und Fesseln zu binden; er riss sich immer wieder los, und der Dämon trieb ihn in die Wüste.

[30]„Wie heißt du?“, fragte ihn Jesus.

„Legion!“, antwortete der Mann, denn viele Dämonen hatten von ihm Besitz ergriffen. [31]Sie bettelten ihn an, er möge sie nicht in den Abgrund schicken.

[32]Eine große Schweineherde weidete dort am Abhang. Die Dämonen bettelten darum, dass er ihnen erlaubte, in sie zu fahren. Er gab ihnen die Erlaubnis. [33]Die Dämonen verließen den Mann und fuhren in die Schweine. Darauf rannte die ganze Herde den Abhang hinunter in den See und ertrank.

34 Die Hirten sahen, was geschah. Sie rannten los und erzählten in
der Stadt und im Umland, was sie beobachtet hatten. 35 Viele Leute ka-
men heraus, um zu sehen, was geschehen war. Sie kamen zu Jesus und
fanden den Mann, aus dem die Dämonen ausgefahren waren. Er saß
zu den Füßen Jesu, war bekleidet und ganz bei sich. Sie bekamen es
mit der Angst zu tun. 36 Leute, die gesehen hatten, wie der Besessene
frei geworden war, erklärten es ihnen. 37 Die Menschenmenge aus dem
ganzen Umland der Gerasener bat ihn, er möge sie verlassen, weil sie
große Angst bekommen hatten. So stieg er wieder ins Boot und kehrte
zurück.

38 Der Mann, der von Dämonen besessen gewesen war, bat Jesus,
dass er bei ihm bleiben dürfe. Er schickte ihn aber weg. 39 „Geh nach
Hause“, trug er ihm auf, „und erzähle davon, was Gott für dich ge-
tan hat.“ Und er zog los und erzählte in jeder Stadt, was Jesus für ihn
getan hatte.

Über meinem Kamin hängt ein eingerahmtes Foto, das ich an einem ruhigen Spätherbstabend auf den Golanhöhen aufgenommen habe. Man sieht den See Genezareth. Am gegenüberliegenden Ufer ist die Stadt Tiberias noch knapp zu erkennen. Die Szenerie ist ruhig und klar. Man kann sich nur schwer die erbitterten Schlachten vorstellen, die hier bis in unsere Zeit hinein stattgefunden haben. Auf dem Bild wirkt es wie der ideale Ort für Urlaub auf dem Land, weit weg von allem Trubel.

Wir wissen nicht, wieso sich Jesu dazu entschloss, diese Gegend aufzusuchen, so weit weg vom wichtigsten Teil Galiläas. (Das Wort „Galiläa“ bezeichnete verschiedene Gebiete in dieser Gegend, je nach dem, wie die Grenzen in Folge von politischen Veränderungen neu gezogen wurden. Meist meinte es aber das Gebiet nördlich und westlich des Sees Genezareth.) Die Gegend östlich und südlich des Sees war damals wie heute umstritten. In der Zeit Jesu war das nordöstliche Seeufer Teil der „Gaulanitis“ (von diesem Wort leitet sich der heutige Name „Golan“ her). Im südöstlichen Teil lag das Gebiet der zehn

Städte, das griechische „Dekapolis". Es ist nicht ganz klar, wo genau sich unsere Geschichte zugetragen hat. Wir gehen davon aus, dass die Schreiber der **Evangelien** entweder den südlichen Teil der Gaulanitis oder den nördlichsten Ausläufer der Dekapolis vor Augen hatten. Jedenfalls geschah es am östlichen Ufer. Fast überall dort erhebt sich das Ufer steil über dem Wasser.

Auch wenn dort viele Juden lebten, war es doch weitgehend **heidnisches** Gebiet. Jesus entschloss sich dazu, auf fremdes Land zu wechseln. Vielleicht wollte er so dem Druck ausweichen, ständig von **Herodes** Antipas und seinen Schergen beobachtet zu werden. Aber auch hier gab es keinen Frieden. Dieser gewalttätige Mann, der anscheinend von einer Vielzahl von Dämonen besessen war, greift ihn sofort an und füllt die Luft mit Flüchen und Geschrei. Die **Jünger** wären wohl am liebsten sofort zurück ins Boot gestiegen und nach Hause gesegelt.

Jesus bewahrt in diesem menschlichen Sturm die Ruhe, wie auch der Wind und die Wellen ihn nicht aus der Ruhe gebracht hatten. In der gleichen ruhigen Autorität geht er auch dieses Problem an. Die bizarre Szene mit den Schweinen (ein anderes Zeichen, dass es sich um heidnisches Territorium handeln muss, denn Juden aßen und hielten keine Schweine) wird manchmal als bildhafte Sprache für das verstanden, was viele Juden und andere Einwohner der Region – vielleicht einschließlich des besessenen Mannes – am liebsten mit den verhassten Römern getan hätten: sie zurück ins Meer treiben. Eine ganze „Legion", also ein „Regiment" oder eine „Schwadron" römischer Soldaten auf diese Art loszuwerden war der Traum eines jeden Revolutionärs im ersten Jahrhundert. Lukas konzentriert sich aber auf diesen Mann und auch, wie immer, auf Jesus.

Das, was hier geschah, war in den Augen von Lukas mehr als eine weitere Heilung: Es war „Rettung" (Vers 36). Die Rettung, die Gott schon vor langer Zeit verheißen hatte und die jetzt in Jesus herbeigekommen war und an der in Israel bereits viele Menschen Anteil hatten, beginnt sich jetzt noch weiter auszubreiten.

Der wesentliche Punkt dieses Berichtes folgt aber erst ganz am Schluss. Es ist sehr verständlich, dass dieser Mann gerne bei Jesus bleiben möchte. Einerseits bindet ihn die erstaunliche Geschichte seiner Rettung an Jesus. Andererseits mag er sich wohl bewusst sein, dass es für ihn nicht einfach wird, nach Hause zurückzukehren, wo jeder die Tragödie seines bisherigen Lebens kennt. Möglicherweise würden seine Familie und sein Dorf ihn nur sehr zögerlich aufnehmen. Er müsste auch wieder die volle Verantwortung für sich übernehmen und könnte sich nicht mehr hinter jemandem verstecken, zum Beispiel hinter Jesus. Er ist einer von jenen, denen Jesus *nicht* sagt: „Folge mir nach" – im wörtlichen Sinne. Jesus sagt ihm dasselbe wie vielen anderen (wahrscheinlich den meisten): „Geh heim und erzähle." Nachdem er die **Gute Nachricht** am eigenen Leib erfahren hat, soll er auch davon berichten.

Den springenden Punkt der Geschichte reserviert sich Lukas für die letzten Worte – im Griechischen ist das das allerletzte Wort der Geschichte. Jesus sagt: „Geh nach Hause und erzähle, was *Gott* für dich getan hat." Und der Mann zieht los und erzählt jedem, was *Jesus* für ihn getan hat. Lukas bietet uns noch keine Formulierung oder sorgfältig durchdachte Lehre darüber an, wie „Gott in Christus" war. Im Moment ist es schlicht etwas, was die Menschen entdecken: Was Jesus tut, tut Gott. Man kann es auch umgekehrt ausdrücken: Wenn man den Menschen davon erzählen soll, was Gott getan hat, dann erzählt man davon, was Jesus getan hat. Die besten Denker haben in zweitausend Jahren Christenheit darum gerungen, angemessene Worte dafür zu finden, wie das sein kann. Es ist aber eine Wahrheit, die vielen von dem Moment an bekannt ist, in dem sie Gottes rettende Kraft in der Person und im Werk Jesu entdecken. Diese Wahrheit ist allerdings zu tiefgründig, als dass man sie einfach in einer Definition einfangen könnte.

Lukas 8,40-56: Die Tochter des Jairus und die Frau mit der chronischen Blutung

40 *Jesus kehrte zurück. Eine große Menschenmenge erwartete ihn be-*
reits und hieß ihn willkommen.

41 *Ein Mann mit Namen Jairus – er war im Vorstand der Synagoge –*
kam und warf sich ihm zu Füßen. Er flehte ihn an, zu seinem Haus
mitzukommen, 42 *weil seine einzige Tochter, die zwölf Jahre alt war, im*
Sterben lag. So machten sie sich auf den Weg. Die Menschenmenge
kam mit und bedrängte ihn.

43 *Eine Frau war dort, die seit zwölf Jahren an Blutungen litt. Sie*
hatte ihr ganzes Geld für Ärzte ausgegeben, aber keiner konnte ihr
helfen. 44 *Sie trat von hinten an Jesus heran und berührte den Saum sei-*
nes Gewandes. Sofort hörte die Blutung auf.

45 *„Wer hat mich berührt?", fragte Jesus.*

Alle stritten es ab. Petrus gab zu bedenken: „Meister, die Menschen
drängen sich doch von allen Seiten an dich heran!"

46 *Jesus bestand darauf: „Jemand hat mich berührt. Eine Kraft ist*
von mir ausgegangen, und das habe ich gespürt."

47 *Als die Frau merkte, dass sie sich nicht länger verstecken konnte,*
zeigte sie sich. Sie fiel ihm zitternd vor die Füße. Vor allen Ohren er-
zählte sie ihm, wieso sie ihn berührt hatte, und dass sie sofort geheilt
worden war.

48 *Jesus sprach ihr zu: „Tochter, dein Glaube hat dich gerettet. Geh*
in Frieden."

49 *Während er noch redete, traf jemand vom Haus des Synagogen-*
vorstands ein. „Deine Tochter ist tot", sagte er. „Bemühe den Lehrer
nicht weiter."

50 *Als Jesus das hörte, sagte er: „Hab keine Angst! Glaube einfach,*
und sie wird gerettet werden."

51 *Als sie beim Haus eintrafen, ließ er nur Petrus, Jakobus und Jo-*

hannes mit sich hineingehen. Der Vater und die Mutter des Kindes kamen auch mit. [52]Alle weinten und trauerten um sie.

„Weint nicht!“, sagte Jesus. „Sie ist nicht tot; sie schläft nur.“ [53]Sie lachten ihn aus, weil sie wussten, dass sie tot war.

[54]Er aber nahm ihre Hand und rief ihr zu: „Kind, stehe auf!“

[55]Ihr Geist kehrte zurück und sie stand sofort auf. Er wies die Anwesenden an, ihr etwas zu essen zu geben. [56]Ihre Eltern waren überwältigt. Er wies sie aber an, niemandem von dem zu erzählen, was geschehen war.

Wir wissen nicht sicher, ob Lukas wirklich Arzt war. Einiges in seinen Schriften deutet darauf hin, und Paulus nennt ihn „Lukas, den geliebten Arzt“ (Kolosser 4,14). Wenn er wirklich einer war, hatte er sicher ein schiefes Lächeln im Gesicht, als er Vers 43 schrieb. Vielleicht kannte er auch solche Patienten, die alles, was sie hatten, für medizinische Behandlungen ausgegeben hatten, und nichts schien zu helfen. In einer Welt ohne moderne medizinische Versorgung und auch ohne staatliche oder private Krankenversicherungen war eine gute Gesundheit ein wertvolles, aber zerbrechliches Gut. Wer sie nicht hatte, konnte schnell merken, dass Krankheit und Armut sich zu einer Abwärtsspirale verbanden, aus der es keinen Ausweg mehr gab.

Wie Markus fügt Lukas die Geschichte der Frau, die seit zwölf Jahren leidet, mitten in den Bericht über die 12-jährige Tochter des Jairus ein. (Finden wir hier ein Echo des Berichts vom 12-jährigen Jesus, den Lukas früher gegeben hat?) Die beiden Teile der Geschichte sind auf verschiedene Arten verbunden. Insbesondere befiehlt Jesus Jairus, **Glauben** zu haben. Das folgt unmittelbar auf den Bericht, dass der Glaube der Frau sie geheilt hatte. Für den Glauben von Jairus, dass Jesus seine Tochter heilen könnte, war es sicher hilfreich zu hören, wie Jesus erklärte, dass Kraft von ihm ausgegangen sei – noch bevor er wusste, wer geheilt worden war. (Die Ausdrucksweise ist bemerkenswert und sagt viel darüber aus, was es für Jesus bedeutete, Instrument von so vielen Heilungen zu sein.) Wenn es so eine gewaltige Auswirkung hatte, Jesus zu berühren – wer weiß, was möglich ist, wenn Jesus selber kommt und ein kleines totes Mädchen berührt?

In beiden Fällen war die Berührung natürlich entscheidend wichtig. Wir sind hier in der Welt vor unserer modernen Hygiene. (Wir wissen, dass Seife erst im Mittelalter erfunden wurde; viele Dinge, die für uns heute selbstverständlich sind, wie z. B. fließendes Wasser oder eine funktionierende Kanalisation, existierten höchstens als vage Wunschträume.) Damals waren Reinheitsvorschriften und Tabus entscheidend wichtig für die öffentliche Gesundheit. Die jüdischen Schriften und die darauf aufbauenden Traditionen hatten sie fast schon zu einer Kunstform weiterentwickelt und perfektioniert. Zwei der offensichtlichsten Quellen für Unreinheit waren Leichen und Frauen, die an Blutungen litten.

Anders gesagt: Für den Leser im ersten Jahrhunderts war es augenfällig, dass sich Jesus hier doppelt unrein machte. Für die erste Situation konnte er offensichtlich nichts. Die Frau kam und berührte ihn, ohne dass er wissen konnte, was sie tat oder woran sie litt. Gemäß den geltenden Regeln galt er aber trotzdem als „unrein". Das ist ein Teil des Grundes, wieso die Frau unerkannt bleiben wollte und wieso sie zögerte, sich zu zeigen. Als sie sich dann meldete, war es für sie äußerst peinlich. In der zweiten Situation ging Jesus aber sehr bewusst und absichtlich hin und berührte einen toten Körper. Wie wir es beim Sohn der Witwe zu Nain schon gesehen haben (Lukas 7,11-17), brach diese Tat ein Tabu. Auch hier war das Ergebnis atemberaubend und traf sofort ein.

In beiden Fällen, bei der Frau und bei dem Mädchen, finden wir weitere Anzeichen dafür, dass sich Lukas ganz besonders auch für Geschichten von Frauen interessiert. Es ist bekannt, dass er ihre Rolle stärker herausstreicht als die anderen **Evangelisten.** Ebenso finden wir in beiden Berichten eine Vorahnung davon, wie es mit Jesus weitergehen wird. Bis jetzt hat Lukas in einer Geschichte nach der anderen geduldig herausgearbeitet, wer Jesus wirklich ist. Gleichzeitig öffnet er auch den Weg für sein zentrales Anliegen. Er möchte erklären, wofür Jesus gekommen ist. Wenn Lukas von Jesu Ankunft in Jerusalem erzählt, von seiner Verhaftung und von seinem Tod, dann betont er immer wieder, dass Jesus absolut keine Schuld hatte, die seine Verurteilung zum Tod am Kreuz gerechtfertigt hätte. Gleichzeitig streicht Lukas heraus, dass Jesus als Unschuldiger den Platz der Schuldigen eingenommen hat, die dieses Urteil sehr wohl verdient hätten. Dieses Muster taucht bereits in diesen Berichten auf. Jesus nimmt es auf sich, dass Krankheit und Tod ihn verunreinigen, aber die Kraft seiner eigenen Liebe – und Liebe ist es, die durch diese Geschichten hindurchleuchtet – verwandelt diese Unreinheit in Heilung und Hoffnung.

Diese Botschaft würde uns Lukas auch heute wiederholen, wie auch immer unsere Probleme aussehen mögen. Wir brauchen die Gegenwart Jesu, der seine Hände schmutzig macht an den Problemen dieser Welt. Das verheißen uns auch die Evangelien. Wenn wir im Inneren der Geschichte leben, die Lukas entfaltet, dann entdecken wir, wie Jesus still an unsere Seite kommt – mitten in unser Durcheinander und unsere Ängste. Er nimmt unsere zitternde Hand in seine und spricht uns den zentralen biblischen Befehl zu: „Fürchte dich nicht!“

Lukas 9,1-17:
Die Aussendung der Zwölf und die Speisung der Fünftausend

1 Jesus rief die Zwölf zusammen und gab ihnen Macht und Autorität über alle Dämonen und befähigte sie auch, Krankheiten zu heilen. 2 Er sandte sie aus, um das Reich Gottes zu proklamieren und alle Krankheiten zu heilen.

3 „Nehmt nichts mit auf eure Reise“, trug er ihnen auf, „keinen Stab, keine Tasche, kein Brot, kein Geld und keinen zweiten Mantel. 4 Jedes Mal, wenn ihr in ein Haus kommt, bleibt dort und zieht von dort wei-

ter. 5*Wenn euch jemand nicht aufnehmen will, dann verlasst die Stadt*
und schüttelt den Staub von euren Füßen ab als Anklage gegen sie.

6*So zogen sie los und reisten durch die Dörfer. Sie verkündeten die*
Gute Nachricht und heilten Menschen an allen Orten.

7*Der Tetrarch Herodes hörte davon und war sehr verwirrt. Einige*
Leute behaupteten, dass Johannes von den Toten auferstanden sei.
8*Andere glaubten, dass Elia erschienen sei. Wieder andere meinten,*
dass einer der alten Propheten auferstanden wäre.

9*„Johannes habe ich enthauptet", sagte Herodes. „Jetzt höre ich*
aber dauernd von diesem anderen Menschen. Wer ist er?" Und er ver-
suchte, ihn einmal zu treffen.

10*Die Jünger kehrten zurück und berichteten Jesus, was sie getan*
hatten. Er zog sich mit ihnen aus der Öffentlichkeit zurück. So kamen
sie nach Betsaida. 11*Als das die Menschenmengen erfuhren, folgten sie*
ihnen. Er hieß sie willkommen und sprach zu ihnen über das Reich
Gottes, und er heilte alle, die es nötig hatten.

12*Als sich der Tag dem Ende zuneigte, kamen die Zwölf zu Jesus.*
„Schick die Leute weg", sagten sie, „damit sie in den umliegenden
Dörfern und Gehöften eine Bleibe und etwas zu essen finden können.
Wir sind hier in einer ziemlich abgelegenen Gegend."

13*„Gebt ihr ihnen zu essen!", antwortete ihnen Jesus.*

„Aber wir haben hier nur fünf Laibe Brot und ein paar Fische.
Meinst du, wir sollen losgehen und für so viele Leute Essen kaufen?"
14*(Es waren ungefähr fünftausend Männer dort.)*

„Sagt ihnen, sie sollen sich hinsetzen", sagte Jesus, „und zwar in
Gruppen von ungefähr fünfzig Personen."

15*So taten sie es, und alle setzten sich.* 16*Dann nahm Jesus die fünf*
Brote und die zwei Fische. Er hob die Augen zum Himmel, segnete
das Essen, teilte es und gab es seinen Jüngern. Sie verteilten es unter
den Menschen. 17*Alle aßen und wurden satt. Am Ende sammelten sie*
noch zwölf Körbe voller Reste ein.

Oft ist es der Traum und die Tatkraft einer einzelnen Person, die ein neues Unternehmen ins Leben rufen. Wenn das Geschäft aber Erfolg hat, müssen mehr Leute an Bord kommen. Sie müssen nicht nur all die Detailarbeit übernehmen, für die der Gründer keine Zeit mehr hat. Es ist wichtig, dass sie auch in die Planung involviert werden und Verantwortung übernehmen können. Für den Visionär, der alles gestartet hat, ist das oft ein schmerzhafter und schwieriger Prozess. Er ist aber nötig: Eine einzelne Person kann unmöglich alle Verantwortung tragen, und sie wird auch nicht für immer da sein.

Umso wichtiger war es für Jesus, sein Leben und seine Arbeit mit seinen engsten Nachfolgern zu teilen. Auch wenn sie es noch nicht wussten, war ihm bewusst, dass er nicht mehr lange bei ihnen sein würde. Jesus wusste um das schreckliche Ende, das bald auf ihn wartete. Bereits am Schluss von Lukas 9 sehen wir, wie er damit beginnt, dies seinen Nachfolgern zu erklären. Sie verstanden es nicht und glaubten ihm nicht. Erst nach seiner Auferstehung konnten sie diese Botschaften einordnen. Bereits jetzt begann er, seine Berufung mit ihnen zu teilen. Sie mussten lernen, so zu handeln, wie er handelte und Gott so zu vertrauen, wie er ihm vertraute. Wenn sie den Menschen vom **Reich** Gottes berichteten, dann erzählten sie natürlich von Jesus, nicht von sich selbst. Jesus setzte sie aber dazu ein, an seinem Dienst Anteil zu haben.

Das gab ihnen schon einen gewissen Status. Es mag zwar seltsam erscheinen, denn sie sahen aus wie das genaue Gegenteil eines königlichen Boten. Sie sollten in völliger Armut ausziehen und sich vollständig darauf verlassen, dass die Menschen ihnen etwas gaben, während sie Jesu eigenes Werk fortsetzten: die **Gute Nachricht** vom Reich Gottes verkünden und diejenigen heilen, die es nötig hatten. In mancher Beziehung sahen sie aus wie herumziehende Philosophen, wie sie im Mittleren Osten von Zeit zu Zeit auftauchten. Jesus verbot ihnen aber, eine Geldtasche mitzunehmen. In solchen Taschen pflegten die Wanderphilosophen das Geld zu sammeln, das sie durch ihr Betteln eingenommen hatten. Dieses Unterfangen aber sollte von Anfang bis Ende ein Unternehmen des **Glaubens** sein.

Diese Predigt- und Heilungstour war nur teilweise ein Modell für das Leben der Kirche nach Pfingsten. Wir hören und lesen nirgends, dass sich die frühe Kirche so verhalten hat. Sie brauchten großen Glauben, die Dinge zu tun, die sie taten. Dabei zeigte die Gemeinschaft in Jerusalem die gleiche totale Hingabe an das Reich Gottes wie die **Zwölf**, als sie ihr Eigentum verkaufte und den Erlös mit den Armen teilte. Als Lukas diese Geschichte erzählte, erwähnte er aber mit keinem Wort, dass in irgendeinem Teil der Apostelgeschichte diese Strategie wieder aufgegriffen wurde. Es scheint, dass diese ein Teil der dringenden und einzigartigen Mission Jesu war.

Hier lädt Jesus seine **Jünger** ein, Partner in seinem Werk zu werden indem er ihnen aufträgt, die Menschenmenge satt zu machen. Es ist ganz normal, dass sie verwirrt sind: Was hat Jesus jetzt vor? Selbst wenn sie für alle Brot kaufen wollten: Woher sollte das Geld kommen, um so viele zu ernähren? Was Jesus dann tut, knüpft in einer klar fokussierten Weise an die Erfahrungen an, die sie selber gemacht hatten, als sie sich auf ihrer Reise allein auf Gottes Versorgung verlassen hatten. Diese Erfahrung treibt er einen radikalen Schritt weiter. Er ruft die Kraft Gottes zu Hilfe, der die ganze sichtbare Welt erschaffen hat und am **Leben** hält. Dieser Hilferuf geschieht, indem er ganz ruhig Gott für das dankt, was er geschenkt hat. Er segnet das Essen, bricht es und verteilt es. Wieder sind die überraschten Jünger einbezogen. Sie verteilen das Essen an die nicht weniger verblüffte Menschenmenge.

Viele finden diese Geschichte unglaubwürdig. Einige stellen es sich so vor: Jesus lässt alle Menschen sich setzen und verteilt ein klein wenig Brot. Das animiert alle, ihre mitgebrachten Vorräte auszupacken und zu teilen. Es gibt noch andere Versuche um wegzuerklären, was alle vier **Evangelien** ganz ausdrücklich sagen. Wenn nämlich die Jünger gewusst hätten, dass auch nur einige Leute Lebensmittel dabei haben, wäre das Problem gar nicht erst entstanden. Nein, der heutige Leser ist an diesem Punkt eingeladen, sich wie die Jünger am Anfang des Kapitels auf etwas Unbekanntes einzulassen und sich in einer Welt, die normalerweise anders funktioniert, völlig auf Gott zu verlassen. Für uns, die wir ja wissen, wie es normalerweise in unserer Welt zugeht, ist es, als wenn uns jemand bitten würde, ohne Stock und Tasche, Geld und Proviant loszuziehen. Die Geschichte lässt nicht zu, dass wir uns auf eine vermeintlich sichere Position zurückziehen, die gut tönt, aber am eigentlichen Punkt vorbeizielt („das eigentliche **Wunder** geschah im Herzen der Menschen“). Christen, die sich die Geschichte des Evangeliums zu eigen machen wollen, leben von Anfang bis Ende ein Abenteuer des Glaubens.

Dieser Glaube ist nicht blind. Jesus vollbringt nicht beliebige Wunder auf Bestellung. Er ist kein Magier. Bei diesem seltenen Anlass ließ er zu, dass Gottes kreative Kraft in ganz besonderer Weise durch ihn hindurchfloss. So war es ja auch bei den Heilungen, die er vollbrachte. Die Autoren der Evangelien beschreiben dieses Ereignis nicht zufällig mit den so vertrauten Worten, die wir Christen aus der Feier des Heiligen **Abendmahl**s kennen (er „nahm Brot, dankte, brach es und gab es“). So sind wir Christen eingeladen, die gleiche Heilung und kreative Kraft in alles, was wir tun, hineinfließen zu lassen, sodass alles von unserem Lebensstil der Anbetung geprägt wird.

In der Zwischenzeit taucht eine Sturmwolke am Horizont auf. Bis jetzt war Jesus **Herodes** aus dem Weg gegangen. Als er seine Jünger auf eine größere Mission schickte, war es unvermeidlich, dass der mürrische Tetrarch davon Meldung erhielt. Seine Frage „Wer ist Jesus?“ ist nicht die Frage eines unschuldigen Forschers. Wenn Jesus zur Kategorie von **Johannes dem Täufer** oder Elia gehört, dann lässt das keinen reichen und gewalttätigen König der Juden kalt. Er wird wohl zuschlagen, bevor noch mehr passiert.

Lukas 9,18-27: Petrus bekennt die Messianität Jesu

18 *Als Jesus für sich alleine betete, versammelten sich seine Jünger um*
ihn.

„Für wen halten mich die Leute?“, fragte er sie.

19 *„Johannes der Täufer“, gaben sie zur Antwort. „Andere halten*
dich für Elia, wieder andere meinen, dass einer der alten Propheten
auferstanden sei.“

20 *„Und ihr, für wen haltet ihr mich?“, fragte Jesus sie.*

Petrus antwortete: „für Gottes Messias.“

21 *Er gab ihnen die strikte Anweisung, das niemandem zu erzählen.*

22 *Er sagte: „Der Menschensohn muss vieles erleiden. Die Ältesten,*
Hohepriester und Gesetzeslehrer werden ihn ablehnen. Man muss ihn
töten, und am dritten Tag wird er auferweckt werden.“

23 *Dann wandte er sich an alle: „Wenn irgendjemand von euch mir*
nachfolgen will“, so sagte er, „dann muss er ‚Nein‘ zu sich selber sa-
gen, jeden Tag sein Kreuz auf sich nehmen und mir nachfolgen. 24 *Wer*
sein eigenes Leben retten will, wird es verlieren. Wer aber sein Leben
um meinetwillen verliert, wird es retten. 25 *Was nützt es dem Men-*
schen, wenn er ganze Welt gewinnt, selbst aber verliert oder aufgibt?
26 *Wer sich für mich und meine Worte schämt, für den wird sich der*
Menschensohn auch schämen, wenn er in der Herrlichkeit kommt, die
ihm, dem Vater und den heiligen Engeln zusteht.“

27 *Er schloss mit den Worten: „Eines ist ganz sicher: Hier stehen ei-*
nige, die den Tod nicht erleben werden, bevor sie Gottes Reich sehen.“

Ich fragte einen Freund, der inzwischen schon ein bekannter Philosophieprofessor war: „Wann wurde dir zum ersten Mal klar, dass du Philosoph werden willst?“

Seine Antwort kam spontan: „Das war mir in der ersten Vorlesung bei der Einführung ins Studium klar. Ich saß da und wusste: Das möchte ich für den Rest meines Lebens tun.“

Vielleicht ist das ungewöhnlich, auch wenn viele Leute von ähnlichen Augenblicken erzählen, in denen die Dinge ganz klar waren: Die Vision und vielleicht sogar Berufung leuchtete auf. Die Geschichte hat aber auch eine andere Seite: Wann haben die *anderen* erkannt, dass er ein Philosoph sein würde? Es hätte wohl etwas seltsam gewirkt, wenn er nach dieser allerersten Vorlesung zu seinen Dozenten gegangen wäre und ihnen erklärt hätte: „Ich weiß es jetzt: Das wird mein Lebensinhalt sein!" Sie hätten ihm wohl geantwortet: „Studieren Sie erst einmal ein paar Semester!" Nach einigen Monaten hätten sie ihm vielleicht zurückgemeldet, dass er seine Sache gut macht. Seine Mitstudenten hätten ihm vielleicht nach ungefähr einem Jahr gesagt, dass er das Zeug hätte, an die Spitze zu gelangen. Aber erst nach Jahren harter Arbeit, nachdem er verschiedene Bereiche seines Fachgebietes kennengelernt hatte, nach intensiven Seminaren und nach dem Verfassen einer langen Dissertation etc. – erst dann würden ihn die Verantwortlichen der Universität ermutigen, sich auf eine Stelle zu bewerben. Zwischen dem Moment, an dem man sich berufen fühlt, und der Zeit, in der es nach außen sichtbar wird, kann eine lange Zeit verstreichen.

Im Fall von Jesus wissen wir, dass seine Berufung auf dramatische Art bei seiner **Taufe** bestätigt worden war. Lukas macht uns deutlich, dass die Berufung schon viel weiter zurückreicht. Bereits im Alter von zwölf Jahren hatte er nicht darüber nachgedacht, *ob* er berufen sei, sondern nur, *was* das bedeutete.

Diese Berufung schließt ein, dass Jesus eine ungewöhnliche öffentliche Laufbahn einschlug, ohne von Anfang an zu proklamieren: „Ich bin der **Messias**." Seine Art, als Messias zu leben, unterschied sich radikal von dem, was die Leute erwartet hatten. Dafür musste er einen hohen Preis zahlen. In Nazareth hätten sie ihn beinahe gelyncht. Sogar **Johannes der Täufer** war verunsichert, was da genau vor sich ging.

Jesus war als Prophet bekannt. Wenn Leute sich fragten, was er genau vorhatte, griffen sie auf alte und neue Beispiele von Propheten zurück, von Elia bis zu Johannes dem Täufer. Einige versuchten, Jesus mit Elia zu identifizieren, der gemäß Maleachi 3,1-2 zurückkehren und den „großen und schrecklichen Tag des Herrn" ankündigen sollte. An der Art, wie Jesus sich verhielt, lasen sie ab, dass Gott durch ihn irgendwelche großen Dinge tun würde.

Jesus war aber mehr als das. Er war sicher *auch* ein Prophet, aber er kündete nicht nur das Kommen des **Reiches Gottes** irgendwann in der Zukunft an. Er selber sorgte dafür, dass das Reich Gottes vor den Augen der Menschen sichtbar wurde. Durch sein Handeln setzte er die Ereignisse in Gang, die es endgültig aufrichten würden. Früher oder später musste er auch seinen **Jüngern** diese Frage stellen. Sie hoben sich dadurch von der Menge ab, dass sie mehr als nur die Oberfläche sahen. Auch wenn Jesus nicht all das tat, was sie von einem Messias erwartet hätten, ließ doch seine Kombination von Autorität, Macht, Einsicht und die Art, wie er die alten Verheißungen erfüllte, keinen anderen Schluss zu. Er hatte sie ja auch als die symbolischen **Zwölf** berufen – das hätte zwar auch irgendjemand sonst tun können, ohne dass es etwas bedeutet hätte. Eine andere Sache aber war, dass er sie trainiert und ausgerüstet hatte, damit sie ausziehen und das tun konnten, was sie dann auch taten. Inzwischen baute ihre eigene Identität darauf auf. Deshalb konnten sie nur eine einzige Antwort geben: Du bist der Messias, Gottes gesalbter König.

Wenn wir die Geschichte von Lukas bis hierher richtig verstanden haben und seine starken Hinweise auf den Widerstand vonseiten der **Pharisäer** und auch von **Herodes** einbeziehen, dann überrascht es wenig, dass Jesus seinen Nachfolgern und auch allen anderen, die es interessiert, mitteilt, dass eine dunkle und schwierige Zeit bevorsteht. Die Welt wird auf den Kopf gestellt. Jeder, der durchkommen und dabei sein will, wenn Gottes Reich erscheint, muss sich darauf einrichten, dass er ebenso durchgeschüttelt und auf den Kopf gestellt wird. Auch wenn viele Evangelisten und gutmeinende Prediger versprechen, dass ein Leben in der Nachfolge Jesu einfach wird – Jesus hat das nie verheißen. Im Gegensatz dazu sagt er: Wenn ihr euer Leben behalten wollt, müsst ihr es verlieren. Wenn du nicht willst, dass sich der **Menschensohn** für dich schämt, musst du ihn bekennen. Anders gesagt: Wenn der Messias als Richter von Gottes Welt eingesetzt wird – ein

Zentralpunkt der jüdischen Erwartung –, wird er nur diejenigen anerkennen, die bereit waren ihm nachzufolgen, als es gefährlich und beschämend war.

Jesus geht sehr schnell von der Frage, für wen sie ihn halten, zum Auftrag über, ihm bis in den Tod nachzufolgen. Das zeigt uns klar genug, dass wir Denken und Handeln im christlichen Glauben nicht trennen können. Das hatte Jesus auch früher schon gesagt: Es genügt nicht, ihn mit „Herr, Herr“ anzusprechen, wenn man nicht bereit ist zu *tun*, was er sagt. Jesu Identität und seine Berufung gehören so eng zusammen, dass es das eine ohne das andere nicht gibt. Es gibt keine halben Sachen im Reich Gottes. Wenn wir über diese Herausforderung nachdenken, sollten wir etwas beachten, was Lukas am Ende dieses und am Anfang des folgenden Abschnittes sehr betont: Diese folgenschweren Offenbarungen von Wahrheit und Berufung fanden statt, als Jesus betete. Auch hier gibt es keine halben Sachen.

Lukas 9,28-45: Die Verklärung

28 *Ungefähr acht Tage nach diesem Gespräch nahm Jesus Petrus, Jo-*
hannes und Jakobus mit sich und ging auf einen Berg, um zu beten.
29 *Während er betete verwandelte sich sein Gesicht, und seine Kleider*
wurden leuchtend weiß. 30 *Zwei Männer erschienen und redeten mit*
ihm. Das waren Mose und Elia. 31 *Sie erschienen in Herrlichkeit und*
sprachen über seinen Abschied, der in Jerusalem auf ihn wartete.

32 *Petrus und seine Begleiter waren todmüde. Es gelang ihnen aber,*
wach zu bleiben. Sie sahen seine Herrlichkeit und auch die beiden
Männer, die mit ihm sprachen.

33 *Als sie gegangen waren, sprach Petrus zu ihm: „Meister, dies ist*
ein wunderbarer Ort für uns! Lasst uns doch hier drei Zelte aufstel-
len, eins für dich, eins für Mose und eins für Elia!“ Er wusste nicht,
was er sagte; 34 *während er noch redete erschien eine Wolke und warf*

einen Schatten auf sie. Angst ergriff sie, als die Wolke sie einhüllte. 35 Aus der Wolke ertönte eine Stimme: „Das ist mein Sohn, den ich erwählt habe. Hört auf ihn!“ 36 Als die Stimme sprach, war Jesus ganz allein. Sie schwiegen über das Erlebte und erzählten damals noch niemandem davon.

37 Am nächsten Tag kam ihnen eine große Menschenmenge entgegen, als sie vom Berg herabstiegen. 38 Ein Mann aus der Menge schrie: „Lehrer! Bitte sieh dir meinen Sohn an! Er ist mein einziges Kind, und schau, was mit ihm passiert! 39 Ein Geist ergreift Besitz von ihm, und plötzlich kreischt und zuckt er, sodass er Schaum vor dem Mund hat. Er greift ihn immer wieder an, und es ist fast nicht möglich, ihn wieder loszuwerden. 40 Ich bat deine Jünger, ihn auszutreiben, aber sie schafften es nicht.“

41 „Du glaubenslose und verkommene Generation!“, gab Jesus zur Antwort. „Wie lange soll ich noch bei euch sein und mit euch zurechtkommen? Bring deinen Sohn hierher!“

42 Als er noch unterwegs war, riss der Dämon an ihm und verkrampfte ihn. Jesus wies den unreinen Geist zurecht, heilte das Kind und gab ihn seinem Vater zurück. 43 Jeder staunte über die Größe Gottes.

Während sie noch redeten und ihr Erstaunen über alles ausdrückten, was er getan hatte, sprach Jesus zu seinen Jüngern: 44 „Nehmt euch diese Worte zu Herzen: Der Menschensohn wird in die Hände von Sündern gegeben werden.“ 45 Sie hatten keine Ahnung, worüber er redete. Es war ihnen verborgen, sodass sie es nicht erkennen konnten. Sie hatten Angst ihn zu fragen, worüber er gesprochen hatte.

Der Oskar-prämierte Film *Chariots of Fire* (deutsche Fassung: *Die Stunde des Siegers*) erzählt die Geschichte von zwei Athleten, die an den olympischen Spielen von 1920 in Paris teilnahmen. Nach einem gigantischen Kampf gegen sich selbst wie gegen die anderen Athleten gewann Harold Abrahams den Sprint über 100 Meter. Der fromme Christ Eric Liddell weigerte sich, an einem Sonntag zu seinem Wettkampf anzutreten. Stattdessen wechselte er die Disziplin und gewann den 400-Meter-Lauf. Die Geschichte ist umso bewegender, weil sie wahr ist.

Der Film zeigt auch, wie die Athleten nach dem Ende der Spiele mit dem Zug in London einfahren. Ihre Begeisterung füllt die Waterloo-Station. Alle außer Harold Abrahams stürmen auf den Bahnsteig. Seine Freundin wartet angespannt auf ihn. Erst als alle gegangen sind taucht Harold langsam aus dem Zug auf. In der Hand trägt er den lang ersehnten Preis. Er war ganz oben auf dem Berg angekommen. Jetzt wird ihm bewusst, dass nichts mehr dieses Gefühl übertreffen kann. Er muss aus den schwindelerregenden Höhen wieder in den Alltag hinabsteigen.

Alle Autoren der **Evangelien** kombinieren die Geschichte der Verklärung Jesu mit dem Bericht von dem Jungen, der so schwer krank war, dass die **Jünger** ihn nicht heilen konnten. So wollen sie uns wohl zeigen, dass beides zusammengehört: die Begeisterung oben auf dem Berg und der kreischende widerspenstige Dämon. Viele Menschen leben ihr Leben ohne diese beiden Extreme. Sie bevorzugen einen ausgeglichenen Lebensstil in der Ebene, ohne Spannung und Aufregung. Es scheint, dass Gott manche zu einem solchen **Leben**sstil berufen hat. Bei vielen gehören aber gewaltige Visionen und großartige geistliche Erlebnisse auf der einen sowie riesige Nöte und Defizite auf der anderen Seite zusammen. Je mehr wir uns für Gott und die vielen verschiedenen Dimensionen in ihm öffnen, umso mehr öffnen wir uns auch für die Schmerzen der Welt. Wir tun gut daran, wachsam zu sein, wenn wir von einem großartigen Gottesdienst nach Hause gehen oder aus einer kraftvollen Gebetszeit aufstehen, wo Gott uns so nahe schien und wir seine Liebe so real und kraftvoll erlebt haben. Diese Dinge werden uns nie zum Selbstzweck geschenkt. Sie sollen uns ausrüsten, damit Gott uns in dieser bedürftigen Welt gebrauchen kann.

In diesem Abschnitt betont Lukas, wie die Verwandlung Jesus selbst vorbereitet, und zwar nicht nur auf eine menschliche Tragödie, sondern auf die größte Herausforderung überhaupt. Mose und Elia sprachen mit Jesus, so erzählt uns Lukas, „über seinen Abschied, der in Jerusalem auf ihn wartete." Das Wort für „Abschied" ist *Exodus*. Lukas möchte mit dem Wort verschiedene Dinge gleichzeitig anklingen lassen. Wie im Alten Testament kann es einfach bedeuten: „Abschied nehmen, weggehen". Es kann auch eine freundliche Umschreibung für den Tod sein. Auch heute sagen wir ja manchmal „Wenn ich nicht mehr da bin …", wenn wir über unseren eigenen Tod reden. In erster Linie möchte uns Lukas aber klarmachen – besonders, weil ja auch Mose dabei ist –, dass Jesus etwas so Großes in Gang setzen wird wie den **Exodus** aus Ägypten. Im ersten Exodus führte Mose die Israeliten aus der Sklaverei in Ägypten heim in das verheißene Land. Im neuen Exodus wird Jesus das ganze Volk Gottes aus der Sklaverei von Sünde und Tod heimführen in das verheißene Erbe: die neue Schöpfung, in der die ganze Welt erlöst sein wird.

Jesus selbst ging durch die Erfahrung auf dem Berggipfel im Wissen, dass es ihn darauf vorbereiten würde, gehorsam dorthin zu gehen, wohin das Gesetz und die Propheten (hier durch Mose und Elia repräsentiert) ihn wiesen: hinunter ins Tal, an den Ort der Verzweiflung und des Todes, an den Ort, wo Dämonen kreischen und Leidende weinen, an den Ort, wo der **Menschensohn** den Sündern (das bedeutet hier: den **Heiden**) in die Hände fallen wird. Die Jünger, von der Verklärung völlig überwältigt, schwatzten Dinge, die sie nicht meinten (Petrus hätte gerne Mose, Elia und Jesus für immer an diesem Ort festgehalten, aber so laufen die Dinge nicht). Es war ihnen unmöglich zu verstehen, dass diese Herrlichkeit, die sie auf dem Berg gesehen hatten – die Herrlichkeit von Gottes erwähltem Sohn, vom Diener, der die Verheißung der Erlösung in sich trug – dass diese Herrlichkeit schließlich auf einem völlig anderen hässlichen kleinen Hügel außerhalb der Stadtmauern Jerusalems enthüllt werden würde.

Auch für uns ist es oft sehr schwierig, Gottes Handeln und Absichten zu verstehen – sowohl in den Zeiten überströmenden Glücks als auch in Zeiten großer Traurigkeit. Für uns gilt das gleiche Wort, das an diesem seltsamen Tag in Galiläa aus der Wolke erklang. Es lädt auch uns ein, Jesus zu folgen, sogar wenn wir im Moment vielleicht keine Ahnung haben, was passiert: „Das ist mein Sohn, den ich erwählt habe. Hört auf ihn!“

Lukas 9,46-62: Das Wesen der Jüngerschaft

[46]Unter seinen Jüngern brach eine Diskussion darüber aus, wer denn jetzt der Größte von ihnen sei. [47]Jesus wusste, dass sie diesen Streit im Herzen trugen. Deshalb nahm er ein Kind und stellte es neben sich.

[48]„Wenn ihr dieses Kind in meinem Namen aufnehmt“, so sagte er ihnen, „dann nehmt ihr mich auf. Jeder, der mich aufnimmt, der nimmt auch den auf, der mich gesandt hat. Wer der Kleinste unter euch ist – dieser wird wirklich groß sein.“

[49]Johannes antwortete darauf: „Meister, wir sahen, dass jemand in deinem Namen Dämonen austreibt. Wir befahlen ihm, damit aufzuhören, weil er nicht zu uns gehört.“

[50]„Haltet ihn nicht auf“, erwiderte Jesus. „Jeder, der nicht gegen euch ist, steht auf eurer Seite.“

[51]Die Zeit kam näher, in der Jesus erhöht werden sollte. So konzentrierte er sich darauf, nach Jerusalem zu ziehen. [52]Er sandte Boten vor sich her. Sie kamen in eine samaritanische Stadt, um die Leute dort vorzubereiten. [53]Diese weigerten sich aber, ihn zu empfangen, weil er nach Jerusalem ziehen wollte. [54]Als dies die Jünger Johannes und Jakobus sahen, sagten sie: „Herr, willst du, dass wir Feuer vom Himmel fallen lassen, um sie zu verbrennen?“ [55]Er wandte sich ihnen zu und wies sie zurecht, [56]und sie zogen in ein anderes Dorf.

[57]Auf dem Weg sprach ein Mann Jesus an. „Ich will dir folgen, wo auch immer du hingehst!“, sagte er.

[58]„Füchse haben Höhlen und die Vögel am Himmel haben Nester“, gab ihm Jesus zur Antwort, „der Menschensohn hat aber keinen Ort, wo er sein Haupt zur Ruhe betten kann.“

59*Eine andere Person sprach er an: „Folge mir nach!“*
Dieser antwortete: „Herr, ich möchte vorher noch meinen Vater begraben.“
60*„Lass doch die Toten ihre Toten begraben“, entgegnete Jesus. „Du musst hingehen und das Reich Gottes ankündigen.“*
61*Ein anderer sagte: „Ich will dir nachfolgen. Zuvor möchte ich mich aber von meiner Familie verabschieden.“*
62*„Keiner, der zu pflügen beginnt und dann über die Schulter zurückschaut, taugt etwas für das Reich Gottes“, gab ihm Jesus zur Antwort.*

Das berühmteste Werk der frühen englischen Literatur ist Chaucers *Canterbury Tales*. Wenn wir es heute lesen, tauchen wir in das Leben des vierzehnten Jahrhunderts ein. Uns begegnen ganz unterschiedliche Charaktere jener Zeit mit all ihren Freuden und Leiden, ihren Sünden und ihrer Heiligkeit. Es scheint fast, als würden wir sie selber kennen.

Eine Sache hat die Zeitgenossen Chaucers sicher sehr fasziniert, die für uns zum Alltag gehört: Die Menschen jener Zeit reisten kaum. Was die Pilger in der Geschichte zu jener Zeit unternahmen, war damals so ungewöhnlich wie ein Flug zum Mond in unseren Tagen. Reisen waren ein seltener Luxus. Noch im 19. Jahrhundert konnten höchstens gelangweilte Reiche aus England das Geld und die Zeit aufbringen, um die Sehenswürdigkeiten in Europa zu besuchen. In Chaucers Welt – wie an den meisten Orten und zu den meisten Zeiten der menschlichen Geschichte – reisten die meisten Menschen überhaupt nicht. Wer reich genug war, konnte sich ein Pferd leisten und damit etwas längere Strecken zurücklegen. Weil es so gefährlich war, verzichtete man meist auch darauf. Die Menschen verbrachten ihr ganzes Leben in der angestammten Nachbarschaft.

Auf die meisten Menschen der Zeit Jesu traf das auch zu. Eine große Ausnahme gab es aber. Die Juden aus Galiläa unternahmen regelmäßige Pilgerfahrten nach Jerusalem (ein Weg von ungefähr drei oder vier Tagen Fußmarsch). Und alle Juden, wo sie auch immer lebten, erzählten einander von der großen Reise des **Exodus**, als ihre Vorfahren von Ägypten in das verheißene Land zogen. Wenn sie davon anfingen, erzählten sie sich auch die anderen biblischen Geschichten von Königen und Propheten, von Gottes Handeln in längst vergangener Zeit.

All das hat Lukas im Kopf, wenn er uns von Jesu Plänen erzählt, nach Jerusalem zu gehen. Dort würde er, wie wir in Vers 31 gesehen haben, seinen „Exodus" „erfüllen". Noch war nicht Zeit für eine offizielle Pilgerfahrt. Die Reise, die in 9,51 beginnt, wird sich bis 19,41 hinziehen und bildet so den Rahmen für den größten Teil des Lukas**evangeliums**. Von jetzt an ist also Jerusalem das Ziel, und Jesus ist immer in Bewegung. Das andere große Buch aus der Feder von Lukas, die Apostelgeschichte, beinhaltet auch einen langen Abschnitt mit Reisen (die Missionsreisen des Apostels Paulus, die ihn schließlich bis Rom führen sollten). Unterwegs zu sein im Auftrag Gottes – das ist eines der zentralen Bilder, die Lukas wählt um zu zeigen, was Christsein bedeutet. Es geht darum, Jesus nachzufolgen.

Als Erstes macht er uns klar, dass Nachfolge nicht einfach ist. Noch bevor es losgeht haben die **Jünger** eine kräftige Auseinandersetzung darüber, wer denn nun der Größte sei. Wann immer ein neues Projekt lanciert wird, entdecken viele, dass sich ihre persönlichen Ambitionen mit dem eigentlichen Ziel vermischen. Bevor man starten kann, müssen diese Dinge geklärt werden. Diese Fragen können zwar wieder auftauchen, aber der Rahmen muss von Anfang an klar abgesteckt sein. Als Nächstes müssen die Jünger lernen, dass sich das **Reich Gottes** sogar durch Leute verbreiten kann, die nicht zu ihrer Gruppe gehören, ja die sie noch nicht einmal kennen. Im Leben verläuft nicht alles so gradlinig, wie wir es gerne hätten.

Als sie starten, „sandte Jesus Boten (das Wort kann auch ‚Engel' bedeuten) vor sich her." Lukas will uns daran erinnern, dass dies wirklich eine Exodus-Reise ist: Im Buch Exodus selbst (Kapitel 23,20) „sendet Gott seinen Engel vor euch her", um das Volk in das Land zu führen. Dies ist aber auch eine *neue* Exodus-Reise: Der Prophet Maleachi (Kapitel 3,1) erklärt, dass Gott seinen Engel oder seinen Boten vor ihm her senden wird. Wenn er dann ankommt, um zu richten und zu retten, wird das Volk vorbereitet sein. All das ist in diese seltsame neue Reise eingebaut. Das ist die Straße in das wirkliche verheißene Land. Gleichzeitig ist es die Straße, auf der Gott zu seinem Volk zurückkehrt.

Johannes und Jakobus kommt nur in den Sinn, dass sie ja jetzt in der gleichen Position sind wie der Prophet Elia im Alten Testament. Wenn ihnen Widerstand entgegenschlägt, wollen sie Feuer vom **Himmel** fallen lassen (2. Könige 1,10-12). Das passt aber nicht zur Reise Jesu. Diese Reise ist kein Triumphmarsch, der jeden Widerstand beiseitefegt. Sie ist das Wachsen der Guten Nachricht vom Reich Gottes. Aus Lukas 4 wissen wir, dass es um die Botschaft der Liebe geht. Sie redet von einer Gnade, die so stark ist, die so weit reicht und so sehr überrascht, dass sie viele schockiert.

So geht es auch manchen, die Jesus sehen und es für eine gute Idee halten, ihm nachzufolgen. Die Menschen, die am Wegesrand mit Jesus reden, sind wie der Same, der auf felsigen Grund und mitten ins Dorngestrüpp gesät ist, wie im Gleichnis in Lukas 8. Sie wollen nachfolgen, stellen aber Bedingungen. Sind sie bereit, alles stehen und liegen zu lassen? Viele Juden hielten die Verpflichtung, den eigenen Vater zu begraben, für die heiligste und höchste Pflicht eines Sohnes. Jesus sagt, dass gegenüber der Berufung, ihm nachzufolgen und das Reich Gottes anzukündigen, auch diese Pflicht zweitrangig ist.

Die letzte Zeile bringt die Herausforderung, sich mit Jesus auf den Weg zu machen, noch einmal unmissverständlich auf den Punkt. Heute haben die wenigsten noch mit Ackerbau zu tun und verstehen vielleicht nicht so genau, was passiert, wenn man versucht, eine gerade Furche zu ziehen und gleichzeitig zurückzuschauen, ob es auch geklappt hat. Selbst wenn man hinter sich eine gerade Furche erblickt, wird das nächste Stück krumm herauskommen, *weil* man zurückgeschaut hat. In einem anderen Bild ausgedrückt: Wenn Sie ein Lied singen, ist es nicht hilfreich zu überlegen, ob die vorherige Zeile richtig herausgekommen ist. Sie müssen sich immer auf die Zeile konzentrieren, die jetzt kommt. Wenn Sie verreisen, brauchen Sie eine Karte von dem Wegabschnitt, der vor Ihnen liegt und nicht von der bereits zurückgelegten Strecke.

Mit neuer Wucht stellt sich die Frage: Auf welche Reise will uns Jesus schicken – nicht gestern, sondern morgen? Sind wir bereit ihm nachzufolgen, wo auch immer er hingeht?

Lukas 10,1-16: Jesus sendet die Siebzig aus

1Danach bestimmte der Herr siebzig andere und sandte sie immer zu
zweit vor sich her. Sie sollten jede Stadt und jeden Ort aufsuchen, den
er besuchen wollte.

2Er trug ihnen auf: „Eine große Ernte wartet dort. Bittet also den
Herrn der Ernte, dass er Erntearbeiter sendet.

3Zieht jetzt los. Denkt daran: Ich sende euch wie Schafe unter die
Wölfe. 4Nehmt keinen Geldbeutel, keine Vorratstasche und keine San-
dalen mit. Lasst euch unterwegs auch von niemandem aufhalten. 5Im-
mer, wenn ihr ein Haus betretet, sagt zuerst: ‚In diesem Haus soll
Friede herrschen!‘ 6Wenn dort ein Kind des Friedens lebt, wird euer
Friede bei ihm bleiben. Ist es anders, kehrt der Friede wieder zu euch
zurück.

7Bleibt in diesem Haus und esst und trinkt, was sie euch anbieten.
Der Arbeiter ist es wert, dass man ihn entlohnt. Geht nicht von Haus
zu Haus. 8Wenn ihr in eine Stadt kommt, die euch willkommen heißt,
dann esst, was sie euch anbieten. 9Heilt die Kranken des Ortes und
richtet ihnen aus: ‚Das Reich Gottes ist euch nahegekommen.‘ 10Wenn
ihr aber in eine Stadt kommt, die euch nicht willkommen heißt, dann
geht durch die Straßen der Stadt mit dieser Botschaft: 11‚Der Staub eu-
rer Stadt hängt an unseren Schuhsohlen. Vor euren Augen schütteln
wir ihn ab! 12Eins aber sollt ihr wissen: Das Reich Gottes ist euch na-
hegekommen.‘ Ich sage euch: An jenem Tag wird es Sodom besser ge-
hen als dieser Stadt.“

[13]*„Wehe dir, Chorazin! Wehe dir, Betsaida! Wenn die machtvollen Taten, die ihr gesehen habt, in Tyrus oder Sidon geschehen wären – ihre Einwohner wären schon lange umgekehrt und hätten sich als Zeichen der Trauer in Sack und Asche gekleidet.* [14]*Das Gericht wird für Tyrus und Sidon erträglicher ausfallen als für euch.* [15]*Und du, Kapernaum – du hättest es so gerne gehabt, wenn man dich bis in den Himmel hochgehoben hätte. Im Gegenteil: Du wirst in den Hades geschickt!"*

[16]*„Jeder, der euch hört, hört auch mich. Jeder, der euch zurückweist, weist mich zurück. Jeder der mich zurückweist, weist auch den zurück, der mich gesandt hat."*

Ich war mit einem Freund essen, der mir zu Anfang des Jahres erzählt hatte, dass sein heranwachsender Sohn schwer erkrankt sei. Wochenlang waren sie von Arzt zu Arzt gegangen. Alle waren angesichts der Symptome ratlos, keiner konnte eine klare Diagnose stellen. Als sie schließlich einen erfahrenen Spezialisten aufsuchten, hatte das Raten ein Ende. „Bringt ihn sofort ins Krankenhaus. Wir werden ihn morgen schon operieren", lautete seine Anweisung. Er hatte einen Hirntumor entdeckt, der mit großer Kunstfertigkeit und ohne bleibende Schäden entfernt wurde. Hätten sie auch nur einen Tag länger gewartet, wäre es vielleicht zu spät gewesen.

Etwas von dieser Stimmung prägt auch die Erzählung darüber, wie Jesus zum zweiten Mal seine Nachfolger aussendet. Jesus instruiert die Boten, die vor ihm hergehen, dieses Mal mit einer großen Dringlichkeit. Er weiß, dass er nie wieder hier vorbeikommen wird. Wenn Menschen dieses Mal nicht auf seine Einladung reagieren, kann es zu spät sein. Er ist der letzte Bote vor der großen Katastrophe, die auf das Volk wartet, wenn sie nicht zuhören. Wenn sie ihn zurückweisen, wird es keine weiteren Warnungen mehr geben. Wenn sie zögern, kann es zu spät sein.

Nur Lukas berichtet uns, dass Jesus auch siebzig Jünger gesandt hat. In diesem Zusammenhang gibt es zwei Nüsse zu knacken. Einerseits halten einige Handschriften fest, dass zweiundsiebzig Jünger und nicht nur siebzig gesandet wurden. Es wurde schon viel darüber diskutiert, welche Zahl denn jetzt richtig ist. Andererseits ist da die Frage, ob Jesus oder Lukas diese Zahl (welche von beiden es denn auch ist) bewusst gewählt haben, sie also eine symbolische Bedeutung hat.

Die Antwort auf beide Fragen könnte wieder einmal darin bestehen, dass Lukas Jesus im Licht von Mose sieht. Bei einer Gelegenheit wählte dieser siebzig Älteste aus Israel aus, die einen Anteil von Gottes **Geist** erhielten und dadurch ausgerüstet waren, Mose beim Führen des Volkes zu helfen (4. Mose 11,16.25). In dieser Situation (ähnlich wie in Kapitel 9,49-50) wurden zwei Älteste, die nicht Teil der ursprünglichen Siebzig waren, auch vom Geist erfüllt. Etliche waren darüber beunruhigt. Die Aussage ist, dass Jesus Assistenten vorausschickt, die helfen, den neuen **Exodus** durchzuführen.

Im ursprünglichen Exodus rebellierten die Israeliten. Sie murrten und wollten nicht dorthin gehen, wohin Gott sie führte. Aus genau diesem Grund brauchte Mose zusätzliche Unterstützung. Im Dienst Jesu wollten auch viele, wenn nicht die meisten seiner Zeitgenossen einfach nichts davon wissen. Trotz aller Heilungen und der Vollmacht und dem Scharfsinn seiner Lehre wollten sie ihm auf dem Weg, den er sie führen wollte, nicht folgen. Er wusste genau, dass dieser Weg sie zu Gottes wahrem Exodus führen würde. Schon seit seiner ersten Predigt in Nazareth war es so, und bis zu seinen letzten Tagen in Jerusalem würde sich das nicht ändern.

Die Botschaft vom Frieden war das Herzstück der Berufung Jesu. Die Botschafter sollten ausrichten: „In diesem Haus soll Friede herrschen!“, und dann darauf achten, ob hier ein „Kind des Friedens“ lebt. Die meisten Zeitgenossen Jesu wünschten sich keinen Frieden – weder Frieden mit ihren traditionellen Feinden, den Samaritanern (eines der bekanntesten **Gleichnisse** Jesu nimmt später in diesem Kapitel Bezug auf diesen Konflikt), noch mit den gefürchteten und verhassten Römern. Sie wollten einen gnadenlosen Krieg, der Gott dazu zwingen würde, auf ihrer Seite einzugreifen, damit sie die Feinde ein für alle Mal loswürden.

Jesu Vision vom **Reich Gottes** zielt aber in die entgegengesetzte Richtung. Aus seiner Sicht war die Idee, das Böse mit Bösem zu bekämpfen, gleichzusetzen mit dem Wunsch der Kinder Israels, nach Ägypten zurückzukehren. Andere hatten den Weg der Gewalt schon beschritten – mit verheerenden Konsequenzen. Er lehnte diesen Weg aber nicht nur aus praktischen Überlegungen heraus ab. Er war gegen diesen Weg, weil er den Gott Israels als den Gott überschwänglicher Gnade und erstaunlicher, machtvoller, heilender Liebe kannte und liebte. Die lebensspendende Kraft dieses Gottes floss durch ihn und heilte Menschen. Er hatte sich dem Königreich dieses Gottes verschrieben.

Darum sollten seine Nachfolger eine warnende und auch eine einladende Botschaft bringen. Wer sich dieser Botschaft widersetzt, wendet sich damit von Gott selbst ab, und das hat immer zur Folge, dass man sich heidnischen Herrschern anvertraut. Chorazin und Betsaida in Zentralgaliläa wie auch Jesu Stadt Kapernaum würden ein schrecklicheres Gericht erleiden als die verworfenen Städte im Alten Testament. Diesmal würde aber nicht Feuer vom **Himmel** fallen. Die Römer würden die Städte überrennen und verwüsten. Die Strafe der Römer, die sie an Rebellen vollziehen, wäre die unmittelbare Folge davon, dass man sich von Gottes Weg des Friedens abgewandt hatte.

Deshalb gibt Jesus seinem Auftrag an die 70 eine solche Ernsthaftigkeit und Dringlichkeit. Sie boten den Leuten nicht eine neue religiöse Erfahrung an, die ihr Leben vielleicht ein wenig netter machen würde. Nein, sie boten den Menschen die letzte Gelegenheit, sich von Israels Flucht in den Untergang abzuwenden und Gottes Weg des Friedens anzunehmen. Gottes Reich – seine souveräne rettende Herrschaft, die sich danach sehnt, sein Volk und die ganze Welt mit Liebe und der neuen Schöpfung zu umfassen – war ihnen ganz nahe gekommen. Jesus war auf dem Weg nach Jerusalem zum letzten entscheidenden Kampf gegen die Mächte des Bösen. Wer jetzt ihn oder seine Boten zurückweist, der lehnt Gott selbst ab.

Lukas 10,17-24: Jesus jubelt

17 Begeistert kehrten die siebzig zurück.
Sie schwärmten: „Herr, in deinem Namen gehorchen uns sogar die
Dämonen!"
18 „Ich sah, dass der Satan wie ein Blitz vom Himmel fiel", gab
er zur Antwort. 19 „Schaut, ich habe euch die Autorität gegeben, auf
Schlangen und Skorpione zu treten, und auch Autorität über jede
Macht des Feindes. Nichts wird euch jemals schaden können. 20 Ju-
belt aber nicht darüber, dass ihr Autorität über Geister habt. Jubelt
vielmehr darüber, dass eure Namen im Himmel aufgeschrieben sind."
21 An dem Ort und zu der Zeit jubelte Jesus im Heiligen Geist.
„Ich danke dir, Vater", so sagte er, „Herr über Himmel und Erde!
Vor den Weisen und Intelligenten hast du diese Dinge verborgen, sie
aber diesen Kindern zugänglich gemacht. Ja, Vater, das war deine
großzügige Entscheidung. 22 Mein Vater hat mir alles anvertraut. Nur
der Vater weiß, wer der Sohn ist und nur der Sohn kennt den Vater –
und jeder, dem es der Sohn offenbaren wird."
23 Dann wandte sich Jesus vertraulich an seine Jünger.
Er sagte: „Gesegnet sind die Augen, die sehen, was ihr seht! 24 Ich
sage euch, viele Könige und Propheten wollten sehen, was ihr seht,
und sie sahen es nicht; sie wollten hören, was ihr hört, und sie hörten
es nicht!"

Wie fühlt sich das wohl an, Jesus zu sein? Wenn man die **Evangelien** liest, ist das eine der schwierigsten Fragen. Dieser Abschnitt gibt uns aber ein paar Hinweise darauf.

Als Christ verfällt man nur zu schnell dem Irrtum, Jesus sei ohne Probleme durchs Leben spaziert. Weil er ja Gott war, so stellen wir uns manchmal vor, hatte er nie Probleme und musste nie mit Schwierigkeiten kämpfen. Die Evangelien zeichnen natürlich ein völlig anderes Bild. Wie wir schon weiter oben sagten, unterläuft uns dennoch schnell der Fehler, dass wir Jesus für eine Art spirituellen Superman halten.

Unser Abschnitt hier könnte diesem Denken noch Vorschub leisten. Jesus spricht davon, dass er gesehen hat, dass **Satan** wie ein Blitz vom **Himmel** fiel. Er verleiht 70 Menschen Macht über das Böse. Er feiert seine einzigartige Beziehung zum Vater. Er redet darüber, dass sich jetzt Dinge erfüllen, nach denen sich die Großen der Vorzeit gesehnt haben. Wir denken, dass hier der Superheld Jesus vor uns steht. Er streift durch die Welt und eilt von Sieg zu Sieg. Er kann alles tun, was er sich vornimmt. Und gleichzeitig denken wir, dass dieser Jesus eigentlich sehr wenig mit unserem eigenen Leben zu tun hat, in dem wir uns mit Problemen herumschlagen und vor unlösbaren Rätseln stehen, in dem unser **Glaube** getestet wird und in dem Dinge manchmal trotz aller Gebete und Kämpfe einfach schiefgehen.

Lukas will Jesus in keiner Weise als Superman beschreiben. Das geht aus dem Rest des Evangeliums mehr als deutlich hervor. Und dieser Abschnitt passt viel besser zu diesem Gesamtbild als zu der Rückprojektion aus unserer oberflächlichen modernen Kultur. In Wahrheit wird uns hier das wahre Wesen des Kampfes enthüllt, den Jesus kämpfen musste.

Er ist jetzt entschlossen, nach Jerusalem zu gehen. Wie wir schon gesehen haben, ist die Aussendung der 70 durch eine neue Dringlichkeit geprägt. Wie groß diese Dringlichkeit ist, merken wir daran, wie er mit den 70 ihre Rolle und ihre Aufgabe bespricht. Die öffentliche Wirksamkeit Jesu begann mit einem persönlichen Kampf gegen den wahren Feind. Dieser Kampf geht weiter bis zum großen Showdown, wenn die Mächte der Finsternis sich zum letzten Angriff sammeln (Kapitel 22,53). Im Werk seiner Nachfolger hat der anfängliche Sieg, den Jesus in der Wüste errungen hat, bereits Auswirkungen. Das wiederum deutet voraus auf den Sieg, der in der letzten Schlacht errungen werden wird.

Wir müssen uns daran erinnern, wer oder was „der Satan“ im jüdischen Denken ist. Das Wort „Satan“ bedeutet wörtlich „Ankläger“, und in der Bibel erscheint „der Satan“ als oberster Staatsanwalt, als Ankläger in Gottes himmlischem Gerichtshof (Hiob 1,6-12; 2,1-7;

Sacharja 3,1-2). Eines Tages hat er es wohl übertrieben. Er brachte nicht nur unbegründete Anklagen vor, sondern er verführte selber Leute zu Fehlern, für die er sie dann anklagen konnte. Schließlich versuchte er in schamloser Rebellion gegen Gott und seine Pläne, den Träger von Gottes Verheißungen, das Volk Israel, zu pervertieren, zu verwirren und zu verwerfen. Auch wollte er den wahren **Messias** Israels, der die Erfüllung bringen sollte, von seinem Weg abbringen. Satans Einflussbereich ist riesig geworden, weil sich die Welt als Ganze, aber auch Israels Führer, von seinen Listen fangen ließ.

Die Aufgabe Jesu besteht deshalb nicht nur darin, einen neuen Lebensstil zu lehren; er bietet nicht nur eine tiefere Art von Spiritualität an; er macht es nicht nur möglich, dass Menschen nach dem Tod in den Himmel kommen. Die Aufgabe Jesu besteht darin, den Satan zu besiegen und seine Macht zu brechen. Er muss den entscheidenden Sieg erringen, der den Weg bahnt für Gottes neue Schöpfung, in welcher das Böse und sogar der Tod selbst keinen Platz mehr haben.

Was also hat Jesus gesehen? Was bedeuten seine Worte: „Ich sah, dass der Satan wie ein Blitz vom Himmel fiel"? Als die 70 auf ihrer dringlichen Mission unterwegs waren, hatte Jesus im Gebet eine Vision, die ein Echo der prophetischen Visionen vom Fall des alten Feindes (Jesaja 14,4-23; Hesekiel 28,1-9) in sich trägt. Jesus sah in einer geistlichen Schau die himmlische Wirklichkeit, die mit den irdischen Siegen der 70 verbunden war. Er wusste und konnte den 70 auch zusichern, dass ihre Arbeit tatsächlich Teil des großen Sieges war, der in der Wüste begann und am Kreuz vollendet wurde. Sie dürfen sich aber nicht einbilden, dass sie sich jetzt zurücklehnen und mit ihren neu gewonnenen Kräften spielen können. Entscheidend ist, dass Gottes Pläne weitergehen – und die 70 sind Teil davon. Es dauert nicht mehr lange, bis sogar die **Zwölf**, sogar Petrus, vom Satan wie Weizen gesiebt werden, bevor der endgültige Sieg vollendet werden kann (Kapitel 22,31-32).

In diesem Augenblick von Vision und Freude feiert Jesus die ungewöhnlichen Wege und Absichten Gottes. Wenn Privilegien, Ausbildung und Intelligenz Voraussetzungen wären, um in das **Reich Gottes** hineinzukommen, hätten wir nur eine weitere Elitevereinigung, die sich ums Wohl der oberen Zehntausend kümmert. Das Evangelium verwirft diese Idee wieder und wieder. Jesus sieht, dass die Herrscher Israels, die Anführer und selbsternannten Lehrer, sich nicht für sein Wissen, das aus der intimen Beziehung mit dem Vater stammt, interessieren. Er kann es aber mit seinen Nachfolgern teilen: einer bunt zusammengewürfelten Truppe, die er als seine Teilhaber ausgesucht hat. Paulus formuliert das so: Gott hat die erwählt, die in der Welt als töricht gelten, um die sogenannten Weisen zu beschämen. Ebenso wählte er die Schwachen, um die Starken zu beschämen.

Während Jesus seinen Weg zur endgültigen Schlacht in Jerusalem fortsetzt, weiß er, dass dieser eigenartige Plan bereits in Kraft ist. Ihm liegt es am Herzen, ein neues Volk zu erschaffen: ein Volk, dass Jesus als Gottes wahren Sohn, den Messias, anerkennt und ein Volk, welches durch das Werk Jesu Gott auch als Vater kennenlernt. Mit anderen Worten: ein Volk, das Israels Schicksal erfüllt; ein Volk, das sieht und hört, was die Propheten immer schon sehen und hören wollten, aber nicht konnten.

Lukas 10,25-37: Das Gleichnis vom barmherzigen Samariter

25*Ein Gesetzeslehrer stand auf und wollte Jesus in Verlegenheit bringen.*

Er sagte: „Lehrer, was soll ich tun, um das Leben des kommenden Zeitalters zu erben?“

Jesus antwortete: 26*„Nun, was steht denn im Gesetz?“*

27*„Du sollst Gott, deinen Herrn, von ganzem Herzen, mit der ganzen Seele, aller Kraft und dem ganzen Denken lieben“, gab er zur Antwort, „und deinen Nächsten wie dich selbst.“*

28„Ganz richtig!“, antwortete Jesus. „Handle so, dann wirst du leben!“

29Der Gesetzeslehrer wollte seine Frage rechtfertigen: „Wer ist denn eigentlich mein Nächster?“

30Jesus nahm die Herausforderung an. Er erzählte: „Es war einmal ein Mann, der von Jerusalem nach Jericho hinabging. Banditen überfielen ihn. Sie zogen ihn aus, verprügelten ihn und ließen ihn halbtot
liegen. 31Ein Priester kam zufällig die Straße entlang. Als er ihn sah,
wechselte er die Straßenseite. 32Auch ein Levit kam an dem Ort vorbei. Auch er sah ihn und wechselte auf die andere Straßenseite.

33Dann kam aber ein reisender Samaritaner an der Stelle vorbei. Als
er ihn sah packte ihn das Mitleid. 34Er kam herüber und verband seine Wunden. Er pflegte sie mit Öl und Wein. Dann setzte er ihn auf sein eigenes Reittier. Er brachte ihn zu einer Gastwirtschaft und pflegte ihn
dort. 35Am nächsten Morgen gab der dem Wirt vor seiner Weiterreise zwei Denar. ‚Kümmere dich um ihn,‘ trug er ihm auf. ‚Auf meiner Rückreise werde ich dich bezahlen, wenn du mehr ausgegeben hast.‘

36Welcher von diesen dreien hat sich als Nächster dem Mann gegenüber erwiesen, der von den Räubern überfallen worden war?“

37„Derjenige, der sich um ihn gekümmert hat“, kam die Antwort.

Jesus sagt zu ihm: „Nun, dann geh hin und handle auch so.“

Manchmal sind die bekanntesten Geschichten am schwersten zu verstehen. „Der barmherzige Samariter“ gehört für uns zum Bestand der volkstümlichen Geschichten und hat sogar, was zur Verwirrung beiträgt, die Bedeutung des Wortes „Samariter“ im heutigen Deutsch geprägt. Es gibt heutzutage den „Arbeiter-Samariter-Bund“, eine renommierte Hilfsorganisation, die sich um Unfallopfer und Bedürftige kümmert. In der Zeit Jesu hätten die Leute aber nicht an eine solche Organisation gedacht.

Dieses **Gleichnis** wird oft in einem allgemeinen moralischen Sinn verstanden: Wenn du jemanden im Straßengraben liegen siehst, dann geh hin und hilf ihm! Wenn Menschen sich daran erinnern, dass sich

Samaritaner und Juden zur Zeit Jesu gehasst haben, wird daraus eine weitere moralische Lektion darüber, wie abgrundtief böse rassistische oder religiöse Vorurteile sind. Wenn wir aber verstehen wollen, was Jesus wirklich gemeint hat – und was bei dieser Diskussion mit dem Gesetzeslehrer auf dem Spiel stand –, dann müssen wir tiefer graben.

Zum Glück ist das nicht schwer. Der Hass zwischen Juden und Samaritanern war schon Jahrhunderte alt – und spiegelt sich tragischerweise bis heute in den brodelnden Spannungen zwischen Juden und Palästinensern. Beide Seiten beanspruchen für sich, die wahren Erben der Verheißungen an Abraham und Mose zu sein. Folgerichtig sehen sich beide Seiten als die rechtmäßigen Eigentümer des Landes an. Heutzutage reisen sehr wenige Juden auf dem direkten Weg von Galiläa nach Jerusalem, weil sie dabei die Westbank durchqueren müssten. Das wäre sehr riskant. Ebenso bevorzugten auch die meisten Pilger des ersten Jahrhunderts den Weg durch das Jordantal bis Jericho. Dann wandten sie sich nach Westen bergauf nach Jerusalem. Das war viel sicherer.

Ganz sicher war aber auch dieser Weg nicht. Die Wüstenstraße von Jericho nach Jerusalem machte viele Kurven und Kehren. Banditen lauerten außer Sichtweite in den nahe gelegenen Hügeln und Tälern, jederzeit bereit, zuzuschlagen. Ein einsamer Reisender war eine leichte Beute. Wenn er halbtot am Wegesrand lag, konnten die Passanten von Weitem nicht sehen, ob er noch lebte oder schon tot war. Weil sie im **Tempel** arbeiteten, war es für die beiden, die in der Geschichte erwähnt werden, ganz wichtig, dass sie sich nicht unrein machten, indem sie eine Leiche berührten. Es war besser, Abstand zu halten und ihre Reinheit zu schützen, auch wenn sie dabei Gottes Gebot brechen mussten, die Menschen zu lieben.

Die Frage des Gesetzeslehrers und Jesu Antwort passen nicht ganz zueinander. Aber genau das ist der Clou. Der Gesetzeslehrer will wissen, wer denn als „Nächster“ zählt. Für ihn ist klar: Gott ist der Gott Israels, also können nur Juden „Nächste“ sein. Für Jesus (und für Lukas, der dieses Motiv herausstreicht) ist Israels Gott der Gott der

Gnade für die ganze Welt. Jeder, der in Not ist, ist ein Nächster. Die entlarvende Frage, die Jesus am Ende stellt, dreht sich nicht darum, wen der Samaritaner für seinen Nächsten hielt. Stattdessen fragte er, wer sich dem halbtoten Juden am Straßenrand *als Nächster erwiesen hat*. Unter der Oberfläche der offensichtlichen moralischen Lektion („Geh hin und handle auch so!") finden wir eine viel ernsthaftere Herausforderung, die genau zu dem passt, was Lukas bis hierher betont hat: Kannst du den verhassten Samaritaner als Nächsten anerkennen? Wenn nicht, kann es sein, dass du eines Tages tot liegen bleibst.

Aber auch das trifft noch nicht das Zentrum des Ganzen. Jesus ist selber auf dem Weg nach Jerusalem. Vielleicht ist es kein Zufall, dass das erste Gleichnis, das er auf dieser Reise erzählt, genau auf der Straße spielt, die er in Kürze betreten wird. Er fordert Israel heraus, zu erkennen, dass der Weg der Konfrontation mit Samaritanern, Römern und Heiden jeglicher Art nicht der Weg ist, Gottes Gnade zu leben und zu zeigen. Mit großer Dringlichkeit lädt er ein, den Weg des Friedens zu gehen. Nur die „Kinder des Friedens" (Kapitel 10,16) werden dem selbstverschuldeten Gericht entkommen, das über alle hereinbrechen wird, die auf Gewalt vertrauen.

Im Zentrum der Auseinandersetzung mit dem Gesetzeslehrer steht die Konfrontation zwischen zwei ganz unterschiedlichen Visionen dessen, was es bedeutet, Israel – Gottes Volk – zu sein. Die Frage des Gesetzeslehrers, wie man denn ins **kommende Zeitalter** hineinkommt, war eine rabbinische Standardfrage, zu der es auch Standardantworten gab. Seine eigene Antwort entspricht genau dem, was Jesus selbst in Markus 12,29-31 und Matthäus 22,37-40 geantwortet hat. Er wollte damit aber klarstellen, wie das Gesetz Israel definiert. Er wollte Jesus festnageln und ihn zwingen, etwas Ketzerisches zu äußern.

Jesus lässt den Gesetzeslehrer seine eigene Zusammenfassung der Gebote Gottes erzählen und stimmt dem dann einfach zu. Der will trotzdem seine Frage rechtfertigen und will zeigen, dass sie nicht banal ist. Darüber hinaus will er in dieser öffentlichen Diskussion die Oberhand behalten. Die Frage nach dem Nächsten zielt darauf ab, dass Jesus seine (so wird ihm unterstellt) ketzerischen Ansichten offenlegen muss, dass Gott einen größeren Plan für die ganze Welt hat. So will der Lehrer zeigen, dass er Jesus zu Recht angreift. Und die Antwort Jesu zeigt tatsächlich, das Gottes Gnade sehr weit reicht. Gleichzeitig zeigt die Geschichte, die Jesus erzählt: Diese Ansichten sind nicht ketzerisch, sondern die Erfüllung des Gesetzes, das der Gesetzeslehrer soeben als das allerwichtigste bezeichnet hat.

Es geht um viel. Zur Diskussion steht die Frage, ob wir die von Gott geschenkte Offenbarung von Liebe und Gnade dazu verwenden, uns in selbstgewählter Isolation sicher und rein zu fühlen, oder ob wir sie als Ruf und Herausforderung sehen, diese Liebe und Gnade der ganzen Welt zu bringen. Keine Kirche, kein Christ darf sich mit einfachen Definitionen zufriedengeben, die es uns erlauben, einen großen Teil der Welt halbtot im Straßengraben liegen zu lassen. Heutige Prediger und Verteidiger des **Evangeliums** müssen frische Wege finden, die Geschichte von Gottes Liebe zu erzählen und so für unsere Zeit das tun, was dieses brillante Gleichnis für die ersten Zuhörer Jesu tat.

Lukas 10,38-42: Martha und Maria

38 *Auf ihrer Reise kam Jesus in ein Dorf. Dort hieß ihn eine Frau na-*
mens Martha willkommen. 39 *Ihre Schwester Maria setzte sich dem*
Herrn zu Füßen und hörte seinen Lehren zu.

40 *Martha stürzte sich in Küchenarbeit.*

Schließlich wandte sie sich an Jesus: „Herr, stört es dich denn gar nicht, dass meine Schwester mir alle Arbeit überlässt?“

41 *„Martha, Martha!“, gab Jesus zur Antwort. „Du kümmerst und*
bekümmerst dich um viele Dinge. 42 *Aber nur eines ist wirklich wich-*
tig. Maria hat sich für den besten Teil entschieden, und niemand wird es ihr wegnehmen.“

Wenn Sie dachten, dass „der barmherzige Samariter" radikal ist, dann zeigt diese kraftvolle kleine Geschichte, dass Lukas noch mehr davon auf Lager hat. Bei der Beschreibung der Reise Jesu nach Jerusalem hat sich Lukas dazu entschlossen, diese Begebenheit als Teil der Einleitung zu nehmen. Sie fand in Bethanien statt, wie wir aus anderen Berichten über diese Schwestern wissen. Bethanien liegt nahe bei Jerusalem, und zwar am Ende der Straße, die im **Gleichnis** erwähnt wird, das wir soeben betrachtet haben. Deshalb kann sich diese Begebenheit gar nicht zu diesem Zeitpunkt zugetragen haben. Lukas erzählt sie aber jetzt schon, um unser Augenmerk auf etwas zu richten, was den Dienst Jesu kennzeichnet. Er zieht nicht nur die Grenzen des Volkes Gottes neu und setzt damit ein klares Signal, wie das **Evangelium** Menschen außerhalb der gewohnten Grenzen erreichen wird. Er verändert auch die Grenzen zwischen Männern und Frauen innerhalb Israels. Diese Grenzen, die so klar festgeschrieben schienen, verwischen sich.

Das wahre Problem zwischen Martha und Maria war nicht, dass Martha in der Küche zu viel Arbeit hatte. Das war vielleicht auch ein Problem, aber es war nicht der springende Punkt. Ebenso wenig war es so (wie einige denken), dass beide Schwestern romantische Gefühle für Jesus hegten und Martha eifersüchtig war auf die bewundernde Pose von Maria, die zu Jesu Füßen saß. Lukas erwähnt weder offen noch zwischen den Zeilen solche Gefühle. Nein, das wahre Problem war: *Maria verhielt sich wie ein Mann.* In jener Kultur (wie bis heute in vielen Teilen der Welt) waren Häuser aufgeteilt in „Männerräume" und „Frauenräume". Die Rollen von Männern und Frauen unterschieden sich deutlich voneinander. Maria hatte eine unsichtbare, aber sehr wichtige Linie innerhalb des Hauses überschritten und damit eine weitere, wichtige Grenze innerhalb der sozialen Welt.

Im öffentlichen Raum trafen sich die Männer. Die Küche und andere Räume, die von außen nicht einsehbar waren, bildeten die Domäne der Frauen. Männer und Frauen begegneten sich nur draußen, wo die kleinen Kinder spielten, und im ehelichen Schlafzimmer.

Wenn eine Frau sich bei den Männern niederließ, war das ein Skandal. Für wen hält sie sich? Nur schamlose Frauen verhielten sich so. Sie sollte sofort zurück ins Frauenquartier, wo sie hingehörte. Hier ging es übrigens nicht grundsätzlich um Überlegenheit und Unterlegenheit, auch wenn das oft so verstanden und kommuniziert wurde. Nein, hier ging es um das, was man als angemessene Trennung zwischen den beiden Hälften der Menschheit ansah.

Es war eine eindeutig männliche Rolle, einem Lehrer zu Füßen zu sitzen. „Jemandem zu Füßen sitzen" bedeutet nicht (auch wenn es so scheinen mag), dass man hingegeben wie ein Hund dasitzt und den Lehrer wie einen Popstar oder einen Supersportler bewundert. Als Saulus von Tarsus „Gamaliel zu Füßen saß" (Apostelgeschichte 22,3), saß er nicht einfach da und bestaunte den wunderbaren und großartigen **Rabbi**. Nein, er hörte zu und lernte. Er konzentrierte sich auf die Lehre seines Meisters und versuchte, sie in seinem Kopf nachzuvollziehen. Jemandem zu Füßen sitzen bedeutet: Schüler des Lehrers zu sein. Zu den Füßen eines Rabbis sitzen bedeutet: „*Ich will so werden wie der Rabbi.*" Studium als reiner Selbstzweck war unvorstellbar. Maria hat hier also stillschweigend den Platz als künftiger Lehrer und Verkündiger des **Reiches Gottes** eingenommen.

Und Jesus bestätigt sie darin. Das hat wenig mit den Frauenbewegungen der modernen westlichen Welt zu tun. Sicher überschneiden sich deren Pläne an einigen Stellen mit den Absichten Jesu. Wir sollten sie aber nicht verwechseln. Jesu Wertschätzung für jeden einzelnen Menschen entspringt nicht abstrakten gleichmacherischen Idealen, sondern der überströmenden Liebe Gottes, die (wie ein Fluss, der über die Ufer tritt und ausgetrocknetes Land überflutet) jene Teile der menschlichen Gesellschaft bewässert, die bis jetzt öde und unfruchtbar geblieben waren. Maria steht hier für all die Frauen, die zuhören, wie Jesus über das Reich Gottes spricht und wissen, dass Gott sie beruft, sehr sorgfältig aufzupassen, damit sie dann auch darüber reden können.

Deshalb ist es falsch, Maria und Martha als Modelle für die „aktiven“ und die „kontemplativen“ Formen des Glaubens darzustellen. Arbeit und Gebet sind natürlich beide wichtig. Ohne Ersteres gibt es nichts zu essen, und ohne Letzteres gibt es keine Anbetung. Zweifelsohne haben Menschen unterschiedliche Berufungen, was die Balance zwischen den beiden angeht. Wir können uns der Herausforderung, die dieser Abschnitt an uns richtet, nicht entziehen, indem wir sie in einen Kommentar über verschiedene Arten der christlichen Lebensführung umwandeln. Hier geht es um den Ruf Jesu, der alle Grenzen sprengt. Wenn er nach Jerusalem aufbricht, lässt er Städte, Dörfer, Haushalte und Einzelpersonen zurück, die eine neue Vision vom Reich Gottes geschmeckt haben und deren **Leben** sich für immer verändert hat. Gott möge uns schenken, dass das auch für uns gilt, wenn wir seine Geschichte lesen.

Lukas 11,1-13: Das Gebet des Herrn

[1]Jesus betete einmal an einem bestimmten Ort. Als er fertig war, kam einer seiner Jünger zu ihm.

„Lehre uns zu beten, Meister“, sagte er, „so wie auch Johannes seine Jünger lehrte.“

[2]„Wenn ihr betet“, erwiderte Jesus, „dann sollt ihr Folgendes sagen:

‚Vater, dein Name werde geheiligt; dein Reich soll kommen; [3]gib
uns jeden Tag unser tägliches Brot; [4]und vergib uns unsere Sünden,
wie auch wir denen vergeben, die uns etwas schulden; und prüfe uns nicht.

[5]Angenommen, jemand von euch hat einen Freund“, sagte Jesus.
„Mitten in der Nacht gehst du zu ihm und sagst: ‚Lieber Freund, bitte
gib mir drei Laibe Brot! [6]Einer meiner Freunde ist auf Reisen und bei
mir zu Hause angekommen, und ich habe nichts, was ich ihm vorset-
zen kann!‘ [7]Er wird aus seinem Haus heraus antworten: ‚Mach mir
doch nicht das Leben schwer! Die Tür ist schon verschlossen, und

meine Kinder und ich sind schon im Bett. Ich kann nicht aufstehen
und dir irgendetwas geben.‘ 8Ich sage euch: Selbst wenn er nicht auf-
stehen und dir etwas geben kann, nur weil er dein Freund ist, wird er
aufgrund deiner schamlosen Beharrlichkeit doch aufstehen und dir al-
les geben, was du brauchst.

9Mein Wort für euch lautet also: Bittet, und euch wird gegeben;
sucht, und ihr werdet finden; klopft an, und es wird euch aufgetan.
10Ihr müsst wissen: Wer bittet, empfängt! Wer sucht, der findet! Wer
anklopft, dem wird aufgetan! 11Wenn dich dein Sohn um einen Fisch
bittet, wird dann einer von euch Vätern ihm eine Schlange geben?
12Oder wenn er um ein Ei bittet, wirst du ihm einen Skorpion geben?
13Seht es doch ein: Ihr seid böse. Und trotzdem wisst ihr, wie ihr euren
Kindern gute Gaben gebt. Um wie viel mehr wird euer himmlischer
Vater den Heiligen Geist denen geben, die ihn bitten!“

Das Telefon klingelte. Es war eine Nachricht, dass mein jüngerer Sohn, der Sänger ist, gerade dabei war, in ein Flugzeug zu steigen, um mit seinem Chor auf die andere Seite der Welt zu fliegen. Wenn ich schnell genug wäre, würde ich ihn gerade noch mit einem Rückruf erwischen, um ihm alles Gute zu wünschen. Ich rief ihn an, erwischte ihn und wir konnten uns noch kurz miteinander unterhalten. Es gibt Zeiten, in denen ich mich frage, wo Vatersein aufhört und Freundschaft anfängt.

Freundschaft und Vatersein lehren uns gemeinsam etwas über Gott und Gebet, und das kann in beiden Richtungen geschehen. Es geht nicht nur darum, über irdische Freunde und Väter nachzudenken und dann zu lernen: So ist Gott. Es gibt Zeiten, in denen sich ein Vater lange und genau anschauen muss, worum es bei Gottes Vatersein geht, um dann zu beginnen, seine eigene Rolle als Vater dem anzupassen. Und ich vermute: Wenn wir ein wenig über Gott als Freund nachdenken würden, würde das den meisten unserer Freundschaften sehr guttun.

Das Bild von Gott als Freund, der im Bett liegt, schläft und seine Kinder um sich hat, kommt uns vielleicht etwas merkwürdig vor.

(Wir sind gewohnt, Gott als unseren Vater anzusehen, auch wenn wir uns nicht immer fragen, was das genau bedeutet. Aber Gott als unser Freund ist weniger naheliegend.) In einem Haus, wie es Jesus vor Augen hatte, schlief die ganze Familie Seite an Seite auf dem Fußboden. Wenn also der Vater mitten in der Nacht aufstand, weckte er die ganze Familie auf. Meine Kinder sind nun aus diesem Alter heraus (es ist wahrscheinlicher, dass meine Frau und ich aufgeweckt werden, wenn sie um Mitternacht oder später nach Hause kommen). Aber es ist offensichtlich, wie störend es ist, wenn es an der Tür klopft.

Doch der Freund vor dem Haus hat ein echtes Problem, und der schlafende Freund kann und wird ihm helfen. Die Gesetze der Gastfreundschaft waren im antiken Nahen Osten streng, und wenn ein Reisender ankam und Essen und Unterkunft brauchte, war man verpflichtet, beides anzubieten. Der Freund auf der Straße weiß, dass der Freund im Bett das verstehen wird; er würde dasselbe tun, wenn die Rollen vertauscht wären.

Was zählt ist *Beharrlichkeit*. Gott ist natürlich in vielerlei Hinsicht *nicht* wie ein schläfriger Freund, aber Jesus fokussiert einen einzigen Vergleichspunkt: Er ermutigt zu einer Art von heiliger Dreistigkeit – er macht Mut, laut vernehmlich an der Tür anzuklopfen, beharrlich zu bitten und beim Suchen nicht aufzugeben. So sollte unser Gebet sein. Kein routinemäßiges oder formelles Gebet, das mechanisch eine tägliche oder wöchentliche Aufgabe verrichtet. Es wird eine Schlacht geschlagen, ein Kampf mit den Mächten der Finsternis, und diejenigen, die das Licht flüchtig gesehen haben, sind berufen, im Gebet zu ringen – um Frieden, um Versöhnung, um Weisheit, um tausend Dinge für die Welt und für die Kirche, vielleicht um ein- oder zweihundert für die eigene Familie, Freunde und Nachbarn, und vielleicht auch um ein oder zwei Dutzend Anliegen für sich selbst.

Es gibt natürlich viel zu viele Dinge, für die man beten könnte. Daher ist es so wichtig, diszipliniert zu sein und regelmäßig zu beten. Wenn Sie es Ihrer momentanen Laune und dem Zufall überlassen, werden Sie niemals ein echter Fürbitter werden, jemand, durch dessen

Gebete Gottes Liebe in die Welt ausgegossen wird. Doch weil es sich um dringliche, wichtige und komplexe Anliegen handelt, muss Gebet mehr sein als schlichte Disziplin und Regelmäßigkeit. Feste, vorformulierte Gebete, inklusive offizieller Liturgien für die Gottesdienste in der Kirche, sind für die geistliche Gesundheit der meisten Menschen von großer Bedeutung, aber sie sind wie die Karosserie eines Autos. Um zu rollen, braucht das Auto Benzin für den Motor; und damit Gebete wirksam sind, brauchen auch sie Energie – diese beharrliche und sogar heitere Entschlossenheit, die man bei einem schläfrigen Freund an den Tag legt, von dem man hofft, dass er einem aus der Klemme hilft.

Gott als Vater – das ist das größere und vertrautere Bild. Wir haben hier mehr als einen anschaulichen Vergleich, den Jesus zum Familienalltag zieht. Natürlich ist es das auch, und Jesus macht klar, was er meint, wenn er vom Vater erzählt, der dem Kind sicher kein Gift anstelle von gutem Essen gibt. Wenn wir je versucht sind, uns Gott als hartherzigen Tyrannen vorzustellen, der sich einen Spaß daraus macht, uns Dinge zu geben, die uns nicht guttun, dann sollen wir uns an dieses Bild erinnern und nochmals nachdenken. Das Bild ist aber noch größer. Der Gedanke, dass Gott Vater ist, nimmt uns direkt zurück in die Zeit der Sklaverei, als Israel Befreiung brauchte. Gott sagte dem Pharao durch Mose und Aaron: „Israel ist mein erstgeborener Sohn. Lass also mein Volk gehen!" Von dieser Zeit an klingt das immer mit, wenn jemand Gott als „Vater" anruft: Er ist der Gott des **Exodus**, der befreiende Gott, der Gott, dessen Königreich kommt, das den Hungrigen Brot bringt, den Sündern Vergebung und die Befreiung von den Mächten der Finsternis. Das sind alles Themen, auf die uns Lukas in den letzten beiden Kapiteln bereits aufmerksam gemacht hat.

Das „Vaterunser", wie es oft genannt wird, ist deshalb mehr als eine lose Aneinanderreihung von Bitten. Es ist ein Gebet für Menschen, die Jesus auf der Königreichs-Reise nachfolgen. Jesus war auf dem Weg nach Jerusalem, um im Namen des Gottes zu handeln, dessen Name in den Dreck gezogen worden war, als sein Volk sich in

Rebellion von ihm abgewandt hatte. Er war auf dem Weg, den „Exodus" zu vollenden und das lange ersehnte Königreich Gottes Wirklichkeit werden zu lassen. Er hatte für Brot für die Reise gesorgt, und „das Brotbrechen" sollte zum Zeichen seiner Gegenwart in der Kirche und der Verbundenheit zwischen seinen Nachfolgern werden. Er bot schon jetzt Vergebung an, und er wird sie in seinem Tod umfassend vollenden. Und er verlangt schon jetzt von seinen Nachfolgern, dass sie die Großzügigkeit ihres Gottes nachahmen, indem sie ihren Feinden (und auch sich untereinander!) vergeben. Und wie wir bereits gesehen haben und bald noch genauer sehen werden, führte er Krieg gegen die Mächte des Bösen. Die entscheidende Schlacht in diesem Krieg wird auf Golgatha stattfinden. Dieses Gebet ist aus der Sendung Jesu selber heraus gewachsen. Es eignet sich ideal für seine Nachfolger aller Zeiten: So wie es dasteht oder als Vorbild und Rahmen für freie Gebete.

Lukas 11,14-28: Jesus und Beelzebul

14 Jesus trieb einen Dämon aus, der stumm machte. Als der Dämon
verschwunden war, konnte der Mann reden, der stumm gewesen war.
Die Leute staunten darüber. 15 Einige von ihnen behaupteten aber: „Er
vertreibt die Dämonen mithilfe von Beelzebul, dem Obersten der Dä-
monen!" 16 Andere wollten ihn auf die Probe stellen und forderten ihn
auf, ein Wunderzeichen vom Himmel zu tun.

17 Jesus wusste, was sie dachten. „Jedes Königreich, das in sich ge-
spalten ist, geht zugrunde", sagte er daraufhin. „Wenn ein Haus mit
sich selbst im Streit liegt, wird es fallen. 18 Wenn also sogar der Satan
in sich gespalten ist – wie kann seine Herrschaft dann Bestand haben?
Das sage ich, weil ihr meint, dass ich Dämonen mithilfe des Beelze-
bul austreibe.

19 Schaut: Nehmen wir einmal an, dass ich die Dämonen mithilfe

des Beelzebul austreibe. Welche Kraft setzen dann eure eigenen Leute
ein, wenn sie Dämonen austreiben? Denkt darüber nach: Sie werden
eure Richter sein. 20 Wenn ich die Dämonen aber durch Gottes Finger
austreibe, dann ist das Reich Gottes in eurer Mitte angekommen.

21 Stellt euch einen starken Mann vor. Er ist bis zu den Zähnen be-
waffnet und bewacht seinen Palast. Sein gesamter Besitz ist gut gesi-
chert. 22 Wenn jetzt aber einer kommt, der stärker ist als dieser, und ihn
besiegt und ihm die Rüstung wegnimmt, dann kann er sich bedienen
und die Beute verteilen. 23 Wenn ihr nicht mit mir kämpft, stellt ihr
euch gegen mich. Wenn ihr nicht mit mir sammelt, dann zerstreut ihr.

24 Wenn ein unreiner Geist einen Menschen verlässt, durchstreift er
öde Landschaften auf der Suche nach einem Ruheplatz. 25 Wenn er
aber keinen findet, sagt er zu sich selbst: ‚Ich gehe wieder zurück in
das Haus, das ich verlassen habe!‘ 26 So macht er sich auf den Weg und
sucht dazu sieben andere Geister, die noch gemeiner sind als er selbst,
und kehrt zurück zum alten Haus. Diese Person wird schlimmer dran
sein als zuvor.“

27 Als er noch redete, rief eine Frau aus der Menge dazwischen:
„Glückselig zu preisen ist der Leib, der dich getragen und die Brüste,
die dich gestillt haben!“

28 Jesus antwortete: „Im Gegenteil: Glückselig zu preisen sind alle,
die Gottes Wort hören und halten!“

Eine Freundin von mir erzählte von ihren ersten Jahren als Lehrerin. „Es war eigenartig“, sagte sie. „Manche Kinder waren gute Schüler. Ganz plötzlich aber wurden ihre Arbeiten viel schlechter. Wir wussten nicht, warum, bis sich die Eltern zu einem Gespräch anmeldeten. Dort erfuhren wir, was das Problem war: ein Todesfall in der Familie, eine Scheidung oder etwas ähnlich Traumatisches.“

Wer sich an seine Schulzeit erinnert oder selber schulpflichtige Kinder hat, wird sofort verstehen, wovon sie redet. Was man im Klassenzimmer sieht, ist nur die Oberfläche, nicht das ganze Bild. Man muss auch das begreifen, was außer Sichtweite der Schule passiert, im Haus oder im Dorf des Schülers. Erst dann kann man die ganze Tragweite des Problems erfassen.

Die Gegner Jesu glaubten, die verborgene Wahrheit hinter dem, was Jesus tat, zu kennen. Äußerlich trieb er **Dämonen** aus, und sie gehorchten ihm. Die Geister taten, was er ihnen befahl. Wer dies beobachtete, konnte das auf zwei unterschiedliche Arten deuten. Entweder war Jesus tatsächlich von Gott mit einer außerordentlichen Kraft ausgestattet worden, die ihm diese besondere Autorität verlieh. Oder er war irgendwie ein Bündnis mit der Quelle der bösen Macht eingegangen; vielleicht hatte er einen Pakt mit dem Obersten der Dämonen geschlossen. (Das Wort „Beelzebul" oder auch „Beelzebub" war eine Art Spitzname, der ursprünglich „Herr der Fliegen" bedeutete. Zur Zeit Jesu hat man mit diesem Wort auf die persönliche Quelle des Bösen angespielt, ohne ihn ausdrücklich beim Namen zu nennen.)

Diese Art, Jesus anzuklagen, war für seine Gegner ein idealer Weg, um nicht nur seine Botschaft über das **Reich Gottes** zurückzuweisen, sondern auch einen Propagandafeldzug gegen ihn zu starten. Sie sagten damit: „Lasst euch vom ersten Eindruck nicht täuschen! Ihr müsst sehen, was unter der Oberfläche passiert. Dann seht ihr, was für ein Halunke Jesus wirklich ist. Er hat mit dem Teufel selbst einen Pakt geschlossen!" Deshalb waren alle, die nicht für ihn waren, gegen ihn. (Wobei wir diesen Satz, der wie ein weisheitlicher Spruch daherkommt, mit Kapitel 9,50 abwägen müssen. Es braucht Weisheit zu entscheiden, in welcher Situation welcher Satz zutrifft.)

Jesus würde natürlich sofort zustimmen, dass hinter seinen Taten eine verborgene Bedeutung liegt. Die Bedeutung ist aber das genaue Gegenteil dessen, was seine Feinde ihm unterstellen. Seine eigene Erläuterung zeigt, was wirklich passiert.

Zunächst deckt er einen fatalen Irrtum in der Argumentation seiner Gegner auf. Wenn der **Satan** seine eigenen Truppen bekämpft, hat er die Schlacht bereits verloren; sein Königreich ist gespalten. Er lädt die Ankläger ein, ihn mit den anderen jüdischen Exorzisten seiner Zeit zu vergleichen. Haben die etwa auch alle einen Pakt mit dem Teufel geschlossen? Wenn nicht, wieso unterstellt man das dann ihm?

Jesus will nicht einfach ein Exorzist unter vielen anderen sein. Er treibt Dämonen nicht durch irgendwelche magischen Formeln aus. Auch benutzt er dazu nicht den Namen einer mächtigen oder heiligen Person. Er tut dies „durch den Finger Gottes". Lukas hofft, dass dieser Ausdruck seine Leser an die mächtigen Taten erinnert, die Mose am Hof des Pharao vollbracht hatte (Exodus 8,19) und die von den ägyptischen Magiern nicht nachgemacht werden konnten. Jesus handelt wie jemand, der den starken Wächter an der Tür des Hauses erfolgreich angegriffen und gefesselt hat. Er hat einen ersten Sieg über den Satan errungen. Jetzt kann er dessen Handlangern Befehle erteilen und sie müssen ihm gehorchen.

Jesus demonstriert dann, dass der Gott des **Exodus** lebt, wohlauf und am Werk ist. Jeder Schritt seiner Reise nach Jerusalem ist geprägt von Zeichen dessen, was er dort vollbringen wird. Die Kraft, die es ihm in der Gegenwart ermöglicht, Dämonen auszutreiben, ist die gleiche Kraft, mit der er – durch den Tod selbst – den Tod vernichten wird.

Jetzt folgt aber zunächst noch eine Warnung. Jesus erzählt eine eigenartige Geschichte von einem bösen Geist, der an den Ort zurückkehrt, von dem er vertrieben worden war. Es kann sich hier nicht um eine Warnung vor möglichen Nebenwirkungen von Dämonenaustreibungen handeln. Wenn das der Falle wäre, würde man Dämonen besser nicht verjagen, damit es der armen Person am Ende nicht noch viel schlechter ergeht. Wahrscheinlich bezieht es sich ähnlich wie in Matthäus 12,43-45 nicht auf einzelne Personen, sondern auf das Volk als Ganzes.

Wenn Jesus Dämonen austreibt, will er nicht in erster Linie so viele Einzelpersonen wie möglich heilen. Wenn das sein Ziel wäre, dann hätte er langfristig gesehen nur sehr bescheidenen Erfolg gehabt. Ihm ging es aber in erster Linie darum, Gottes Reich für Israel und die Welt in Kraft zu setzen. Wie eine von Dämonen besessene Person wurde Israel in der Vergangenheit wiederholt durch verschiedene Reformbewegungen „gereinigt". Solange aber der lebendige Gott nicht in seiner Mitte Wohnung nimmt, bleibt Israel anfällig für die Rückkehr der bösen Geister. Und hier steht jetzt Jesus mitten in seinem Volk und verkörpert, wie wir noch sehen werden, die Rückkehr Gottes zu Israel. Solange sie ihn ablehnen, besteht die Gefahr, dass die Dämonen, die schon in vergangenen Zeiten ihr Untergang gewesen waren, in voller Stärke zurückkehren würden.

Die kraftvolle Rede Jesu rief einen typischen Ruf der Bewunderung von einer Frau aus der Menge hervor. Was für eine besondere Frau muss die Mutter einer solchen Person sein! Jesus macht aus diesem Spruch schnell eine weitere Warnung, wie in dem früheren Kommentar zu seiner wahren Familie (Kapitel 8,21). Wenn das **Wort** Gottes am Werk ist, will es nicht Applaus, sondern Gehorsam.

Lukas 11,29-41: Das Zeichen des Jona

29 *Immer mehr Menschen strömten herbei. Jesus wandte sich an sie: „Diese Generation ist böse. Sie verlangt ein Zeichen, aber sie wird keines erhalten außer dem Zeichen des Jona.*

30 *Jona war ein Zeichen für die Leute von Ninive. Ebenso wird der*
Menschensohn ein Zeichen für diese Generation sein. 31 *Die Königin*
des Südens wird zum Gericht über die Leute dieser Generation aufstehen und wird sie verurteilen. Sie selbst war vom Ende der Welt her gekommen, um der Weisheit des Salomo zuzuhören, und schaut: Hier
ist etwas Größeres als Salomos Weisheit. 32 *Die Leute von Ninive wer-*
den zum Gericht über diese Generation aufstehen und sie verurteilen. Als Jona gepredigt hat, sind sie umgekehrt, und schaut: Hier ist etwas Größeres als Jona.

33 *Niemand zündet ein Licht an, um es dann zu verstecken oder unter einen Krug zu stellen. Man stellt es auf einen Lampenständer, damit Leute, die hereinkommen, das Licht sehen.*

[34]*Das Auge ist das Licht für den Körper. Wenn dein Auge fokus-
siert ist, füllt sich der ganze Leib mit Licht. Wenn es aber schlecht
ist, bleibt der Leib in der Finsternis.* [35]*Passt also auf, falls das Licht in
euch sich verdunkelt.* [36]*Wenn der ganze Leib erleuchtet ist und kein
Teil im Dunkeln bleibt, wird alles erleuchtet sein, so wie ein Blitz al-
les erleuchtet."*

[37]*Noch während er sprach, lud ihn ein Pharisäer zu einem Essen in
sein Haus ein. Er ging mit ihm und setzte sich.* [38]*Der Pharisäer beob-
achtete ihn. Er war überrascht, dass er sich vor dem Essen nicht ge-
waschen hatte.*

[39]*Der Herr sprach ihn an: „Ihr Pharisäer haltet die Außenseite von
Tassen und Tellern sauber. Die Innenseite ist aber voller Gewalt und
Bosheit.* [40]*Das ist doch dumm! Hat nicht der gleiche Schöpfer die Au-
ßenseite und die Innenseite erschaffen?* [41]*Gebt Gott das, was im Inne-
ren ist, dann wird alles für euch rein sein."*

Die große Kirche liegt in völliger Dunkelheit. Es ist beinahe Mitternacht. Vor dem Westportal hat sich eine kleine Gruppe Menschen versammelt. Sie bewegen sich und stampfen mit den Beinen, um sich in der kühlen Aprilluft warm zu halten. Als die Glocke läutet, wird das Feuer angezündet. Die Glut spiegelt sich warm auf den Gesichtern wider. Eine einzelne Kerze wird am Feuer entzündet. Die Türen öffnen sich, und das Licht breitet sich in der stockdunklen Kirche aus. Der Ostergottesdienst beginnt. Bald wird sich der ganze Ort mit dem flackernden warmen Kerzenlicht füllen, dem Licht der Liebe und Kraft Gottes, das in der Dunkelheit der Welt leuchtet.

Nicht alle Kirchen feiern Ostern auf diese Art. Wer dieses Fest kennt, wird aber ohne Probleme den roten Faden in dieser doch eher verwirrenden Sammlung von Sprüchen erkennen, die wir in diesem Abschnitt finden. Natürlich ist der größere Zusammenhang immer noch die Reise Jesu nach Jerusalem, wie eine Kerze, die durch die Dunkelheit getragen wird.

Wenn das Licht kommt, vertreibt es die Finsternis. Was aber, wenn die Dunkelheit Ihnen ganz gut gefällt, weil Sie so im Verborgenen allerlei böse Geschäfte abwickeln konnten? Das Licht bringt Hoffnung und neue Möglichkeiten, es bringt aber auch Gericht. Das Licht symbolisiert das neue Leben im Angesicht der Finsternis des Todes, es deckt aber auch auf, wie finster die Dunkelheit ist. Deshalb sind diese Sprüche so voller Hoffnung und gleichzeitig voller Warnung vor dem Gericht. Auf die eine oder andere Art betont Jesus immer wieder, dass Gottes Licht aufgehen und die Dunkelheit entlarven wird, welche die Herzen und Gedanken seiner Zeitgenossen gefangen hält.

Alles beginnt mit einem Zeichen – dem Zeichen des Jona. Jona ist fast so etwas wie eine Comicfigur im Alten Testament: der Prophet, der davonläuft; der Problempassagier, der über Bord geworfen wird; das Abendessen, das der Wal nicht behalten kann; der Hitzkopf, der sich mit Gott zerstreitet wegen einer verwelkten Pflanze. Dazwischen aber ermahnte er die Leute von Ninive, umzukehren. Er hatte nie erwartet, dass sie zuhören und gehorchen würden. Damit lag er aber falsch: Sie kehrten um zu Gott. Da spielt es keine Rolle, ob sie das taten, weil sie (wie Matthäus andeutet) die Geschichte mit dem Wal gehört hatten oder einfach, weil sie die Kraft dieser **Botschaft** spürten.

Und jetzt steht hier Jesus. Er ist alles andere als eine Comicfigur. Er ruft seinen eigenen Leuten zu, dass es an der Zeit ist, umzukehren – und sie ignorieren ihn. Hier ist Jesus, der eine größere Weisheit besitzt als selbst der legendäre Salomo – und seine eigenen Leute hören ihm nicht zu. Von diesem Punkt führt eine direkte Linie zu dem Augenblick, in dem Jesus über Jerusalem weint, weil sie – anders als Ninive – seine Warnungen in den Wind geschlagen, den Weg des Friedens abgelehnt und damit ihr eigenes Schicksal besiegelt haben.

Der Leser des Lukas grübelt in der Zwischenzeit darüber nach, wie Jesus über die Ausländer redet: Die Königin des Südens und die Leute von Ninive, die „zum Gericht aufstehen werden“. Die beiden Worte für „aufstehen“, die Lukas hier verwendet, sind beides Begriffe, die von den ersten Christen für die **Auferstehung** verwendet wurden. Lukas geht davon aus, dass seine Leser Bescheid wissen über die kommende Auferstehung der Toten und das große Gericht, das stattfinden wird. Das Osterlicht ist das Licht des Gerichts *und* das Licht der Hoffnung.

Wenn wir diese Aussprüche über das Licht lesen, dann reden sie von mehr als von allgemeiner Weisheit oder spiritueller Erleuchtung. Zunächst einmal erinnert Jesus daran, dass das Licht, das in die Mitte Israels gekommen ist, nicht dazu geschaffen wurde, verborgen zu bleiben, sondern alles zu erleuchten. Dann geht er zum nächsten Bild und gibt uns eine weitere Warnung. Diese ist für uns rätselhafter, deshalb können wir sie schnell übersehen.

Zunächst sieht das, was Jesus sagt, wie ein ziemlich offensichtlicher Satz über das menschliche Leben aus. Er scheint zu besagen: „Wenn deine Augen in Ordnung sind, dann erkennst du, wohin du gehst. Wenn das nicht so ist, siehst du den Weg nicht mehr. Passt also auf, falls euer Licht (das meint: euer Auge) sich verdunkelt." Offensichtlich will uns Jesus hier nicht ein paar Tipps geben, um unsere Augen zu schützen. Er will uns auch nicht auf die geistliche Gefahr hinweisen, falsche Dinge zu betrachten. Ich denke, er redet auch nicht über die geistliche Einsicht der Einzelnen. Der Abschnitt ergibt mehr Sinn – besonders wenn man berücksichtigt, in welchen Zusammenhang ihn Lukas gestellt hat – als Warnung an „diese Generation", also an die Zeitgenossen Jesu. Sie müssen aufpassen, dass sie das Licht nicht verpassen, das in ihrer Mitte steht.

Der letzte Satz ist schließlich eine Ermutigung, sich zum Licht zu wenden und im Licht zu leben, solange es noch Zeit ist. Der Tag wird kommen, wenn alles ans Licht kommt (vgl. Kapitel 17,24). An diesem Tag werden alle, die sich vom Licht haben füllen lassen, hell leuchten.

Was das in der Praxis bedeutet, leuchtet in der scharfen kleinen Diskussion am Esstisch des **Pharisäers** auf. Einige Pharisäer waren so auf die äußeren Formen der Frömmigkeit versessen, dass sie das innere geistliche Leben völlig vernachlässigten, das doch ein wichtiger Teil von Jesu Absichten war. Der letzte Satz bedeutet wörtlich: „Gebt die inneren Dinge Gott als Almosen". Das scheint auf den ersten Blick unverständlich. Wenn Jesus mit dem Ausdruck „als Almosen geben" etwas aussagen will wie „gebt es Gott, damit er damit machen kann, was er will", dann wird der Satz klar. Echte Frömmigkeit legt ebenso viel Wert darauf, Gott die Gedanken, Absichten und Motivationen des Herzens zu geben, wie auf das Händewaschen. Wenn Sie sich dem Licht zuwenden und im Licht leben, muss es jeden Teil erfassen.

Was fangen wir heute mit diesen Sätzen an? Das Licht Christi ist jetzt schon seit 2000 Jahren in dieser Welt. Sind wir heute besser darin, uns selbst diesem Licht auszusetzen und in ihm zu leben als die Zeitgenossen Jesu? Scheint sein Licht heute durch uns in die Welt, sodass man an uns den erkennen kann, der größer als Salomo und größer als Jona ist?

Lukas 11,42-54: Weherufe gegen die Pharisäer

[42]Jesus fuhr fort: „Aber wehe euch Pharisäern! Ihr gebt den Zehnten auf Minze, Weinraute und alle möglichen Kräuter. Zur gleichen Zeit umgeht ihr die Gerechtigkeit, Gnade und Liebe Gottes. Das eine solltet ihr tun, ohne das andere zu lassen.

[43]Wehe euch Pharisäern! Ihr liebt es, wenn man euch in der Synagoge den Ehrenplatz zuweist und euch auf dem Markt grüßt.

[44]Wehe euch! Ihr seid wie verborgene Gräber, über die Menschen hinweggehen, ohne es zu bemerken."

[45]Daraufhin wandte sich ein Gesetzeslehrer an ihn: „Lehrer, wenn du das sagst, klagst du auch uns an!"

[46]Jesus gab zur Antwort: „Wehe auch euch Gesetzeslehrern! Ihr ladet den Leuten schwere Lasten auf, die sie kaum tragen können. Selber macht ihr aber keinen Finger krumm.

[47]Wehe euch! Ihr baut Grabmäler für die Propheten, die doch von
euren Vorfahren umgebracht wurden. [48]Indem ihr Gräber für die Pro-
pheten baut, stimmt ihr dem zu, was eure Vorfahren getan haben.

49*Gottes Weisheit sagt über all dies: ‚Ich sende euch Propheten und*
Botschafter; einige von ihnen werdet ihr verfolgen und umbringen.‘
50*Deshalb wird das Blut aller Propheten, die seit der Erschaffung der*
Welt ermordet worden sind, von dieser Generation zurückgefordert.
51*Das beginnt mit dem Blut Abels bis zum Blut des Zacharias, der*
zwischen dem Altar und dem Heiligtum starb. Ich sage es nochmals:
Es wird von dieser Generation gefordert werden.
52*Wehe euch Gesetzeslehrern! Ihr habt den Schlüssel zur Erkennt-*
nis weggenommen. Ihr seid selber nicht durch diese Tür gegangen und
habt andere daran gehindert, die hindurchgehen wollten.“
53*Er ging nach draußen. Die Schriftgelehrten und Pharisäer fingen*
an, ihn zu bedrohen. Sie fragten ihn über verschiedene Themen aus
54*und legten sich auf die Lauer. Sie hofften, dass sie ihm aus seinen ei-*
genen Worten eine Falle stellen konnten.

Schlecht gelaunt kam der Tennisspieler in den Interviewraum. Er hatte im Einzel beim Tennisturnier von Wimbledon, dem wichtigsten Wettbewerb des Jahres, soeben ein sehr wichtiges Spiel verloren. Er war müde und sauer. Schlimmer noch: Während des Spiels, das live im Fernsehen ausgestrahlt worden war, hatte er die Beherrschung verloren und auf den Schiedsrichter geflucht. Kein guter Tag für ihn.

Ein Interviewer interessierte sich mehr für die Schimpftirade als fürs Tennis. Taten ihm seine Worte jetzt leid, fragte er?

Der Tennisspieler wandte sich ihm zu und fragte: „Sind Sie perfekt?“

Vom Interviewer, der nicht im Bild zu sehen war, kam nur ein verlegenes Stammeln. Er war gefangen zwischen dem unerhörten Anspruch, vollkommen sein zu müssen, und dem unvorstellbaren Zugeständnis, dass er auch nur ein Mensch war.

„Also hören Sie auf damit!“, gab der Tennisspieler zurück. Damit hatte er alles gesagt.

Für kurze Zeit war dieser Vorfall wichtiger als das Tennis. Der Spieler hatte eine Regel gebrochen, die zwar nirgends geschrieben, aber doch von den Medien als gültig angesehen wurde. *Er war einem Journalisten gegenüber grob gewesen.*

Wer sind denn die **Pharisäer** der heutigen Gesellschaft? Wer sind die heutigen Gesetzeslehrer, die den Leuten schwere Lasten auflegen, ohne selber einen Finger zu krümmen? Als ich noch jünger war, wurden solche Aussagen auf religiöse Lehrer gemünzt. Uns wurde beigebracht, dass manche Leute alle möglichen religiösen Regeln einfordern. Am Freitag muss man fasten; man muss zum richtigen Zeitpunkt im Gottesdienst auf die Knie gehen und im richtigen Moment wieder aufstehen; man muss sich bekreuzigen. Auf jeden Fall muss man so viele Himmelspunkte sammeln wie nur möglich. Vielleicht hieß es auch: Du sollst nicht Karten spielen, du sollst kein Make-up tragen, du sollst nicht ins Theater gehen. Du musst jeden Tag deine Bibel lesen. So oder so: Uns wurde gesagt, dass Leute, die das lehrten, uns viel zu sehr auf das richtige Verhalten trimmen wollten statt uns beizubringen, einfach zu glauben und Gott zu vertrauen, um gerettet zu werden.

In der Tat wirken solche Lehrer manchmal wie eine moderne Art Pharisäer. Diese Deutung bringt aber zwei Probleme mit sich. Zunächst einmal waren die echten Pharisäer – die Pharisäer des ersten Jahrhunderts aus Fleisch und Blut – völlig andere Menschen. Ihr Glaube war das, was wir heute als einen starken *politischen* Glauben bezeichnen würden, der von religiösen Beweggründen gestützt wurde. Sie wollten mit ihren Regeln die Leute dazu bringen, das jüdische Gesetz so gut wie nur möglich einzuhalten, damit Israel heilig wird und Gott sein **Reich** anbrechen lassen konnte. Die Gesetzeslehrer hatten nicht vor, möglichst schwierige Systeme aufzubauen und sie zu unüberwindlichen Hindernissen aufzutürmen. Sie wollten so viel wie möglich vom jüdischen Gesetz festschreiben und auf immer komplexere Lebensumstände anwenden, damit in jeder nur denkbaren Situation immer klar war, wie man sich richtig zu verhalten hatte. Nichts davon hat sehr viel mit den christlichen Lehren (auch nicht in degenerierter Form) der modernen Welt zu tun.

Dann waren die Pharisäer auch das, was wir heute eine Lobby nennen würden. Sie betätigten sich in der sozialen und politischen Sphäre. Sie glichen weit mehr einer Gruppe, die es sich auf die Fahnen geschrieben hat, den Leuten bestimmte Verhaltensweisen beizubringen. Ähnlich gibt es heute zum Beispiel verschiedene „grüne“ Verbände, die auf korrekte Entsorgung von Abfällen drängen. Wir können mit dem Anliegen einverstanden sein. Es handelt sich hier aber nicht um lediglich „religiöse“ Pflichten im traditionellen Sinne. Insbesondere hier im Westen, wo die Presse relativ frei ist, gibt es ganze Zeitungen und einzelne Journalisten, die sich als Hüter der öffentlichen Moral aufspielen. Sie jaulen bei allen möglichen Anlässen in aufgesetztem Entsetzen auf und zeigen genüsslich mit ausgestrecktem Zeigefinger auf die Reichen und Ehrenwerten. Gleichzeitig sind viele Journalisten, die davon leben, selber kein Vorbild in moralischer Hinsicht. Manchmal laden sie den Leuten schwere Lasten auf und unternehmen selber keine Anstrengung, sie ebenfalls zu tragen.

Das ist natürlich nur ein kleiner Schritt hin zu einer Erklärung, was in diesem Abschnitt wirklich passiert. Wir müssen uns aber unbedingt von der älteren Interpretation lösen, die in den Pharisäern lediglich „religiöse Führer“ sieht in dem Sinne, wie wir das heute verstehen. Jesu feierliche Verurteilung der Pharisäer und Gesetzeslehrer ist deshalb weit mehr als nur religiöse Polemik. Jesus sah sehr klar, dass viele selbst ernannte Lehrer im Judentum des ersten Jahrhunderts ihre Ausbildung teils für ihren eigenen Status einsetzten, teils zur Erreichung ihrer eigenen politischen Ziele. Für Jesus waren Bildung und Hingabe Wege, um Gott und alle Menschen zu lieben. Die besten der Pharisäer hätten sich dieser Überzeugung angeschlossen. Er sah deutlich, dass das Israel seiner Tage vor einer schwerwiegenden Entscheidung stand.

Es war nicht die Entscheidung, ob man einer Million kleinlicher Regeln folgen wollte oder die reine, unvermischte Religion der Gnade und der Liebe leben wollte. Zur Wahl stand entweder die Absicht, das Gesetz zur Richtschnur des nationalen Lebens Israels zu machen, oder die Absicht, die **Umkehr** voraussetzte, Abkehr von Israels kopfloser Flucht in nationale Rebellion, sowohl politisch gegen Rom als auch theologisch gegen Gott. Zwischen diesen beiden ist kein Kompromiss möglich.

Wenn Jesus diese ziemlich formellen Weherufe äußert, dann zeigt er damit nicht nur, dass ihm diese Haltung nicht gefällt: der pingelige äußerliche Gehorsam allen Regeln gegenüber, der doch das Herz unberührt lässt; die Frömmigkeit, die sich einfach nur wichtigmachen will, die Unreinheit, die rein und heil erscheint. Es ging nicht einfach darum, dass Jesus mit den religiösen Übungen dieser anderen Gruppen nicht einverstanden war. Er sah vielmehr jetzt schon, wohin diese Haltung führen würde: zu dem vernichtenden Feuersturm, in dem das ganze Unheil, das sich während der vergangenen Jahrhunderte aufgestaut hatte, über diese Generation verheerend hereinbrechen würde.

„Schriftgelehrte“ oder **„Gesetzeslehrer“** bezeichnet wörtlich Menschen, die darin geschult sind, juristische Dokumente zu verfassen. Die Aufgabe überlappt sich zu einem guten Teil mit der der Juristen. Sie waren fest überzeugt, dass man das Gesetz Israels, die **Tora**, auf jeden Lebensbereich anwenden muss. Aus heutiger Sicht würden wir sie als eine Kombination von „religiösen Lehrern“ und „Juristen“ bezeichnen – und sie waren noch viel mehr. Es erstaunt nicht, dass solche Leute an Jesus Anstoß nahmen. Wenn Jesus recht hat, dann baut ihr ganzes Programm auf einem einzigen großen Missverständnis auf. Wenn sie dagegen recht hatten, lag er völlig falsch. Das erbitterte Ringen zwischen beiden setzt sich fort bis zum endgültigen Showdown in Jerusalem. Lukas verfolgt die Geschichte, die zu seinem kommenden Tod führt. Die Warnungen an die Städte (Kapitel 10, 13-15), die Auseinandersetzungen mit den **Dämonen** an verschiedenen Orten und die Auseinandersetzungen mit seinen Gegnern – sie alle helfen mit, ein klareres Bild von Jesus zu zeichnen. Er geht nicht einfach nach Jerusalem, um zu lehren. Er geht dorthin, um die ganze Botschaft des Friedens auf den Punkt zu bringen. Diese Botschaft widerspricht den traditionellen Lehren in vielen Punkten. Deshalb war es nur natürlich, dass sie erbitterte Auseinandersetzungen auslöste.

Wo steht das **Evangelium** von Jesus denn heute nicht nur irgendwelchen religiösen oder vermeintlich christlichen Ansichten entgegen, sondern auch weiter gefassten Programmen und Plänen?

Lukas 12,1-12: Weitere Warnungen

1Die Leute sammelten sich zu Tausenden, sodass sie sich gegenseitig bedrängten. Jesus begann seine Jünger zu warnen: „Hütet euch vor dem Sauerteig der Pharisäer. Damit meine ich ihre Heuchelei. Das ist von größter Bedeutung.

*2Nichts ist so verschlossen, dass es nicht ans Licht kommt. Nichts
ist so versteckt, das es nicht bekannt wird. 3Was immer ihr also im
Dunkeln sagt, wird im Licht gehört werden, und was immer ihr jemandem ins Ohr flüstert, wird man von den Dächern rufen.*

4Meine Freunde, dies lege ich euch ans Herz: Habt keine Angst vor denen, die den Körper töten und euch nachher nichts weiter antun können.

5Ich sage euch, wen ihr fürchten müsst: Fürchtet euch vor dem, der zuerst tötet und dann noch die Autorität hat, Menschen in die Gehenna zu werfen. Ich sage euch: Ihn müsst ihr fürchten!

6Wie viel zahlt man für fünf Spatzen? Die kosten nur zwei Kupfermünzen. Und doch wird in Gottes Gegenwart keiner von ihnen vergessen. Die Haare auf eurem Kopf sind alle gezählt. Habt keine Angst! Ihr seid mehr wert als viele Spatzen!

*8Ich sage euch: Wer vor anderen zu mir steht, zu dem wird der Men-
schensohn vor Gottes Engeln stehen. 9Wenn aber jemand mich vor anderen verleugnet, der wird auch vor Gottes Engeln verleugnet werden.*

10Wenn jemand ein Wort gegen den Menschensohn sagt, wird ihm vergeben werden. Wer aber gegen den Heiligen Geist lästert, dem wird nicht vergeben werden.

[11]Wenn sie euch in Synagogen, vor Herrschern und Autoritäten zur Rechenschaft ziehen, dann macht euch keine Sorgen, was ihr ihnen sagen sollt. [12]Der Heilige Geist wird euch im Augenblick die richtigen Worte geben."

Es begann als ganz gewöhnlicher Landspaziergang. Wir entschlossen uns, durch eine offene Heidelandschaft zu einer entfernten Felsspitze zu wandern. Die Karte verhieß einen guten Ausblick von der Spitze.

Die Wanderung begann ganz entspannt. Wir fünf gingen im eigenen Tempo, zu zweit und zu dritt. Einige waren weiter voraus, andere kamen nach. Das spielte keine Rolle. Als wir bei der Felsspitze ankamen, wollten wir direkt zum Gipfel aufsteigen. Auf halber Höhe aber rutschte unser Anführer aus. Auch wenn er nicht tief stürzte, hatte er sich eindeutig einen Knochen gebrochen und hatte Schmerzen.

Auf einen Schlag veränderte sich die Stimmung in der Gruppe. Was als gemütlicher Spaziergang begonnen hatte, war zu einer militärischen Operation geworden. Ein Arzt, der dabei war, übernahm das Kommando. Er erwartete, dass wir seinen Anweisungen Folge leisteten, was wir natürlich auch taten. Egal, welche Pläne wir vorher hatten – den Gipfel zu besteigen und die Aussicht zu genießen war jetzt überhaupt kein Thema mehr. Wir hatten jetzt völlig andere Prioritäten. Wir mussten unseren verletzten Freund heil zum Auto zurücktransportieren. Das erforderte die vollständige Aufmerksamkeit und Loyalität von jedem einzelnen.

Zwischen den ersten Kapiteln des Evangeliums und dem Punkt, an dem wir jetzt stehen, hat so eine Veränderung stattgefunden. Lukas zeigt uns, wie um Jesus herum auf der langen Reise nach Jerusalem die Spannung steigt. Der Widerstand wird stärker. Wer Jesus folgen will, muss sich fokussieren, völlig loyal sein und sich auf alles vorbereiten. Die Stimmung war nicht „religiös", wie wir das heute vielleicht erleben: Wir besuchen einen Gottesdienst, erleben für einen kurzen Moment etwas von Gottes Liebe und Gnade, und gehen dann wieder in unser Alltagsleben zurück, ohne dass sich viel geändert hat. Die Situation in unserem Text ähnelt vielmehr dem Kampf um ein hohes politisches Amt in einem Land, in dem politische Gegner und ihre Anhänger einander mit harten Bandagen bekämpfen und vielleicht versuchen, sie gegenseitig ins Gefängnis zu bringen oder vor Gericht zu ziehen. Was Jesus tut, verlangt völlige Aufmerksamkeit. Nachlässigkeit kann zur Katastrophe führen.

Das ist der Grund für diese massiven Warnungen: Was man heute flüstert, wird morgen von den Dächern gerufen. Wenn die **Jünger** anfangen darüber zu tratschen, was sie sich von Jesus erhoffen, dann wird sich das wie ein Lauffeuer in den Dörfern verbreiten, und schon bald sind die Häscher des **Herodes** hinter ihnen her (siehe Kapitel 13,31). Dabei sind **Herodes** oder sogar Rom nicht mal ihre gefährlichsten Feinde. Sie müssen zwar durchaus aufpassen, was sie sagen. Angst haben müssen sie aber nicht vor menschlichen Feinden. Der wahre Feind war er, der nur zu gerne Menschen in die **Gehenna** werfen möchte („Gehenna" war der Name für Jerusalems Müllhaufen, der immer vor sich hin schwelte. Dieses Wort wurde bereits damals als Bild für das Höllenfeuer verwendet). Das kann hier nicht bedeuten, dass wir Gott fürchten sollen – auch wenn das in gewisser Weise gut und richtig ist. Hier bedeutet es, dass wir uns bewusst sein sollen, wer der eigentliche Feind ist. In diesem Bild ist Gott nicht der Feind, den wir fürchten sollen. Auf ihn sollen wir vertrauen. Er ist es ja, für den seine Kinder mehr wert sind als ein ganzer Schwarm Spatzen. Er hat die Haare auf unserem Kopf gezählt.

Mit Gottvertrauen auf der einen Seite und dem Wissen, wie verzweifelt die Schlacht sein wird, auf der anderen müssen die Nachfolger Jesu nahe bei ihm bleiben. Es braucht ungebrochene Loyalität. Was auch immer auf der Erde passiert, hat im **Himmel** sein Gegenstück. Wer darauf spekuliert, dass er sich auf der Erde einen Vorteil verschaffen kann, wenn er für kurze Zeit illoyal ist, wird zur Erkenntnis kommen, dass sein geflüstertes Leugnen weithin bekannt wird. Auf der anderen Seite werden alle, die Gott vertrauen, herausfinden, dass ihnen die richtigen Worte gegeben werden, wenn sie wegen ihrer Verbundenheit mit Jesus angeklagt werden. Gottes eigener Geist wird sie in dem Augenblick lehren, wenn sie es brauchen. Natürlich ist das keine Ausrede für alle, die sich im normalen Lehrdienst schlecht vorbereitet haben. Diese Verheißung steht aber felsenfest für alle, die sich plötzlich bedroht finden, weil sie loyal zum **Reich Gottes** stehen.

Mitten drin steht eine eindringliche Warnung, die für viele ziemlich schwer verständlich ist. Wenn jemand den **Menschensohn** verlästert, kann er Vergebung finden, aber eine Lästerung gegen den **Heiligen Geist** wird nicht vergeben. Bei Markus und Matthäus folgt diese Warnung auf eine Szene, in der Jesus beschuldigt wird, **Dämonen** mithilfe des höchsten Dämons auszutreiben. Wenn man die Taten des Heiligen Geistes als Wirken des Teufels bezeichnet, dann landet man in der Tat in einer moralischen Sackgasse ohne Wendemöglichkeit. Hier in Lukas 12 scheint der Satz eine breitere Absicht zu haben. Wenn jemand Jesus am Werk sieht und ihn missversteht, kann er sich gegen Jesus wenden – und dann die Wahrheit entdecken und umkehren. Wenn aber jemand das Werk des Heiligen Geistes in Verruf bringt, dann schneidet er sich damit vom Wirken des Geistes ab. Wenn man behauptet, dass das Quellwasser verunreinigt ist, wird man nie von der Quelle trinken wollen. Eines können wir ganz sicher über diesen Spruch sagen: Wenn jemand sich Sorgen macht, dass er die Sünde gegen den Heiligen Geist begangen haben könnte, dann hat er sie ganz sicher nicht begangen.

Loyalität ist entscheidend wichtig für Jünger. Das galt nicht nur für die **Zwölf**, die Jesus auf dem Weg nachfolgten, es gilt auch für uns, die wir uns heute unter seinem Banner sammeln und ihm folgen, wo er uns hinführt. Lukas 12 weist wuchtig jedes beiläufige, halbherzige, allzu entspannte Christsein zurecht. Die Warnung vor den gefährlichen Feinden und die Verheißung, dass Gott die kleinsten Details unseres Lebens kennt und sich darum kümmert, verbinden sich hier zu der Herausforderung, entschlossene und ungeteilte Jüngerschaft zu leben.

Lukas 12,13-34: Das Gleichnis vom reichen Narren

13 *Einer aus der Menge forderte Jesus auf: „Lehrer, weise meinen Bru-*
der an, dass er das Erbe mit mir teilen soll!"

14 *Jesus gab zur Antwort: „Sag mir, guter Mann, wer hat mich als*
Richter oder Schlichter zwischen euch eingesetzt?"

15 *Allen sagte er: „Hütet euch vor jeder Form von Gier! Euer Leben*
wird nicht durch all die Dinge bestimmt, die ihr besitzt."

16 *Er erzählte ihnen ein Gleichnis: „Es war einmal ein reicher Mann.*
Sein Land brachte eine reiche Ernte hervor. 17 *‚Was soll ich tun?', über-*
legte er. ‚Ich habe zu wenig Platz um die Ernte aufzubewahren.'

18 *‚Ich habe eine Idee!', fuhr er fort. ‚Ich reiße meine Scheunen ab*
und baue größere! Dann kann ich all mein Getreide und meinen Be-
sitz in ihnen aufbewahren. 19 *Und dann kann ich meiner Seele sagen:*
Seele, du hast viele Dinge gelagert, die dich für viele Jahre versorgen
werden. Jetzt nimm's leicht! Iss, trink und genieße das Leben!'

20 *Gott sagte aber zu ihm: ‚Du Narr! Noch in dieser Nacht wird*
man deine Seele von dir fordern! Wer wird dann all das besitzen, was
du gesammelt hast?' 21 *So ergeht es jedem, der Dinge für sich selber*
sammelt, aber nicht bei Gott reich ist.

22 *Ich will euch damit Folgendes sagen", wandte sich Jesus an die*
Jünger. „Macht euch keine Sorgen über euer Leben – was ihr essen
sollt; oder über euren Leib – was ihr anziehen sollt. 23 *Das Leben ist*
mehr als die Nahrung! Der Leib ist mehr als die Kleidung! 24 *Denkt an*
die Raben: Sie säen nicht, sie sammeln keine Ernte ein, sie haben keine
Lagerhäuser oder Scheunen, und doch ernährt Gott sie. Denkt an den
Unterschied zwischen euch und den Vögeln!

25 *Wer von euch kann sein Leben auch nur um einen Tag verlängern,*
indem er sich Sorgen macht? 26 *Wenn ihr also schon etwas so Kleines*
nicht bewirken könnt, wieso macht ihr euch dann Sorgen über irgend-
etwas anderes? 27 *Denkt daran, wie die Lilien wachsen. Sie arbeiten*
nicht schwer, weben auch keine Kleider. Ich sage euch aber, dass nicht
einmal Salomo in all seiner Herrlichkeit so angezogen war wie eine

von ihnen. [28]Wenn also Gott sogar das Gras auf dem Feld so kleidet –
heute steht es da, morgen liegt es im Feuer – wie viel mehr wird er
euch kleiden, ihr kleingläubiger Haufen?
[29]Jagt also nicht dem Essen oder Trinken hinterher, und habt keine
Angst. [30]Nach diesen Dingen trachten die Nationen der Welt. Euer Va-
ter im Himmel weiß, dass ihr diese Dinge braucht. [31]Nach einem aber
sollt ihr euch ausstrecken: nach Gottes Reich! Dann wird man euch
all das andere auch geben. [32]Hab keine Angst, du kleine Herde. Euer
Vater im Himmel freut sich darauf, euch sein Reich zu geben.
[33]Verkauft euren Besitz und verteilt Almosen. Macht euch Geld-
börsen, die nicht verschleißen. Sammelt einen Schatz im Himmel, der
für immer Bestand hat. Dort kommt kein Dieb heran und die Motten
können ihn nicht zerstören. [34]Ja, wo euer Schatz liegt, dort wird auch
euer Herz sein.

Die moderne Welt ist auf Angst gegründet. Man sieht es in den Gesichtern der Menschen, die zur Arbeit eilen. Man sieht es noch besser, wenn sie nach Hause kommen: Sie sind erschöpft, haben aber die Probleme des Lebens nicht gelöst. Die Gesichter sind müde, beunruhigt. Sie leben mit der unbeantworteten Frage, was das alles bedeutet. Die Welt setzt Menschen unter Druck und steckt die Ziele höher und höher. Sie sorgen sich pausenlos darüber, ob sie diese je erreichen werden. Und wenn man ein Ziel erreicht, wird ein neues gesteckt. Wenn man das Ziel nicht erreicht, fühlt man sich wie ein Versager. War das Leben wirklich so gedacht?

Die Antwort Jesu zeigt, dass sich schon Menschen in vielen Zeiten der Geschichte mit den gleichen Problemen herumgeschlagen haben. Ein Unterschied liegt darin, wie stark die Angst zuschlägt. Viele der Zuhörer Jesu hatten gerade genug zum Leben. Ihnen stand immer vor Augen, dass sie eines Tages vielleicht gar nichts mehr haben. Die meisten hatten vielleicht eine Garnitur Ersatzkleider, nicht mehr. Noch heute ist es in vielen Ländern außerhalb des Westens so: Eine Katastrophe – zum Beispiel, dass der Brotverdiener krank wird oder sich verletzt – stürzt die Familie in Armut. Jesus richtete diese klaren und deutlichen Worte an solche Leute und nicht an Menschen, deren größte Sorge darin besteht, welches schicke neue Auto sie kaufen möchten und wohin die Urlaubsreise gehen soll.

Heute wissen wir, dass Angst ein Killer ist. Stress und Sorgen können Krankheiten verursachen oder sie verschlimmern. Das kann wiederum dazu führen, dass Menschen aus lauter Angst vor der Angst in eine Abwärtsspirale geraten, die vielleicht nur eine gute Portion Humor unterbrechen kann. Wie so oft in seinen Lehren zielt Jesus mit seinen Worten auf das Herz unserer Existenz. Es ist in jeder Hinsicht gesundheitsfördernd, einen tiefen Atemzug von seiner Lebensweisheit zu inhalieren. Seine Warnungen und Befehle reichen aber tiefer hinab. Er geht an die Wurzeln des Problems, das er sah, indem er seine Zeitgenossen mit der Botschaft vom **Reich Gottes** konfrontierte. Das war mehr als ein guter Rat, wie man glücklich und sorglos leben kann. Er forderte das Zentrum seiner Welt heraus.

Der Mann, der Jesus zum Schiedsrichter in einem Streit mit seinem Bruder um Grundbesitz machen wollte, nimmt eine Haltung ein, die viele von Jesu jüdischen Mitbürgern dem Heiligen Land gegenüber hatten. Das Land war mehr als der Ort, an dem sie zufällig gerade lebten. Im ersten wie auch zu Beginn des einundzwanzigsten Jahrhunderts ist das Land ein lebenswichtiges jüdisches Symbol. Familien klammerten sich an ihr Erbe aus religiösen Gründen und natürlich auch, um ein Einkommen zu haben.

Jesus kam mit der Botschaft, dass Gott all das ändern würde. Er war nicht gekommen, um Israels Anspruch auf das Land zu verteidigen. Sein Herz sehnt sich danach, Menschen aller Rassen und an allen Orten zu segnen. Jesus nahm wahr, dass Israel in der Gefahr stand, wie der Mann im Gleichnis die Sicherheit darin zu suchen, genug Besitz anzuhäufen. Einzelpersonen und ganze Gesellschaften können sich in solche falschen Haltungen hineinsteigern. Gottes kurze Antwort darauf ist: „Du Narr!" Das Leben funktioniert so nicht, erst recht nicht das Reich Gottes.

Herzensanliegen des Reichs Gottes ist Gottes souveräne Art, die Welt mit seiner Liebe und Kraft zu überfluten. Jeder Mensch ist im Bild Gottes geschaffen und wird herzlich geliebt. Jeder kann also in dem Wissen entspannen, dass Gott die Kontrolle hat. Wir sollen nicht über die Vögel und die Blumen nachdenken, um in eine romantische Natur-Mystik zu verfallen. Es soll uns vielmehr dazu bringen, dass wir tiefer verstehen: Gott, der Schöpfer, liebt es, gute Gaben zu geben. Er liebt es, Ihnen sein Reich zu geben. Er liebt es, seine souveräne Fürsorge und Rettung bis zu Ihrer Haustür zu bringen. Kern dieses Aufrufs ist der Unterschied zwischen „den Nationen der Welt" und denen, die Gott „Vater" nennen, also zwischen den **Heiden** und Israel selbst. Diesen Unterschied sollte Israel nur zu gut kennen. Wenn Sie weit entfernte und fremde Götter anbeten oder unpersönliche Naturgottheiten verehren, dann haben Sie allen Grund, besorgt zu sein. Wenn Ihr Gott aber der Vater ist, der Sie sein Kind nennt – was kann Sie dann daran hindern, ihm zu vertrauen?

Der abschließende Aufruf, der an verschiedenen Stellen im Lukasevangelium wiederholt wird, bedeutet nicht, dass alle Nachfolger Jesu all ihren Besitz loswerden müssen. Lukas selbst beschreibt in der Apostelgeschichte christliche Gemeinschaften, in denen die meisten Mitglieder in eigenen Häusern und mit eigenem Hab und Gut leben. Diese werden nirgends als zweitklassige oder rebellische Mitglieder des Gottesvolkes bezeichnet. Jesus kommt noch einmal zurück auf das Teilen des Erbes, mit dem der Abschnitt begann. Er befürwortet hier eine Haltung, die sich fundamental von dem Neid und der Gier unterscheidet, die er hier sah.

Wenn er hier und an anderen Stellen von „Schätzen im **Himmel**" spricht, meint er nicht Güter, die man erst nach dem Tod besitzen wird. „Himmel" bedeutet Gottes Einflussbereich in der geschaffenen Welt, der eines Tages die „Erde", also unseren Einflussbereich, endgültig übernehmen wird. So legt es jedenfalls das Vaterunser nahe. Entscheidend ist, dass Gottes Werte und Prioritäten über die Gier und Ängste dieser Welt siegen werden. Alle, die Jesus und seine Botschaft vom Reich Gottes willkommen heißen, müssen die Letzteren verlassen und ihr Leben nach den Ersteren ausrichten.

Lukas 12,35-48: Jesus ruft zur Wachsamkeit

35 *„Stellt sicher, dass ihr bereit seid, angekleidet und mit brennen-*
den Lampen“, sagte Jesus. 36 *„Ihr sollt leben wie Diener, die auf ih-*
ren Herrn warten, der von einem Hochzeitsfest zurückkommt. Sobald
er klopft, sind sie bereit, ihm sofort die Tür zu öffnen. 37 *Glückselig*
zu preisen sind die Arbeiter, die der Meister wach antrifft, wenn er
kommt! Ich sage euch die Wahrheit: Er wird sie sich hinsetzen lassen,
sich eine Schürze umbinden und sie bedienen. 38 *Glücklich zu preisen*
sind sie, wenn er sie sogar zur Zeit der zweiten oder gar dritten Nacht-
wache so antrifft!

39 *Seid euch bewusst: Wenn der Haushaltsvorstand wüsste, zu wel-*
cher Zeit der Dieb kommt, würde er nicht zulassen, dass der bei ihm
einbricht. 40 *Ihr sollt auch bereit sein, weil der Menschensohn zu einer*
Zeit kommt, wenn ihr ihn nicht erwartet.“

41 *Petrus fragte: „Meister, erzählst du dieses Gleichnis für uns oder*
für jedermann?“

42 *Jesus antwortete: „Wer ist denn der treue und weise Knecht, den*
der Herr als Haushaltsvorstand einsetzt, damit er jedem zur richtigen
Zeit Nahrung zuteilt? 43 *Glückselig zu preisen ist der Diener, der genau*
das tut, wenn der Herr zurückkommt. 44 *Ich sage euch: Er wird ihn als*
Verwalter über seinen ganzen Besitz einsetzen. 45 *Wenn aber dieser Die-*
ner bei sich denkt: ‚Mein Meister kommt noch lange nicht zurück!‘, und
dann anfängt, die Sklaven und Sklavinnen zu schlagen und sich vollzu-
fressen und zu betrinken – 46 *dann kommt der Meister dieses Dieners an*
einem Tag zurück, an dem er ihn nicht erwartet und in einem Augen-
blick, den er sich nicht ausgemalt hat, und der Herr wird ihn in Stücke
hauen. Er wird ihm den gleichen Platz geben wie den Ungläubigen.

[47]*Wenn ein Knecht weiß, was sein Herr erwartet, und er tut das nicht oder handelt eigensinnig und willkürlich, dann wird das eine schwere Strafe nach sich ziehen.* [48]*Wenn der Knecht dagegen aus Unwissenheit falsch handelt, wird seine Bestrafung milde ausfallen. Man wird von dem, der viel bekommen hat, viel fordern. Von dem, dem viel anvertraut worden ist, wird man sogar noch mehr zurückverlangen.*

Der peinlichste Augenblick des Jahres war, als ich auf einem Flughafen darauf wartete, für einen Flug nach Tel Aviv einzuchecken. Ich war für eine kleine Pilgergruppe verantwortlich, die das Heilige Land besuchen wollte. An diesem Morgen waren wir sehr früh aufgestanden, um rechtzeitig am Flughafen zu sein. Wir hatten die Koffer, Tickets und … nur *einen* Pass für meine Frau und mich. Ihrer fehlte. Wir durchwühlten Taschen, Mäntel und Handtaschen. Ich rief meinen Nachbarn an und bat ihn, in unserem Haus nachzuschauen, ob wir ihn dort vergessen hatten. Die anderen Mitglieder unserer Gruppe schwankten zwischen Staunen und peinlichem Berührtsein. Ich versuche nicht einmal, in Worte zu fassen, was meine Frau wohl dachte. Als wir gerade dachten, dass sie auf den Flug am nächsten Tag umbuchen müsste, bewegte ich einen Koffer, und der fehlende Pass fiel heraus. Er war zwischen zwei Taschen gerutscht, als ich die Tickets überprüfte, und hatte sich dort versteckt.

Wer auf eine Reise geht, muss sich sehr sorgfältig überlegen, was er mitnimmt und wie er sich vorbereitet. Es ist keine gute Idee, sich für ein anderes Paar Schuhe zu entscheiden, wenn der Flieger nur noch hundert Kilometer entfernt und fünf Kilometer hoch ist. Die Warnungen, die Jesus in diesem Abschnitt ausspricht, beginnen mit einem Rat, der sich eigentlich an Menschen richtet, die eine Reise antreten: Die Leute, die angemessen angezogen und bereit zum Aufbruch sein sollten, waren die Israeliten, die sich auf den plötzlichen **Exodus** aus Ägypten vorbereiten mussten (2. Mose 12,11). Wir sahen bereits, dass Lukas an verschiedenen Punkten seines Berichts über Jesu Reise nach Jerusalem auf das Exodus-Thema Bezug nimmt. Unser Abschnitt bezieht sich ausdrücklich auf das allererste Passahmahl. Dort mussten die Israeliten während des Essens bereits für den Aufbruch angezogen sein und bereit, jederzeit aufzubrechen.

Jesus behält diesen Sinn für Dringlichkeit bei, wechselt aber das Bild. Er gibt seinen Nachfolgern die Rolle von Dienern, die darauf warten, dass ihr Herr von einem außerordentlich langen Fest zurückkehrt. (Die zweite Nachtwache war die um Mitternacht, die dritte umfasste die letzte Zeit der Nacht bis zum Morgengrauen.) Wenn sich das Bild entfaltet, wird immer klarer, dass Jesus ebenso an die beabsichtigte Anwendung denkt wie an das Bild selbst. Wenn wir dem Gedankengang folgen, kann das an einigen Punkten ziemlich beängstigend sein.

Jesus ist nicht nur in einen Krieg gegen die Mächte des Bösen verwickelt. Er ruft nicht nur zur bedingungslosen Loyalität angesichts des Widerstandes. Er sagt nicht nur, dass das **Reich Gottes** jetzt eine völlige Neuordnung der Prioritäten verlangt. Jetzt warnt er auch davor, dass eine Krise bevorsteht, ein großer Showdown. Darauf muss man vorbereitet sein wie Diener, die gespannt auf die Schritte ihres Herrn und auf das Klopfen an der Tür warten. Jesus hat hier wohl den bevorstehenden Augenblick vor Augen, in dem sich die Mächte von Licht und Finsternis eine fürchterliche Schlacht liefern, die zu seinem eigenen Tod führen wird. Gleichzeitig denkt er an eine verheerende Katastrophe, die über Israel und besonders über Jerusalem hereinbrechen wird. Auch wenn man diese Abschnitte oft als Prophetien auf die endgültige Rückkehr von Jesus bezieht, legt uns Lukas in seinem ganzen **Evangelium** nahe, dass sie sich in erster Linie auf eine Kette von Ereignissen beziehen, die sich in der Lebenszeit von Jesu Zeitgenossen zutragen werden.

Diese Ereignisse werden deshalb eine ernste Prüfung für die **Jünger** sein. Wenn sie anfangen zu entspannen und glauben, dass alles schon gut werden wird, weil sie ja Jesus nachfolgen, dann werden sie feststellen, dass sie von den Dingen überrollt werden, bevor sie dafür bereit sind. (Jesus stellt sich natürlich nicht vor, dass sie ihre Mitknechte buchstäblich verprügeln. In diesem Punkt hat das Gleichnis eine gewisse Eigendynamik angenommen.) Jesus weiß, dass es nicht mehr lange dauern wird. Man kann sogar sagen, dass er auf dem Weg nach Jerusalem ist, um diese Ereignisse anzustoßen. Er ist sich auch bewusst, dass die Jünger erst einen kleine Bruchteil von dem verstanden haben, was ihnen bevorsteht. Deshalb mahnt er sie nochmals, bereit zu sein. Dazu kehrt er erneut zu dem Bild von den Knechten und dem Herrn zurück und betrachtet es aus verschiedenen Blickwinkeln. Er wiederholt so seine eindringlichen Warnungen.

Die Frage des Petrus bringt einen interessanten Punkt ans Licht. Es gab viele jüdische Geschichten über einen Herrn und seine Sklaven. Fast immer ging es dabei um Gott und Israel. Mindestens ein Gleichnis Jesu fällt auch in dieses Muster (Lukas 16,1-9). Muss man das Gleichnis vom Herrn, der zurückkehrt, also nicht nur auf die Jünger (als die „Diener“ Jesu) beziehen, sondern auf Israel als Ganzes?

Wir müssen diese Frage wohl mit „Ja“ beantworten: Das Gleichnis bezieht sich auf Israel als Volk. Von hier an finden wir im Lukasevangelium verschiedene Warnungen darüber, was mit dem ganzen Volk und ganz besonders mit ihrem zentralen Symbol, dem **Tempel**, geschehen wird, wenn sie nicht erkennen, dass ihr Herr zu ihnen zurückkehrt. Dieses Bild blickt voraus auf Lukas 19,11-27, wo es nicht um das zweite Kommen Jesu geht, sondern darum, dass Israels Gott zum Zion zurückkehrt – und das ereignete sich, so war Jesus überzeugt, an Ort und Stelle zu Jesu Lebzeiten. Der Herr kam zurück, doch die Diener waren nicht bereit.

Gleichzeitig wird dieser Abschnitt oft ganz zu Recht verwendet, wenn Menschen in Dienste und Ämter innerhalb der christlichen Kirche eingesetzt und ordiniert werden. Dies beinhaltet eine gewaltige Verantwortung, und das Bild vom Herrn und den Dienern passt gut dazu. Wenn Paulus über das Leben nach dem Tod spricht, redet er fast immer mit Worten der Hoffnung. Es ist ein ernüchternder Gedanke, dass er sich an der einzigen Stelle, wo er die Möglichkeit eines negativen Urteils erwähnt (1. Korinther 3,12-15), auf christliche Leiter und

Lehrer bezieht, die ihrer Aufgabe nicht gerecht geworden sind. Evangelisten und Lehrer, Pastoren und Theologen haben dieselbe Verantwortung: Wie wird sie der Herr antreffen, wenn er kommt? Eifrig mit ihren Aufgaben beschäftigt oder nur darauf bedacht, das Leben zu genießen und das ihnen Anvertraute zu missbrauchen?

Lukas 12,49-59: Die Zeichen der Zeit lesen

49 Jesus fuhr fort: „Ich kam, um Feuer auf die Erde zu werfen, und ich wünsche mir sehr, dass es schon brennte! 50 Ich muss mit einer Taufe getauft werden und stehe unter großem Druck, bis das geschehen ist!

51 Glaubt ihr denn, dass ich gekommen bin, um der Erde Frieden zu bringen? Ich sage euch: Ich werde sogar Spaltung bringen. 52 Seht, von jetzt an werden sich Familien spalten. In einer fünfköpfigen Familie werden sich zwei gegen drei stellen, 53 der Vater gegen den Sohn und der Sohn gegen den Vater; die Mutter gegen die Tochter und die Tochter gegen die Mutter, Schwiegermutter gegen Schwiegertochter und Schwiegertochter gegen Schwiegermutter.“

54 Weiter sagte er zu der Menschenmenge: „Wenn ihr seht, dass im Westen eine Wolke aufsteigt, dann sagt ihr: ‚Es wird bald regnen.‘ Und es wird tatsächlich regnen. 55 Wenn ihr seht, dass sich der Südwind erhebt, dann sagt ihr: ‚Es wird sehr heiß werden‘, und so geschieht es. 56 Ihr Hochstapler! Ihr könnt herausfinden, was die Erde und der Himmel euch verraten. Weshalb könnt ihr dann nicht erkennen, was sich gerade jetzt zuträgt?

57 Wieso urteilt ihr nicht selbst, was für euch das Beste wäre? 58 Wenn euer Ankläger mit euch vor Gericht gehen will, dann setzt doch alles daran, ein Übereinkommen mit ihm zu treffen. Sonst zieht er euch vor den Richter, und der Richter übergibt euch dem Gerichtsdiener, der euch ins Gefängnis sperrt. 59 Ich sage euch, ihr werdet nicht freikommen bevor ihr den letzten Cent bezahlt habt.“

Der große Komponist Ludwig van Beethoven wandte manchmal einen Trick an, wenn er bei vornehmen Gesellschaften spielen musste. Vor allem tat er das, wenn er vermutete, dass sich keiner wirklich ernsthaft für Musik interessierte. Er spielte eines seiner Stücke, eine sehr getragene und ruhige Weise, die alle in sanften Halbschlaf wiegte. Jedermann hing seinen Gedanken nach und freute sich an der schönen heilen Welt. In dem Moment, als die letzten sanften Töne verklangen, schlug er den ganzen Unterarm mit voller Wucht auf die Klaviatur – und freute sich königlich an den erschreckten Gesichtern der Gesellschaft.

Das war wohl ein bisschen grausam und unhöflich. Und in vielen seiner Kompositionen fand Beethoven weniger schroffe Wege, um den Hörern zu zeigen, dass die Welt voller Schmerz und voller Schönheit ist. Auch gestaltete er wundervolle Übergänge, um zu zeigen, wie auch aus Tragödien (einschließlich seiner eigenen tragischen Lebensgeschichte) bleibende wunderbare Freude entstehen kann. Dieser Schock des lauten Krachs, der auf die ergreifenden Melodien folgte, ist aber eine gute Illustration für das, was Jesus am Ende von Lukas 12 zu sagen hat.

Wir haben schon gesehen, dass die Krise kommen wird. Sie fordert völlige Loyalität. Aber jetzt wird sogar das auf den Kopf gestellt, was wir doch für den Kern des **Evangeliums** hielten. Friedefürst, hm? Jesus scheint zu sagen: Nein, viel eher Spaltungsfürst! Sobald diese Botschaft in den Familien ankommt, gibt es keinen Frieden mehr. Familien spalten sich an ihr, wie es die Propheten bereits vorausgesagt hatten. Die Warnung im Blick auf Väter und Söhne, Mütter und Töchter und so weiter schließt ein Zitat aus Micha 7,6 ein. An jener Stelle warnt der Prophet vor einer unmittelbar bevorstehenden Krise und mahnt, dass nur das bedingungslose Vertrauen auf Gott hier helfen kann.

Jesus sieht, wie die Krise heraufzieht, in der sein eigenes Schicksal die zentrale Rolle spielen wird (die „**Taufe**", die er auf sich nehmen muss). Er staunt und ist enttäuscht, dass so wenige seiner Zeitgenossen dies auch wahrnehmen. Alle sind sie gut darin, das örtliche Wetter vorauszusagen: Wolken, die vom Mittelmeer hereinziehen, bedeuten Regen. Der Wind aus der heißen staubigen Negev bringt drückende Hitze. Es kann doch nicht so schwer sein zu sehen, was sich um sie herum abspielt, und dann die richtigen Schlüsse zu ziehen: von der römischen Besatzung zum unterdrückerischen Regime des **Herodes**, von den reichen und arroganten **Hohepriestern** in Jerusalem zu den falschen Absichten der **Pharisäer** – und mittendrin ist da ein junger Prophet, der das **Reich Gottes** ankündigt und Kranke heilt. Wieso können sie nicht eins und eins zusammenzählen und realisieren, dass jetzt der Augenblick anbricht, auf den die Geschichte Israels schon immer hinzielte? Wieso sehen sie nicht, dass die Krise kommt?

Sie wären gut beraten gewesen zu handeln, solange noch Zeit war. Wir dürfen den letzten Abschnitt des Kapitels nicht als Ratschlag verstehen für Leute, die wirklich einen Termin bei Gericht haben. Wie bei vielen anderen Gleichnissen Jesu geht es sehr viel wahrscheinlicher um die Krise, um die sich der große Teil des ganzen Kapitels dreht. Israel rebelliert gegen Gottes Plan, dass sie Licht für die Welt sein sollen. Stattdessen beschäftigen sie sich viel lieber mit gewalttätigen Rebellionen gegen Rom. Jeden Augenblick können sie dafür zur Verantwortung gezogen werden: Irgendein römischer Beamter schleppt sie vor Gericht und klagt sie des Aufruhrs an. Im Wissen, dass das ihren Untergang bedeuten kann, sollten sie dringend Wege suchen, sich mit der Besatzung abzufinden. Leider verhallte diese Warnung ungehört. Die Römer kamen mit Richtern, Beamten etc. Im Jahr 70 n. Chr. musste Israel alles bis auf den letzten Cent zurückzahlen.

Die Warnungen Jesu steigern sich im Laufe des Kapitels zu einem Crescendo. Das folgende Kapitel bleibt noch beim gleichen Thema. Wir können uns jetzt die Frage stellen, welche Bedeutung diese Warnungen für Leute haben, die heute leben, beinahe zweitausend Jahre nachdem sie sich erfüllt haben.

Ein Teil der Antwort lautet: Wir müssen die Krise verstehen, der Israel in den Tagen Jesu gegenüberstand und die Art, wie Jesus auf sie reagiert hat, damit wir wissen, wie Jesus selber und auch Lukas als sein Biograf über seinen Tod dachten. Darauf werden wir in späteren Kapiteln zurückkommen. Es gibt aber eine weitere Dimension.

Die Kirche hat dieses Kapitel schon sehr bald als Warnung verstanden, dass jede Generation die Zeichen ihrer Zeit lesen muss: die großen Bewegungen von Menschen, Regierungen, Nationen und in der Politik. Und jede Generation muss angemessen darauf reagieren. Wenn das Reich Gottes auf der Erde kommen soll, wie es im **Himmel** schon ist, dann besteht die prophetische Rolle der Kirche auch darin, die Ereignisse auf der Erde zu verstehen und sie mit einer Botschaft vom Himmel zu beantworten. Wenn wir dann herausfinden, dass das wie bei Jesus Spaltungen auszulösen scheint und dass die Krise uns einholt, dann gehört das dazu. Was sollten wir auch sonst erwarten?

Wahrscheinlich kommt die Zeit, in der christliche Lehrer und Prediger merken, dass ihre Zuhörer wie die Besucher von Beethovens Salonkonzerten es sich sehr gemütlich eingerichtet haben und vor sich hin dämmern. So macht man bei der Auswahl von Bibeltexten für die Gottesdienste manchmal einen großen Bogen um alles, was nach Gericht, Warnungen und der ernsthaften Forderung nach Heiligkeit klingt. Vielleicht kommt die Zeit, in der wir wie Jesus die Leute mit einem lauten Knall aufwecken müssen. In der Bibel finden wir immerhin viele Warnungen davor, wie gefährlich es ist, bei der Arbeit einzuschlafen.

Lukas 13,1-9: Das Gleichnis vom Feigenbaum

[1]*In dieser Zeit kamen einige Leute vorbei und erzählten Neuigkeiten.
Einige Leute aus Galiläa waren im Tempel gewesen, und Pilatus hatte
ihr Blut mit dem der Opfer gemischt.*

[2]*Jesus fragte: „Glaubt ihr, dass diese Galiläer solche Dinge erleiden
mussten, weil sie größere Sünder waren als ihre Landsleute?* [3]*Glaubt*

mir, das waren sie nicht! Wenn ihr nicht umkehrt, werdet ihr alle auf die gleiche Art umkommen.

4Wie denkt ihr über die achtzehn, die vom einstürzenden Turm in Siloah erschlagen worden sind? Glaubt ihr, dass sie schlechtere Menschen waren als alle anderen, die in Jerusalem wohnen? 5Glaubt mir, das ist sicher nicht der Fall. Wenn ihr nicht umkehrt, werdet ihr alle auf die gleiche Art umkommen."

6Daraufhin erzählte er ihnen dieses Gleichnis: „Es war einmal ein Mann, der in seinem Weinberg einen Feigenbaum hatte. Er kam zu ihm und suchte Frucht, fand aber keine. 7Also sagte er zum Gärtner: ‚Schau, ich komme jetzt schon seit drei Jahren zu diesem Feigenbaum in der Hoffnung, dass er irgendwann einmal Frucht trägt. Ich habe gar nichts gefunden! Hau ihn um. Wieso soll er weiter die gute Erde auslaugen?'

8Der Gärtner gab zur Antwort: ‚Meister, ich habe einen Vorschlag: Lass ihn nur ein einziges Jahr länger stehen. Ich werde ringsum die Erde auflockern und ihn düngen. 9Wenn er nächstes Jahr Früchte trägt ist alles gut. Wenn aber nicht, kannst du ihn dann umhauen lassen.'"

Auch wenn das Neue Testament nie geschrieben worden wäre, wüssten wir, dass Pontius Pilatus ein unangenehmer und unbeliebter Gouverneur Judäas war. Der jüdische Geschichtsschreiber Josefus zählt einige Dinge auf, durch die er die örtliche Bevölkerung gegen sich aufbrachte. Er trat ihre religiösen Gefühle mit Füßen; so versuchte er einmal, römische Standarten (militärische Symbole) mit ihren heidnischen Zeichen in Jerusalem aufzustellen. Er setzte sich über ihre Gesetze und Konventionen hinweg: Eines Tages verwendete er Geld aus dem **Tempel**schatz, um ein Aquädukt zu bauen. Den Widerstand gegen das Vorhaben schlug er mit brutaler Gewalt nieder. Diese und auch noch andere Vorkommen sind außerhalb des Neuen Testamentes aufgezeichnet. Sie helfen uns zu verstehen, was für eine Person Pilatus war.

So überrascht uns diese Erzählung nicht: Eine Pilgergruppe aus Galiläa brachte im Tempel ihre Opfer dar. Pilatus schickte seine Truppen (vielleicht aus Angst vor einem Aufstand) und schlachtete sie ab. Unser Abschnitt berichtet nur, dass ihr Blut sich im Tempelvorhof mit dem Blut der Opfertiere mischte. Zu der menschlichen Tragödie wurde also auch noch der Platz unrein gemacht. Das fühlt sich an, als wenn eine Besatzungsmacht mitten in einem Weihnachtsgottesdienst eine Kirche stürmt und Gottesdienstbesucher niedermetzelt.

Rufen wir uns nochmals in Erinnerung, an welchem Punkt der Erzählung des Lukas wir uns jetzt befinden. Jesus hat sich entschieden, als Anführer einer Gruppe von Pilgern aus Galiläa nach Jerusalem zu gehen. Wenn ich heute eine Reise in eine von Feinden besetzte Stadt planen würde und unterwegs erfahren hätte, dass der örtliche Gouverneur mit Vorliebe englische Geistliche umbringt, dann würde ich umgehend mein Reisebüro anrufen und einen Flug in eine weniger gefährliche Gegend buchen.

Diese Leute tragen aber Jesus nicht nur eine Information zu. Zwei Fragen liegen in der Luft, als sie ihre schockierenden Neuigkeiten verbreiten. Zuerst einmal: Wird Jesus seine Reise nach Jerusalem unter diesen Umständen wirklich fortsetzen? Hat er keine Angst vor dem, was ihn dort erwarten könnte? Dann auch: Was hat das zu bedeuten? Ist das der Auftakt von etwas weit Schlimmerem? Jesus hat ja schon gewarnt, dass Leid und Zerstörung alle die treffen wird, die seine Botschaft ablehnen. Bedeutet das, dass diese Galiläer bereits so bestraft worden sind?

Jesu ernste Worte beantworten die zweite dieser Fragen. (Die erste bleibt das ganze Kapitel hindurch offen, bis wir die Antwort am Ende (Kapitel 13,31-35) entdecken: **Herodes** wollte Jesus schon in Galiläa umbringen, Jesus wusste aber, dass er nach Jerusalem gelangen musste. Es gibt jetzt keinen sicheren Ort mehr.) Pilatus hat tatsächlich Pilger aus Galiläa in Jerusalem umbringen lassen. Sie waren aber nicht sündiger als alle anderen galiläischen Pilger. Jesus wiederholt und betont den Punkt, den er gemacht hat, nochmals: *Wenn ihr nicht umkehrt, werdet ihr auch auf die gleiche Art umkommen.*

Auf die gleiche Art? Hier liegt der Schlüssel. Jesus redet nicht darüber, was mit Menschen nach ihrem Tod passiert. Viele verstehen diesen Abschnitt als Warnung davor, dass man nach dem Tod in der **Hölle** landet; das ist aber eindeutig ein Missverständnis. Jesus bleibt seiner Linie treu. Wie er schon vorher mehrfach gesagt hat und bis zu seiner Kreuzigung wiederholen wird, stellt er auch hier klar: Alle, die seiner Einladung, die Richtung zu wechseln, nicht folgen, sondern lieber in eine nationale Revolte gegen Rom flüchten, müssen die Konsequenzen tragen. Wer zum Schwert greift, wird durch das Schwert sterben.

Und wenn nicht durch das Schwert, dann durch Gebäude, die bei der Belagerung Jerusalems einstürzen. Siloah ist ein kleines Viertel in Jerusalem. Es liegt nahe am Stadtzentrum und grenzt südlich an den Tempel. Unfälle beim Bauen können passieren. Wenn die Einwohner Jerusalems aber die Einladung ablehnen, sich dem **Reich Gottes** anzuschließen und von ihren gegenwärtigen Plänen und Absichten umzukehren, dann werden alle, die zwar dem Schwert der Römer entrinnen, von eben diesen Mauern erschlagen werden, wenn der Feind heranrückt.

Diese erschreckende Warnung vor den politischen und militärischen Konsequenzen, wenn man seinen Ruf nicht beherzigt, wird noch verstärkt durch das fast schon humoristische und doch auch unheimliche Gleichnis vom Feigenbaum im Weinberg. (Man pflanzte oft Feigenbäume in die Weinberge, weil dies den Reben guttat.) Zwischen den Zeilen des Geplänkels zwischen dem Besitzer des Weinbergs und seinem Gärtner entdecken wir eine direkte Erklärung des Dienstes Jesu und auch eine weitere Antwort dazu, was sich in Jerusalem zutragen wird.

Man kann dieses Gleichnis auf zwei Arten verstehen. Beide ergeben einen befriedigenden Sinn und kommen zum gleichen Schluss. Jesus selbst könnte der Besitzer des Weinbergs sein. Er kam zum Garten des Herrn und suchte während seines ganzen Dienstes Früchte der **Umkehr**. (Man könnte die „drei Jahre“ aus Vers 7 als Hinweis darauf deuten, dass der Dienst Jesu so lange dauerte. Wahrscheinlicher sind sie aber einfach ein Teil des Aufbaus dieser Geschichte.) Abgesehen von ein paar wenigen, die sich ihm angeschlossen hatten und die selbst immer noch ziemlich durcheinander waren, hat er keine Frucht gefunden: keine Umkehr, nicht einmal in den Städten, in denen die meisten seiner großen Wunder geschehen waren (Kapitel 10,13-15). Er ist bereit, Israel und insbesondere Jerusalem, dem Tempel und den herrschenden **Priestern** eine letzte Chance zu geben. Wenn sie auch diese ausschlagen, ist ihr Schicksal besiegelt.

Vielleicht hat aber auch Gott selbst diese vielen Jahre Israel besucht und nach Frucht gesucht. Dann könnte Jesus der Gärtner sein, der noch einmal versucht, an die strapazierte Geduld des Eigentümers zu appellieren. Er verspricht, ein weiteres Mal die Erde zu lockern und Dünger auszubringen und dem alten Baum so noch einmal Leben einzuhauchen, bevor das endgültige Urteil gesprochen wird. So oder so läuft es auf den gleichen Schluss heraus: „Wenn es nicht fruchtet, kannst du ihn umhauen!" Lukas stellt die Geschichten und Ereignisse von Beginn des 10. Kapitels an so zusammen, dass kein Zweifel möglich ist, wie er die Angelegenheit deutet: Als Jerusalem 70 n. Chr. fiel, war das die direkte Konsequenz daraus, dass sie den Weg des Friedens abgelehnt hatten, auf den Jesus sie in der ganzen Zeit seines Dienstes eingeladen hatte.

Der Abschnitt steht unter einer doppelten Spannung. Wird Jerusalem umkehren und gerettet werden? Und wenn Jesus wirklich in dieser Stadt sterben wird, wie er es schon angekündigt hat, wie hängen dann sein Tod und das Schicksal dieser Stadt miteinander zusammen? Was hat Gott vor? Wenn wir über diese Fragen nachdenken, dann steigen andere Fragen auf, die uns heute betreffen. Was hat Gott in unserer Welt heute vor? Was wird er in unseren Leben tun? Bringen wir Frucht für das Reich Gottes?

Lukas 13,10-21:
Jesus heilt am Sabbat eine verkrüppelte Frau

10Jesus lehrte an einem Sabbat in einer der Synagogen. 11Dort war eine
Frau, die seit achtzehn Jahren einen Geist der Schwachheit hatte. Sie
war tief zusammengekrümmt und konnte sich nicht aufrichten. 12Jesus
sah sie und rief sie zu sich.

13Er sprach sie an und legte ihr die Hand auf: „Frau, du bist aus dei-
nem Elend befreit." Augenblicklich richtete sie sich auf und pries Gott.

14Der Synagogenvorsteher geriet darüber in Zorn, weil Jesus am
Sabbat geheilt hatte.

Zur Versammlung sagte er: „Schaut, die Woche hat sechs Tage, an denen man arbeiten soll. Kommt an diesen Tagen, um euch heilen zu lassen, aber nicht am Sabbat!"

15Jesus antwortete darauf: „Ihr Haufen von Heuchlern! Ihr bindet
doch ohne schlechtes Gewissen an einem Sabbat einen Ochsen oder ei-
nen Esel los, um sie zu tränken! 16Was ist dann falsch daran, dass diese
Tochter Abrahams an einem Sabbat von ihren Fesseln befreit wird, mit
denen der Satan sie schon seit achtzehn Jahren gefangen hält?"

17Das beschämte alle, die sich gegen ihn gestellt hatten. Die ganze
Versammlung jubelte vor Freude über die außerordentlichen Dinge,
die er tat.

18Jesus sagte ihnen: „Wie ist das mit dem Reich Gottes? Womit
können wir es vergleichen? 19Es ist wie ein Senfkorn, das jemand
nahm und in seinem Garten pflanzte. Es wuchs heran und wurde zu
einem Baum. In seinen Ästen bauten die Vögel des Himmels Nester."

20Weiter sagte er: „Wie sollen wir das Königreich Gottes beschrei-
ben? 21Es ist wie Sauerteig, den eine Frau unter drei Messbechern
Mehl versteckte, bis alles durchsäuert war."

Stellen Sie sich zur Abwechslung einmal vor, dass Sie ganz am Rand mit der Menschenmenge unterwegs sind, die Jesus bis jetzt folgt. Sie haben nicht alles gehört und auch nicht alles verstanden, was Sie gehört haben. Sie gehen aber davon aus, dass Sie die groben Linien des Ganzen doch begriffen haben und sind davon sowohl fasziniert als auch alarmiert.

Jetzt gehen Sie mit Jesus an diesem **Sabbat** in die Synagoge. Welchen Sinn ergibt das, was Sie beobachten, für Sie?

Wie alle anderen auch sehen Sie diese bedauernswerte Frau. Wahrscheinlich kannte jeder im Ort sie. In einem Dorf gibt es wenige Geheimnisse. Jeder wusste, wer sie war und wie lange sie schon litt. Lukas sagt, dass sie „einen Geist der Schwachheit" hatte. Das bedeutete wohl, dass keiner medizinisch erklären konnte, wieso sie so verkrümmt ging. Manche denken heute, dass ihre Krankheit psychische Ursachen haben könnte. Das dachten auch damals wohl viele, auch wenn sie das mit anderen Worten umschrieben hätten. Vielleicht war sie in jüngeren Jahren dauernd verbal oder körperlich misshandelt worden, bis ihre verknoteten Gefühle sich auf den Körper übertrugen und sie nicht mehr aufrecht gehen konnte. Auch mit all unseren medizinischen Fortschritten in den letzten Jahrhunderten sind wir uns bewusst, dass solche Dinge ohne andere erkennbare körperliche Ursachen geschehen können.

Man spürt aber in der Synagoge, dass ein unausgesprochener Machtkampf vor sich geht. Da ist einerseits der Vorsteher der Synagoge. Er hat die Verantwortung für die Versammlung. Alle Aufmerksamkeit richtet sich aber auf Jesus. Das bringt beide in eine spezielle Lage. Jesus wartet aber nicht ab. Ein Wort, eine Berührung, und die Frau ist geheilt. Der Synagogenvorsteher entlädt seinen Zorn in einer öffentlichen Zurechtweisung. Das ist, als wenn ein Polizist jemanden verhaftet, nur weil dessen Fußballmannschaft soeben seine eigene geschlagen hat.

Als Beobachter verstehen Sie das alles. Für eine örtliche Hierarchie muss es schwierig sein, dass jemand wie Jesus in die Stadt kommt. Wenn er dann noch außerordentliche Dinge in der Synagoge tut, sind Probleme vorprogrammiert. Hören Sie aber auf die Antwort von Jesus. Denken Sie darüber nach, was Sie bis jetzt schon auf der Reise gehört haben: die verheerende Analyse von Israels Zustand und auch die Warnungen im Blick auf das, was bevorstand. Jetzt hören sie noch mal auf die Worte Jesu und überlegen, was sie bedeuten könnten.

„Ihr messt mit ungleichem Maß!“, erklärt Jesus. „Ihr tut selber etwas, und mir wollt ihr das Gleiche oder sogar noch Angemessenere verbieten. Das ist doch alles Theater! Ihr bindet ohne Weiteres ein durstiges Tier an einem Sabbat los (offensichtlich kannte Jesus die Regeln, was als akzeptable Handlung an einem Sabbat galt und was nicht). Wie viel mehr sollte ich doch diese Frau – eine Tochter Abrahams! – losbinden, die vom **Satan** gefesselt ist? Und welcher Tag wäre besser dafür geeignet als der Sabbat?“

Sie verstehen den Punkt mit dem Losbinden der Tiere und dem Befreien der Frau. Was aber sagt er über sie? Zuerst nennt er sie eine Tochter Abrahams. Weiter sagt er, dass sie seit achtzehn Jahren gebunden ist durch – den Satan, der ganz Israel im Griff hat und gegen den Jesus den ersten Sieg bereits errungen hat! Plötzlich dämmert etwas: Jesus tut für diese arme Frau, was er so gerne für Israel als Ganzes tun möchte. Der Feind, der Ankläger hat Israel jetzt schon seit so vielen Jahren in seiner Gewalt, und die Botschaft Jesu vom Reich Gottes kann es daraus befreien. Weil Israel aber auf den engen Grenzen besteht – einschließlich der engen Auslegung des Sabbatgebotes –, verhindert es selbst diese Befreiung. Solange nicht die Reich-Gottes-Botschaft sie heilt, gibt es keine Hoffnung.

Sie denken vielleicht, dass Jesus immer noch hofft, dass es noch nicht zu spät ist; dass Israel, das verkrümmt ist und nicht in der Lage, aufrecht zu stehen, von den Banden befreit wird und sich zu einer großen Sabbatfeier aufrichtet, zu einer großen Befreiungstat. Vielleicht denken Sie, dass Jesus dies alles in Gang setzen will, indem er nach Jerusalem geht.

Doch dann sind da diese kleinen Aussprüche, mit denen Lukas das, was gerade geschieht, erklärt. Das **Reich Gottes** ist eine kleine Frucht, die einen großen Baum wachsen lässt, der allen Vögeln unter dem Himmel Platz bietet. Ein kleines Wunder in einer Synagoge an einem

Sabbat – was bewirkt das schon? Wenn aber Jesus den Samen des Reiches Gottes ausstreut, kann niemand wissen, was daraus entsteht. Oder das Reich Gottes, das wie eine kleine Portion Sauerteig ist, die tief ins Mehl gedrückt wird. Es sieht unscheinbar und bedeutungslos aus, aber in kürzester Zeit ist die ganze Mischung durchsäuert. Eine einzige Heilung einer einzigen Frau – aber jedes Mal, wenn man die satanischen Fesseln zerbricht, die Menschen gebunden halten, wird ein weiterer Sieg errungen, der noch mehr Widerhall finden wird.

Denken Sie darüber nach, was Sie gehört und gesehen haben. Würden sie diesem Mann nach Jerusalem folgen? Es könnte gefährlich sein. Keiner weiß, was passieren wird. Aber wohin sonst könnten wir gehen?

Lukas 13,22-30: Durch die enge Tür eintreten

22 *Jesus zog durch die Städte und Dörfer und lehrte überall. So setzte er seine Reise nach Jerusalem fort.*

23 *Jemand sprach ihn an: „Meister, werden nur wenige gerettet werden?“*

24 *Jesus antwortete: „Kämpft hart darum, durch die enge Tür einzutreten. Ich sage euch, dass viele versuchen werden, dort einzutreten.*
Es wird ihnen aber nicht gelingen.
25 *Wenn der Hausverwalter aufsteht und die Tür zuschließt – in dem Moment werdet ihr draußen vor der Tür stehen, anklopfen und sagen: ‚Meister, öffne uns die Tür!‘ Er wird antworten: ‚Ich weiß nicht, woher ihr kommt!‘*
26 *Dann werdet ihr betteln: ‚Wir haben mit dir gegessen und getrunken, und du hast auf unseren Straßen gelehrt!‘*
27 *Darauf wird er euch sagen: ‚Ich weiß nicht, woher ihr kommt. Verschwindet, ihr ruchlosen Gesellen!‘*

28 *Dann werdet ihr weinen und mit den Zähnen knirschen: Ihr werdet Abraham, Isaak und Jakob und all die Propheten in Gottes Reich sehen, selber aber rausgeworfen worden sein.*
29 *Menschen von Osten*

und Westen, von Norden und Süden werden kommen und an der Festtafel in Gottes Reich sitzen.
30*Und hört gut zu: Einige, die Letzte sind, werden Erste sein, und einige der Ersten werden Letzte sein."*

Schon seit zwei Stunden saß ich am Flughafen und wartete auf meinen Anschlussflug. Mein erster Flug hatte mich von England nach New York gebracht. Ich war müde und wollte möglichst schnell nach Washington weiterreisen, wo ich bleiben und dort für den Rest der Nacht schlafen wollte. Endlich begann das Boarding für das kleine Flugzeug. Mein Sitzplatz war bestätigt, und ich war schon fast bei der Flugzeugtür angelangt. So wartete ich, bis fast alle eingestiegen waren.

Als ich zum Gate kam, schloss der Flugbegleiter die Tür vor meiner Nase zu. Er entschuldigte sich ausgiebig und sagte, dass er diesen Teil seines Jobs hasst. Wegen einer obskuren Vorschrift war nur eine bestimmte Anzahl Passagiere für den Flug zugelassen, und diese Zahl war bereits erreicht. Ich zeigte ihm mein Ticket und wies auf die Sitzplatzbestätigung hin, die er selber mir vor einigen Minuten ausgestellt hatte. „Ich weiß, wie Sie sich fühlen, und es tut mir sehr leid!", gab er zur Antwort.

Ihm mag es leidgetan haben, ich dagegen war sauer. Für weiteren Protest war ich zu müde, ich schrieb aber der Airline einen geharnischten Brief. Schließlich schickten sie mir einige Reisegutscheine im Wert von $100, die man in den nächsten Monaten einlösen musste. Das nutzte mir natürlich nichts, weil ich auf einem ganz anderen Kontinent zu Hause war. Ich weiß nicht mehr, wann ich in jener Nacht endlich ins Bett gekommen bin. Seither warte ich aber nie mehr bis zum Schluss mit dem Einsteigen, wenn ich mit kleineren Flugzeugen reise.

Die Warnung von Jesus in diesem Abschnitt wirkt genauso unvernünftig wie die Vorschriften der Airline in jener Nacht. Wer einen bestätigten Sitzplatz besitzt, sollte an Bord gelassen werden, egal wo er in der Schlange steht. Es sieht so unfair aus, wenn der Hausverwalter bis zu einem bestimmten Moment Leute hineinlässt und dann irgendwann den nächsten die Tür vor der Nase zuschlägt mit dem Kommentar, dass er sie noch nie gesehen hat. Wenn wir aber kurz über die ganzen Themen nachdenken, die Lukas in den vergangenen Kapiteln zusammengestellt hat, dann leuchtet uns diese Warnung unmittelbar ein.

Die Frage danach, wie viele denn gerettet werden, verweist uns auf die Frage nach der endgültigen Errettung. Jesus antwortet interessanterweise nicht direkt darauf. Er will nicht die menschliche Neugier mit Statistiken und Zahlen befriedigen. Dafür äußert er eine ernste Warnung. Das hat auch damit zu tun, dass „gerettet werden" im Zusammenhang mit seiner Reise nach Jerusalem nicht nur eine Frage nach dem endgültigen Bestimmungsort nach dem Tod ist, sondern vielmehr die unmittelbare und drängende Frage der Krise anspricht, die über der ganzen Nation hängt.

In diesem Zusammenhang ist seine Warnung angemessen und nötig. Er tritt seine Mission an, hält die Tür zum **Reich Gottes** weit auf und drängt die Leute, einzutreten. Die Tür ist nicht sehr breit, und es braucht Entschlossenheit und Hingabe, um dort hindurchzugelangen. Niemand wird sich zufällig drinnen wiederfinden. Diese Tür wird in nicht allzu ferner Zukunft aber verschlossen sein. Dann wird es zu spät sein. Gott gibt Israel durch den Dienst Jesu eine letzte Chance. Er ist aber der letzte Bote. Wer ihn zurückweist, erhält keine weitere Gelegenheit. Die Jünger drängen die Menschen in der Apostelgeschichte, sich im Namen Jesu „aus dieser verkehrten Generation zu retten" (Apostelgeschichte 2,40). Wenn sie der Einladung Jesu nicht Folge leisten, werden sie unter das gleiche Urteil fallen, das „diese Generation" getroffen hat. Wer erst einmal abwartet, was passiert und ganz beruhigt ist, weil er ja schon einmal mit Jesus zusammen an einer Festtafel gesessen hat, und meint, dass deshalb schon alles gut werden wird, wird entdecken, dass es keine Verheißung für die gibt, die die Einladung ausgeschlagen haben, als sie angeboten wurde.

Jesus verheißt und warnt, dass genau die Leute, gegen die die Zeitgenossen Jesu unbedingt kämpfen wollten – die **Heiden** aus Ost und

West, aus Nord und Süd, die sie jahrhundertelang unterdrückt, gedemütigt und gequält hatten – am Ende vor ihnen im Reich Gottes eintreffen könnten. Die eigenartigen Wege der Gnade Gottes haben zur Folge, dass manche, die jetzt Erste sind, dann Letzte sein werden und umgekehrt. Auch wenn einige für besondere Rollen auserwählt sind, kann niemand auf automatisch funktionierende Privilegien pochen.

Wir müssen aufpassen, dass wir diesen Abschnitt nicht aus dem Zusammenhang lösen und direkt auf die größere Frage der ewigen Errettung anwenden. Jesu eindringliche Warnungen an seine Zeitgenossen zielten auf die Gefahr ab, die ihnen unmittelbar bevorstand. Wir sollten uns aber auch davor hüten, diese Warnungen für uns nicht ernst zu nehmen. Wenn das Leben nicht nur ein Spiel ist, wenn unser starkes Empfinden stimmt, dass unser Lebenswandel und unsere geistlichen Entscheidungen eine Rolle spielen, wenn das Neue Testament als Ganzes uns nicht völlig in die Irre führt – dann ist es in der Tat möglich, an der offenen Tür ins Reich Gottes vorbeizuspazieren und erst im Nachhinein zu merken, wie falsch man mit dieser Entscheidung lag.

Lukas 13,31-35: Jesus trauert über Jerusalem

31 Einige Pharisäer stießen zu ihnen und redeten mit Jesus: „Geh fort von hier, weil Herodes dich umbringen lassen will.“

32 Jesus antwortete: „Geht und sagt diesem Fuchs: ‚Heute und morgen treibe ich Dämonen aus und vollende meine Heilungen. Am dritten Tag werde ich damit fertig sein.
33 Heute, morgen und übermorgen muss ich aber meine Reisen fortsetzen. Es kann nicht sein, dass ein Prophet außerhalb von Jerusalem stirbt.‘

34 Jerusalem, Jerusalem! Du tötest die Propheten und steinigst die Menschen, die zu dir gesandt wurden! Wie oft habe ich deine Kinder sammeln wollen, so wie eine Henne ihre Küken unter ihre Flügel sammelt, und du hast es nicht zugelassen! [35]*Schaut, euer Haus ist verlassen. Ich sage euch eins: Ihr werdet mich nicht mehr sehen bis ihr bereit seid zu sagen: ‚Gesegnet seist du! Willkommen im Namen des Herrn!'"*

Ich lebe in einem Haus, das nach dem Zweiten Weltkrieg gebaut wurde. Früher stand ein viel älteres Haus dort, das in einer Nacht des Jahres 1941 nach einem Volltreffer durch eine Brandbombe völlig niedergebrannt war. Die Einwohner waren unterwegs gewesen, um bei einem anderen Haus Brände zu löschen. Bis sie mit den Wasserpumpen zurückkamen, war es zu spät für dieses und das Nachbarhaus.

In der Antike waren Brände eine immer gegenwärtige Gefahr. Man brauchte das Feuer zwar für viele Bereiche des Lebens. Ohne moderne Vorsichtsmaßnahmen und Löschausrüstung konnte es aber leicht außer Kontrolle geraten. Römische Autoren aus der Zeit des Neuen Testamentes beschreiben anschaulich Brände in den dicht bevölkerten Straßen und Mietshäusern Roms. Im Sommer 64 n. Chr. brannte dort ein Feuer eine ganze Woche lang und verwüstete die halbe Stadt. Auch wenn das Wort „Feuer" hier nicht auftaucht, lassen die Worte Jesu an ein ähnlich eindringliches Szenario denken, aber nicht in einer Stadt, sondern auf einen Bauernhof.

Für die gefangenen Tiere ist das Feuer mindestens so Furcht einflößend wie für Menschen. Wenn ein Bauernhof Feuer fängt, versuchen die Tiere zu fliehen. Wenn das nicht möglich ist, haben einige Tiere Strategien entwickelt, um wenigstens ihre Jungen zu schützen. In diesem Bild ist es eine Henne, die ihre Jungen unter ihre Flügel sammelt, um sie zu schützen. Es gibt Berichte über genau solche Ereignisse: Als man nach einem Brand im Stall aufräumte, fand man eine tote, völlig verkohlte Henne – und unter ihren Flügeln Küken, die überlebt hatten. Dieses anschauliche und auch brutale Bild drückt das aus, was Jesus für Jerusalem und implizit für ganz Israel tun möchte. Aber bis jetzt sieht er nur Küken, die den Rauch, das Feuer und die drohende

Gefahr nicht wahrnehmen und auch die Warnungen von dem Einzigen, der ihnen Sicherheit bieten kann, nicht hören wollen.

Von allen Bildern, die bis jetzt im Lukasevangelium vorkamen, redet dieses am deutlichsten davon, wie Jesus über seinen Tod denkt. Bevor wir es aber näher untersuchen, sollten wir zu den früheren Versen dieses Abschnittes zurückgehen. Wenn man das Bild von den Küken im Hinterkopf hat (mindestens bei Lukas; wir können nicht sicher wissen, ob die Verse 31-33, die bei Matthäus nicht auftauchen, von Anfang an mit Vers 34-35 verbunden waren, die auch bei Matthäus stehen), sind Raubtiere die andere große Gefahr neben dem Feuer, insbesondere Füchse. Und Jesus verwendet dieses Bild für **Herodes**.

Herodes wirft einen Schatten auf den Großteil der Geschichte bis hierher, doch erst jetzt wird er für Jesus zu einer konkreten Bedrohung. Die **Pharisäer**, die hier erwähnt werden, gehören vielleicht wie Gamaliel in Apostelgeschichte 5 dem gemäßigten Flügel an, der fröhlich von der Seitenlinie aus abwartet, ob diese neue Bewegung jetzt von Gott ist oder nicht. Vielleicht haben sie aber auch heimlich gehofft, Jesus mit dieser Drohung aus ihrem Gebiet zu vertreiben. Lukas deutet aber nichts davon an. Wichtiger ist sowieso die Antwort Jesu.

Jesus bringt seine Verachtung für **Herodes** sehr deutlich zum Ausdruck. Jedermann wusste, dass dieser sich nur deshalb König nennen konnte, weil die Römer seinen Vater als erfolgreichsten Gauner weit und breit angesehen hatten. Deshalb hatten sie seinem Sohn aus dem Nichts heraus den Auftrag gegeben, an den entlegenen Rändern ihres Territoriums für Ruhe zu sorgen. Jesus bestätigt auch aufs Neue seine eigenartige Berufung: Ja, er wird am Ende durch die Hände der Autoritäten sterben; das wird aber nicht in Galiläa geschehen. **Herodes** wird dabei nur eine Nebenrolle spielen (Lukas 23,6-12).

Entscheidend ist, dass Jesus eine Berufung auszuführen hat, wie er bereits früher erklärt hatte (Lukas 9,22; 12,50). Bildlich gesprochen besteht sie aus zwei Tagen Arbeit und einem Tag Vollendung. Zwei Tage, um Dämonen auszutreiben und Kranke zu heilen. „Am dritten Tag werde ich damit fertig sein." Niemand, der das Lukasevangelium sorgfältig liest, kann diese Echos nach vorn und hinten übersehen: vom zwölfjährigen Jesus, der am dritten Tag im **Tempel** gefunden wird (Lukas 2,46) zum auferstandenen Jesus, der am dritten Tag wieder lebt (Lukas 24,21).

Die Berufung Jesu ist es also, nach Jerusalem zu gehen und zu sterben. Er blickt der Bedrohung durch den Fuchs ins Auge und nimmt die Rolle der Henne an, die ihre Küken vor der drohenden Gefahr schützen will. Wird Jerusalem von diesem Angebot profitieren? Jerusalem hat eine lange Geschichte der Rebellion gegen Gott. Sie lehnten den Weg des Friedens ab. (Leider scheinen diese Sätze heute noch genauso wahr zu sein wie in der alten Zeit.) Wie es schon der Prophet Hesekiel sah, bedeutete die Rebellion, dass Gottes heilige Gegenwart den Tempel und die Stadt bereits verlassen hatte. So war der Weg frei für einen verheerenden Angriff des Feindes (Hesekiel 10-11). Der einzige Weg, wie der Tempel und die Stadt der Zerstörung entgehen konnten, bestand darin, Jesus als Gottes Friedensboten anzuerkennen. Alle Zeichen deuteten aber darauf hin, dass sie dazu nicht bereit waren. Wenn Lukas dieses Thema wieder anschneidet, wird es zu spät sein.

Was sehen wir vom Aussichtspunkt hier am Ende von Kapitel 13? Mit erschreckender Klarheit sehen wir, worum es bei der Reise Jesu nach Jerusalem geht. Israels größte Krise braut sich zusammen, und er fordert sie eindringlich auf, umzukehren und sich seinem Weg des **Reiches Gottes**, seinem Weg des Friedens anzuschließen. Das ist der einzige Weg, der Katastrophe zu entgehen, die sonst auf ihre fortgesetzte Rebellion folgen wird. Jesu Absicht ist jetzt, seiner Berufung gehorsam zu sein und wie die Henne die volle Wucht des Desasters auf sich zu nehmen, das er für die Nation und den Tempel vorhersagt. Der Eine wird sich selber für die vielen opfern.

Lukas 14,1-11: Jesus und die Pharisäer

1Jesus ging an einem Sabbat zu einem Essen im Haus eines führenden Pharisäers. Sie beobachteten ihn genau.

2Vor Jesus stand ein Mann, der an Wassersucht litt. 3Also fragte Jesus die Gesetzeslehrer und Pharisäer: „Ist es erlaubt, am Sabbat zu heilen, oder nicht?“ 4Sie blieben stumm. So nahm er den Mann, heilte ihn und ließ ihn gehen.

5Darauf sagte er ihnen: „Nehmen wir an, dass einer von euch einen Sohn – oder einen Ochsen! – hat, und der fällt in einen Brunnen. Sagt ihr ernsthaft, dass ihr ihn nicht sofort wieder herausziehen würdet, auch an einem Sabbat?“ 6Darauf konnten sie ihm keine Antwort geben.

7Ihm fiel auf, wie die Gäste sich die besten Plätze aussuchten. Daraufhin erzählte er ihnen dieses Gleichnis.

8„Wenn jemand dich zu einer Hochzeit einlädt, dann setze dich nicht auf den Ehrenplatz. Falls nämlich ein anderer Gast eingeladen ist, der einen höheren Rang als du bekleidet, 9dann wird euer Gastgeber dir sagen: ‚Bitte mach Platz für diesen Mann!‘; dann musst du zu deiner Schande am unteren Tischende Platz nehmen. 10Nimm also, wenn du eingeladen wirst, lieber am unteren Tischende Platz. Wenn dann dein Gastgeber eintrifft, wird er dir sagen: ‚Mein lieber Freund, komm und sitze weiter oben!‘ Alle anderen Gäste werden dir daraufhin Respekt erweisen. 11Jeder, der sich selbst vordrängelt, wird gedemütigt werden; wer sich aber selber demütigt, der wird geehrt werden.“

Im **Evangelium** des Lukas finden wir mehr Begebenheiten, die während einer Mahlzeit stattfinden, als in den anderen Evangelien. Lukas vergleicht das christliche Leben unter anderem mit einer Reise. Ein anderes Bild, das er dafür verwendet, ist das eines Festes. Verschiedene Geschichten enden mit einem Festessen – wie zum Beispiel das **Gleichnis** vom verlorenen Sohn im nächsten Kapitel. Im **Abendmahl** kommen diese beiden Themen zusammen, wie auch in der Begebenheit auf dem Weg nach Emmaus in Kapitel 24.

Lukas 14,1-11: Jesus und die Pharisäer

In Kapitel 14 hat Lukas zwei Gleichnisse über Feste zusammengestellt. Das erste, das wir hier in den Versen 7-11 vor uns haben, wird nicht immer als Gleichnis erkannt. Es wirkt eher wie ein Ratschlag, eine praktische Lebensweisheit: Du willst Peinlichkeiten vor den anderen Festgästen vermeiden? Dann befolge diesen Rat. Jesus ist aber nicht gekommen, um ein paar gute Tipps zu geben. Oft scheint er mit seinem Verhalten sogar ganz bewusst zu provozieren. So oder so: Lukas teilt uns mit, dass es sich um ein Gleichnis handelt (V. 7). Anders gesagt: Wir sollten mindestens eine doppelte Bedeutung erwarten. Worüber redet Jesus wirklich?

Der Rest des Kapitels macht klar, dass Jesus darauf Bezug nimmt, wie die Leute in dieser Zeit in Gottes Augen gut dastehen wollten. Jesus beobachtete, dass sie sich vordrängeln und demonstrieren wollen, wie gut sie das Gesetz und alle Reinheitsgebote einhielten. Das waren genau dieselben Leute, mit denen er in den ersten sechs Versen dieses Kapitels zu tun hatte: Leute, die andere genau beobachteten und auf die kleinsten Unregelmäßigkeiten achteten. Schlussendlich runzelten sie sogar die Stirne über die Heilung eines wassersüchtigen Mannes, die auch nach ihren eigenen Maßstäben in Ordnung war. In diesem ganzen Abschnitt stellt Jesus die Dinge auf den Kopf. Er verbündet sich mit der falschen Art von Leuten. Er berührt die Unberührbaren und ruft die „Nobodys“ zu sich.

Das Gleichnis ist also nicht so sehr ein Ratschlag für das richtige Verhalten bei gesellschaftlichen Anlässen – auch wenn in der Welt Jesu und darüber hinaus die Warnung vor Stolz und Arroganz viel praktische Weisheit enthält. Die eigentliche Bedeutung liegt aber darin, sich nicht selber in Gottes Augen hervorheben zu wollen. In den Tagen Jesu war es für die Reichen und im Gesetz geschulten Menschen naheliegend, sich den Armen und denen, die keine Ausbildung im Gesetz hatten, überlegen zu fühlen.

In der Welt, für die Lukas schrieb, drängt sich noch eine weiter gefasste Bedeutung auf. Zu Lukas' Lebzeiten waren Tausende Nichtjuden Christen geworden. Sie hatten die Einladung zur Dinner Party angenommen, die vom Gott Abrahams, Isaaks und Jakobs ausgerichtet wird. Wie wir aus der Apostelgeschichte wissen, konnten sich viele jüdische Christen das nur schwer oder gar nicht vorstellen. Sie waren so damit beschäftigt, ihre Ehrenplätze oben am Tisch zu verteidigen, dass sie sich nicht an Gottes großartigem Plan freuen konnten, der die Welt auf den Kopf stellte. Stolz ist die dunkle Wolke, die die Sonne von Gottes Großzügigkeit verdeckt: Wenn ich glaube, dass ich es verdient habe, Gottes Liebling zu sein, erkläre ich damit nicht nur, dass ich seine Gnade, Güte und Liebe nicht brauche. Ich sage damit auch, dass die, die sie nicht verdienen, sie ebenfalls nicht bekommen sollen.

Jesus setzte sein ganzes Leben dafür ein, diese Wolke aufzureißen, damit die heilenden und frischen Sonnenstrahlen der Liebe Gottes diejenigen erreichen, die in ihrem Schatten leben. Die **Pharisäer** konnten ihn noch so scharf beobachten (V. 1): Die Kraft seiner Heilungen und seiner Erklärungen war einfach zu stark für sie. Die großherzige Liebe Gottes konfrontierte immer wieder ihren engstirnigen Eifer, der sich selbst vordrängt und andere zur Seite stößt. Alle Christen sind zu dieser gesunden Abhängigkeit von Gottes Liebe eingeladen, und sie sind auch aufgerufen, diese großzügig mit allen zu teilen, die sie brauchen.

Lukas 14,12-24: Das Gleichnis vom großen Festmahl

12 Daraufhin wandte er sich an seinen Gastgeber: „Wenn du ein Mittagessen oder ein Abendessen gibst, dann lade nicht deine Freunde, Verwandte oder deine wohlhabenden Nachbarn ein mit dem Hintergedanken, dass sie dich wieder einladen könnten und du so entschädigt wirst.
13 Wenn du ein Fest veranstaltest, dann lade die Armen, Verkrüppelten, die Lahmen und die Blinden ein.
14 Gott wird dich segnen, weil sie nichts haben, womit sie sich revanchieren können. Es wird dir in der Auferstehung der Gerechten zurückgezahlt werden.“

15 Einer der Gäste hörte das und bemerkte: „Gesegnet sind alle, die in Gottes Reich essen!“

16 Jesus antwortete darauf: „Ein Mann veranstaltete ein großes Festessen und hatte viele Gäste dazu eingeladen.
17 Als es Zeit war für das Fest, sandte er seinen Diener mit der Botschaft zu den Gästen: ‚Kommt jetzt, alles ist bereit!‘
18 Alle miteinander brachten sie aber Ausreden vor. Der Erste sagte: ‚Ich habe gerade einen Acker gekauft. Ich muss unbedingt jetzt hingehen und ihn mir ansehen. Bitte entschuldige mich.‘
19 Ein anderer sagte: ‚Ich habe gerade fünf Joch Ochsen gekauft. Jetzt muss ich wirklich hingehen und sie begutachten. Bitte entschuldige mich.‘
20 Ein anderer sagte: ‚Ich habe gerade geheiratet, ich kann natürlich nicht kommen.‘
21 So kam der Diener zurück und erzählte seinem Herrn alles. Der Hausherr wurde zornig und trug seinem Diener auf: ‚Geh schnell auf die Straßen und Gassen der Stadt und bring die Armen, Verkrüppelten, die Lahmen und die Blinden hierher.‘
22 ‚In Ordnung, Herr‘, sagte der Diener. ‚Das habe ich erledigt. Wir haben aber noch Platz für mehr Leute.‘
23 Darauf sagte der Herr zu seinem Diener: ‚Also gut, geh hinaus auf die Landstraßen und an die Hecken und dränge dort alle, hereinzukommen, damit mein Haus voll wird!
24 Lass mich eines klarstellen: Keiner von denen, die eingeladen waren, wird etwas von meinem Festessen schmecken.‘“

Vor vielen Jahren habe ich einmal über diesen Abschnitt gepredigt. Ich habe betont, wie ungewöhnlich diese Aufforderung Jesu damals wie heute war. Lade nicht deine Verwandten und Nachbarn zu einem Festessen. Lade stattdessen die Armen und Behinderten ein. Diese Predigt hatte eigenartige Auswirkungen. Im Laufe der folgenden Woche erhielten meine Frau und ich nicht weniger als drei Einladungen zum Abendessen von Leuten, die an diesem Sonntag im Gottesdienst waren. Wir waren zu höflich – oder zu ängstlich – um zu fragen, zu welcher Kategorie von Gästen unsere Gastgeber uns zählen.

Dieses Mal scheint es sich um einen wirklichen Ratschlag zu handeln. Das **Gleichnis**, das nachher folgt, ist in der Tat ein Gleichnis. Jesus scheint aber wirklich zu beabsichtigen, dass seine Hörer seinen radikalen Vorschlag wortwörtlich umsetzen, wenn sie zur nächsten Dinnerparty einladen. Die Lebensumstände heute sind natürlich ganz anders als damals. Die meisten Menschen leben nicht mehr in kleinen Dörfern, wo jeder jeden kennt und wo die Türen bei den Mahlzeiten offen stehen, sodass Gäste kommen und gehen können, wie es ihnen passt (siehe Kapitel 7,36-50). Es scheint heute schwieriger zu sein, diese Anweisungen umzusetzen. Manche Christen müssten sich sehr anstrengen, um überhaupt Arme und Behinderte zu finden, die sie zu ihrer Party einladen könnten. Ich kenne allerdings einige, die genau das tun. Wir dürfen auf keinen Fall die veränderten Umstände als Ausrede nehmen, um der Aufforderung Jesu ihre Schärfe zu nehmen.

Insbesondere im Lichte des Gleichnisses können wir sie nicht ignorieren. Die Geschichte dreht sich offensichtlich um Leute, die eine Einladung zu einem großartigen Fest sehr unanständig ausschlagen. Sie bringen Ausreden vor. Der Hausherr hat den ganzen Aufwand auf sich genommen, ein rauschendes Fest zu organisieren. Jetzt will er seinen Tisch füllen, auch wenn er dafür zu ungewöhnlichen Mitteln greifen muss. Die eigentlichen Gäste haben sich selbst disqualifiziert. Andere nehmen jetzt ihren Platz ein.

Die erste Bedeutungsebene dieses Gleichnisses sollte klar sein: Jesus war in Galiläa unterwegs, um Menschen zu Gottes großartiger Party einzuladen. Israel hatte lange auf diesen Moment gewartet! Endlich war es so weit. Die geladenen Gäste müssen sich jetzt schleunigst auf den Weg machen. Fast alle lehnen die Einladung allerdings ab und bringen alle Arten von Ausreden vor. Wir werden an das Gleichnis vom vierfachen Acker erinnert, in dem die meisten Samen auf unfruchtbaren Boden fallen. Einige haben die Einladung jedoch begeistert angenommen: die Armen, die Benachteiligten, die Behinderten. Sie kamen und feierten mit Jesus.

Wie im vorherigen Gleichnis drückt die zweite Ebene das aus, was Lukas besonders am Herzen liegt. Die geladenen Gäste sind wieder die Juden, die schon lange auf das Anbrechen des **Reiches Gottes** warteten. Als es jetzt endlich so weit war, waren sie dermaßen in ihren Alltagsgeschäften verstrickt, dass sie keine Zeit dafür fanden. Zu Lukas' Lebzeiten fanden natürlich viele Juden zum christlichen Glauben. Wir dürfen hier die Details des Gleichnisses nicht zu sehr pressen. Es stimmt nicht, dass „keiner von denen, die eingeladen waren, etwas von meinem Festessen schmecken wird." Offensichtlich waren viele Juden von Anfang an Teil der Reich-Gottes-Bewegung Jesu. Die Mehrheit des Volkes, sowohl in Israel als auch in der Diaspora, blieb jedoch draußen. Für die ersten jüdischen Christen musste es so aussehen, dass die Botschafter Gottes jetzt an die Landstraßen und Hecken der Welt gingen und alle möglichen unerwarteten Gäste zu diesem Fest einluden. Es kamen nicht einfach nur **Heiden**, sondern Menschen mit allen möglichen moralischen und unmoralischen Lebensgeschichten; Menschen, die sich kulturell, sozial, ethnisch und ethisch sehr von ihnen unterschieden.

Dieses Gleichnis hat aber noch eine dritte Wendung: Es kehrt zu der Herausforderung zurück, die Jesus in den Versen 12-14 vorbrachte. Die Party, zur der die ursprünglichen Gäste eingeladen waren, ist Jesu Reich-Gottes-Bewegung, die allen und jedem offensteht. Wenn jemand Teil von Jesu Bewegung werden will, dann nimmt er an einem Fest teil, das genau diesen Charakter hat.

Und wieder kommt eine Herausforderung auf uns heutige Christen zu. Wo auch immer auf der Welt Christen diese Worte lesen, müssen sie für ihre eigenen Familien und Gemeinden Wege finden, Gottes Reich auf eine Art zu feiern, dass es auch für die Menschen am unteren Rand der Gesellschaft, am Ende der Schlange, **Gute Nachricht** ist. Es reicht nicht, wenn wir uns sagen, dass wir ja selber die Leute sind, die von den Landstraßen und Hecken dieser Welt eingeladen wurden, an Gottes Party teilzunehmen. Das mag zwar stimmen, aber es wird erwartet, dass die Festgäste ihrerseits zu Gastgebern werden.

Lukas 14,25-35: Der Preis der Jüngerschaft

25 *Eine große Menschenmenge sammelte sich um ihn. Jesus wandte*
sich ihnen zu, um mit ihnen zu reden.
26 *Er sagte: „Wenn jemand von euch zu mir kommt und nicht sei-*
nen Vater und seine Mutter, seine Frau und seine Kinder, seine Brüder
und seine Schwestern und sogar sein eigenes Leben hasst, dann kann
er nicht mein Jünger sein. 27 *Wenn er nicht sein eigenes Kreuz trägt und*
mir nachfolgt, kann er nicht mein Jünger sein.
28 *Seht ihr das denn nicht? Nehmen wir einmal an, einer von euch*
will einen Turm bauen; was würde er tun? Zuerst würde er sich doch
hinsetzen und ausrechnen, wie viel das Ganze denn kosten würde. So
sieht er, ob sein Geld ausreicht, um ihn fertigzustellen. 29 *Wenn er näm-*
lich sonst das Fundament legt, den Turm aber nicht fertigstellen kann,
wird jeder, der es sieht, ihn auslachen 30 *und sagen: ‚Hier ist einer, der*
angefangen hat zu bauen, aber seine Sache nicht fertigstellen kann!'
31 *Oder stellt euch einen König vor, der gegen einen anderen Kö-*
nig in den Krieg ziehen will; was wird er tun? Zuerst wird er sich
doch mit seinen Ratgebern hinsetzen und besprechen, ob er mit seinen
zehntausend Soldaten ein Heer mit zwanzigtausend Kriegern besiegen
kann. 32 *Wenn sie zum Schluss kommen, dass das nicht möglich ist,*
wird er dem anderen Heer eine Delegation entgegenschicken, solange
sie noch weit entfernt sind, und um die Friedensbedingungen bitten.
33 *Genauso ist es für euch: Wenn jemand von euch nicht bereit ist,*
all seinen Besitz aufzugeben, kann er nicht mein Jünger sein.
34 *Salz ist eine gute Sache. Wenn es aber seine Salzkraft verliert – wo-*
mit kann man es dann wieder salzig machen? 35 *Es tut dem Land nicht*
gut und taugt auch nicht als Dünger. Die Leute werfen es weg. Wenn
ihr Ohren habt, dann hört gut zu!"

Stellen Sie sich einen Politiker vor, der eine Wahlkampfrede hält: „Wenn Sie mich wählen", ruft er, „dann stimmen Sie dafür, Ihre Häuser und Familien zu verlieren. Sie stimmen für höhere Steuern und tiefere Löhne. Sie entscheiden sich dafür, alles zu verlieren, was Ihnen lieb und teuer ist! Also, wer gibt mir seine Stimme?" Die Leute würden sich nicht einmal die Mühe machen, mit ihm zu diskutieren oder ihn mit faulen Tomaten zu bewerfen. Sie würden ihm nur verwirrt zuhören. Wie um Himmels willen kommt jemand auf die Idee, so für sich zu werben?

Macht nicht Jesus in diesem erstaunlichen Abschnitt genau das? „Du willst wirklich mein Jünger sein? Nun, in dem Fall musst du lernen, deine Familie zu hassen, all deinen Besitz aufzugeben und dich auf einen hässlichen Tod vorbereiten!" Wir würden sagen, dass das wohl kaum der Weg ist, Freunde zu gewinnen und Menschen zu beeinflussen.

Wenn wir uns jetzt aber statt eines Politikers den Leiter einer gewagten Expedition vor Augen halten, die sich ihren Weg über einen hohen und gefährlichen Bergpass kämpft, um einem von der Umwelt abgeschnittenen Bergdorf lebenswichtige Medikamente zu bringen, sieht die Sache ganz anders aus. „Wenn ihr weiterkommen wollt", so könnte der Anführer sagen, „müsst ihr euer Gepäck jetzt zurücklassen. Der Weg ab hier ist einfach zu steil, um all die Sachen mitzuschleppen. Wahrscheinlich werdet ihr sie nicht wiederfinden. Und schickt vorsichtshalber noch eine letzte Ansichtskarte nach Hause. Der Weg ist extrem gefährlich. Einige von uns werden wohl nicht lebend zurückkommen." Das können wir verstehen. Es wird uns nicht gefallen, aber wir können nachvollziehen, warum das sinnvoll ist.

So können wir auch sehen, dass Jesus eher dem Bergführer entspricht als dem Politiker. Weil für Christen die Familie einen sehr hohen Stellenwert hat ist es umso schockierender, wenn uns gesagt wird, wir müssten unsere Eltern, Ehepartner, Kinder und Geschwister „hassen". Wenn wir den Anweisungen aber ein wenig weiter folgen, hören wir, dass man auch sein eigenes Selbst hassen soll und auf einen schmachvollen Tod vorbereitet sein muss (in der Welt Jesu war es nicht nur eine bildhafte Rede, wenn jemand sagte: „Nimm dein Kreuz auf dich!"), und wir ahnen, um was es geht. Jesus verneint nicht, dass die Familie sehr wichtig ist. Er lehnt es auch nicht ab, in guten familiären Beziehungen zu leben. Wenn aber eine dringliche Aufgabe erledigt werden muss, und genau darum geht es jetzt, dann müssen wir alles andere riskieren, sogar das eigene **Leben**, um das **Reich Gottes** voranzutreiben.

Das gilt auch im Blick auf Besitz. Damals wie heute besaßen viele Nachfolger Jesu Häuser und Grundstücke – und sie fühlten sich nicht genötigt, diese zu verlassen. Es ist aber ein Zeichen, dass man die Ernsthaftigkeit des Rufes Jesu zur Jüngerschaft verstanden hat, wenn man bereit ist, alles loszulassen. Jeder von uns könnte zu jeder Zeit gerufen werden, buchstäblich alles zu verlassen und auf eine neue Notlage zu reagieren. Wenn wir dazu nicht bereit sind, ergeht es uns so wie dem Turmbauer oder Heerführer, die ihre Vorhaben nicht bis zum Ende durchdacht haben.

Diese beiden Bilder vom Turm und von der Schlacht trugen eine versteckte Warnung in sich, die man zur Zeit Jesu wahrscheinlich verstanden hat. Das wichtigste Bauwerk dieser Zeit war natürlich der **Tempel** in Jerusalem: **Herodes** der Große hatte ein gewaltiges Programm begonnen, ihn zu erneuern und zu verschönern. Seine Söhne und Erben führten das Werk fort. Aber wozu das alles? Würde es jemals vollendet werden? Jesus hatte bereits davor gewarnt, dass Gott dieses Haus bereits verlassen hat (Kap. 13,35). In Kürze würden vom Tempel des **Herodes** nur noch rauchende Trümmer übrig bleiben. Die ganze Torheit dieses Unterfangens würde offensichtlich werden.

Auch die zweite Warnung hat einen Bezug dazu. Wenn Jesu Zeitgenossen an „Kampf“ dachten, hatten sie nur einen möglichen Gegner vor Augen: die Römer. Wahrscheinlich hatten sie nur eine ungefähre Vorstellung davon, wer die Römer eigentlich waren und welche militärischen Möglichkeiten ihnen zur Verfügung standen. Sonst hätten sie nämlich lange bevor es zu kriegerischen Auseinandersetzungen kam Vernunft angenommen und einen Weg zu einer friedlichen Einigung gesucht. Jesu Warnungen und sein Ruf zum Frieden stießen aber auf taube Ohren. Seine Zuhörer hingen zu sehr am Besitztum ihrer Vorfahren. Sie waren schier vom Wunsch besessen, einen Krieg anzufangen und so Freiheit für ihr Land zu erkämpfen. Jesus konfrontierte sie mit einem echten Notfall. Sie waren aber nicht fähig, ihn zu sehen und entsprechend darauf zu reagieren.

Die letzte Warnung kommt darum mit neuer Kraft. Israel sollte das Salz der Erde sein: das Volk, durch welches Gott sie gesund und wohlschmeckend erhält. Wenn Israel aber seine besondere Fähigkeit und seinen Geschmack verliert, was bleibt dann übrig? Diese Warnung verstärkt die kryptischen Aussagen über den Turm und die Schlacht und bringt uns zurück zur Herausforderung: alles oder nichts. Jesus konfrontiert seine Zeitgenossen mit einer Entscheidung: Sie müssen entweder wahrhaft Israel sein, indem sie ihm nachfolgen, oder sie müssen der Zerstörung des Turms und den Verheerungen einer verlorenen Schlacht entgegensehen.

Es ist nicht schwierig (wahrscheinlich sind diese Gedanken auch bereits Lukas durch den Kopf gegangen), diese herausfordernden Aussprüche auf das Leben der Kirche anzuwenden. In jeder Phase im Leben der Kirche stand sie vor der Herausforderung, nicht nur nach Jesu Anweisungen zu leben, sondern diese auch der Welt vor Augen zu halten. Wo sind die Türme und die Kriege, die zu bauen und zu kämpfen unsere Welt verdammt zu sein scheint? Wie können wir die Menschheit einmal mehr zum Gehorsam rufen, auch wenn es einen Preis kostet?

Lukas 15,1-10: Die Gleichnisse vom verlorenen Schaf und von der verlorenen Münze

1Alle Zolleinnehmer und Sünder kamen nahe heran, um Jesus zu hö-
ren. 2Die Pharisäer und die Gesetzeslehrer regten sich darüber auf: „Dieser Kerl heißt Sünder willkommen und isst sogar mit ihnen!“
3Darauf reagierte Jesus, indem er ihnen ein Gleichnis erzählte:

4„Nehmen wir einmal an, dass einer von euch hundert Schafe besitzt;
jetzt verliert er eines davon. Was wird er tun? Lässt er dann nicht die
neunundneunzig in der Steppe zurück und geht dem einen Verlorenen
nach, bis er es gefunden hat? 5Wenn er es dann gefunden hat, wird er
sich so freuen, dass er es auf seine Schultern nimmt, 6nach Hause trägt
und dann alle seine Freunde und Nachbarn einlädt: ‚Kommt und fei-
ert mit mir! Ich habe das Schaf wiedergefunden, das mir verloren ge-
gangen war!'

7Ich kann euch sagen: Genauso wird man sich im Himmel über ei-
nen einzigen Sünder freuen, der umkehrt – mehr als über neunund-
neunzig Gerechte, die nicht umkehren müssen.

8Oder stellen wir uns eine Frau vor, die zehn Münzen besitzt – und
eine davon verliert. Was wird sie tun? Sicher wird sie ein Licht anzün-
den, das ganze Haus fegen und überall suchen, bis sie sie gefunden
hat! 9Wenn sie sie dann gefunden hat, lädt sie alle ihre Freunde und
Nachbarn ein: ‚Kommt und feiert mit mir! Ich habe die Münze wie-
dergefunden, die mir verloren gegangen war!'

10Ich kann euch sagen: Genau so werden sich Gottes Engel freuen,
wenn ein einziger Sünder umkehrt."

Wir hatten unser Traumhaus gefunden und waren frisch umgezogen: Es war ruhig gelegen, abgeschieden, am Ende einer Straße und nahe an einem See gelegen. Alles sah so friedlich aus. Am ersten Samstagabend, den wir dort verbrachten, brach aber das große Chaos aus: Laute Musik ertönte, lautsprecherverstärkte Stimmen riefen Bekanntmachungen aus, Freudenschreie, Feuerwerk – all das hielt unsere kleinen Kinder bis in die Morgendämmerung hinein wach. Wir waren entsetzt. Würde das jetzt jedes Wochenende so ablaufen? Woher kam der Lärm überhaupt? Wieso hatte uns das niemand gesagt, bevor wir den Kaufvertrag unterschrieben hatten?

Am Morgen darauf bekamen wir die Erklärung. Das war kein regelmäßiger Anlass. Einmal im Jahr feierte der örtliche Yachtclub eine rauschende Party, um irgendein wichtiges Ereignis im Seglerjahr zu begehen. Wir waren beruhigt. Ich dachte aber noch länger darüber nach, wie das Freudenfest des einen zum ruhestörenden Lärm für den anderen werden kann – ganz besonders, wenn man den Grund für die Party nicht versteht.

Jesus erzählte die drei **Gleichnisse** in Lukas 15, weil er es sich zur Gewohnheit gemacht hatte, mit den „falschen" Leuten zusammen fröhliche Feste zu feiern. Anderen verursachte das Albträume. Alle Geschichten erzählen auf ihre Art: „Deshalb feiern wir! Wenn es dich betreffen würde, würdest du dann nicht auch feiern? Wie können wir es bleiben lassen?" Alle zusammen bilden sie ein weit offenes Fenster, das uns zeigt, was Jesus dachte, was er tat – und was wir vielleicht auch tun sollten.

Stein des Anstoßes war der Charakter der Leute, mit denen Jesus regelmäßig Tischgemeinschaft pflegte. Die Zolleinnehmer waren nicht einfach verhasst, weil sie Zölle eintrieben – in jeder Kultur würde das Menschen unbeliebt machen –, sondern weil sie das Geld für **Herodes** oder die Römer oder für alle beide einforderten. Darum wollte niemand etwas mit ihnen zu tun haben. Weil sie regelmäßig mit **Heiden** im Kontakt standen, betrachteten viele sie außerdem als unrein.

„Sünder" umschreibt eine allgemeinere Kategorie. Die Meinungen darüber, wer hiermit genau gemeint ist, gehen auseinander. Vielleicht waren es einfach Leute, die zu arm waren, um das Gesetz gut genug zu kennen oder um wenigstens zu versuchen, es zu halten (siehe Johannes 7,49). Auf jeden Fall waren es Leute, die von den selber ernannten Experten für hoffnungslos areligiös gehalten wurden. Man dachte, dass sie keinen Bezug zu den Auflagen hatten, die Gott Israel durch das Gesetz gemacht hatte.

Jesus sagt in diesem Kapitel *nicht*, dass man solche Leute halt annehmen muss, wie sie sind. Sünder müssen umkehren. Das verlorene Schaf und die verlorene Münze müssen gefunden werden. Der verlorene Sohn besinnt sich und kehrt nach Hause zurück. Jesus hatte aber eine andere Vorstellung davon, was „**Umkehr**" bedeutet als seine Kritiker. Für die kam nichts weniger infrage als dass die Verlorenen ihre

Vorstellungen von Reinheit und Gesetzesgehorsam übernehmen sollten. In den Augen Jesu heißt wahre Umkehr, ihm nachzufolgen und in seinen Wegen zu gehen. Und auch wenn er es hier nicht ausdrücklich formuliert, ist klar: Die **Pharisäer** und **Gesetzeslehrer** müssen selbst auf diese Art umkehren. In der Tat: „Gerechte, die nicht umkehren müssen"! Versuchen Sie einmal, diesen Satz mit einem Lächeln im Gesicht und einem Fragezeichen auf der Stirn zu sagen, dann hören Sie wahrscheinlich, was Jesus im Sinn hatte.

So ist die Kernaussage der Gleichnisse klar. Darum gibt es eine Party: Der ganze **Himmel** feiert ein rauschendes Fest, die Engel machen mit. Wenn wir nicht auch einstimmen, sind wir nicht auf Gottes Realität eingestimmt.

Die Zuspitzung in den Geschichten vom Schaf und von der Münze hängen vom jüdischen Glauben ab, dass die beiden Hälften von Gottes Schöpfung, Himmel und Erde, zusammengehören und in Harmonie zu einander stehen sollten. Wenn Sie entdecken, was im Himmel vor sich geht, dann entdecken Sie zugleich, wie es auf der Erde zu- und hergehen sollte. Schließlich ist das ja auch der Punkt, wenn wir darum beten, dass **Gottes Reich** kommt „wie im Himmel so auf Erden." Im Denken der Pharisäer und Gesetzeslehrer gab es nichts, was dem Himmel näher kam als der **Tempel**. Dieser erlegte den Priestern die strikte Einhaltung aller Reinheitsgebote auf. Wer als Nicht-Priester dem Himmel möglichst nahe kommen wollte, musste in jedem Lebensbereich die Reinheitsgebote ähnlich streng einhalten. Jetzt aber kommt Jesus und behauptet, dass der Himmel jedes Mal eine große lärmige Party feiert, wenn ein Sünder umkehrt und beginnt, Gottes Weg zu folgen. Wenn die Erdbewohner das Leben des Himmels kopieren wollen, müssen sie jetzt auch ein Fest feiern. Und Jesus tat genau das.

Dieses einzelne Schaf und diese einzelne Münze waren nicht als solche etwas Spezielles. (Die Münzen waren übrigens wahrscheinlich die gesamten Ersparnisse der Frau, möglicherweise ihre Mitgift. Eine davon zu verlieren war für sie ein persönliches und finanzielles Desaster.) In einer verfälschten Handschrift, wie sie in den späteren Jahrhunderten zirkulierten, wird Jesus der Satz in den Mund gelegt: „Ich liebe dich mehr als die anderen.“ Der ganze Punkt des Gleichnisses ist aber eben die Tatsache, dass der *einzige* Unterschied zu den anderen Schafen der ist, dass es verloren gegangen ist. Stellen Sie sich vor, was dies in den Sündern ausgelöst hat, die umgekehrt waren, als sie diese Geschichten hörten! Sie mussten Gottes Liebe oder den Respekt Jesu nicht erst verdienen. Er liebte es, nach ihnen Ausschau zu halten und feierte es, wenn er sie fand.

Und Jesus tat genau das, was Gott tat. Das ist die tiefste Aussage dieses Gleichnisses, und genau daran störten sich die Pharisäer am allermeisten. Jesu Handeln auf der Erde ging Hand in Hand mit Gottes Liebe in seinem himmlischen Reich.

Die wahre Herausforderung dieser Gleichnisse für die heutige Kirche ist die Frage: Was müssten wir heute in der sichtbaren, öffentlichen Welt tun, damit Leute anfangen Fragen zu stellen, auf die diese Gleichnisse eine Antwort geben? Was könnten Christen heute tun, damit Menschen fragen: „Wieso tut ihr so etwas?“ und uns so die Chance eröffnen, Geschichten über verlorene und wiedergefundene Sachen zu erzählen?

Lukas 15,11-24: Das Gleichnis vom verlorenen Sohn: der Vater und der jüngere Sohn

11 *Jesus fuhr fort: „Da war einmal ein Mann, der zwei Söhne hatte.*
12 *Der jüngere Sohn sagte zum Vater: ‚Vater, gib mir meinen Anteil am*
Vermögen.‘ So teilte er seinen Besitz zwischen ihnen auf. 13 *Wenige*
Tage später machte der jüngere Sohn seinen Anteil zu Bargeld und zog
fort in ein weit entferntes Land. Dort haute er seinen Anteil für einen
verschwenderischen Lebensstil auf den Kopf.

[14]Als alles Geld verbraucht war, traf eine schwere Hungersnot dieses
Land, und er stand mit leeren Händen da. [15]So ging er hin und hängte
sich an einen Bürger dieses Landes. Der schickte ihn auf die Felder,
um seine Schweine zu füttern. [16]Zu gerne hätte er seinen Hunger mit
Schweinefutter gestillt, aber niemand gab ihm etwas.

[17]Schließlich kam er zur Besinnung. Er sagte sich: ‚Denk doch mal
an die vielen Knechte, die für den Vater arbeiten. Sie alle haben reich-
lich zu essen. Und ich sitze hier und verhungere! [18]Ich werde mich auf
den Weg machen und zu meinem Vater gehen. Dann werde ich zu ihm
sagen: Vater! Ich habe mich gegen den Himmel und auch dir gegen-
über versündigt. [19]Ich verdiene es nicht länger, dass ich dein Sohn bin.
Bitte nimm mich als einen deiner Arbeiter auf.‘ [20]Und er stand auf und
ging zu seinem Vater.

Als er noch weit weg war, sah ihn sein Vater. Sein Herz war von
Liebe und Mitleid bewegt. [21]Er rannte ihm entgegen, umarmte ihn
fest und küsste ihn. ‚Vater,‘ begann der Sohn zu reden, ‚ich habe mich
gegen den Himmel und auch dir gegenüber versündigt. Ich verdiene
es nicht länger, dass ich dein Sohn bin.‘ [22]Sein Vater aber trug seinen
Dienern auf: ‚Beeilt euch! Bringt schnell die besten Kleider herbei und
zieht sie ihm an! Steckt ihm einen Ring an seine Hand und zieht ihm
Schuhe an! [23]Und bringt das Kalb, das wir gemästet haben. Schlach-
tet es. Wir wollen essen und eine Party feiern! [24]Dieser mein Sohn war
tot, jetzt lebt er wieder! Er war verloren, jetzt ist er gefunden!‘ Und
sie fingen an zu feiern.“

Man sollte denken, dass das Gleichnis vom verlorenen Sohn, wie man es gewöhnlich nennt, keine Erklärung benötigt. Es hat Künstler und Autoren zu allen Zeiten inspiriert. Rembrandts berühmtes Bild, auf dem der Sohn vor dem liebenden Vater kniet, der ihn willkommen heißt, ist für viele fast ebenso zu einer Inspiration geworden wie das Gleichnis selber. Redewendungen aus dem Gleichnis – etwa das „gemästete Kalb“ aus der Lutherbibel – sind fast schon sprichwörtlich geworden.

Und doch: Oft versteht man diese Geschichte *nur* als Gleichnis über die wunderbare Liebe und die vergebende Gnade Gottes, die jeden Sünder willkommen heißt, der auch nur das kleinste Zeichen von Umkehr zu erkennen gibt. Und das ist ja tatsächlich das zentrale Thema. Darüber können wir uns freuen, das können wir feiern. Die Geschichte geht aber tiefer als wir oft annehmen.

Denken wir einmal darüber nach, wie damals Familien wie diese funktioniert haben. Der Vater teilte seinen Besitz zwischen beiden Söhnen auf. Wenn der jüngere Sohn seinen Anteil zu Geld machen will, verkauft er seinen Anteil am Land an jemand anderen. Die Schande, die das über die Familie brachte, kam zu der Schande dazu, die der Sohn seinem Vater bereits angetan hatte, als er sein Erbteil *vor* dessen Tod verlangte; dies bedeutete nämlich nichts weniger als: „Ich wünschte, du wärst schon tot." Der Vater steckt diese beiden Schläge ein, ohne sich zu wehren.

Leute, die in traditionellen Kulturen leben, die denen zur Zeit Jesu ähnlich sind, finden die Geschichte in diesem Punkt bis heute ziemlich unglaubwürdig. Väter benehmen sich nicht so. Er hätte seinen Sohn verprügeln oder ihn rauswerfen müssen. Wir finden ein tiefes Geheimnis, das in diese Geschichte eingewoben ist, noch bevor der Sohn das Elternhaus überhaupt verlassen hat. In der modernen westlichen Kultur ist es völlig normal, dass Kinder das Elternhaus verlassen und ihre Zukunft und ihr Glück in großen Städten oder sogar im Ausland suchen. In der Kultur Jesu wäre es auch als Schande angesehen worden, wenn der jüngere Sohn seiner Verpflichtung nicht nachkommt, für seinen Vater zu sorgen, wenn dieser alt wird. Als der Sohn im Ausland angekommen ist, all sein Geld verjubelt hat und in Schwierigkeiten gerät, stürzt er in unvorstellbare Tiefen ab. Für einen Juden ist es schlimm genug, überhaupt nur etwas mit Schweinen zu tun zu haben; sie füttern zu müssen und dann noch so hungrig zu sein, dass er auf ihr Futter neidisch ist, ist noch viel schlimmer.

Die bemerkenswerteste Gestalt in diesem Gleichnis ist natürlich der Vater selbst. Man könnte die Geschichte auch „Das Gleichnis vom rennenden Vater" nennen: In einer Kultur, in der es ältere Menschen für würdelos ansehen, irgendwohin zu rennen, sprintet der Vater los, sobald er sieht, dass sich der Sohn nach Hause schleppt. Sein überwältigender Empfang ist natürlich der springende Punkt dieser Geschichte: Jesus erklärt, wieso es ein Fest gibt; wieso es etwas zu feiern gibt, wenn Menschen von ihren selbst gewählten Wegen umkehren und anfangen, auf Gottes Weg zu gehen. Der junge Mann war total abgestürzt. Es kann kein Zweifel daran bestehen, dass nichts an ihm für den Vater oder irgendwelche Zuschauer anziehend wirkt. Der letzte Satz des Vaters sagt aber alles: „Dieser mein Sohn war tot, jetzt lebt er wieder! Er war verloren, jetzt ist er gefunden!" Wenn das kein Grund zum Feiern ist!

Die Geschichte hat aber noch eine weitere Dimension, die wir nicht verpassen sollten. Eine der großartigen Geschichten aus der Vergangenheit Israels war natürlich der **Exodus**, als Mose Israel aus Ägypten heraus und heim ins verheißene Land führte. Viele Jahre später nach einer langen Rebellion wurde Israel nach Babylon ins **Exil** geschickt. Obwohl die meisten der Verschleppten zurückgekehrt sind, dachten viele der Zeitgenossen Jesu, dass sie immer noch in einer Art von Exil lebten, in bösen und finsteren Zeiten, in denen Heiden über sie herrschten. Sie warteten immer noch darauf, dass Gott einen neuen Exodus einläutet, der sie aus ihrem sozialen und geistlichen Exil befreien und die endgültige Erfüllung von Gottes Verheißungen einläuten würde. Wenn Jesus jetzt eine Geschichte erzählt über einen Mann, der verloren war in einem fremden Land, jetzt aber mit einer rauschenden Party zu Hause willkommen geheißen wird, dann verstehen seine Zuhörer die Anspielung auf Israels Geschichte sehr gut. „Dieser mein Sohn war tot, jetzt lebt er wieder"; seit Hesekiel 37 wurde die Idee der **Auferstehung** eng mit der Rückkehr aus dem Exil verbunden.

Und Jesus ergänzt: Genau das geschieht hier und jetzt. Wenn Menschen umkehren und zu Gott zurückkommen – wie wir gesehen haben bedeutet das in Jesu Augen, dass sie auf seine Botschaft des **Evangeliums** positiv reagieren – dann und dort passiert die „Rückkehr aus dem Exil", auch wenn diese vielleicht ganz anders aussieht als es die Leute erwartet hatten. Für die **Pharisäer** und seine anderen Kritiker hat er eine einfache Antwort bereit: Wenn Gott seine Verheißungen vor euren Augen erfüllt, dann könnt ihr mich nicht daran hindern, eine Party zu schmeißen. Im Gegenteil: Das ist nur recht und billig.

Es ist gefährlich, diese Geschichte in zwei Hälften zu spalten, wie wir das getan haben. Die zweite Hälfte ist entscheidend wichtig und eng mit der ersten Hälfte verwoben. Und doch: In der ersten Hälfte wird die Liebe des Vaters betont, die bereit war, einen hohen Preis zu zahlen. Von dem Augenblick an, als er dem jüngeren Sohn großzügig das gab, was er wollte, bis hin zum wunderbaren „Willkommen", als der Sohn heimkehrte, haben wir ein lebhaftes Bild davon vor Augen, wie Gottes Liebe ist. Diese Liebe nahm sich Jesus auch zum Vorbild für seinen eigenen Dienst, in dem er Ausgestoßene und Sünder willkommen hieß.

Lukas 15,25-32:
Das Gleichnis vom verlorenen Sohn:
der Vater und der ältere Sohn

25„Der ältere Sohn war draußen auf den Feldern. Als er nach Hause
ging und nahe ans Haus kam, hörte er Musik und Tanz. 26Er rief einen
der Diener zu sich und fragte ihn, was da vor sich gehe.

27‚Dein Bruder ist heimgekehrt!', antwortete dieser. ‚Dein Vater gibt
ein großes Fest – er hat sogar das gemästete Kalb geschlachtet! –, weil
er sicher und wohlbehalten nach Hause zurückgekehrt ist!'

28Er wurde stinksauer und weigerte sich, hereinzukommen.

Sein Vater kam daraufhin nach draußen und drängte ihn hereinzu-
kommen. 29‚Schau her', hielt er seinem Vater vor. ‚Wie ein Sklave habe

ich all diese Jahre für dich geschuftet! Nie habe ich auch nur einen ein-
zigen deiner Befehle nicht befolgt. Und du hast mir nie auch nur ei-
nen jungen Ziegenbock gegeben, um mit meinen Freunden zu feiern.
30 Wenn aber dieser da, dein Sohn, nach Hause kommt, kaum dass er
dein Eigentum mit Huren verschwendet hat, schlachtest du das ge-
mästete Kalb für ihn!‘
31 ‚Mein Sohn‘, gab er zur Antwort, ‚du warst immer bei mir. Alles,
was ich habe, gehört dir. 32 Wir mussten aber feiern und fröhlich sein!
Dieser dein Bruder, war tot; jetzt lebt er wieder! Er war verloren, jetzt
ist er gefunden!‘“

Eine sehr anschauliche Formulierung aus einem Gedicht eines meiner Schulkollegen begleitet mich seit über dreißig Jahren. Er beschreibt darin einen Parkwächter. Seine Aufgabe bestand darin, mit einem Stock den Abfall im Park aufzusammeln. Inmitten all der Blumenpracht und der Schönheit der majestätischen Bäume hatte er nur Augen für den Müll, den er beseitigen musste und für den Schaden, der durch diesen Müll entstanden war. Diese Zeilen, die seine Pflichten umschreiben, sind in meinem Gedächtnis eingebrannt:

„Zerstört die Natur hier im Park, dieser Müll“, sagte er ohne den Kopf zu heben.

Er konnte nur das Schlechte sehen, seine Augen waren blind für die Schönheit.

Das bringt das Problem des älteren Bruders auf den Punkt. Und der Teil mit dem älteren Bruder ist die eigentliche Spitze dieses **Gleichnisses**. Mit ihr antwortet Jesus seinen Kritikern. Sie hatten sich dermaßen auf die Bosheit der Zolleinnehmer und Sünder eingeschossen und auch auf die Frechheit Jesu, dass er mit solchen Leuten zusammen isst, obwohl er doch beansprucht, ein Prophet des **Reiches Gottes** zu sein, dass sie nicht sehen konnten, wie das Sonnenlicht funkelnd durch das frische Laub der Liebe Gottes bricht. Hier sind all die Menschen, die verändert und geheilt wurden, deren Leben körperlich, emotional, moralisch und geistlich umgekrempelt war; und diese Nörgler hatten nur Augen für den Abfall, den menschlichen Müll, den sie normalerweise verachteten und mieden.

Das Porträt des älteren Bruders ist genial gezeichnet. Kleine Veränderungen von Worten und Bedeutungen verraten viel. „Dein Bruder ist heimgekehrt!“, sagt der Knecht, aber als Bruder will der ältere Sohn ihn nicht mehr akzeptieren. „Dieser da, dein Sohn“, wirft er seinem Vater zornig entgegen. „Dieser dein Bruder“, erwidert sein Vater und erinnert ihn auf diese Art sanft an die Wahrheit. „Wie ein Sklave habe ich für dich geschuftet!“, hält er seinem Vater vor, obwohl sie doch in Wahrheit als Partner zusammengearbeitet haben, weil der Vater seinen Besitz ja schon zwischen ihnen aufgeteilt hatte (Vers 12). Alles, was der Vater hat, gehört dem älteren Bruder, weil der jüngere seinen Anteil bereits verschwendet hat. Wahrscheinlich ist genau das auch ein Teil des Problems. Der ältere Bruder sieht nur zu genau, dass jeder Cent, der für seinen Bruder ausgegeben wird, aus seinem eigenen Erbteil stammt.

Ein verräterischer Satz verbindet die Geschichte, die Jesus erzählt, mit seinen Gegnern: „Jeden einzelnen deiner Befehle habe ich befolgt.“ Genau damit brüsten sich die **Pharisäer** (vgl. Philipper 3,6). Die scheinbare moralische Überlegenheit schmilzt aber wie Schnee vor der Sonne der Liebe Gottes. Wo **Auferstehung** im Spiel ist – wo rund um einen herum neues **Leben** hervorbricht –, ist es nicht einfach nur angemessen, nein es ist *absolut notwendig* zu feiern (Vers 32). Wer sich dem verweigert, der ist nicht dankbar für die Großzügigkeit. Er benimmt sich so, als ob nicht Gott hinter all dem Guten steckt. Er sieht nur den Müll und weigert sich, den Duft der Blumen wahrzunehmen.

Wenn wir anschauen, was Gott durch Jesus in Israel tat, sehen wir einmal mehr, dass die neue Arbeit für das Reich Gottes wirklich wie eine Rückkehr aus dem **Exil** war. Sünder und Ausgestoßene merken, dass sie in der Gemeinschaft mit Jesus und so auch mit Gott willkommen sind – auf eine Art, die sie selber nie für möglich gehalten hätten. Aber immer, wenn ein Werk Gottes sich kraftvoll entwickelt, gibt es murrende Stimmen im Hintergrund: „Die Dinge sind nicht so einfach; es ist nicht recht, dass Gott so großzügig ist; Menschen, die alles richtig gemacht haben, werden einfach nicht beachtet." So war es schon zu der Zeit zugegangen, als die Israeliten aus dem babylonischen Exil zurückgekehrt waren. Etliche Leute, allen voran die Samaritaner, wollten sie gar nicht zurückhaben.

Die Geschichte stellt die Selbstzentriertheit der Nörgler bloß. Mit seiner schlechten Laune zeigt der ältere Bruder, dass er nicht mehr Respekt vor dem Vater hat als der jüngere Bruder gehabt hatte. Er belehrt seinen Vater vor den Ohren seiner Gäste und weigert sich, seiner Bitte nachzugeben. Einmal mehr ist der Vater großzügig, dieses Mal dem selbstgerechten älteren Sohn gegenüber. Wir spüren, dass Jesus an diesem Punkt nicht einfach nur die Nörgler zurechtweisen will. Er will auch den Pharisäern und Gesetzeslehrern klarmachen, dass sich Gottes Großzügigkeit tatsächlich nach Leuten ausstreckt, von denen sie es nicht erwartet hätten – und er will ihnen gleichzeitig vor Augen führen, dass es für sie auch noch viel Platz gibt. Wenn sie darauf bestehen, nicht an der Party teilzunehmen, weil das nicht ihrem Stil entspricht, dann ist das ihre Entscheidung. Es hat aber nichts damit zu tun, dass Gott sie nicht auch lieben würde.

Wie einige andere Gleichnisse deutet dieses für Lukas über die unmittelbare Situation hinaus und hinein in die frühe Kirche. Dort strömten **Heiden** in die Kirche; für Juden und jüdische Christen war es sehr schwer, diese Tatsache zu feiern. Paulus bringt im Römerbrief zum Ausdruck, dass die neuen Gemeinschaften ihrem älteren Bruder niemals den Eindruck geben durften, dass Gott mit ihnen abgeschlossen hat. Irgendwie muss man ein Gleichgewicht finden.

Die Geschichte hat natürlich ein offenes Ende. Selbstverständlich wüssten wir nur zu gerne, was als Nächstes geschieht. Wie wird sich der jüngere Bruder von jetzt an benehmen? Wie werden sie sich miteinander arrangieren? Kommt es zur Versöhnung zwischen den Brüdern? Wenn ein Geschichtenerzähler so wie hier am spannendsten Punkt aufhört, dann will er uns zum Nachdenken bringen: Wo passen wir in diese Geschichte hinein? So lernen wir mehr über uns selbst und über unsere Kirchen. Was denken Sie, welche Rolle liegt Ihnen und Ihrer Kirche am nächsten? Wie können wir uns entwickeln, damit wir zu Menschen werden, durch die andere Menschen „Auferstehung“ erleben können? Wie können wir das Fest der Liebe Gottes so feiern, dass sich nicht nur die jüngeren Brüder wohlfühlen, die von den Toten zurückgekehrt sind, sondern auch die älteren Brüder, die dachten, dass bei ihnen doch alles in Ordnung sei?

Lukas 16,1-9: Das Gleichnis vom cleveren Manager

1 *Jesus sagte zu seinen Jüngern: „Es gab einmal einen reichen Mann, der einen Manager hatte. Gegen den wurde Klage erhoben, dass er*
sein Eigentum verschwende. 2 *So ließ er ihn vor sich bringen und sagte*
ihm: ‚Was muss ich da hören? Lege die Abrechnung über deine Tätigkeit vor. Ich werde dich nicht länger als meinen Manager beschäftigen!‘

3 *Darauf dachte der Manager bei sich selbst: ‚Was soll ich jetzt tun? Mein Herr nimmt mir meine Arbeit als Manager weg! Körperliche Arbeit kann ich nicht leisten, und ich schäme mich zu betteln …*

4 *Ich habe eine Idee, wie ich sicherstellen kann, dass Leute mich in ihrem Haus aufnehmen, wenn ich als Manager gefeuert worden bin.‘*

5 *So rief er einen Schuldner seines Herrn nach dem anderen zu sich. Er fragte den ersten: ‚Wieviel schuldest du meinem Herrn?‘*

6 *‚Einhundert Fässchen Olivenöl‘, gab der zur Antwort.*

Darauf sagte der Manager: ‚Nimm deinen Schuldschein, setz dich schnell hin und mache fünfzig daraus.‘

7 *Einen anderen fragte er: ‚Und wie viel bist du schuldig?‘*

Der antwortete: ‚Einhundert Sack Weizen.‘

Darauf sagte er: ‚Nimm deinen Schuldschein und mache achtzig daraus.‘

8 *Der Herr lobte den unehrlichen Manager, weil er so weise gehan-*

delt hatte. Seht ihr, die Kinder dieser Welt sind weiser als die Kinder des Lichts, wenn es darum geht, mit ihrer eigenen Generation umzugehen.

9So lass mich euch dies sagen: Setzt das unehrliche Zeug, das ‚Geld' genannt wird, ein, um euch Freunde zu machen! Wenn es euch dann nämlich ausgeht, werden sie euch in Häusern willkommen heißen, die bestehen bleiben."

Nach dem Gottesdienst kam eine Frau zu mir und wollte wissen, was dieser Abschnitt bedeutete. Er war als zweite Lesung vorgelesen worden, nach einem Text aus einem Prophetenbuch (soweit ich mich noch erinnern kann aus Hesekiel 18), in dem alle Arten von Sünden verurteilt werden, unter anderem auch das Eintreiben von Zinsen. Offensichtlich hatte sie bei den Lesungen gut zugehört, konnte sich aber keinen Reim darauf machen, was das zu bedeuten hatte. Sprach sich die Bibel jetzt dagegen aus, mit Geld weiteres Geld zu verdienen? Oder sagte sie – oder eigentlich: Jesus – uns, dass wir jedes zur Verfügung stehende Mittel am Finanzmarkt einsetzen sollten, um uns aus Problemen herauszumanövrieren?

Einige gängige Übersetzungen machen das Problem dadurch noch schlimmer, dass sie es so klingen lassen, als könnte man sich den Weg in den **Himmel** erkaufen. Dazu kommt noch das Rätsel aus Vers 8, wo nicht klar ist, ob „der Herr", der den unehrlichen Manager lobt, der Herr aus der Geschichte ist oder ob Lukas hier berichtet, was „der Herr" Jesus darüber zu sagen hat. Wie können wir das Ganze einordnen?

Zuerst einmal müssen wir verstehen, wie diese Geschichte funktioniert. Es sieht so aus, als ob der Herr in der Geschichte selber betrügerisch wirtschaftet. Juden war es verboten, Geld gegen Zinsen zu verleihen. Viele Leute umgingen das aber, indem sie Waren verliehen. Öl und Weizen waren für diese Zwecke ideal. Es ist wahrscheinlich, dass der Manager von den Schuldscheinen die Zinsen abzog, die der Herr verlangt hatte. Der Zins auf Öl war höher als der auf Weizen. Wenn er jetzt den Schuldschein in jedem Fall auf den entliehenen Betrag reduzierte, würden sich die Schuldner freuen. Der Herr aber konnte ihn nicht gut anklagen, weil dann ja seine zwielichtigen Geschäfte ans Licht gekommen wären. Als jetzt also der Herr davon hörte (ich glaube, dass „der Herr" in Vers 9 sich auf den „Herrn" in der Geschichte bezieht, nicht auf Jesus), konnte er die Cleverness seines Managers nur bewundern.

Weiter müssen wir uns vor Augen halten,– und Lukas hilft uns dabei, indem er das ganze Setting erzählt – um was es in diesem **Gleichnis** überhaupt geht. Schließlich ist es ein *Gleichnis* und nicht ein moralisches Lehrstück über Geld und wie man es (nicht) verwenden soll. In den Sprüchen über Feste in Kapitel 14 finden wir in den Gleichnissen zwar auch moralische Lehraussagen. Das macht es mindestens am Anfang nicht einfacher, das Thema zu verstehen.

Wenn wir auf eine jüdische Geschichte aus dem ersten Jahrhundert treffen, die wir noch nicht kennen, und wenn es darin um einen Herrn und seinen Diener geht, dann sollte uns sofort klar sein, wer damit gemeint ist: Der Herr ist Gott, und Israel der Diener. Israel sollte Gottes Eigentum verwalten, das Licht für Gottes Welt sein, Gott gegenüber verantwortlich und über seinen Besitz eingesetzt. Wir haben in diesem **Evangelium** schon so oft gesehen, dass Israel in dieser Aufgabe versagt hat und Gefahr läuft, entlassen zu werden. Was sollte Israel jetzt tun?

Die Antwort der **Pharisäer** war: Wir müssen die Vorschriften des Gesetzes noch strikter befolgen und Israel so noch heiliger machen. Das hatte zur Folge, dass sie genau die Leute ausschlossen, die Jesus zu erreichen versuchte. In diesem Gleichnis zeigt Jesus, dass Israel alle Vorsicht sausen lassen sollte, wenn eine größere Krise sie bedroht. Sie müssen dann all die zusätzlichen Auflagen und Vorschriften, welche die Pharisäer so liebten, vergessen und Freunde gewinnen, wo sie nur können. So würden sich die „Kinder dieser Welt" verhalten. Die „Kinder des Lichts" – das sind die Israeliten – sollten es ihnen gleichtun und von den gewitzten Leuten dieser Welt lernen, wie sie die Krise überstehen können, die diese Generation bedroht.

Anstatt also Geld und Land zu horten riet ihnen Jesus, soweit wie möglich Freunde zu gewinnen. Eine Krise stand unmittelbar bevor, in der sie andere Häuser benötigen würden, Häuser, die bestehen bleiben (damit sind hier nicht „ewige Wohnungen“ im Sinne von himmlischen Wohnstätten gemeint).

So scheint sich das Gleichnis sehr spezifisch auf die Situation der Zuhörer Jesu zu beziehen. Was kann es dann für unsere Zeit bedeuten?

Offensichtlich ist es nicht ein Ratschlag für den persönlichen oder geschäftlichen Umgang mit Eigentum. Es rät uns eher, dass wir sehr vorsichtig sind mit den zusätzlichen Regeln, die wir einander so gerne auferlegen, nicht zuletzt in der Kirche; Regeln, die über das Evangelium hinausgehen. Die Kirche geht durch turbulente Zeiten; deshalb muss sie immer wieder abwägen, was wirklich wichtig ist und was nicht. Im zwanzigsten Jahrhundert haben wir gesehen, wie viele große und prägende Kirchen – die traditionellen Denominationen – im Niedergang begriffen sind, während neue Kirchen, nicht zuletzt in der Dritten Welt, wachsen und sich ausbreiten. Was sollten traditionelle Kirchen tun, wenn sie mit ihrer eigenen Vergänglichkeit konfrontiert werden? Vielleicht sollten sie lernen, unkonventionell zu denken und bereit sein, neue Freunde zu gewinnen und dabei gewohnte Grenzen überschreiten; bereit, alle Vorsicht in den Wind zu schießen und in der wahren Gemeinschaft des Evangeliums eine Heimat zu entdecken, die bestehen bleibt.

Lukas 16,10-18: Lehren über die Verwalterschaft

10 Jesus fuhr fort: „Wer in kleinen Angelegenheiten treu ist, der wird auch in großen Belangen treu sein. Wer dagegen in kleinen Belangen unehrlich ist wird auch in großen Angelegenheiten unehrlich sein.
11 Wenn ihr schon mit dem ungerechten Ding, das sich Geld nennt,

nicht treu seid, wer wird euch dann wahren Reichtum anvertrauen?
[12]Und wenn ihr schon nicht treu mit dem Besitz eines anderen umgegangen seid, wer wird euch dann euren eigenen Besitz anvertrauen?

[13]Niemand kann zwei Herren dienen. Du wirst immer den einen hassen und den anderen lieben, oder den einen wertschätzen und den anderen verachten. Ihr könnt nicht gleichzeitig Gott und dem Geld dienen."

[14]Die Pharisäer, die das Geld sehr liebten, hörten das und machten
sich über Jesus lustig. [15]Da sagte er zu ihnen: „Ihr Leute wollt in den
Augen aller anderen gerecht dastehen – aber Gott kennt eure Herzen. Was die Menschen als ‚ehrenhaft' bezeichnen, das nennt Gott ‚scheußlich'!

[16]Das Gesetz und die Propheten dauerten bis zur Zeit von Johan-
nes. Von jetzt an wird die Gute Nachricht vom Reich Gottes verkün-
det, und jedermann versucht es anzugreifen. [17]Es ist einfacher, dass
Himmel und Erde vergehen, als dass auch nur ein einziger i-Punkt vom Gesetz hinfällig wird.

[18]Jeder, der sich von seiner Frau scheidet und eine andere heiratet, begeht Ehebruch. Wer eine geschiedene Frau heiratet, begeht Ehebruch."

Reichtum ist ein Mörder. Die Hälfte der Geschichten in den Zeitungen scheinen sich heutzutage auf die eine oder andere Art um Geld zu drehen – der Glitzer und Glamour, der sich damit verbindet, der Schrecken und das Entsetzen, wenn es ausgeht, die endlosen Skandale über Leute, die es bekommen, unterschlagen, verlieren und wiedergewinnen. Die Grenzen zwischen legalen Geschäften und Mauscheleien sind notorisch unscharf. Wann wird aus einem Geschenk Bestechung? Wann ist es legitim, das Geld anderer Leute zu benutzen um selber Geld zu verdienen, und wann ist es falsch? Und dann gibt es noch Raubüberfälle, Einbrüche und unzählige andere Anlässe, wo das Geld im Zentrum von simplen, altmodischen Verbrechen steht.

Nach einem **Gleichnis** über das Geld geht Lukas jetzt weiter zu einer Lehreinheit über das Geld. Das Kapitel wird mit einem weiteren Gleichnis enden, in welchem Geld ein Teil der Geschichte und auch ein Teil der Zuspitzung ist. Dieser Abschnitt enthält einige der schärfsten und deutlichsten Warnungen im Blick auf Reichtum, die Jesus gibt. Die Erfahrung lehrt, dass weder die Kirche noch die Welt sich diese Warnungen ausreichend zu Herzen genommen haben. Irgendetwas in diesem Themenbereich ruft nach ernsthafter **Umkehr** und nach einer neuen Entschlossenheit, die Lehren Jesu zu hören und zu befolgen.

Die ersten Verse geben uns den Schlüssel: Es geht um *Treue*. Geld ist kein Besitz, es ist Vertrauen: Gott vertraut Menschen Besitz an und erwartet, dass sie ihn zu seiner Ehre und zum Dienst an seinen Kindern einsetzen und ihn nicht für ihren persönlichen Glanz und Glamour verschwenden. Dieser Abschnitt zeigt uns auch, dass Geld immer über sich hinausweist auf die wahren Reichtümer, die im künftigen **Leben** auf uns warten. Wir können uns kaum vorstellen, was das sein wird. Es werden aber „wahre Reichtümer" sein, die uns wirklich auf eine Art gehören werden, wie es das Geld nicht kann, wenn wir hier und jetzt Treue lernen.

Wenn wir unsere Lektion nicht lernen, finden wir uns hin- und hergerissen zwischen zwei Herren. Diese Situation war in den Tagen Jesu sehr akut. Wie in den meisten bäuerlichen Gesellschaften gab es eine kleine Gruppe von außerordentlich reichen Leuten, während die großen Massen sehr arm waren. Zu den Reichen zählten die Haupt**priester** (Archäologen haben einige ihrer opulent ausgestatteten Häuser in Jerusalem ausgegraben). Wer auch immer die Reichen angriff, griff damit auch sie an. Die **Pharisäer** waren eher eine populistische Bewegung. Weil das Land in ihrer Religion eine Schlüsselrolle spielte, standen sie aber immer in der Gefahr, dass sie Landbesitz und den Reichtum, der damit erzielt wurde, mit dem Segen Gottes gleichstellten. Die ernsthaften Warnungen am Ende von Kapitel 14 haben bereits klargestellt, dass dies nicht der Fall ist. Jesus besteht hier resolut darauf, dass Gottes Maßstäbe nicht einfach ein bisschen anders sind als menschliche Wertvorstellungen, sondern dass sie das genaue Gegenteil darstellen.

Sagt Jesus damit irgendetwas Neues? Die Pharisäer hätten reagieren können, indem sie ihn darauf hinwiesen, dass das jüdische Gesetz viele Abschnitte enthielt, welche die Vorstellung unterstützten, dass Reichtum ein Zeichen der Gunst Gottes darstellt. Jesus nimmt natürlich den entgegengesetzten Standpunkt ein und hat dabei viele der prophetischen Schriften auf seiner Seite. Auch das Gesetz selber forderte Israel auf, sich um die Armen und Bedürftigen zu kümmern. Seine Beziehung zum jüdischen Gesetz ist nicht ganz einfach zu verstehen. So müssen wir die Verse 16 und 17 sorgfältig untersuchen.

In seinen Augen nehmen das Gesetz und die Propheten (damit sind die Bücher gemeint, die wir gewöhnlich als „das Alte Testament" bezeichnen) ihren Platz in der Abfolge von Ereignissen innerhalb von Gottes Plan ein. Sie sind nicht Gottes letztes Wort. Sie behalten ihre Bedeutung bis zur Zeit von **Johannes dem Täufer**. Danach kommt **Gottes Reich** in einer neuen Art. Etwas Neues geschieht dort, wo Jesus ist. Das heißt nicht, dass das Gesetz und die Propheten falsch oder irrelevant sind. Sie bleiben bestehen und können nicht verändert werden. Sie sind ein wahrer Wegweiser auf das hin, was Gott vorhat, auch wenn sie den neuen Tag, die neue Welt, die Gott durch Jesus erschafft, nicht aus sich selbst hervorbringen können. Wenn jetzt also Gott durch Jesus das tut, was er schon immer vorhatte, dann schauen das Gesetz und die Propheten zustimmend zu, auch wenn sie selbst es nicht hätten vollenden können. Das ist zum Teil die Zuspitzung im nächsten Gleichnis in diesem Kapitel.

Der Satz über die Scheidung ist hier wohl als ein Beispiel für ein Gebot einbezogen, das viele innerhalb des Judentums stillschweigend ignorierten. Nur die allerstrengsten Lehrer dieser Zeit unterstützten noch das umfassende Verbot von Ehescheidung, wie es in solchen Stellen wir z. B. Maleachi 2,14-16 beschrieben wird. Was das für die heutige seelsorgerliche Praxis bedeutet, ist eine andere Frage. Der muss man nachgehen, indem man die umfassenderen Lehren von Matthäus (5,32; 19,9) und Paulus (1. Korinther 7) mit großer Sorgfalt und viel Sensibilität analysiert.

Wenn wir den Abschnitt als Ganzes betrachten, erkennen wir die zugrunde liegende Herausforderung, treu zu sein: treu in unserem Umgang mit Geld; treu eher Gott als dem Geld gegenüber; treu in unseren Herzen und nicht nur im äußeren Anschein; treu gegenüber dem Königreich, das jetzt mit Jesus angefangen hat; treu in unseren Ehen. Sobald wir anfangen, Geld, Land oder andere Menschen als Waren zu betrachten, die wir besitzen und ausbeuten können, bewegen wir uns einen Schritt weg von unserer Berufung, wahre Menschen, Gottes wahre Kinder zu sein und hin zu dem anderen Herrn, der immer sehr gerne neue Leute in seinen Dienst nimmt.

Lukas 16,19-31: Das Gleichnis vom reichen Mann und von Lazarus

19*„Da war einmal ein reicher Mann“, erzählte Jesus, „der sich mit Purpur und Leinen kleidete und jeden Tag in Saus und Braus lebte.*
20*Vor seinem Tor lag ein armer Mann namens Lazarus, dessen ganzer Körper mit Geschwüren bedeckt war.* 21*Nur zu gerne hätte er von den Abfällen gegessen, die unter den Tisch des reichen Mannes fielen; aber die Hunde kamen und leckten seine Geschwüre ab.*

22*Der Todestag des armen Mannes kam, und die Engel trugen ihn in Abrahams Schoss. Auch der reiche Mann starb und wurde begraben.*
23*Als er im Hades gequält wurde, blickte er auf und sah Abraham von Weitem und auch Lazarus in seinem Schoß.*

24*‚Vater Abraham!‘, rief er, ‚habe Erbarmen mit mir! Schicke Lazarus. Lass ihn seine Fingerspitze in Wasser tauchen und meine Zunge kühlen! Ich leide entsetzlich in diesem Feuer!‘*

25*‚Mein Kind‘, gab Abraham zur Antwort, ‚erinnere dich daran, dass du zu deinen Lebzeiten Gutes bekommen hast; Lazarus dagegen hat nur Böses erlebt. Jetzt wird er hier getröstet, und du wirst gequält.*
26*Abgesehen davon ist da ein unüberbrückbarer Graben zwischen uns.*

Niemand kann von unserer Seite zu dir herübergehen; ebenso kann
niemand von eurer Seite zu uns kommen.‘
27 *Darauf sagte er: ‚Bitte, Vater, schicke ihn dann in das Haus meines*
Vaters. 28 *Ich habe fünf Brüder. Er soll ihnen davon erzählen, sodass sie*
nicht in diese Folterkammer kommen!‘
29 *‚Sie haben Mose und die Propheten‘, erwiderte Abraham. ‚Lass*
sie auf diese hören.‘
30 *‚Nein, Vater Abraham‘, antwortete er, ‚aber wenn jemand von den*
Toten zu ihnen kommt, dann würden sie umkehren!‘
31 *‚Wenn sie nicht auf Mose und die Propheten hören‘, kam die Ant-*
wort, ‚dann würde es sie auch nicht beeindrucken, wenn jemand von
den Toten aufersteht.‘“

Wir haben ihn alle schon gesehen. Er liegt auf einem Stapel Zeitungen beim Eingang eines Einkaufszentrums, ein grobes Stück Tuch deckt ihn zu. Vielleicht hat er einen Hund bei sich, damit er sich sicherer fühlt. Leute gehen vorbei oder steigen sogar über ihn hinweg. Ab und zu schüttelt er eine Blechdose, in der ein paar Münzen klappern, und bittet um mehr. Er war noch nicht da, als ich ein Junge war, aber jetzt sieht man ihn in allen unseren Städten, im Osten, Westen, Norden und Süden.

Jedes Mal, wenn ich ihn sehe, höre ich Stimmen: „selber schuld!“, flüstern sie mir ins Ohr. „Er hat es selber gewählt. Es gibt Institutionen, die ihm helfen können. Er sollte sich um einen Job bemühen. Wenn du ihm Geld gibst, kauft er sich nur ein Bier dafür. Halte Abstand, vielleicht ist er gewalttätig.“ An manchen Orten vertreibt ihn die Polizei und verschiebt das Problem so an einen anderen Ort. Aber er wird zurückkommen. Und auch wenn er nicht kommt, es gibt ganze Gesellschaftsschichten, die so leben. Sie hausen in winzigen Verschlägen am Rande großer reicher Städte. Von der Tür ihrer kleinen selbst gezimmerten Schutzbehausungen können sie die hoch aufragenden Hotelbauten und Bürotürme sehen, in denen – wenn sie Glück haben – vielleicht einer aus ihrer Familie einen Putzjob hat. Sie wurden in Schulden hineingeboren, und sie werden ihr Leben lang verschuldet sein. Schuld daran ist irgendein reicher Machthaber, der ein oder zwei Generationen zurück ihre Rechte, ja ihr ganzes Leben verkauft hat für Waffen, einen neuen Präsidentenpalast oder ein fettes Bankkonto in der Schweiz. Auch wenn Arm und Reich nicht immer in Sichtweite voneinander leben, bringt uns doch das Fernsehen einander näher.

Wir alle kennen also Lazarus. Er ist unser Nachbar. Einige von uns mögen reich sein, wohlgenährt und gut angezogen, und spazieren jeden Tag an ihm vorbei, ohne ihn wirklich wahrzunehmen. Andere von uns sind vielleicht nicht so reich oder so elegant gekleidet oder gut genährt; verglichen mit Lazarus sind wir allerdings immer noch gut dran. Liebend gern würde er den Platz mit uns tauschen. Für uns wäre es ein Horror, auch nur für einen Tag sein Leben leben zu müssen.

Jesu Geschichte über Lazarus und den ungenannten reichen Mann hat verschiedene Ebenen. Sie ähnelt sehr einer damals sehr bekannten Erzählung. Jesus war bei Weitem nicht der Erste, der davon erzählte, dass Armut und Reichtum in der künftigen Welt ganz anders verteilt sein könnten. Diese Art von Geschichten war damals so geläufig, dass wir sogar beobachten können, wie Jesus das Schema verändert hat, das seine Zuhörer erwartet haben. Üblicherweise wurde es den Menschen in diesen Geschichten erlaubt, eine Botschaft aus dem Jenseits an diejenigen zu senden, die noch am Leben waren, wenn sie darum baten. Hier ist es anders. Das harte zugespitzte Ende dieser Geschichte weist über sich selbst hinaus auf alle möglichen Fragen, welche die Zuhörer Jesu und die Leser des Lukasevangeliums umtrieben.

Das **Gleichnis** ist nicht in erster Linie eine moralische Abhandlung über Reichtum und Armut – obwohl wir es *auch* so verstehen sollten. Wenn das alles wäre, dann könnte man ja sagen: „Lasst die Armen arm bleiben. In der zukünftigen Welt haben sie es dann umso besser!" Viel zu oft haben reiche Leute gedankenlos so argumentiert, damit sie ihren Lebensstil nicht ändern mussten. Nein, es geht hier um mehr. Schließlich ändert die Geschichte nichts an dem, was man damals allgemein glaubte, nämlich dass sich die Schicksale in der künftigen Welt umkehren würden. Weil es aber ein *Gleichnis* ist, sollten wir es wieder einmal als Bildsprache verstehen, die uns etwas über das Werk Jesu zeigen will.

Der Schluss der Geschichte gibt uns einen Hinweis. Er fährt da fort, wo im vorherigen Kapitel die Geschichte vom Vater mit den zwei Söhnen endet. „… dann würde es sie auch nicht beeindrucken wenn jemand von den Toten aufersteht"; „Dieser dein Bruder, war tot; jetzt lebt er wieder!" Der ältere Bruder in der früheren Geschichte gleicht dem reichem Mann in diesem Gleichnis: Beide wollen den armen verlumpten Bruder oder Nachbarn auf Distanz, außer Sichtweite halten. Wir erinnern uns daran, dass man Jesus dafür kritisiert hat, dass er Ausgestoßene und Sünder willkommen heißt. Jetzt sieht es so aus, als ob Jesus *in der gegenwärtigen Welt* bereits umsetzt, was viele für die zukünftige Welt erwarten. „Auf Erden wie im **Himmel**" bleibt sein Motto. Wir müssen heute schon das **künftige Zeitalter** vorwegnehmen.

Die **Pharisäer**, die selber Geld und Besitz liebten, verhielten sich in diesem Punkt den Leuten gegenüber, die Jesus willkommen hieß, genauso wie der reiche Mann sich Lazarus gegenüber benahm. Der Manager, dem gekündigt worden war, hatte sofort Maßnahmen ergriffen, um den Schaden in Grenzen zu halten. Dafür wurde er gelobt. Wenn die Pharisäer und alle, die ähnlich dachten und handelten, ein totales Desaster vermeiden wollten, mussten sie auch schleunigst Schritte unternehmen. Jesus trägt ihnen nichts anderes auf als das, was Mose und die Propheten auch schon gesagt hatten. Lukas macht es immer wieder klar: Wenn Jesus das **Reich Gottes** aufrichtet, tut er nichts anderes als die ganze Geschichte Israels zu erfüllen. Jeder, der etwas vom Gesetz und den Propheten versteht, sollte deshalb erkennen, dass Jesus diese zur Vollendung bringt.

Wenn sie das nicht sehen können, dann wird auch jemand, der von den Toten zurückkehrt, sie nicht zur Vernunft bringen. Der letzte Satz dieses Gleichnisses enthält verschiedene Töne, wie ein grandioser

Schlussakkord in einem Orgelkonzert. Er spricht die ganze Sehnsucht Israels nach Erneuerung und Wiederherstellung an. Wie das Gleichnis vom verlorenen Sohn spricht er darüber, dass die Armen und Ausgestoßenen bei Jesus willkommen sind. Und für Menschen aller Zeitalter, die das Lukasevangelium lesen, spricht er am kraftvollsten über Jesus selbst. Der Tag kommt bald, so kann der Leser wissen, an dem das Gesetz und die Propheten auf eine neue Art wahr werden, wenn Jesus selbst wieder aufsteht und die Tür in Gottes neues Zeitalter aufstößt, in dem alles, was jetzt im Argen liegt, ins Lot gebracht wird.

Lukas 17,1-10: Vergebung, Glaube und Gehorsam

[1]Jesus wandte sich an seine Jünger: „Es ist unvermeidlich, dass Dinge
passieren, durch die Menschen zu Fall kommen. Wehe aber den Leu-
ten, durch die es geschieht! [2]Es wäre besser für dich, mit einem Mühl-
stein am Hals ins Meer geworfen zu werden, als einen dieser Kleinen
zu Fall zu bringen. [3]Passt also auf euch auf!

Wenn dein Bruder gegen dich sündigt, dann weise ihn zurecht.
Wenn er um Vergebung bittet, vergib ihm. [4]Selbst wenn er sieben Mal
gegen dich sündigt und sich dir sieben Mal zuwendet und ‚Entschuldi-
gung!‘ sagt, musst du ihm vergeben.“

[5]Da sagten die Apostel zum Meister: „Gib uns größeren Glauben!“

[6]Der Herr antwortete: „Wenn ihr Glauben hättet so klein wie ein
Senfsamen, würdet ihr zu diesem Maulbeerbaum sagen: ‚Sei entwur-
zelt und sei ins Meer gepflanzt! ‘ – und er würde euch gehorchen.

[7]Stellen wir uns vor, dass jemand von euch einen Sklaven hat, der
pflügt oder auf dem Feld die Schafe hütet. Was wirst du ihm sagen,
wenn er nach Hause kommt? ‚Komm schnell herein, setz dich und iss!‘
[8]Nein, viel eher wirst du ihn mit den Worten empfangen: ‚Geh und
mach mir etwas zu essen! Zieh dich um und bediene mich, während
ich esse und trinke! Nachher kannst du dann selber essen und trin-

ken.‘ [9]Wirst du dich bei deinem Sklaven bedanken, weil er getan hat, was du ihm aufgetragen hast?

[10]So ist es auch bei euch. Wenn ihr alles erledigt habt, dann sagt: ‚Wir sind nur einfache Sklaven. Wir haben nur getan, was wir tun mussten.‘“

Es gibt eine bekannte Geschichte über den Mann, der ein Buch schrieb mit dem Titel „Demut und wie ich sie erreicht habe“. Der Titel ist ein Widerspruch in sich selbst, ebenso wie es in der Welt Jesu der Ausdruck „der barmherzige Samariter“ gewesen wäre. Die Demut ist eine seltsame Sache. Anders als bei anderen Tugenden weiß in der Regel jemand, der sie hat, nichts davon.

Das ist der rote Faden, der sich durch diese kleine Sammlung von verschiedenen Sprüchen Jesu hindurchzieht: Sie alle zielen auf Demut, die ein echter Diener Jesu lernen muss. Jedenfalls scheint das ein verbindendes Element zu sein; es lohnt sich daher, sie näher unter die Lupe zu nehmen.

Sehen wir uns zuerst einmal die Warnung an, einander nicht zu Fall zu bringen. Das könnte sich auf die vorangehenden beiden Kapitel beziehen. In dem Fall wären mit „diesen Kleinen“ die Ausgestoßenen gemeint, die von Jesus willkommen geheißen werden; die **Pharisäer** und andere wollten sie daran hindern, auf Jesu Art das **Reich Gottes** zu betreten. Wahrscheinlich hat Jesus hier aber eine breitere Perspektive. So wie sich die Welt jetzt dreht, bis Gott seine Feinde endgültig besiegt haben wird, wird der **Glaube** von Menschen immer wieder auf die Probe gestellt – manchmal stärker als sie es ertragen können. Das lässt sich nicht ganz vermeiden, darf aber keine Ausrede sein für jemanden, der den Glauben anderer auf die Probe stellt. Jesus warnt in einem der anschaulichsten Bilder für Bestrafung, die sich in einem **Evangelium** finden: Es wäre besser, wenn einem ein Mühlstein, der ein Loch in der Mitte hat, wie ein Kragen angezogen wird und man im Ozean versenkt wird, als dass man die Strafe erleidet, die auf Menschen wartet, die andere im Glauben an Jesus zu Fall gebracht haben.

Christliche Leiter und Lehrer müssen diese Warnung immer wieder hören. Wie schnell sagen und tun sie Dinge, die andere denken lassen: „Nun, wenn sich die Repräsentanten Gottes *so* verhalten, dann ist das ganze Ding mit dem Glauben wohl nur eine Zeitverschwendung!" Wie kann man es vermeiden, jemanden in diese Situation zu bringen? Durch Demut.

Was hat es mit dem Ruf auf sich, immer wieder zu vergeben? Wie schnell fühlt man sich moralisch überlegen: „Ich habe nichts falsch gemacht. Wenn ich mich jetzt entscheide, dir zu vergeben, dann bin ich besser als du." Wenn man diese Situation ein oder zweimal ausgekostet hat, ist es Zeit, anders zu reagieren. „Wieso sollte ich dir weiterhin diese ganze Freiheit schenken?"

Jesus geht ganz anders an die Sache heran. Wer einem Menschen vergibt, wird dessen Diener, nicht dessen Herr. Jemandem wieder und wieder zu vergeben sollte die Sache nicht immer schwieriger machen. Es sollte nicht darum gehen, seinen Ärger länger und länger zurückzuhalten wie jemand, der unter Wasser die Luft anhält, zuerst zehn Sekunden, dann zwanzig, sogar dreißig und so weiter. Wenn es sich so anfühlt, haben wir den eigentlichen Punkt nicht begriffen. Es geht überhaupt nicht darum, moralische Pluspunkte zu sammeln. Wir sollen demütig sein, die Situation nicht ausnützen und dem anderen auf die gleiche großzügige und warmherzige Art vergeben, die (wie Jesus wieder und wieder ausgeführt hat) zu allererst Gott höchstpersönlich uns erwiesen hat. Wer hier Mühe hat, muss mehr über Gottes Gnade meditieren.

So ist es wohl wenig überraschend, dass den Jüngern in Vers 5 bewusst wird, dass sie mehr **Glauben** brauchen als sie vermutlich haben. Jesus reagiert schnell darauf. Wir brauchen keinen großen Glauben, sondern Glauben an einen großen Gott. Glaube ist wie ein Fenster, durch das man etwas sehen kann. Es kommt nicht darauf an, ob ein Fenster 20 Zentimeter oder 2 Meter hoch ist. Entscheidend ist, auf welchen Gott dein Glaube schaut. Wenn es der Schöpfergott ist, der in Jesus und im **Geist** handelt, dann gibt das kleinste Guckloch Zugang zu einer Kraft, von der wir nie geträumt hätten. Natürlich können wir nicht nach Lust und Laune über diese Kraft verfügen. Wenn wir das versuchten, hätten wir schon vergessen, wer dieser Gott eigentlich ist. Wieder geht es um Demut.

Am Schluss steht die schockierende Lektion, dass Gott uns nichts schuldet, auch wenn wir uns noch so sehr für ihn abmühen. Wie oft haben wir den Satz schon gehört (und noch viel öfter hat ihn jemand gedacht): Ich habe all das getan, all das Geld gespendet, so hart gearbeitet – sicher ist Gott jetzt zufrieden damit? Die Antwort ist: Jeder wirkliche Dienst für Gott geschieht aus Dankbarkeit und nicht um irgendetwas damit zu verdienen. Wenn wir sagen „Wir haben gar nichts verdient“, schließen wir damit nicht einen angemessenen Selbstwert und Selbstliebe aus. Es bedeutet nur, dass wir uns immer wieder an die große Wahrheit erinnern müssen: „Wir können nichts tun, dass Gott uns etwas schulden würde.“

Lukas 17,11-19: Zehn Leprakranke werden geheilt

11 Auf seinem Weg nach Jerusalem kam Jesus durch das Grenzgebiet
zwischen Samaria und Galiläa. 12 Als er in ein Dorf hineinging, kamen
ihm zehn Leprakranke entgegen. In einiger Entfernung von ihm blie-
ben sie stehen.

13 Sie riefen laut: „Jesus, Meister! Hab Erbarmen mit uns!“

14 Als Jesus sie sah, sagte er zu ihnen: „Geht und zeigt euch den
Priestern.“ Als sie auf dem Weg waren, wurden sie geheilt.

15 Als einer von ihnen sah, dass er geheilt worden war, kehrte er um
und gab Gott die Ehre so laut er nur konnte. 16 Er warf sich Jesus zu
Füßen auf sein Angesicht und dankte ihm. Dieser war ein Samaritaner.

17 Jesus fragte ihn: „Sind nicht zehn von euch geheilt worden? Wo
sind die anderen neun? 18 Kann es denn wahr sein, dass dieser Auslän-
der der Einzige ist, dem es wichtig genug ist, Gott die Ehre zu geben?“

19 *Dann sagte er ihm: „Steh auf, geh deines Weges. Dein Glaube hat dich gerettet."*

Was könnte Sie dazu bringen, einen lauten Freudenschrei auszustoßen? Weswegen würden Sie sich vor jemandem flach auf die Erde werfen – ja, auf Ihr Gesicht?

Vor nicht allzu langer Zeit haben sich zwei Entdecker im Dschungel Südamerikas verirrt. Neun Monate irrten sie umher und hatten keine Ahnung, wo sie waren und wie sie wieder herausfinden könnten. Endlich, nach vielen bestandenen Abenteuern und nachdem sie oft die Hoffnung verloren hatten, wurden sie gefunden und gerettet. Sie hatten vielleicht nicht mehr genug Kraft zum Schreien, aber es ist ihnen sicher danach gewesen. Ihre Verwandten zu Hause haben es sicher getan.

Vielleicht schreien Sie vor Freude, wenn der Arzt ihnen erklärt, dass die geliebte Person die Operation gut überstanden hat und dass alles gut werden wird. Vielleicht entlockt Ihnen auch die Nachricht einen Freudenschrei, dass alle Ihre Schulden beglichen sind und sie noch einmal neu anfangen können.

Was überrascht denn mehr an diesem Bericht: dass die eine Person mit einem lauten Jubelschrei zurückkehrte – oder dass die neun anderen es nicht taten?

Lukas konzentriert sich wieder einmal auf Jesu Haltung dem Außenseiter, dem Ausländer gegenüber. Wie der Samaritaner in dem **Gleichnis**, das Jesus erzählt hatte, beschämt auch dieser Mann die Juden, die zwar geheilt worden waren, sich aber nicht dafür bedankt hatten. Der **Priester**, der im Dorf wohnte, hatte zu entscheiden, wer bei so einer Art Krankheit als geheilt galt. Nachdem der Priester sie für gesund erklärt hatte, hatten die anderen neun vielleicht Angst, zu Jesus zurückzukehren. Schließlich war dieser zu der Zeit schon ein gebrandmarkter Mann. Vielleicht wollten sie aber auch, nachdem sie geheilt worden waren, nur so schnell wie möglich zu ihren Familien zurück, von denen die Krankheit sie schon so lange getrennt hatte. Vor lauter Eifer, nach Hause zu eilen, haben sie einfach nicht mehr daran gedacht zurückzukehren und Jesus zu treffen.

Lukas sagt nicht, dass sie nicht geheilt worden sind. Er legt aber nahe, dass sie weniger dankbar waren. Nach der Lektion in Demut folgt die Lehrstunde zum Thema Dankbarkeit. Natürlich geht es weiterhin auch um Demut: Nur der Außenseiter, nur der Ausländer gibt Gott die Ehre und führt so die Juden vor, deren Name sie schon daran erinnern müsste, Gott zu ehren (das Wort „Juda“ bedeutet auf Hebräisch „preisen, loben“).

Nicht nur die neun Ex-**Lepra**kranken werden hier vorgeführt. Es geht alle von uns an, die Gott nicht „immer und für alles“ danken, wie Paulus es ausdrückt (Epheser 5,20). Im Kopf wissen wir es alle, wenn wir überhaupt christlichen **Glauben** haben, dass unser Gott der Geber aller Gaben ist: Jeder Mundvoll Essen, den wir zu uns nehmen, jede Lunge voll Luft, die wir einatmen, jede Note von Musik, die wir genießen, jedes Lächeln auf dem Gesicht eines Freundes, eines Kindes, des Ehepartners – all das und eine Million mehr Dinge sind die guten Gaben, die er uns großzügig schenkt. Die Welt muss nicht so sein. Sie könnte viel farbloser sein (wir machen sie natürlich oft blutleer und grau, aber Gott kann uns auch an dieser Stelle überraschen). Es gibt die alte geistliche Übung, seine Segnungen aufzuzählen, sie vor Gott beim Namen zu nennen und dafür zu danken. Das ist eine gesunde Gewohnheit, ganz besonders in einer Welt, in der wir nur zu oft davon ausgehen, dass wir ein unumstößliches Recht auf Gesundheit, Glück und jegliche Art von Komfort haben.

Jesu letzter Satz, den er dem Samaritaner mitgibt, lädt uns ein, näher hinzuschauen. Die Wendung „Steh auf“ ist für die ersten Christen eng mit der **Auferstehung** verbunden. Wie der verlorene Sohn „war dieser Mann tot, jetzt aber lebt er wieder“. Neues **Leben,** nach dem sich Israel als Teil des **künftigen Zeitalters** so sehnt, ist an diesem Tag in diesem Dorf angekommen, und es hat in ihm einen Glauben geweckt, von dem er nicht wusste, dass er ihn hatte. Wieder einmal (Vgl. Kapitel 5,20; 8,48; 8,50) gehen Heilung und Glaube Hand in Hand.

Wieder einmal meint „Glaube“ hier nicht einfach irgendein altes Bekenntnis oder eine allgemeine religiöse Einstellung dem Leben gegenüber. Glaube ist die Überzeugung, dass der Gott des Lebens und des Todes in und durch Jesus am Werk ist. Glaube ist auch das Vertrauen, dass das nicht nur eine vage allgemeine Vorstellung ist, sondern dass es sich in *diesem* Fall, hier und jetzt bewahrheitet. Dieser Rhythmus von Glaube und Dankbarkeit ist ganz einfach das, was Christsein im ersten oder im einundzwanzigsten Jahrhundert ausmacht.

Lukas 17,20-37: Das Kommen des Reiches Gottes

20Die Pharisäer fragten Jesus, wann denn das Reich Gottes kommen würde.

Jesus gab zur Antwort: „Nach dem Reich Gottes hält man nicht
Ausschau, und irgendwann kommt es dann. 21Man kann auch nicht
sagen: ‚Schaut, hier ist es!‘ oder ‚Schaut, da drüben!‘ Nein: Das Reich
Gottes ist in eurer Reichweite.“

22Dann wandte er sich an die Jünger: „Es werden Tage kommen, an
denen ihr euch danach sehnen werdet, einen der Tage des Menschen-
sohnes zu erleben; ihr werdet sie aber nicht sehen. 23Man wird euch
sagen: ‚Schaut, hier!‘ oder ‚Schaut, dort!‘ Geht nicht dorthin, folgt
ihnen nicht. 24Der Menschensohn wird an seinem Tag wie ein Blitz
sein, der von einem Ende des Himmels zum anderen leuchtet. 25Vor-
her muss er aber vieles erleiden und von dieser Generation verworfen
werden.

26Wie wird es sein, wenn die Tage des Menschensohnes kommen?
Es wird zugehen wie zur Zeit Noahs. 27Die Leute aßen und tranken,
haben geheiratet und Hochzeitspartys veranstaltet bis zu dem Tag, als
Noah in die Arche ging – und die Flut kam und sie alle umkamen.
28Und es wird zugehen wie zur Zeit Lots. Sie aßen und tranken, kauf-
ten und verkauften, pflanzten Gärten und bauten Häuser. 29An dem

Tag aber, als Lot Sodom verließ, regneten Feuer und Schwefel vom Himmel und sie kamen alle um. [30]*So wird es sein an dem Tag, an dem der Menschensohn offenbart wird.*

[31]*Wenn sich jemand an jenem Tag auf dem Dach aufhält, soll er nicht ins Haus hinabsteigen, um seine Besitztümer zu retten. Wer auf dem Feld ist, soll nicht zum Haus zurückkehren, um etwas zu holen.*
[32]*Vergesst nicht Lots Frau.* [33]*Wenn du versuchst, dein Leben zu retten, wirst du es verlieren. Jeder, der sein Leben verliert, wird es erhalten.*

[34]*Ich sage euch: In jener Nacht werden zwei Menschen Seite an Seite schlafen. Einer wird mitgenommen werden, der andere zurückgelassen.* [35]*Zwei Frauen werden nebeneinander sitzen und Getreide mahlen. Eine wird mitgenommen werden, die andere zurückgelassen."*

[37]*„Wo wird das stattfinden, Herr?", fragten sie ihn.*

Er antwortete: „Wo das Aas liegt, werden sich die Geier sammeln."

Was löst das Wort „Endzeit" oder „Apokalypse" bei Ihnen aus? Bilder, wie sie Hollywood liebt? Sterne fallen vom Himmel, Vulkane brechen aus, die Erde bebt? Leute rennen in blinder Panik herum und finden doch keinen Ausweg?

Die Bibel redet auf die verschiedensten Arten von der Apokalypse. Manchmal klingt es tatsächlich so ähnlich. So auch in diesem Abschnitt: Noahs Flut reißt alles mit sich, Feuer und Schwefel regnen vom Himmel, während Lot und seine Familie entkommen. Genau das stellen sich viele Leute vor, wenn sie „Apokalypse" hören.

Denkt Jesus wirklich, dass es so aussehen wird? Was bedeutet dieser Abschnitt?

Es gibt eine große Nachfrage nach Büchern, die sich auf Bibelstellen wie diese stützen: „Einer wird mitgenommen werden, der andere zurückgelassen." Das Wort „mitgenommen" deuten sie so, dass die eine Person in den **Himmel** zu Gott hochkatapultiert wird, während die andere in einer beängstigenden Welt ohne wahre Gläubige zurückbleibt und irgendwie um ihr Überleben kämpfen muss. Unser Abschnitt hat aber eine ganz andere Bedeutung; in Wirklichkeit ist es genau anders herum: Die Leute, die „mitgenommen“ werden, sind in Gefahr. Feindliche Mächte entführen sie in ein ungewisses Schicksal.

Doch wer sind diese feindlichen Mächte? Welche „Geier“ sammeln sich da um welches „Aas“, und was werden sie tun? Und was hat das alles mit den „Tagen des **Menschensohnes**“ zu tun, nach denen sich die **Jünger** sehnen, die sie aber nicht sehen werden?

Der Rest des Lukas**evangeliums** macht klar, wie wir das Jesu Meinung zufolge verstehen sollten. Der Abschnitt bezieht sich nicht auf ein Ereignis, in welchem natürliche oder übernatürliche Mächte eine Stadt, eine Region oder die bekannte Welt verwüsten. Wie so viele Warnungen im Lukasevangelium beziehen sie sich auf die Zeit, wenn feindliche Armeen einfallen und plündern und zerstören. Das Wort, das hier mit „Geier“ übersetzt wird, ist das gleiche Wort, das auch „Adler“ meint (die antiken Autoren hielten Geier für eine Art Adler), und es könnte ein versteckter Hinweis auf die römischen Legionen sein, die den Adler als kaiserliches Wappen mitführten.

So ergeben die Warnungen Sinn. Wenn die Legionen eintreffen, ist es am besten, so schnell wie möglich wegzurennen. Man sollte nicht einmal daran denken, noch irgendwelche Besitztümer in Sicherheit zu bringen. Eben noch herrschte friedliche Normalität, im nächsten Augenblick bricht atemlose Panik aus. Der beste Rat ist: Man sollte sich nicht viele Gedanken machen, sondern so viel Abstand wie nur möglich zum Feind herstellen. Wer schläft oder drinnen in einer Mühle arbeitet und so die drohende Gefahr zu spät wahrnimmt, wird merken, dass die Invasoren hier und dort willkürlich Leute mitnehmen. Es gibt keinen Zweifel daran, dass dies passieren wird. Das wird kein „geistliches“ Ereignis sein und man wird dazu auch keine besondere Unterscheidungsgabe brauchen. Wie ein Blitz, der vor dem düsten Himmel aufleuchtet, wird es unübersehbar sein.

Was hat das alles jetzt mit dem Menschensohn zu tun? Die „Tage des Menschensohnes“ beziehen sich wohl auf die Zeit, wenn – wie es in Daniel 7 angekündigt wird – „einer wie ein Menschensohn“

von Gott rehabilitiert wird, nachdem er gelitten hat. Das Zeichen dafür wird sein, dass der Unterdrücker vernichtet wird; die Macht, die so lange Gottes Volk und Gottes Absichten widerstanden hat. In Daniel ist diese Macht das vierte „Tier“, die gewaltigste der heidnischen Armeen. Für Jesus – und hier ändert sich das Verständnis auf dramatische Art – ist die Kraft, die seiner Lehre und seinem Wirken für das **Reich Gottes** am stärksten widerstanden hat, das offizielle Israel selbst. Diese Kraft zeigt sich vor allem im **Tempel** und seiner Hierarchie und auch in den **Pharisäern**, deren Denken und Leben stark vom Tempel her geprägt ist.

Wieder und wieder haben wir bei Lukas gesehen, dass Jesus vor der schrecklichen Zerstörung warnt, die auf seine Zeitgenossen zukommt, weil sie seiner Botschaft keinen Glauben schenken. Jetzt setzt er die „apokalyptische“ Sprache ein, die aus einigen jüdischen Prophetien bekannt ist, um die gleichen Warnungen zu verdeutlichen. „Die Tage des Menschensohnes“ sind die Tage, in denen diese Gestalt, die für das wahre Volk Gottes steht, endlich nach seinen Leiden rehabilitiert wird. Diese Rehabilitierung wird sich darin ausdrücken, dass die Stadt und der Tempel zerstört werden, die sich dem Evangelium des Friedens so oft und hartnäckig widersetzt haben.

Wieso betont Jesus denn am Anfang unseres Abschnittes, dass es keine Vorzeichen dafür geben wird, wann das Reich Gottes kommen wird?

Die Frage der Pharisäer setzt voraus, dass Jesus einen Fahrplan im Kopf hat, nach dem sich die Dinge entwickeln müssen. So könnte man beobachten, eins nach dem anderen abhaken und sich schließlich auf das große Finale vorbereiten. Ein Teil der Antwort Jesu lautet, wie wir bereits gesehen haben, dass es nicht so ablaufen wird. Bis zum letzten Augenblick wird das Leben ganz normal ablaufen. Es gibt aber noch etwas anderes zu sagen: „Das Reich Gottes“, so sagt er, „ist ganz nahe bei euch!“

Der Ausdruck in Vers 21 wird manchmal auch übersetzt mit „es ist inwendig in euch“. Deshalb haben oft Leute gedacht, dass das Reich

Gottes rein geistlich zu verstehen ist, als private innerliche Beziehung zu Gott. Jesus redet aber nie in diesem Sinne über das „Reich Gottes“. Es bezieht sich immer auf Dinge, die in der Öffentlichkeit stattfinden, nicht nur auf private Erfahrungen. Andere verstehen den Ausdruck im Sinne von „mitten unter euch“. Anders gesagt: Das Reich Gottes ist schon da; es ist aber noch verborgen und wartet darauf, dass man es entdeckt. Das ist zwar näher dran, aber es trifft den Nagel immer noch nicht ganz auf den Kopf. Der Ausdruck ist aktiver. Er verrät uns nicht einfach, wo das Reich Gottes ist; er sagt uns, dass wir etwas dafür tun müssen. Es ist „in eurer Reichweite“; es fordert uns zu einer Entscheidung heraus: zu der Entscheidung, zu glauben, zu vertrauen und Jesus nachzufolgen. Es geschieht nicht einfach so, während wir im Schaukelstuhl sitzen und zuschauen. Gottes souveräner Plan, die Welt wieder in Ordnung zu bringen, *wartet darauf, dass Sie mit einsteigen und dabei sind!* Das ist es, was Jesus hier kraftvoll betont.

Jesu Warnungen erfüllten sich im Jahr 70 n. Chr. Die Verheißung für das Reich Gottes bleibt jedoch bestehen. Es ist gut möglich, dass es ganz am Ende der Zeit, wenn Gott Sünde und Tod endgültig überwinden wird, noch einmal einen Augenblick geben wird, wo mitten im alltäglichen Leben das Gericht über alle vollstreckt wird, die Gottes Einladung nicht angenommen haben. Darum geht es aber nicht in diesem Abschnitt. Unser Abschnitt spricht eine Einladung aus, die bis heute Bestand hat, und die sich an alle richtet, die sich im Blick auf die Zukunft Sorgen machen: Gottes souveräne Herrschaft über diese Welt, seine heilende Liebe, sind nicht nur in Reichweite, sie warten darauf, dass Sie mit anpacken.

Lukas 18,1-14: Die Gleichnisse von der hartnäckigen Witwe und vom Zolleinnehmer

[1]Jesus erzählte ihnen ein Gleichnis darüber, wie sie immer beten und
nie aufgeben sollten.

[2]„In einer bestimmten Stadt lebte einmal ein Richter", sagte er,
„der Gott nicht fürchtete und auch keinen Respekt vor Menschen
hatte. [3]In dieser Stadt lebte auch eine Witwe. Sie kam zu ihm und
sagte: ‚Beurteile meinen Fall! Verschaffe mir Recht[2] *gegenüber mei-*
nem Feind!'

[4]Lange Zeit widersetzte er sich. Schließlich sagte er sich aber: ‚Es ist
wahr, dass ich weder Gott fürchte noch Respekt habe vor den Men-
schen. [5]Weil mir diese Witwe aber viel Ärger macht, will ich ihren Fall
beurteilen und ihr Recht verschaffen; sonst kommt sie am Ende noch
und verpasst mir ein blaues Auge.'

[6]Also", sagte der Meister, „habt ihr gehört, was dieser ungerechte
Richter sagt? [7]Meint ihr nicht, dass Gott seinen Auserwählten Recht
verschafft, die Tag und Nacht zu ihm schreien? Denkt ihr, dass er ihre
Sache absichtlich hinauszögert? [8]Ich sage euch: Er wird ihnen schnell
Recht verschaffen. Aber – wenn der Menschensohn kommt, wird er
auf der Erde Glauben finden?"

[9]Das nächste Gleichnis setzte er denjenigen entgegen, die sich selber
für gerecht hielten, andere aber verachteten.

[10]„Zwei Männer gingen in den Tempel um zu beten", erzählte er.
„Einer war ein Pharisäer, der andere ein Zolleinnehmer. [11]Der Phari-
säer stellte sich hin und betete alleine: ‚Gott, ich danke dir, dass ich
nicht wie die anderen Leute bin – gierig, ungerecht, unmoralisch oder

---

[2] A.d.Ü.: Wright übersetzt hier das griechische Wort ekdikeo (rechtfertigen, rächen, jemandem Recht verschaffen) mit dem englischen Ausdruck to vindicate (rechtfertigen, jemand verteidigen, jemandem vor Gericht recht geben, rehabilitieren).

sogar wie dieser Zolleinnehmer. 12 *Ich faste zweimal in der Woche; ich*
gebe den Zehnten von allem, was ich bekomme.'
13 *Der Zolleinnehmer stand aber weit hinten und getraute sich nicht*
einmal, die Augen zum Himmel zu erheben. Er schlug an seine Brust
mit den Worten: ‚Gott, sei gnädig mit mir, so sündig wie ich bin."
14 *Eines sage ich euch: Er war derjenige, dem Gott Recht verschaffte,*
nicht der andere. Seht ihr es denn nicht? Leute, die sich selbst erhö-
hen, werden gedemütigt; Menschen, die sich selber demütigen, wer-
den erhöht."

Kommen Sie mit mir an einen Gerichtshof, an dem gerade eine Zivilklage verhandelt wird. Ich bin nicht oft vor Gericht gewesen; im Fernsehen und in den Zeitungen sieht man sie immer wieder. Ab und zu wird ausführlich über Gerichtsfälle berichtet und sie schreiben Geschichte.

Wenn der Fall nicht so ernst wäre, könnte man es für einen sportlichen Wettkampf halten. Auf der einen Seite steht der Ankläger, der mit Nachdruck behauptet, dass sein Gegenspieler ihn betrogen hat. Er hat sein Team von Anwälten, die für ihn argumentieren, Zeugen herbeizitieren und so versuchen, den Richter für ihre Sache einzunehmen. Auf der Gegenseite steht der Angeklagte. Er und sein Team versuchen, den Richter davon zu überzeugen, dass er im Recht ist. Experten, die den Fall verfolgen, ahnen vielleicht, in welche Richtung die Sache sich entwickelt. Wirklich entschieden ist sie aber erst dann, wenn der Richter seine Entscheidung gefällt und das Urteil verkündet hat.

Im jüdischen Gerichtswesen im Altertum wurden alle Gerichtsfälle so behandelt, nicht nur Zivilklagen. Wenn jemand Sie bestohlen hatte, mussten Sie ihn selber vor Gericht anzeigen. Die Polizei würde das nicht für Sie übernehmen. Dasselbe Verfahren galt auch, wenn jemand einen Ihrer Angehöriger ermordet hatte. In jedem Gerichtsverfahren würde also ein Richter der einen oder der andern Partei recht geben. „Rehabilitierung[3]" oder „Rechtfertigung" bedeutet hier: zugunsten

---

[3] Siehe Fußnote 1, Anmerkung zur Übersetzung von Vers 3.

einer Partei entscheiden. Wir begegnen dem Wort „**Rechtfertigung**" sehr oft bei Paulus, in den Evangelien aber kaum jemals. Es bedeutet genau betrachtet: Am Ende des Gerichtsverfahrens entscheidet der Richter zugunsten von jemandem. (Vgl. unter anderem Römer 2,1-16; 3,21-31; Galater 2,16-21.)

Auch wenn diese beiden **Gleichnisse** sehr verschieden sind, drehen sie sich doch beide um Rechtfertigung. Im ersten ist das offensichtlich, weil es hier tatsächlich um einen Gerichtsfall geht. Auf den ersten Blick sind wir aber verwirrt, weil Jesus den ungerechten Richter offensichtlich mit Gott vergleicht – obwohl er doch völlig anders handelt, als es Gott tun würde. Er respektiert Gott nicht, und es kümmert ihn auch nicht, ob er das Richtige für die Menschen tut oder nicht. Der Punkt in diesem Gleichnis liegt hier: Wenn sogar ein lausiger Richter wie dieser sich dazu überreden lässt, das Richtige zu tun, dann wird selbstverständlich Gott, der die Gerechtigkeit in Person ist und Menschen leidenschaftlich liebt, ihnen Recht verschaffen und der Gerechtigkeit zum Sieg verhelfen.

Im Gleichnis sind Gottes Leute Parteien in einem Prozess, die auf Gottes Urteilsspruch warten. Worum geht es denn überhaupt in diesem Prozess? Es scheint um Israel zu gehen, genauer gesagt um das erneuerte Israel, das sich um Jesus versammelt. Sie erwarten von Gott, dass er ihnen Recht verschafft. Das wird dann geschehen, wenn diejenigen, die sich seiner Botschaft widersetzt haben, schließlich bestraft werden. Mit anderen Worten wird ungefähr das gleiche Szenario beschrieben wie im vorangegangenen Kapitel: die Zeit, in der den Anhängern Jesu durch die endgültige Zerstörung der Stadt und des **Tempels**, die sie gegen ihn gestellt haben, klar wird, dass Gott Jesus recht gibt und mit ihm auch seinen Nachfolgern. Dieser Augenblick wird schrecklich sein. Trotzdem wird er das befreiende und Gerechtigkeit schaffende Urteil sein, auf das Gottes Leute warteten und für das sie beteten. Wenn das auf diesen abschließenden Moment zutrifft, dann gilt es auch für die weniger großen Augenblicke, von denen das christliche Leben erfüllt ist.

Das zweite Gleichnis scheint auf den ersten Blick eine religiöse Begebenheit zu beschreiben. Bei näherem Hinsehen sieht man aber, dass auch diese Geschichte einen Gerichtsfall beschreibt. Vielleicht könnte man auch sagen, dass der **Pharisäer** im Tempel einen Wettbewerb daraus gemacht hat: Sein „Gebet“, das nur daraus besteht, Gott alle seine guten Seiten vorzuführen, gipfelt darin, dass er sich selber erhöht, indem er den Zolleinnehmer schlechtmacht. Der Zolleinnehmer dagegen hat einen kleinen **Glauben**, der das große Herz Gottes erblickt (siehe Kapitel 17,6), und er wirft sich selbst ganz in die Hände der göttlichen Gnade. Jesus offenbart, welches Urteil der göttliche Richter fällen würde: Das Urteil fällt zugunsten des Zolleinnehmers, nicht des Pharisäers aus.

Die beiden Gleichnisse zusammen bringen kraftvoll zum Ausdruck, was Paulus in seiner Sprache „Rechtfertigung durch den Glauben“ nennt. Der größere Zusammenhang ist das abschließende Gericht, in dem Gottes Volk recht bekommt nach einem Leben in Leiden, Heiligkeit und Dienst. Auch wenn Feinde von innen und außen sie angreifen und verleumden, wird Gott am Ende eingreifen und zeigen, dass sie in Wahrheit sein Volk sind. Das bedeutet aber nicht, dass man jetzt schon an äußerlich sichtbaren Dingen wie Tugend oder Einhalten aller Details des jüdischen Gesetzes erkennen kann, wer zu Gottes Auserwählten gehört. Wenn Sie sehen wollen, wo die abschließende Rechtfertigung schon vorweggenommen wird, dann halten Sie Ausschau nach echter Reue und danach, dass sich Menschen ganz auf die Gnade Gottes verlassen. „Er war derjenige, dem Gott Recht verschaffte.“ Dieser Satz gehört zu den tröstlichsten Worten des ganzen Evangeliums.

Lukas 18,15-30: Der einflussreiche junge Mann

15 Einige Leute brachten sogar kleine Babys zu Jesus, damit er sie berühre. Als die Jünger das sahen, verboten sie ihnen das streng. 16 Jesus rief sie jedoch zu sich: „Lasst die Kinder zu mir kommen und hindert sie nicht daran! Gottes Reich gehört solchen wie ihnen. 17 Ich sage euch die Wahrheit: Jeder, der Gottes Reich nicht wie ein Kind annimmt, wird niemals eintreten."

18 Ein einflussreicher Mann stellte ihm eine Frage: „Guter Lehrer, was muss ich tun, damit ich das Leben im kommenden Zeitalter habe?"

19 Jesus antwortete ihm: „Wieso nennst du mich gut? Niemand ist gut als Gott allein. 20 Du kennst die Gebote: Begehe keinen Ehebruch, töte nicht, stehle nicht, schwöre keinen Meineid, ehre deinen Vater und deine Mutter."

21 „Ich habe sie alle eingehalten, seit ich ein kleiner Junge war", sagte er darauf.

22 Als Jesus das hörte, sagte er ihm: „Eine einzige Sache fehlt dir noch. Verkaufe alles, was du besitzt, und verteile es an die Armen, so wirst du im Himmel einen Schatz haben. Dann komm und folge mir nach."

23 Als er das hörte, wurde er sehr traurig; er war nämlich außerordentlich reich.

24 Jesus sah, dass er traurig geworden war, und sagte dazu: „Wie schwer ist es für Menschen, die viel besitzen, in Gottes Reich hineinzukommen! 25 Ja, ein Kamel kann einfacher durch ein Nadelöhr schlüpfen, als dass ein Reicher in das Reich Gottes hineinkommt."

26 Die Leute, die das hörten, fragten: „Wer kann dann noch gerettet werden?"

27 „Was für Menschen unmöglich ist, kann Gott tun!", antwortete Jesus.

28 Petrus warf ein: „Schau, wir haben alles verlassen und sind dir nachgefolgt."

[29]*Jesus sagte ihnen: „Ich sage euch die Wahrheit: Jeder, der sein Haus, seine Frau oder Brüder, seine Eltern oder Kinder zurücklässt für das Reich Gottes,* [30]*wird im Gegenzug schon jetzt viel mehr bekommen – und im kommenden Zeitalter wird er das Leben empfangen, das zu jener Zeit gehört."*

Lukas ist und bleibt ein Künstler. Farbe für Farbe, Schicht für Schicht baut er sein großartiges Gemälde auf. Schließlich lenkt er alle Aufmerksamkeit auf den gewaltigen Moment, in dem Jesus in Jerusalem eintrifft. Er hat uns die Lektionen Jesu über Demut und Dankbarkeit vermittelt. Ebenso hat er uns die **Gleichnisse** erzählt, die davon handeln, wie Gott seinen Leuten Recht verschafft – sowohl in der **zukünftigen Welt** als auch – für alle mit demütigem und einsichtigem Herzen – schon jetzt. Auf diesen beiden baut er jetzt weiter auf und nimmt uns mit auf den Weg nach Jerusalem. Hier spricht er darüber, wie schwierig es ist, in das **Reich Gottes** hineinzugelangen und so am Leben in der zukünftigen Welt teilzuhaben.

Lukas betont, wie klein die Babys waren, die die Leute zu Jesus bringen wollten. Der Tadel, den Jesus an seine **Jünger** richtet, schallt noch heute hinaus in eine Welt, wo Tausende von Kindern wie Untermenschen und Verbrauchsgüter behandelt werden. Dabei zeigen uns eben diese am besten, so sagt Jesus, was es heißt, das Reich Gottes anzunehmen und darin einzutreten. Die Hilflosigkeit von Kindern und ihr unbedingtes Vertrauen in jene, die sie lieben und sich um sie kümmern, umgibt etwas Besonderes. Damit leben sie das demütige Vertrauen vor, von dem Jesus immer wieder gesprochen hat. Jesus verklärt oder romantisiert die Kinder dabei nicht. Er ist in einem Dorf aufgewachsen und hatte selber jüngere Geschwister. So wusste er genau, wie fordernd sie sein können und dass sie einem den letzten Nerv rauben können. Er weist aber auf das Herzstück dessen hin, was es bedeutet, Gottes Reich zu empfangen. Es ist wie Muttermilch zu trinken; es ist, als ob man zu sehen – und zu lächeln! – lernt, indem man in die Augen und das Gesicht der eigenen Mutter schaut.

Welch einen Gegensatz bildet da der reiche einflussreiche Mann! Er wirkt so selbstbewusst und gut organisiert, so entschlossen. Dann schaut er dem ins Gesicht, den er selbst „gut“ genannt hat – und wendet sich traurig ab. Er hatte gehofft, Jesus mit seiner Frömmigkeit und seiner Hingabe beeindrucken zu können; im Gegensatz zu den „Sündern“, von denen wir in den vorangegangenen Kapiteln so viel gehört haben, konnte er eine saubere Weste vorweisen, was die wohlbekannten Gebote angeht. Seine Frage, die Antwort Jesu und das Gespräch mit der Menschenmenge und den Jüngern, das sich daran anschließt, lässt uns ins Herz dessen blicken, was vor sich geht, als Jesus sich Jerusalem nähert.

Jesus fängt an, das ins Leben zu rufen, wonach sich die meisten Juden gesehnt hatten: Gottes Reich, seine souveräne rettende Gnade, die auf neue Art und Weise zum Nutzen der ganzen Welt zu wirken beginnt. Das bedeutet auch, dass das „kommende Zeitalter“ schon jetzt in die **Gegenwart** einbricht. In der Zukunft wird es dann umfassend kommen, wenn alles Böse beseitigt sein wird. Dann werden alle, die dazugehören, am „Leben des kommenden Zeitalters“ Anteil haben. Weil das Wort für „Zeitalter“ hier meist mit „ewig“ übersetzt wird, verwendet man üblicherweise die Wendung „ewiges Leben“, um dieses Leben zu beschreiben. Heute verstehen viele einfach eine Existenz darunter, die immer und immer weitergeht. Das kann wünschenswert sein oder auch nicht; die Meinungen gehen da auseinander. Auf jeden Fall gibt die Formulierung „ewiges Leben“ nicht den Geschmack, die Begeisterung, die Spannung wieder, die das Original in sich trägt.

Die Juden glaubten, dass in Gottes neuem Zeitalter alles neu, frisch und frei von Verderbnis, Verfall, Bosheit, Bitterkeit, Schmerzen, Angst und Tod sein würde. Und das ist erst der Anfang. Es wird ganz neue Möglichkeiten geben, neue Freuden und Vergnügen. **Himmel** und Erde werden sich wieder verbinden, Gott und seine Kinder werden zusammenleben. Danach sehnten sich die Leute damals. Und so würde es aussehen, wenn Gott endlich mit seiner rettenden Kraft die Welt regieren würde.

Genau das war es, was Jesus jetzt schon brachte. Das Böse und der Tod, so viel steht fest, waren immer noch sehr aktiv. Jesus selbst würde sich der vollen Gewalt der Mächte des alten Zeitalters noch stellen müssen. Aber hier war er, und wo auch immer Menschen mit demütigem und einsichtigem Vertrauen akzeptierten, dass Gottes Reich in und durch ihn wirksam war, dort konnte man etwas vom Leben des neuen Zeitalters sehen.

Deshalb wurde der einflussreiche reiche Mann traurig. Um das Leben des neuen Zeitalters zu ererben, musste er die Werte des alten verlassen und sich völlig dem neuen anvertrauen, so wie sich ein Taucher ins Wasser wirft. Er konnte nicht ernsthaft nach dem neuen Zeitalter suchen, wenn er immer noch an den Symbolen des alten festhielt. Die Gebote waren gut und wichtig. Wenn er aber mit seinem Besitz verheiratet war – und wie wir schon gesehen haben bildete der Besitz des verheißenen Landes ein wichtiges Standbein für ihre Identität als Juden – dann wäre er niemals fähig, das Reich Gottes wie ein Kind anzunehmen, im demütigen Vertrauen, dass es Gott erlaubt, Gott zu sein. Den wahren Reichtum findet man in der himmlischen Dimension; „ein Schatz im Himmel" bezieht sich nicht einfach auf eine Art von Besitz, den man nach dem Tod erhält. Er meint einen Schatz, der in Gottes Vorratshaus bis zu dem Zeitpunkt aufbewahrt wird, wenn Himmel und Erde endlich wieder vereint sein werden, so wie es von Anfang an geplant war.

Aber schon jetzt, in der Gegenwart, bricht dieses neue Zeitalter in unsere traurige alte Welt ein. Das Leben in der christlichen Gemeinschaft bietet neue Häuser, neue Familien, neue Möglichkeiten, die sich für diejenigen auftun, die die alten Wege hinter sich gelassen haben. Die Kirche ist in jedem Zeitalter gerufen, diese Art von Gemeinschaft zu sein, ein lebendiges Anschauungsbeispiel für das künftige Zeitalter. In dieser Art von selbstlosem und vertrauensvollem gemeinsamen Leben können die Kirchenmitglieder und auch die Welt ringsumher etwas davon erahnen, wie Gottes neue Welt sein wird – und jetzt schon lernen, mehr und mehr diesen Lebensstil zu leben.

Lukas 18,31-43: Jesus heilt einen blinden Bettler

[31]Jesus nahm die Zwölf beiseite.
Er erklärte ihnen: „Schaut, wir gehen hinauf nach Jerusalem. Alles,
was die Propheten über den Menschensohn geschrieben haben, wird
sich erfüllen. [32]Ja, man wird ihn den Heiden ausliefern; er wird ver-
spottet, misshandelt und angespuckt werden. Man wird ihn auspeit-
schen und töten; [33]am dritten Tag wird er auferweckt werden."
[34]Sie verstanden kein Wort davon. Die Botschaft blieb ihnen ver-
borgen, und sie wussten nicht, was er meinte.
[35]Als sie nahe zur Stadt Jericho kamen, saß da ein blinder Mann
und bettelte. [36]Als der die Menschenmenge bemerkte, die zur Stadt
hinzog, fragte er, was denn los sei.
[37]„Jesus von Nazareth kommt hier vorbei", gab man ihm zur Ant-
wort.
[38]Da fing er an zu schreien: „Jesus – Davids Sohn! Hab Erbarmen
mit mir!"
[39]Die Leute, die vorne in der Menge liefen, drohten ihm und befah-
len ihm zu schweigen. Er aber schrie nur umso lauter: „Sohn Davids,
hab Erbarmen mit mir!"
[40]Jesus hielt an und ließ den Mann zu sich bringen. Als er vor ihm
stand fragt er ihn: [41]„Was möchtest du, dass ich für dich tun soll?"
„Meister", antwortete er, „ich möchte wieder sehen können."
[42]„So sei wieder sehend", sagte Jesus. „Dein Glaube hat dich ge-
rettet."
[43]Sofort wurde er wieder sehend. Er folgte Jesus und verherrlichte
Gott. Als all die Leute das sahen, verherrlichten sie Gott.

Wenn man einem guten Musikstück zuhört, merkt man manchmal, wie der Komponist langsam und sorgfältig eine immer größere Spannung aufbaut. Etwas in einem sehnt sich dann immer mehr danach, dass sich diese Spannung in einem großen Schlussakkord auflöst. Ein Strang der Musik zieht in die eine Richtung, der andere in eine andere. Die Noten scheinen miteinander zu kämpfen. In einem Konzert wirkt es manchmal, als ob das Soloinstrument mit dem Orchester ringt. Beide wollen die Oberhand gewinnen. Manchmal streiten die verschiedenen Instrumente in einem Streichquartett darum, wer den Ton angibt. Manchmal kann sich so eine Spannung auch in einem Solo oder in einem Klavierkonzert aufbauen. Die Musik reißt den Hörer mit, bis sich die Spannung endlich auflöst.

In diesem Abschnitt baut Lukas eine wachsende Spannung zwischen zwei Handlungssträngen auf, die schließlich in der Kreuzigung und **Auferstehung** Jesu zusammenkommen. Auf der einen Seite erzählt Jesus den **Jüngern** erneut, dass sie nach Jerusalem reisen, damit „der **Menschensohn**" – als den sich Jesus jetzt deutlich zu erkennen gibt – von den heidnischen Besatzungsmächten brutal misshandelt und getötet wird und am dritten Tag wieder aufersteht. Das ist so völlig jenseits von allem, was sie sich jemals vorgestellt, gewünscht, erträumt oder auch nur erdacht haben, dass sie es schlicht nicht verstehen können. Sie glauben, dass Jesus in Rätseln spricht, aber sie haben keine Idee, was dieses Rätsel bedeuten soll. Sie können sich nicht vorstellen, dass er es wörtlich meint. Aber trotz allem folgen sie ihm weiterhin nach.

Auf der anderen Seite finden wir einen blinden Bettler, der Jesus grenzenlos vertraut. Er bekommt die Gelegenheit, sein großes Anliegen auf ein „vernünftiges" Maß herunterzuschrauben (wie viel einfacher wäre es, um Geld oder Brot zu bitten) – aber er setzt alles auf eine Karte und bittet darum, sein Augenlicht wiederzubekommen. Und Jesus kann einmal mehr einem Menschen sagen, dass sein **Glaube** der Weg zu seiner Heilung, zu seiner Rettung ist. Der Mann schließt sich der Menge an, folgt ihm und preist Gott.

Die Jünger können nicht sehen; der Bettler sieht jetzt klar. Die Reise ist zur gleichen Zeit rätselhaft und dunkel wie auch freudenvoll und hell. Wir sind fast in Jerusalem angekommen. All die Themen, die Lukas in diese Reise eingebaut hat, kommen in dem großartigen Moment zusammen, wenn Jesus in Jerusalem einzieht. Auf der einen Seite versammeln sich dann alle Mächte der Finsternis, um ihre gebündelte Macht auf Jesus loszulassen. Wie wir schon wissen, steht hinter diesem schrecklichen Geschehen die Warnung an die Stadt und den **Tempel**: Wenn sie die Einladung Jesu nicht annehmen, sein Friedensangebot, dann droht ihnen dasselbe furchtbare Schicksal wie ihm. Die Jünger, die unterwegs sind in diese Dunkelheit, begreifen immer noch nichts davon.

Auf der anderen Seite sehen wir, wie die Kräfte der neuen Zeit bereits am Werk sind. Wo auch immer Jesus auftaucht, werden Menschen nicht nur in das **Reich Gottes** hinein eingeladen; sie werden geheilt, bekommen ein neues Leben. So wird etwas von der umfassenden Heilung und der Freude vorweggenommen, die an Gottes letztem Tag anbricht. Dort erleben wir Begeisterung, Anbetung aus ganzem Herzen, dort wird Gottes Reich gefeiert.

Wie passen diese Dinge zusammen? Im Moment noch gar nicht. Die Warnungen treffen auf verwirrte, unvorbereitete Ohren. Die Menschenmengen, die Gott zujubeln, erwarten, dass das endgültige Reich Gottes jeden Augenblick erscheinen wird – und nicht, dass ihr Anführer verhaftet und hingerichtet werden wird. Mitten in diese Szene aber pflanzt Lukas das Lehrthema, das sich schon durch den ganzen Dienst Jesu hindurchzog und auch weitergehen wird, bis alles vollendet sein wird. All das geschieht, so betont Jesus, weil die Verheißungen der Propheten in Erfüllung gehen müssen (Vers 31). Auf diese Art erfüllt sich der Plan Gottes, der schon in den uralten Prophetien angekündigt worden war. Und tatsächlich: Weil Jesus die finsteren Mächte des alten Zeitalters auf sich zieht, schließlich sogar den Tod selbst, darum kann überall sonst neues **Leben** aufblühen. Während sich die Musik unaufhörlich dem Höhepunkt nähert, den großartigen Akkorden von Kreuz und Auferstehung, entdecken wir die Bedeutung dieser Geschehnisse: Lukas erzählt uns aufs Neue im Voraus, was Jesus durch seinen Tod erreichen wird. Beim Zuhören lernen wir, wie diese Musik zur Titelmelodie auch unseres Lebens werden kann.

In seinem Tod wird Jesus die Blindheit und Verzweiflung dieser

Welt auf sich nehmen. Es gibt immer noch so vieles, das wir nicht verstehen; so vieles in der Welt und auch in der Heiligen Schrift bleibt uns verborgen und rätselhaft – so wie Jesu Worte für seine Jünger unverständlich waren. Es gibt vieles, das uns, wenn wir es ganz verstehen könnten, davon abhalten würde, Jesus nachzufolgen. Lukas erklärt uns aber auch, dass Jesus, wenn wir ihm nachfolgen, das volle Gewicht des Bösen auf sich selbst nimmt – ja, dass er das am Kreuz schon getan hat, sodass die Dinge, die auf uns zukommen, ihren Schrecken verloren haben. Ebenso wurde uns schon so viel gegeben, wenn wir Gottes heilender und wiederherstellender Kraft vertrauen und glauben, dass wir Gottes Lob anstimmen können, auch wenn wir auf unbekannten Wegen unterwegs sind.

Für uns wie für jene schließt das ein, Gott zu vertrauen, der seinen Plan in der Schrift und vor allem in Jesus schon offenbart hat. Wir stolpern nicht ohne einen Führer auf unserem Weg voran. Wir loben Gott nicht auf eine oberflächliche und beliebige Art. Unsere Nachfolge und unser Lob sind von der Demut und Hoffnung durchdrungen, die Lukas als zentrale Kennzeichen des christlichen Lebens herausgehoben hat. Wenn wir mit Jesus am Ziel ankommen, werden wir mit ihm feiern, dass das Reich Gottes bereits aufgerichtet ist und sich danach sehnt, vollendet zu werden.

Lukas 19,1-10: Zachäus wird berufen

1 Sie kamen nach Jericho hinein und zogen hindurch. 2 Da war ein
Mann mit Namen Zachäus. Er war einer der obersten Zolleinnehmer
und er war sehr reich. 3 Er versuchte zu sehen, wer Jesus war, doch die
Menschenmenge versperrte ihm die Sicht, weil er ein kleiner Mann
war. 4 So rannte er auf dem Weg voraus, den Jesus nehmen musste und
kletterte auf einen Maulbeerfeigenbaum, um ihn zu sehen.
5 Als Jesus dort ankam, schaute er auf.

„Zachäus, komm schnell herunter“, so wandte er sich an ihn, „ich muss heute Gast in deinem Haus sein.“ [6]*Also stieg Zachäus herunter, so schnell er nur konnte und hieß ihn mit großer Freude willkommen.*
[7]*Alle, die das sahen, empörten sich: „Wie kann er nur Zeit mit solch einem hartnäckigen Sünder verbringen!“* [8]*Zachäus aber stand da und wandte sich an den Meister: „Herr, ich gebe die Hälfte meines Besitzes den Armen. Wenn ich jemanden irgendwie betrogen habe, erstatte ich es ihm vierfach.“*
[9]*Jesus sagte darauf: „Heute ist Rettung zu diesem Haus gekommen, denn dieser Mann ist auch ein Sohn Abrahams.* [10]*Seht: Der Menschensohn ist gekommen, um die Verlorenen zu suchen und zu finden.“*

Sonntagsschulen lieben Zachäus. Auf jeden Fall lieben sie es, aus seiner Geschichte Theaterstücke und Lieder zu machen. Der kleine Mann, der auf einen Baum steigt, um Jesus zu sehen – das ist doch eine der anschaulichsten und originellsten kurzen Geschichten der Bibel. Kinder können sich einfach mit Zachäus identifizieren: Auch sie erleben oft, dass eine Menschenmenge ihnen den Weg versperrt, sodass sie nicht sehen können, was vor sich geht. Auch viele Erwachsene können sich mit ihm identifizieren: Sie würden zwar gerne näher zu Jesus kommen, aber sie haben gleichzeitig Angst, dass es peinlich oder teuer werden könnte.

Natürlich macht Lukas Zachäus zu einem seiner kleinen Helden. Lukas ist das einzige **Evangelium**, das von ihm erzählt und davon berichtet, wie er plötzlich im Scheinwerferlicht steht. Der hartgesottene alte Zolleintreiber passt zu den drei Themen, die Lukas regelmäßig behandelt: Das Problem des Reichtums und wie man damit umgehen soll, dass sich Jesus mit „Sündern“ identifiziert, und der **Glaube**, der Jesus als Herrn erkennt und als Folge davon neues **Leben** entdeckt. Mit dieser Geschichte bringt Lukas eine Art Gegenstück zu dem traurigen Bericht vom einflussreichen jungen reichen Mann im vorhergehenden Kapitel. Er verwendet sie als letzten Mosaikstein für das Hintergrundbild, bevor Jesus nach Jerusalem einzieht. Diese Art von Heilung, diese Art von neuem Leben, so will er uns wohl mitteilen, will Jesus bringen. Wenn nur die Menschen in Jerusalem das erkennen könnten und auf ähnliche Art reagieren würden!

Niemand in Jericho mochte Zachäus. Es wäre für sie eine Horrorvorstellung zu denken, dass noch zweitausend Jahre später Millionen Menschen ausgerechnet seinen Namen mit der Stadt verbinden würden. Solche Menschen wie Zachäus verachtete jeder! Er war nicht nur ein Zolleinnehmer, sondern einer der höchsten dieser Zunft. Er hat sich also nicht nur nebenbei auf Kosten anderer Leute bereichert, sondern hat auch noch an den Zolleinnehmern verdient, die unter ihm gearbeitet haben. Wo auch immer Geld von einer Hand in die andere wechselt – und da spielt es keine Rolle, ob das ein kleiner schäbiger Wellblechverschlag in einer kleinen staubigen Stadt ist oder ein elegantes Büro im neunzehnten Stock eines Hochhauses an der Wall Street – die Hände werden nur zu schnell schmutzig. Wann immer das Geld seine Stimme erhebt, schreit es lauter als die Ansprüche von Ehrlichkeit, Respekt und Menschenwürde. Man kann sich die Gesichter der Nachbarn, sogar seiner Freunde und Verwandten vorstellen, als Zachäus' Haus immer verschwenderischer herausgeputzt wurde, als mehr und mehr Sklaven auf seine Befehle warteten, die Kleider immer nobler und das Essen immer reichhaltiger wurden. Jedermann wusste: „Das ist eigentlich mein Geld. Es ist nicht recht, dass er es besitzt." Und alle wussten, dass sie nichts dagegen tun konnten.

Bis Jesus durch die Stadt kam. Diesen Moment, als sich die beiden Männer in die Augen schauten, könnte man in einer Opernarie besingen. Neugierde hatte den kleinen Mann auf den Baum getrieben. Hinter seinem harten, ausgekochten Blick verbarg sich eine unausgesprochene Frage. Jesus blickte durch die Schichten von Schwindel und Gier, von verhärteter Verachtung hindurch, mit denen Zachäus seine Mitmenschen anzusehen pflegte. Er war schon genug Zolleinnehmern begegnet um zu wissen, wie ihr Leben aussah und wie krank ihre Herzen hinter der polierten Fassade waren – und er hatte die Medizin für sie.

So befindet sich Jesus wieder einmal ganz entspannt in der Gegenwart der falschen Art von Leuten. Und wieder murrt die Menschenmenge draußen. Dieses Mal aber erzählt nicht Jesus ein **Gleichnis** – obwohl Lukas zweifelsohne möchte, dass wir uns an das Gleichnis vom verlorenen Sohn und an andere ähnliche Geschichten erinnern, die er uns bereits mitgeteilt hat. Dieses Mal wendet sich der Zolleinnehmer selbst öffentlich an Jesus und bezeugt so seine außerordentliche **Umkehr**. Umkehr ist hier nicht einfach nur eine Veränderung im Herzen. Wie es im Judentum generell üblich ist, schließt Umkehr auch Wiederherstellung und Wiedergutmachung mit ein. Zachäus ist entschlossen, hier verschwenderisch zu sein. Er bietet nicht an, seinen ganzen Besitz zu verkaufen. Jesus verlangt das auch nicht von ihm. Wenn er aber die Hälfte seines Vermögens verschenkt und dann noch vierfache Wiedergutmachung geleistet hat, haben sich seine Lebensumstände massiv verändert.

Ihm ist das egal. Er hat etwas weit Wertvolleres gefunden. Aus „Ich muss heute Gast in deinem Haus sein“ wird „Heute ist Rettung zu diesem Haus gekommen.“ Wo Jesus ist, da findet man Rettung. Das gilt für alle, die ihn als Herrn annehmen und ihr Leben entsprechend neu ordnen. Einmal mehr bringt Jesus einen ehemals Ausgestoßenen zurück in die Familie Abrahams (Vgl. Kapitel 13,16). Zachäus folgt Jesus nicht auf der Straße nach Jerusalem, obwohl er so den verwirrten und wahrscheinlich immer noch zornigen Blicken seiner Nachbarn entkommen könnte. Er lebt sein neues Leben und findet seinen Platz als Teil des erneuerten Israels hier, wo er lebt.

Die letzte Bemerkung weist einmal mehr voraus auf den steilen staubigen Weg hinauf nach Jerusalem. Wir sind schon fast dort. Die Propheten haben von dem Schicksal gesprochen, das auf den **Menschensohn** wartet. Seine Berufung endet aber nicht mit seinem Leiden und Sterben; er wird durch dieses Schicksal die verlorenen Schafe suchen und retten. Bald wird aus „Wie kann er nur Zeit mit solch einem hartnäckigen Sünder verbringen!“ der Satz: „Er ist hinausgegangen, um mit den Verbrechern zu sterben.“ Beides geschieht aus demselben Grund: Der Menschensohn ist gekommen, um die Verlorenen zu suchen und zu retten.

Lukas 19,11-27: Der König, die Diener und das Geld

11 *Während die Leute ihm noch zuhörten fing er an, ihnen ein weiteres*
Gleichnis zu erzählen. Schließlich waren sie schon nahe an Jerusalem,
und sie erwarteten, dass das Reich Gottes sehr bald erscheinen würde.
12 *Er sagte: „Es war einmal ein adeliger Mann. Der ging in ein fernes*
Land, um dort die Königswürde zu empfangen. Anschließend wollte
er zurückkehren. 13 *Er ließ zehn seiner Diener zu sich kommen und*
gab ihnen zehn Silbermünzen. ‚Macht Geschäfte damit, bis ich wieder-
komme!', trug er ihnen auf. 14 *Seine Untergebenen aber hassten ihn. Sie*
sandten ihm eine Gesandtschaft hinterher, die ausrichten sollte: ‚Wir
wollen nicht, dass dieser Mann unser König wird.'
15 *Er wurde dennoch als König eingesetzt und kehrte wieder in seine*
Heimat zurück. Dort ließ er die Diener wieder vor sich kommen, die
das Geld erhalten hatten, um herauszufinden, wie erfolgreich sie in
der Zwischenzeit gewesen waren. 16 *Der erste trat vor und sagte: ‚Herr,*
dein Geld hat den zehnfachen Ertrag gebracht!'
17 *‚Gut gemacht, du tüchtiger Diener! Du bist mit etwas Kleinem zu-*
verlässig umgegangen. Von jetzt an kannst du über zehn Städte herr-
schen.'
18 *Der zweite kam und sagte: ‚Herr, dein Geld hat den fünffachen*
Ertrag gebracht!'
19 *‚Du auch! Du kannst über fünf Städte herrschen.'*
20 *Der andere kam mit den Worten: ‚Herr, hier ist dein Geld. Ich*
habe es in mein Taschentuch eingewickelt. 21 *Ich hatte Angst vor dir,*
weil du ein harter Mann bist: Du profitierst, wo du nicht investiert
hast; du erntest, wo du nicht gesät hast.'
22 *‚Ich verurteile dich mit deinen eigenen Worten, du bösartiger Ha-*
lunke von einem Diener!', antwortete dieser. 23 *‚Du wusstest also, dass*
ich ein harter Mann bin, dass ich profitiere, wo ich nicht investiert
habe und dass ich ernte, wo ich nicht gesät habe? Wieso hast du mein
Geld nicht wenigstens auf die Bank gebracht? Dann hätte ich bei mei-
ner Rückkehr wenigstens die Zinsen dafür bekommen!'

[24],Nehmt ihm das Geld weg', trug er den Umstehenden auf, ,und gebt es dem, der den zehnfachen Gewinn gebracht hat!' [25](Sie wandten ein: ,Herr, er hat doch schon zehn Mal so viel!')

[26]Eines sage ich euch: Jedem, der hat, wird man mehr geben; wer aber nichts hat, dem wird man auch noch das wegnehmen, was er hat. [27]Jetzt zu meinen Feinden, die nicht wollen, dass ich über sie herrsche: Bringt sie her und richtet sie vor meinen Augen hin."

König Richard I herrschte von 1189 bis 1199 über England. Während der ersten Hälfte seiner Regierungszeit war er im Ausland; er kämpfte auf einem Kreuzzug. Auf dem Heimweg wurde er gefangen genommen. In seiner Abwesenheit hatte sein Bruder John Unterstützer für seine Pläne gewonnen, selber den Thron zu besteigen. Darunter waren auch einflussreiche Personen wie der Bischof von Lichfield. Als Richard 1194 endlich zurückkehrte, begnadigte er den Bischof für seine Untreue mit der Auflage, dass dieser seine Kathedrale wiederaufbaut. Durch die Rückkehr und den Urteilsspruch eines unerwarteten Königs entstand so eine wundervolle Kirche, die man heute noch besuchen kann.

Jesu Geschichte vom König, der zurückkehrt, und von denen, die nicht wollten, dass er über sie herrscht, ist umso erschreckender, weil es keine Gnade gibt. Wir können die Geschichte nicht harmloser machen oder ängstlich ihre spitzen Kanten abschleifen, weil Lukas uns im Rest des Kapitels nur zu deutlich zu verstehen gibt, was sie bedeutet. Jesu Tränen über die Stadt und seine deutliche Aktion im **Tempel** zeigen klar genug, dass man das Gericht am Ende des Gleichnisses ernst nehmen muss.

Wer ist denn der König? Wer sind die Diener? Wann findet das Gericht statt?

Die längste Zeit der Kirchengeschichte hat man dieses **Gleichnis** als ein Bild für das Jüngste Gericht verstanden, wenn am Ende der Geschichte Jesus zurückkommt, um seine treuen Nachfolger zu belohnen und die untreuen zu bestrafen. Wir können aber sicher sein, dass

Lukas nicht so darüber gedacht hat. Natürlich glaubt Lukas an das zweite Kommen Jesu (siehe Apostelgeschichte 1,11), er will aber nicht, dass wir dieses Gleichnis als Hinweis darauf verstehen. Im Gleichnis geht es um etwas, das viel näher an der Zeit Jesu liegt.

Jesus erzählt eine Geschichte über einen König, der zurückkehrt um zu sehen, was seine Knechte getan haben, und er erzählt sie aus dem gleichen Grund, aus dem er fast alle seine Gleichnisse erzählt: Er will erklären, was er selbst tut und was das bedeutet. Er kam in Jerusalem an. Das war Ende und Ziel einer langen Reise. Er forderte seine Zuhörer heraus, dieses Ereignis als die so lange schon erwartete Rückkehr von Israels Gott zu verstehen, dem souveränen Herrscher, dem rechtmäßigen König. Das war die verborgene Bedeutung seiner ganzen Reise. So würde es aussehen, wenn der wahre Gott endlich zum Zion zurückkehrt.

Die Propheten hatten von diesem Tag gesprochen. Lange nachdem die Verbannten aus dem Exil geografisch nach Jerusalem zurückgekehrt waren, hatte Maleachi davon gesprochen, dass der „Herr, den ihr sucht“ plötzlich zum Tempel kommt und mit Feuer richten wird. Auch Sacharja sprach davon, dass Gott schließlich kommt und alle seine Heiligen (Engel?) mit ihm. Viele Juden dieser Zeit glaubten, dass – obwohl der Tempel schon lange wieder aufgebaut war und jetzt sogar von **Herodes** verschönert und erweitert wurde – der lebendige Gott noch nicht zurückgekehrt war, um in ihm zu wohnen. Und Jesus sagte: Jetzt endlich passiert es. Aber wer kann vor ihm bestehen?

Wie wir schon gesehen haben, würde man in der Welt des Judentums im ersten Jahrhundert eine Geschichte von einem König und seinen Dienern ganz selbstverständlich auf Gott und Israel beziehen. Wie sollte man dann aber den Zeitraum verstehen zwischen dem Moment, als Gott zur Zeit des **Exils** Israel verließ, und seiner Rückkehr, die irgendwann zu erwarten war? Das Gleichnis gibt folgende Antwort: Als Zeit, für die Israel Aufträge bekommen hat, über die Gott bei seiner Rückkehr Rechenschaft fordern wird. Im Verlauf der vergangenen zehn Kapitel hat Jesus wieder und wieder gewarnt, dass ein Gericht über die Nation, die Stadt und den Tempel kommen wird, wenn sie seinem Ruf nicht Folge leisten. Jetzt kommt Gott selbst, und der Diener, der das Geld seines Meisters im Taschentuch versteckt hat, wird auffliegen.

Der finsterste Strang der Geschichte betrifft die Bürger, die diesen Mann nicht als König akzeptieren wollen. Hier klingt ziemlich sicher die Geschichte von Archelaus an, dem älteren Bruder von **Herodes** Antipas. Nach dem Tod ihres Vaters, **Herodes** des Großen, 4 v. Chr., ging Archelaus nach Rom, um sich als König bestätigen zu lassen. Ihm folgte eine Gesandtschaft von Juden, die ihn nicht wollten. (Zehn Jahre später, nach einer miserablen Regierungszeit, ging er wieder nach Rom; wieder war da eine Delegation von Juden und Samaritanern, die sich gegen seine Ernennung wehrten, diesmal mit Erfolg.) Jetzt aber, so legt Jesus nahe, kommt der unerwünschte König mit voller Autorität zurück: nicht ein weiterer bösartiger **Herodes**, sondern der wahre König, der König, der mit einer Botschaft von Gnade und Frieden kommt, der König, der verworfen worden war, weil sein Volk selber die Herrschaft behalten wollte.

Deshalb sagt diese Geschichte den Zuhörern Jesu drei Dinge. Zuerst sagt sie denjenigen, die das Kommen des **Reiches Gottes** unmittelbar erwarteten, dass es in der Tat kommt, aber dass es mit Gericht *und* mit Gnade kommt. Zweitens deutet sie an, dass die Stadt Jerusalem, wenn sich Jesus ihr nähert, seine Botschaft bereits abgelehnt hat und dass deshalb Gottes Gericht vorbereitet wird. Wenn sie seine Ankündigung des Reiches Gottes nicht annehmen, gibt es nichts mehr, was man tun kann. Drittens bringt sie auf eine dramatische Art Jesu eigene Reise und die Rückkehr Gottes selbst zusammen und offenbart so das verborgene Geheimnis, das sich in so großen Teilen der Geschichte des **Evangeliums** verbirgt. Jesus spricht nicht nur über Gott, Gottes Reich, Gottes Rückkehr zum Zion. Jesus verkörpert sie. Eingeschlossen in seine eigene messianische königliche Sendung ist die endgültige und schicksalhaftere Mission: Israels Gott selbst kehrt endlich in menschlicher Gestalt zu der Stadt und dem Tempel zurück, die seiner Ehre geweiht worden waren, um auf jeder Ebene das zurechtzubringen, was falsch gelaufen ist. Wir, die wir immer noch den endgültigen Gerichtstag Gottes erwarten, das endgültige „Kommen" Jesu in unsere Welt, tun gut daran, über dieses „Kommen" nach Jerusalem nachzudenken und es als Zeichen und Vorgeschmack anzusehen.

Lukas 19,28-40: Der triumphale Einzug

28 Mit diesen Worten setzte Jesus seine Reise hinauf nach Jerusalem fort.

29 Als sie in die Nähe der Stadt kamen, nahe bei Bethanien und Betfage am Ölberg, sandte er zwei der Jünger voraus.
30 „Geht in das Dorf da drüben", trug er ihnen auf. „Wenn ihr dort eintrefft, werdet ihr ein angebundenes Eselsfohlen sehen, auf dem noch nie jemand geritten ist. Bindet es los und bringt es hierher.
31 Falls euch jemand fragt: ‚Wieso bindet ihr es los?', dann antwortet: ‚Weil der Meister es braucht.'"

32 Die beiden, die er losgeschickt hatte, machten sich auf den Weg. Sie trafen alles so an, wie es Jesus ihnen gesagt hatte.
33 Als sie das Eselsfohlen losbanden, fragt ihr Besitzer sie: „Wieso bindet ihr das Fohlen los?"

34 „Weil der Meister es braucht", antworteten sie ihm.

Sie brachten es zu Jesus, warfen ihre Mäntel auf das Fohlen und setzten Jesus darauf.
36 Als er losritt, fingen Leute an, ihre Mäntel auf der Straße auszubreiten.

37 Als sie vom Ölberg hinabstiegen, fing die ganze Menge der Jünger an zu feiern und Gott zu loben, so laut sie nur konnten, für all die machtvollen Taten, die sie gesehen hatten.

38 Sie sangen:
„Willkommen, willkommen, willkommen mit einem Segen!
Der König ist willkommen im Namen des Herrn!
Frieden auf Erden und Ehre dem, der in der Höhe wohnt!"

39*Einige der Pharisäer in der Menge wandten sich an Jesus: „Lehrer, sag deinen Jüngern, dass sie damit aufhören sollen."*
40*Jesus gab ihnen jedoch zur Antwort: „Wenn sie stumm blieben, würden die Steine schreien!"*

Kilometer um Kilometer bergan ist es sogar heutzutage mit dem Auto eine lange Strecke. Man plagt sich Kurve um Kurve durch die sandigen Hügel von Jericho, dem tiefsten Punkt auf der Erdoberfläche, und durch die judäische Wüste. Immer geht es bergauf. Auf der halben Strecke erreicht man die Höhe des Meeresspiegels; man hat schon eine ziemliche Steigung vom Jordantal her hinter sich und immer noch einen ordentlichen Berg vor sich. Fast immer ist es heiß; weil es sehr selten regnet, ist es meistens auch sehr staubig.

Diesen Weg nahmen die Pilger. Jesus zog voran. So hatte er es schon lange geplant. Dies sollte der Höhepunkt seiner Geschichte werden, seiner öffentlichen Laufbahn, seiner Berufung. Er wusste nur zu genau, was auf ihn zukam. Entschlossen ging er darauf zu. Er konnte nicht damit aufhören, das **Reich Gottes** anzukündigen. Es würde aber nur wahr werden, wenn er jetzt selbst die Dinge verkörpern würde, von denen er gesprochen hatte. Der lebendige Gott war am Werk, er heilte und rettete. Alle Mächte der Finsternis und des Todes rotteten sich zusammen, um Widerstand zu leisten, so wie der Pharao und die ägyptischen Truppen versucht hatten, das Volk Israel aufzuhalten. Dies würde jetzt Gottes neuer **Exodus**, Gottes großes Passahfest werden. Nichts und niemand konnte Jesus jetzt noch daran hindern, es zu feiern.

Selbst wenn man nur fährt und die Strecke von Jericho auf den Ölberg nicht zu Fuß zurücklegt, empfindet man eine gewaltige Erleichterung und Begeisterung, wenn man den Gipfel erreicht. Endlich wird die unfruchtbare, staubige Wüste durch üppigen grünen Bewuchs abgelöst, ganz besonders zur Passahzeit, auf dem Höhepunkt des Frühjahrs. Endlich ist man oben auf dem Gipfel angekommen. Vor einem erstreckt sich die heilige Stadt Jerusalem selbst, leuchtend im Sonnenlicht. Sie liegt auf einem eigenen Hügel, der nur etwas kleiner ist als der Ölberg, auf der anderen Seite eines engen, aber tiefen Tales. Bethanien und Betfage schmiegen sich an der Jericho zugewandten Seite an den Ölberg. Kaum hat man sie passiert, kommt schon Jerusalem in Sicht. Das Ende der Reise; der Pilgerfahrt, die alle Pilgerfahrten zum Ende bringt; Passah in der Stadt Gottes.

Für Jesus war dies eine königliche Gelegenheit, die sorgfältig geplant und inszeniert werden musste, damit sie genau den richtigen Punkt betonen. Das Tier, das er auswählte – wahrscheinlich mit dem Besitzer im Vorfeld abgesprochen; Jesus war schließlich nicht zum ersten Mal in Bethanien! – war ein junges Fohlen, ziemlich sicher ein Eselsfohlen. (Lukas verwendet ein Wort, das meistens für ein junges Pferd oder Pony verwendet wird. Er kannte aber Sacharja 9,9; in dieser Prophetie wird angekündigt, dass der **Messias** auf einem jungen Esel reiten würde, und er verwendet dasselbe Wort, das dort verwendet wird.) Wie das Grab, in dem er eine Woche später liegen sollte (Lukas 23,52), war es nie vorher verwendet worden. Die **Jünger** griffen das Thema auf. In einer Art spontaner Königsfeier breiteten sie für ihn Kleider auf der Straße aus. Steil geht der Weg hinab ins Kidrontal. Die Menschenmenge beginnt, Teile aus dem großen Lobgesang (Psalm 118) anzustimmen, den die Pilger auf dem Weg nach Jerusalem immer sangen: ein Siegeslied, ein Loblied für Gott, der seine Feinde besiegt und sein Reich aufrichtet. In einer seiner Auseinandersetzungen in Jerusalem wird Jesus selbst aus diesem Psalm zitieren (Kapitel 20,17). Er kommt selbst, um die Hoffnungen der Nation zu erfüllen und antwortet so auf ihre Sehnsucht nach dem König, der den Frieden des **Himmels** auf die Erde bringen würde.

Und doch gibt es wie immer Leute, die unzufrieden sind. Ein paar **Pharisäer**, die mit der Menge mitliefen, bekamen es plötzlich mit der Angst zu tun: Was würde passieren, wenn die Autoritäten in Jerusalem das alles für eine messianische Demonstration halten würden? Jesus wusste (und Lukas und wir als Leser wissen es jetzt auch), was den Herrn in der Stadt erwartete. Aus dem Blickwinkel Jesu war diese

Feier genau deshalb passend und angemessen: Er kam ja, um Gottes Rettung, Gottes großen Exodus durch sein eigenes Passahopfer am Kreuz zu bringen. Wenn die Menschenmenge dies gewusst hätte, wäre sie verwirrt und traurig gewesen – so wie sie es bald auch sein würde.

Jetzt, da wir uns Jerusalem zusammen mit Jesus nähern, quälen uns die Fragen immer mehr: Sind wir unterwegs in der Hoffnung, dass Jesus wenigstens einige unserer Wünsche und Hoffnungen erfüllen wird? Sind wir nur so lange willig, den Lobgesang anzustimmen, wie Jesus tut, was wir erwarten? Die lange und staubige Pilgerreise unseres Lebens gibt den meisten von uns viel Zeit, um uns über die Motive klar zu werden, aus denen wir Jesus in erster Linie nachfolgen. Sind wir nicht nur bereit, unsre Mäntel vor ihm auf der Straße auszubreiten, um den großen Auftritt zu genießen und Erfolge zu feiern, sondern auch, ihm in Probleme, Auseinandersetzungen, Verurteilung und Tod zu folgen?

Lukas 19,41-48: Jesus reinigt den Tempel

41 *Als er näher kam und die Stadt sah, weinte er über sie.*

42 *„Wenn du nur heute – ja, in diesem Augenblick – einsehen wür-*
dest“, rief er aus, „was dir Frieden bringt! Aber jetzt bleibt es dir ver-
borgen, und du kannst es nicht sehen. 43 *Ja, die Zeit wird über dich he-*
reinbrechen, wenn deine Feinde rings um dich Wälle aufschütten, dich
einkreisen und von allen Seiten bedrängen. 44 *Sie werden dich verwüs-*
ten und deine Kinder mit dir. Keinen Stein werden sie auf dem ande-
ren lassen, weil du die Zeit nicht erkannt hast, in der Gott dich be-
sucht hat.“

45 *Er ging in den Tempel und fing an, alle hinauszuwerfen, die dort*
Handel trieben.

46 *Er rief ihnen zu: „Es heißt in der Schrift: ‚Mein Haus soll ein Haus*
des Gebets sein‘; ihr habt jedoch eine Räuberhöhle daraus gemacht.“

[47]*Jeden Tag lehrte er im Tempel. Die führenden Priester aber, die Schriftgelehrten und die Anführer des Volkes, versuchten ihn zu beseitigen.* [48]*Sie fanden aber keinen Weg, das zu tun, weil die Leute ihm an den Lippen hingen.*

Schließlich ist für Jesus die Zeit zum Weinen gekommen. Früher im **Evangelium** haben wir bereits andere Leute in Tränen gesehen: die Witwe in Nain, Jairus' Familie und andere, die voller Verzweiflung zu ihm gekommen waren mit der Bitte um Heilung und neues **Leben**. Bald schon werden die Frauen von Jerusalem um ihn weinen (Kapitel 23,27). Jesus selbst ist nicht immun gegen Tränen. Im Evangelium des Johannes weint Jesus am Grab seines Freundes Lazarus (Johannes 11,35). Jetzt weint er über die Stadt, und niemand kann ihn trösten.

Jesu Tränen sind nah am Herzen des christlichen Evangeliums. Das war nicht ein bedauerlicher schwacher Moment, etwas, das einem echten **Messias** nicht hätte passieren dürfen. Wieder und wieder hatte er auf der langen Reise vor dem bevorstehenden Gericht Gottes über die Stadt und den **Tempel** gewarnt, weil sie sich wie die Städte in Galiläa seiner Einladung zum Frieden, zum Evangelium der Gnade Gottes, die sich in Liebe nach der **heidnischen** Welt ausstrecken würde, verschlossen haben. Wenn ihr nicht umkehrt, so hatte er gesagt, werdet ihr in gleicher Weise umkommen (Kapitel 13,3.5). Jetzt stand er hier, gegenüber der Stadt, in welcher Pilatus Galiläer hatte hinrichten lassen und in Kürze einen weiteren würde umbringen lassen; gegenüber der Stadt, in welcher der Siloahturm umgestürzt war und in der in nicht allzu ferner Zukunft alle Türme und Mauern, ja der Tempel selbst einstürzen würden.

Es ist ein unverzichtbarer Teil der warnenden und richtenden Botschaft Jesu, dass sie am Ende unter Schluchzen und Tränen vorgebracht wird. Lukas beschreibt die Szene sehr anschaulich. Man sieht Jesus förmlich vor sich, wie er schluchzend ein paar Worte hervorbringt, bis er sich schließlich so weit wieder beherrschen kann, um die feierlichen Warnungen über die Stadt auszusprechen, die sich dazu entschlossen hat, den Moment zu ignorieren, in dem Gott zu einer feierlichen „Heimsuchung“ zu ihr kommt (Vgl. Kapitel 1,68; 7,16).

Wenn man einige der Gerichtsworte aus den vorangegangenen Kapiteln willkürlich zusammenstellt, könnten sie den Eindruck erwecken, dass Jesus schadenfroh über die Stadt lacht: Sie hatte ihn zurückgewiesen; jetzt würde sie zerstört werden. Jetzt aber, wo die Zeit da ist, spürt man nichts von „Ich hab's dir ja gesagt“ oder „Geschieht dir nur recht!“ Alles, was man sieht, sind die erschütternden Schluchzer eines Propheten wie Jeremia, das Weinen vom noch größeren Sohn des großen Königs David, der den traurigen Weg seines Vorfahren auf der Flucht vor seinem rebellischen Sohn Absalom (2. Samuel 15) in umgekehrter Richtung geht. Das schreckliche Urteil, das ausgesprochen wurde und das bald vollzogen werden wird, kommt nicht von einem ernsten und kalten Gerichtshof. Es entspringt einem Herzen voller Liebe, welches das Beste für und von den Menschen will – und sich gerade deshalb mit Schmerzen und Tränen der Rebellion widersetzen muss, die ihre eigenen Interessen und Vorhaben über diejenigen des Gottes erhoben hat, der sie an diesen Platz gestellt hat.

Jesu Tränen und seine Handlung im Tempel gehören zusammen. Jesus führt nicht einfach eine zornige Protestaktion gegen die Kommerzialisierung des Tempels durch. Seine Handlung ist eine feierliche prophetische Warnung, die die Warnung von Jeremia und anderen aufgreift, dass der Tempel, wenn er zu einem Versteck für wirkliche oder metaphorische Räuber wird, unter das Gericht Gottes kommen wird. Es sieht so aus, als ob die Räuber jetzt in der Tat die Bühne beherrschen. Jesu Interesse gilt dabei nicht in erster Linie den Händlern; zweifelsohne verdienen diese sich ein paar Extraschekel unter der Hand – verglichen mit dem, was sich die Hohepriester und ihr Gefolge zuschulden kommen lassen, sind das aber Kleinigkeiten.

Der Tempel ist zum Brennpunkt der nationalen Ideologie geworden. Wie in den Tagen Jesajas sah man in ihm die unerschütterliche Garantie Gottes, dass er für die Sicherheit Israels sorgen wird, komme, was da wolle. Wie in den Tagen Jesajas wird Israel herausgefordert: Wenn sie auf diese Verheißung nicht mit **Glauben** und Gehorsam antworten, zählt sie nichts; schlimmer sogar: Sie würde sich in einen Fluch verwandeln. Wenn Sie mit dem heiligen Gott in einem **Bund** stehen, dann blockiert Ungehorsam nicht einfach Segnungen und setzt Sie zurück auf Feld eins. Ungehorsam beschwört das Gericht herauf, das ein tief besorgter Gott über seine Leute kommen lässt, wenn sie ihn und seine Absichten zurückweisen.

Es überrascht nicht, dass die führenden Leute jener Zeit (geistliche und politische Anführer) wenig für diese Botschaft übrig hatten. Jesu Aktion im Tempel war der unmittelbare Anlass dafür, ihn zu verhaften. Hinter seiner Handlung und der Reaktion der Herrschenden stand das ganze Gewicht seines bisherigen Dienstes, nicht zuletzt seiner Warnungen, die einen bedeutenden Teil vom mittleren Abschnitt des Lukasevangeliums einnehmen. Jetzt, da sich die Gewitterwolken auftürmen, spüren wir etwas davon, wie unausweichlich die Geschehnisse sind. Lukas streicht es immer wieder heraus: So „muss" es passieren. Auf diese Art muss Gottes Rettungsplan vollendet und umgesetzt werden.

Wenn Sie über Jesu Gerichtsworte und -handlungen nachdenken, vergessen Sie nie die Tränen. Und denken Sie mit Ehrfurcht immer daran, wenn Jesus in Lukas 19,11-27 tatsächlich die lang ersehnte Heimkehr Gottes zum Zion beschreibt, dass diese Tränen nicht nur eine menschliche Reaktion auf eine traurige und frustrierende Situation sind. Sie sind die Tränen des Gottes der Liebe.

Lukas 20,1-8: Die Frage nach der Autorität Jesu

1 An einem dieser Tage, als Jesus die Leute im Tempel lehrte und die Gute Nachricht verkündigte, erschienen die führenden Priester und Schriftgelehrten zusammen mit den Ältesten und fragten ihn: 2 „Sage uns, mit welchem Recht tust du diese Dinge? Wer hat dich dazu autorisiert?"

3 *„Ich habe auch eine Frage an euch", entgegnete ihnen Jesus. „Sagt*
mir: 4 *War die Taufe des Johannes von Gott, oder war sie nur von*
Menschen?"
5 *Sie beratschlagten miteinander: „Wenn wir sagen, dass sie von*
Gott war, wird er uns entgegenhalten: ‚Wieso habt ihr ihm dann nicht
geglaubt?' 6 *Wenn wir aber sagen, dass sie nur menschlich war, werden*
uns all die Leute hier steinigen, weil sie überzeugt waren, dass Johannes ein Prophet war."
7 *So antworteten sie ihm, dass sie nicht wüssten, woher Johannes kam.*
8 *„Nun gut", sagte darauf Jesus, „dann werde ich euch auch nicht verraten, woher ich die Autorität habe, diese Dinge zu tun."*

Dieser Tage wird in Großbritannien eine Diskussion darüber geführt, wie laut Soldaten beim Exerzieren schreien dürfen. Die Armee scheint sich darüber Sorgen zu machen, dass früher oder später ein Soldat einen Hörschaden davonträgt, weil ein Feldwebel ihm einen Befehl aus nächster Nähe in voller Lautstärke ins Ohr schreit. Die Zeitungen finden das natürlich lächerlich. Befehle muss man hören können. Es ist nicht ratsam, auf dem Schlachtfeld zu flüstern.

Gleichzeitig empfängt der Feldwebel seine Befehle von einem höheren Offizier, und der schreit sie normalerweise nicht. Je höher man in der Hierarchie kommt, umso leiser sind die Befehle: Der Befehlshaber kann seine Instruktionen einfach aufschreiben, oder sie in ruhigem Ton dem Nächsten in der Befehlskette übermitteln. Wenn also jemand auf den Exerzierplatz oder in eine Kaserne kommt und herausfinden will, wer hier das Sagen hat und wer wie viel Autorität hat, der sollte besser nicht davon ausgehen, dass der Lauteste automatisch der Wichtigste ist.

Vielleicht haben wir **Johannes den Täufer** an diesem Punkt des **Evangeliums** schon ganz vergessen; nicht so Lukas, denn auch Jesus hat ihn nicht vergessen. Als Jesus in Jerusalem einzog und die Händler aus dem **Tempel** warf, handelte er wie einer, der meint, dafür Verantwortung zu tragen. Es gab aber bereits ein Autoritätsgefüge im Tempel: eine Pyramide, an deren unterem Ende die Wachen standen; ganz oben befanden sich die führenden **Priester** mit dem **Hohepriester** als einflussreichstem von ihnen. Für wen hält Jesus sich, wenn er hier einfach ohne Beglaubigungsschreiben hereinkommt und sich wichtig macht? Es ist ganz normal, dass sich diese Frage stellt.

Die Antwort Jesu, die sie zu überraschen scheint, kommt ihnen allerdings überhaupt nicht normal vor. Was hat denn Johannes mit Jesus zu tun? Ihre geflüsterte Diskussion legt nahe, dass sie das einfach für eine Fangfrage halten, um sie vor den Leuten dumm dastehen zu lassen.

Das ist es aber ganz und gar nicht. Jesus stellt die Frage, weil seine Autorität über den Tempel genau seine königliche messianische Autorität ist; sein königlicher Status und seine Autorität wurden ihm bei der Taufe des Johannes öffentlich übertragen, als die Taube hinabstieg und die Stimme vom **Himmel** erschallte. Wenn Johannes wirklich ein Prophet war, dann ist Jesus wirklich der **Messias** und hat Autorität über den Tempel, weil er als solcher bezeichnet wurde, als er aus dem Wasser heraufstieg. Wenn natürlich Johannes kein Prophet war, sondern nur ein gefährlicher Träumer, der Leute in die Irre führt, dann war vielleicht auch Jesus ein Scharlatan (für den die Autoritäten ihn offensichtlich hielten, was sie sich aber nicht zu sagen trauten). Weil er Johannes im ersten Teil seiner Geschichte so viel Gewicht verliehen hat, hat Lukas bereits erklärt, was jetzt geschieht.

Ohne dass es viele Leute wahrnehmen, wechselt so die Autorität stillschweigend vom alten System zum neuen. Für Lukas, der beim Schreiben immer mindestens ein halbes Auge auf das römische Reich richtet, ist dies enorm wichtig. Jesus ist in seinen Augen der Herr der Welt; sogar der Kaiser zittert in seinen Schuhen vor ihm; wie viel mehr ist er also der Herr über den Tempel und alles, was sich darin befindet? Vielleicht macht der Hohepriester am meisten Lärm in Jerusalem, mit seinem Gefolge und seinem Hofstaat, mit seinen Beziehungen zum römischen Gouverneur und mit dem Prestige, das sich mit seiner zeremoniellen und politischen Rolle verbindet. Jetzt wird diese Macht jedoch von einem herausgefordert, der mit leiser Stimme spricht, aber mit prophetischer und königlicher Autorität auftritt, die das alte Regime herausfordert und das neue einführt. Von jetzt an – sogar als er am Kreuz hängt, das für die Herrschaft des Kaisers steht, und als er von denselben führenden Priestern verspottet wird – wird Jesus diese Autorität ausüben, die machtvolle Autorität der rettenden und heilenden Liebe, bis alle sie anerkennen werden.

Für uns, die wir heute jenseits der Herrschaft des Kaisers und der führenden Priester leben, kann das Thema der Autorität Jesu ziemlich verzwickt sein. Natürlich sollten wir als Christen ihn als Herrn über unser Leben, unsere Gedanken und Taten anerkennen und danach streben, auch dann unter seiner Autorität zu leben, wenn diese (was sie oft tut) eher flüstert als mit einer lauten Stimme spricht. Wenn Jesus aber Herr der ganzen Welt ist, was Lukas gewiss glaubte, dann haben wir den Auftrag, seine Herrschaft bekannt zu machen. Normalerweise gehört es sich nicht, Tische umzuschmeißen und Leute aus Gebäuden herauszuwerfen. Welche symbolischen Handlungen können in unserer Welt angemessen sein, um hervorzuheben, dass Jesus alle Autorität im Himmel und auf Erden gehört?

Lukas 20,9-19: Das Gleichnis von den Pächtern

9Jesus fing an, den Leuten folgendes Gleichnis zu erzählen: „Es war ein Mann, der einen Weinberg pflanzte und ihn an Weinbauern verpachtete. Dann ging er für lange Zeit ins Ausland.
10Als es Zeit dafür war, schickte er einen Sklaven zu den Pächtern, um einen Teil des Ertrages abzuholen. Die Pächter aber schlugen ihn und schickten ihn mit leeren Händen fort.
11Darauf sandte er einen weiteren Sklaven; den schlugen und misshandelten sie und schickten ihn mit leeren Händen zurück.
12Darauf sandte er einen dritten, den verprügelten sie und warfen ihn hinaus.

[13]Da sagte der Besitzer des Weinbergs: ‚Was soll ich tun? Ich werde meinen geliebten Sohn senden. Den werden sie ganz sicher respektieren.‘ [14]Als die Pächter ihn sahen, sagten sie zueinander: ‚Das ist der Erbe! Lasst ihn uns töten, dann wird das Erbe uns gehören!‘ [15]So warfen sie ihn aus dem Weinberg heraus und töteten ihn.

Was wird jetzt der Herr des Weinbergs tun? [16]Er wird kommen, diese Pächter umbringen und den Weinberg anderen anvertrauen.“

Als sie das hörten riefen sie: „Nur das nicht!“ [17]Jesus schaute sie einen nach dem anderen an und fragte sie: „Was bedeutet es dann, wenn in den Schriften steht:

‚Ausgerechnet der Stein, den die Bauleute für unbrauchbar erklärten, wird jetzt als Eckstein verwendet‘?

Jeder, der auf diesen Stein fällt, wird zu Scherben zersplittern; wenn er aber auf jemanden fällt, wird er ihn zermalmen.“

[19]Die Schriftgelehrten und die führenden Priester versuchten, ihn an Ort und Stelle in die Hand zu bekommen; sie hatten aber Angst vor der Menschenmenge, weil sie genau wussten, dass Jesus sie in diesem Gleichnis gemeint hatte.

Im Januar 1642 erlebte das Britische Unterhaus einen seiner dramatischsten Augenblicke. König Charles I. kam persönlich ins Gebäude und versuchte, fünf Mitglieder des Parlaments zu verhaften, die Widerstand gegen ihn geleistet hatten. Der Vorsitzende des Unterhauses stellte sich ihm persönlich in den Weg und hinderte den König daran, in den Raum vorzudringen, in dem das Parlament tagte. Ein Bild, das diese Begebenheit darstellt, hängt bis heute in der Lobby vom Westminster-Palast. Es markiert einen Wendepunkt in der Geschichte: ein weiterer Schritt auf dem Weg zum Bürgerkrieg und schließlich zur Hinrichtung des Königs.

Im ersten Jahrhundert hätte es kein König, der etwas auf sich hielt, zugelassen, in eine solche Situation zu geraten. Ebenso hätte kein Landbesitzer dem Treiben, das in diesem **Gleichnis** beschrieben wird, sehr lange zugeschaut. Es gibt aber verblüffende Parallelen zwischen dieser Begebenheit und der Geschichte, die Jesus erzählt. Sie ist gleichzeitig die letzte Erklärung (in Form eines Gleichnisses) dafür, was geschieht, wenn er nach Jerusalem kommt. Der Landbesitzer hatte Boten zu den Pächtern geschickt; das hatte nichts gefruchtet. (Keinem Juden im ersten Jahrhundert hätte man erklären müssen, dass der Besitzer für Gott steht, die Pächter für Israel und die Boten für die Propheten.) Als er schließlich niemand anderen mehr senden konnte, schickte er seinen geliebten Sohn. Im Selbstverständnis Jesu kam er als der rechtmäßige König zu den Pächtern seines Vaters; diese aber versperrten ihm den Weg, entschlossen, den Weinberg für sich zu behalten. Schließlich warfen sie ihn hinaus und töteten ihn.

So weit ist die Bedeutung der Geschichte offensichtlich, und sie passt wie angegossen zum Rest von Lukas' **Evangelium** bis hierher. Jesus ist der rechtmäßige Erbe der alten Propheten; er ist gekommen, um ihr Werk zu Ende zu bringen und Israel einmal mehr herauszufordern, dem Gott des **Bundes** die Ehre und den Gehorsam zu geben, den sie ihm schuldig sind. Israel war verpflichtet, in seinem eigenen Leben die Frucht der Gerechtigkeit zu tragen und der Welt ringsumher die Gnade Gottes zu zeigen. Israel hat aber darauf bestanden, die Gnade für sich allein zu behalten, in seinem Leben Ungerechtigkeit zu praktizieren und der Welt ringsum zu widerstehen mit der Form von Gewalt, die sie für angemessen hielten. Israel hat den Weg des Friedens verworfen und wird auch jetzt seinem letzten Boten widerstehen (Kapitel 19,41-44).

Die Geschichte endet aber nicht hier. Der Besitzer des Weinbergs wird am Schluss zurückkehren (Lukas hat uns schon lange darauf vorbereitet). Wenn er kommt, wird das Gericht, das Israel so gerne über die heidnischen Nationen hätte kommen sehen, ihnen selbst zugemessen werden. Er wird die Pächter töten und den Weinberg anderen anvertrauen. Das damalige Regime in Jerusalem, die selbst ernannten Wächter von Israels Gesetzen und Erbe, unterschreiben gerade ihr eigenes Todesurteil. Sie haben Jesus zurückgewiesen. Gott wird das einbeziehen, wenn er die Pläne für sein Volk neu zeichnet: „Der Stein, den die Bauleute für unbrauchbar erklärten", in diesem Fall der **Messias**, der zu Israel gesandt, von ihnen aber abgelehnt wurde, „wird jetzt als Eckstein verwendet."

Dieses Zitat aus Psalm 118,22 (es ist der gleiche Psalm, den die Menge in Kapitel 19,38 gesungen hat; schließlich war es auch ein Pilgerpsalm) verwendet ein ganz anderes Bild als das vom Weinberg. Stellen wir uns den Arbeitsplatz eines Baumeisters vor. Viele Steine liegen herum, bereit für die große Aufgabe. Die Arbeiter sortieren die Brocken von Marmor und Granit nach Größe und Form und legen sie bereit, damit sie dann in der Mauer verbaut werden können. Dort ist aber ein Stein, der in keine Gruppe passt. Sie legen ihn beiseite, um ihn nach Abschluss der Arbeiten zu entsorgen. Als sie fast fertig sind, entdecken sie, dass sie einen Stein benötigen, der eine ganz bestimmte Form aufweist, um den Platz in der Ecke zu füllen. Und ausgerechnet der Stein, den sie anfangs verworfen hatten, weil er nirgends passt, ist der einzige, der an dieser Stelle passt.

Diesen Vers in diesem Zusammenhang zu zitieren bringt die Botschaft auf den Punkt. Vielleicht verwerfen die Arbeiter Jesus jetzt, sie werden aber merken, dass er der Richtige ist. Er wird als der wahre Messias anerkannt werden. ER wird den wahren **Tempel** bauen und wird selber dessen wichtigstes Merkmal sein, der Standard, an dem sich alles und jedermann messen lassen muss (das ist wohl die Bedeutung von Vers 18, der sonst sehr verwirrend bleibt).

Wenn das mit Jesus geschieht, wenn er nach Jerusalem kommt – was sollten wir dann erwarten, wenn seine Nachfolger heute an Orte kommen, wo Macht und Ungerechtigkeit sich verbünden? Welche Reaktionen wird das Evangelium hervorrufen, wenn es an Orten verkündigt wird, an denen man die Religion – einschließlich des Christentums! – dazu verwendet, den eigenen Wohlstand zu wahren, anstatt Gottes Licht in die Welt leuchten zu lassen? Möglicherweise Zurückweisung und Gewalt; die Geschichte der christlichen Märtyrer, nicht zuletzt im letzten Jahrhundert, kennt viele Beispiele hierfür.

Das letzte Wort aber hat der Besitzer des Weinbergs. Es ist nicht nur wahr, dass das Blut der Märtyrer immer der Same der Kirche war.

Was mit Jesus geschah ist nicht nur ein Beispiel dafür, was unter solchen Umständen immer geschieht. Es war der entscheidende Sieg. Seither sind seine Nachfolger immer auf ihre Mission gegangen, nicht um ein weiteres Mal die Reichen, die Mächtigen und sogar die Religiösen von Gottes Weg des Friedens zu überzeugen, sondern um mit ihrem Leben und ihren Worten zu bezeugen, dass dieser Weg in Jesus bereits triumphiert hat, dass der erneuerte Weinberg Frucht trägt, dass der neue Tempel gebaut wird und dass dessen Eckstein bereits am Ort ist.

Lukas 20,20-26: Soll man dem Kaiser Steuern bezahlen?

20 Die Autoritäten ließen Jesus genau beobachten; sie sandten sogar
Leute aus, die ihn belauern sollten. Sie gaben sich als aufrechte Leute
aus, versuchten aber, ihm Aussagen zu entlocken, mit denen sie ihn
dem Urteil und der Autorität des Gouverneurs übergeben könnten.
21 So legten sie ihm diese Frage vor:
„Lehrer, wir wissen, dass du völlig integer lehrst und redest. Du
bist völlig unparteiisch, und du lehrst Gottes Weg und Gottes Wahr-
heit. 22 Ist es nun richtig, dass wir dem Kaiser Tributsteuern zahlen,
oder nicht?“
23 Jesus wusste, dass sie ihn hereinlegen wollten.
24 „Zeigt mir eine Steuermünze“, forderte er sie auf. „Dieses Bild …
und diese Inschrift … zu wem gehören sie?“
25 „Zum Kaiser“, sagten sie.
„Nun denn“, gab Jesus zur Antwort, „also ist es besser, dem Kaiser das zurückzugeben, was ihm gehört! Und gebt Gott zurück, was ihm gehört!“
26 Sie konnten ihn vor den Leuten nicht mit seinen eigenen Worten fangen. Seine Antwort erstaunte sie, und sie wussten nichts mehr zu sagen.

Vor einigen Wochen besuchten wir das Theaterstück, das die längste Laufzeit in der Geschichte der Bühne hat. Agatha Christies *Die Mausefalle* wird ununterbrochen fast so lange aufgeführt, wie ich lebe. Zum Zeitpunkt, da ich dieses Buch schreibe, war es schon über 20.000-mal gespielt worden, und immer noch zieht es ganze Menschenmassen an.

Wie in vielen Kriminalgeschichten hat das Stück viele Wendungen. Man verdächtigt mal diese, mal jene Figur, der Schuldige zu sein. Fast jeder auf der Bühne, so scheint es, könnte der Mörder sein. Alle warten gespannt auf die Auflösung. Dann, kurz vor Schluss, wird klar, dass es ... Nun, ich will Ihnen die Geschichte nicht verderben. Mir geht es vor allem darum, wie geschickt der Autor, der Regisseur und die Schauspieler die Erwartungen der Zuschauer in die eine Richtung lenken, nur damit man später herausfindet, dass es in Wahrheit komplett anders ist.

So hat es sich wahrscheinlich auch angefühlt, als die Geschichte von Jesus und der Münze passiert ist und auch später, als sie begeistert wieder und wieder erzählt wurde. Die Szene wird langsam und sorgfältig vorbereitet, wie in einem Theaterstück. Die Autoritäten wollen unbedingt etwas finden, für das sie Jesus anklagen können, bevor seine Lehren die Menge so sehr in Begeisterung versetzen, dass ein Aufstand ausbricht. So schicken sie Leute aus, die vorgeben, aufrichtige und fromme Juden zu sein, die mit einer Frage ringen, die in jener Zeit viele beschäftigt hat: Wenn sie sich an Gottes Gebote halten, wie konnte es dann richtig sein, einem heidnischen Herrscher Tribut zu zahlen? Insbesondere wenn die Münzen, die sie dafür verwenden mussten, das jüdische Gesetz missachteten, weil sie das Bild eines Menschen trugen (selbstverständlich das Bild des Kaisers) und ihn zusätzlich mit Worten beschrieben, die in jüdischen Ohren gotteslästerlich klangen. Auf der anderen Seite: Hatten sie denn eine Wahl? Die Zahlung zu verweigern würde eine Katastrophe auslösen.

„Sie gaben sich als aufrechte Leute aus“, sagt Lukas und lässt damit Kapitel 18 anklingen. Dort erzählte Jesus das **Gleichnis** vom Zolleinnehmer, das sich gegen jene richtete, die „sich selbst für gerecht hielten". Sie planten in der Tat genau das, was Jesus selbst schon lange vorher vorausgesagt hatte, nämlich ihn in die Hände des römischen Gouverneurs auszuliefern. Die Fangfrage, die sie sich für ihn ausgedacht haben, schien für ihre Zwecke perfekt zu sein. Sie würde ihn entweder als Revolutionär dastehen lassen (weil er sich gegen die Zahlung des Tributs ausgesprochen hat) oder sie würde der Menge zeigen, dass er nicht die Art von Anführer war, die sie sich wünschten (weil er dann sagen würde, dass das **Reich Gottes** eine rein geistliche Angelegenheit wäre, ohne jeden Einfluss auf das tägliche Leben – eine Vorstellung, die das Vaterunser deutlich ablehnt). Wie, so fragt sich das Publikum, kann sich Jesus aus dieser Zwickmühle befreien?

Die schwerfällige Einleitung zu der Frage mit der allzu dick aufgetragenen Schmeichelei steigert nur die Erwartung, dass die Fragesteller Jesus direkt in die Falle locken können. Ihrer List wäre er doch sicher nicht gewachsen? In der Art eines Dramas gedacht: Die Zuschauer erwarten jetzt, dass sie Jesus festgenagelt haben, dass er sich jeden Augenblick verrät – als sich plötzlich der Spieß umkehrt und die Ankläger (was sie ja in Wahrheit sind) zu Angeklagten werden. Schon mit seiner ersten Frage zwingt er sie in die Defensive: Wie kann es sein, dass sie so eine gotteslästerliche Münze überhaupt besitzen? Seine Schlüsselfrage, die mit ihren möglichen Auswirkungen herausfordernder ist als ihre Frage, zwingt sie zuzugeben, dass sie tatsächlich Münzen des Kaisers mit sich tragen. In diese Münzen ist das stolze Bild von Kaiser Tiberius eingeprägt, zusammen mit einer Inschrift, die ihn als Sohn Gottes und noch vieles mehr preist.

Jesu doppelter Auftrag, der das Gespräch beendet, beantwortet nicht nur ihre Frage. Er stellt eine derart große Herausforderung dar, dass das ganze Drama auf den Kopf gestellt wird. Die Ankläger werden nicht nur ihrerseits angeklagt, sie sind überführt. Auf der einen Seite sind sie sich irgendwie bewusst, dass es angemessen ist, dem Kaiser seine gotteslästerlichen Münzen zurückzugeben. Es ist besser, dieses Zeug loszuwerden. Im Motto „Gebt Rom das zurück, was es verdient" kann man durchaus hören, dass Jesus zwar nicht mit den

Methoden der Revolutionäre einverstanden ist, aber ihre Überzeugung teilt, dass Gottes Volk nicht von heidnischen Herrschern unterdrückt werden sollte. Die Herausforderungen an Jerusalem, an den **Tempel**, seine Herrscher und ihre heuchlerischen Untertanen konzentrieren sich alle im zweiten Auftrag: Gebt *Gott* zurück, was *ihm* gehört. Jesus klagt seine Zeitgenossen an, dass sie wieder und wieder darin versagt haben, den wahren und lebendigen Gott anzubeten und als sein Volk vor der Welt zu leben. Der Tempel selbst, der Ort, an dem Israel Gott das bringen sollte, was ihm gehört, in Gottesdienst, Gebet, Heiligkeit und **Opfer** – der Tempel ist zu einer Räuberhöhle geworden. Bringt das in Ordnung, dann wird sich die Frage nach dem Kaiser auf lange Sicht erübrigen.

Unter dieser Diskussion befindet sich noch ein dunkleres Motiv. Die Ankläger haben dieses Mal versagt. Jesus weiß aber, und die Leser des Lukas wissen es auch, dass sie bald Erfolg haben werden (ihr großer Augenblick kommt in 23,2, wenn sie ihn anklagen, das gesagt zu haben, was er sich zu sagen geweigert hat). Die führenden Juden werden dem Kaiser nicht nur die Münze übergeben, die sein Bild und den falschen Titel „Sohn Gottes" trägt, sondern auch den Menschen, der Gottes Bild trägt und diesen Titel zu Recht führt. Ohne es zu wissen opfern sie aber damit Gott denjenigen, der das Siegel der selbstaufopfernden Liebe trägt. Das Kreuz dient den Absichten des Kaisers und Gottes: Des Kaisers liebste Waffe, das Kreuz, wird zu Gottes Instrument der Erlösung.

Aus diesem kurzen Dialog können wir unmöglich eine Theorie über „Kirche und Staat" oder „Christentum und Politik" ableiten. Er ist zu kurz, zu dicht, zu spezifisch. Und doch muss sich jeder Christ, der sich etwas tiefere Gedanken macht, über kurz oder lang mit diesen Fragen auseinandersetzen. Wenn es so weit ist, sollte er seine Prioritäten richtig gesetzt haben. Was bedeutet es heute, Gott zu geben, was ihm gehört?

Lukas 20,27-40: Die Ehe und die Auferstehung

[27]Einige Sadduzäer kamen zu Jesus, um ihm ihre Frage zu stellen. (Die
Sadduzäer leugnen, dass es eine Auferstehung gibt.)
[28]Sie sagten: „Lehrer, Mose hat uns dieses Gesetz aufgeschrieben:
‚Wenn der Bruder eines Mannes stirbt und eine Witwe zurücklässt,
aber keine Kinder, dann sollte dieser Mann die Witwe heiraten und für
seinen Bruder eine Familie gründen.‘ [29]Nun, da waren sieben Brüder;
der älteste von ihnen heiratete eine Frau und starb, ohne dass die bei-
den Kinder hatten. [30]Der zweite [31]und der dritte nahmen sie zur Frau
und so weiter; am Ende hatte jeder von den sieben sie geheiratet und
war kinderlos gestorben. [32]Schließlich starb auch die Frau. [33]Wessen
Frau wird die Frau nun bei der Auferstehung sein? Alle sieben waren
ja mit ihr verheiratet.“
[34]„Die Kinder dieser Zeit heiraten und werden verheiratet“, gab Je-
sus darauf zur Antwort. [35]„Alle aber, die würdig erachtet werden, ei-
nen Platz im kommenden Zeitalter zu erhalten, werden nicht heiraten
und nicht verheiratet werden. [36]Sie werden nämlich nicht mehr ster-
ben; ähnlich wie Engel werden sie sein. Sie werden Kinder Gottes sein,
weil sie Kinder der Auferstehung sind.
[37]Was die Auferstehung der Toten betrifft: Bereits Mose hat sie ver-
treten, weil die Schrift den Herrn im Abschnitt über den brennenden
Dornbusch als ‚Gott Abrahams, Isaaks und Jakobs‘ bezeichnet. [38]Gott
ist nicht ein Gott der Toten, sondern der Lebenden. Sie alle leben für
ihn.“
[39]Einige der Schriftgelehrten sagten daraufhin: „Das war gut ge-
sprochen, Lehrer!“ [40]Von dem Moment an wagte niemand mehr, ihn
noch mehr zu fragen.

Viele Kirchen besitzen eine Reihe von Bildern, die zusammengenommen eine Geschichte erzählen. Manchmal sind es Bilder in Bleiglasfenstern. An anderen Orten sind es Bilder an den Wänden oder an der Decke. Manche bilden einen Fries, ein dekoratives Band, das entlang einer Wand verläuft oder sich über dem Altar erstreckt. Zuerst hält man sie für unabhängige Bilder. Bei näherer Betrachtung entdeckt man, dass sie in der Tat eine ganze Geschichte erzählen.

So verhält es sich auch mit den Auseinandersetzungen in Lukas 20. Es wird uns helfen, diese eine Geschichte zu verstehen, wenn wir sehen, wo sie sich im Ablauf der anderen Berichte befindet. (Lukas hat die Reihenfolge wahrscheinlich von Markus übernommen, aber dann einige Veränderungen vorgenommen.)

Wir starteten mit der Frage nach der Autorität, die aufgrund des dramatischen Einzugs Jesu in Jerusalem und seiner Aktion im **Tempel** gestellt wurde. In seiner Antwort ging Jesus zu **Johannes dem Täufer** zurück und fragte, ob dieser ein wahrer Prophet war, der von Gott gesandt worden war. Die führte zum **Gleichnis** von den Pächtern, das hervorhob, dass in Jesus der Sohn des Weinbergbesitzers als letzter in einer Reihe von Propheten nach Jerusalem kommt und selber größer war als alle. Es weist darauf hin, dass er schließlich abgelehnt und umgebracht werden wird. Wir haben die Frage und Antwort über die Tributzahlung an den Kaiser gehört, die laut Lukas dazu dienen sollte, Jesus den Römern zur Hinrichtung zu übergeben. Jetzt haben wir die Frage nach der **Auferstehung**; unmittelbar daran schließt sich die Frage an, die Jesus selber stellt, wie denn Davids Sohn gleichzeitig auch Davids Herr sein kann. Jede dieser Geschichten ist für sich selbst wichtig. Stellen wir sie jetzt wie ein Fries oder eine Reihe von Glasmalfenstern zusammen. Was sagen sie uns gemeinsam?

Sie erzählen im Miniaturformat die ganze Geschichte Jesu. Sie sind eine Kurzfassung des ganzen **Evangeliums**. Jesus geht aus der prophetischen Bewegung des Johannes hervor; er wird als **Messias** gesalbt. Er kommt nach Israel, nach Galiläa und schließlich nach Jerusalem. Seine Botschaft warnt und lädt ein, sie ist die letzte Botschaft vom Weinbergbesitzer. Sie verwerfen ihn und bringen damit Gericht auf sich selber herab. Er wird den Schergen des Kaisers zur Hinrichtung ausgeliefert; am dritten Tag wird er auferstehen. Als Folge davon entdecken seine Nachfolger, dass er nicht nur Davids Sohn, der Messias, ist (das hatten sie bereits vorher geglaubt); er ist auch Davids Herr. Diese Reihenfolge kann kein Zufall sein.

Was sagt das jetzt über unseren Abschnitt, die Diskussion über die Auferstehung? Es ist interessant, dass diese Begebenheit und ihre Gegenstücke bei Matthäus und Markus die einzige Diskussion über dieses entscheidend wichtige Thema irgendwo in den Evangelien sind. Jesus hat Tote auferweckt, wie wir gesehen haben. Auch wenn das wunderbar ist, das ist noch nicht „die Auferstehung" im vollen Sinne. Wir wissen natürlich, wie Lukas über die Auferstehung Jesu dachte. Am Ende des Evangeliums finden wir bemerkenswerte Geschichten, die uns helfen, Lukas' eigene Sicht zu verstehen. Sie stimmen sehr weitgehend mit der Sicht von „der Auferstehung" überein, die die Juden im ersten Jahrhundert hatten.

Wenn Juden über „die Auferstehung" nachdachten, hatten sie eine bestimmte Geschichte vor Augen, eine Reihe von Bildern: die Geschichte Israels, von Abraham (oder sogar Adam) bis in ihre eigene Zeit und weiter in die Zukunft, wenn Gott ganz Israel, vielleicht sogar alle Menschen von den Toten auferwecken und eine neue Welt für sie erschaffen würde, in welcher sie leben können. Ihre Hoffnung entsprach nicht dem, was wir uns oft unter dem „Leben nach dem Tod" vorstellen: ein körperloser Zustand, wo Leute einfach von einer Daseinsform in die nächste wechseln. Ihnen ging es um ein zukünftiges Ereignis, das noch nicht stattgefunden hatte. Als Folge davon würden die Toten wieder lebendig werden auf eine Art, wie sie es jetzt nicht waren, und alles, was in der Welt im Argen liegt, würde zurechtgebracht werden.

Genau gegen diese Vorstellung wehrten sich die **Sadduzäer**. Vielleicht haben sie sie abgelehnt, weil sie sie für eine neuartige moderne Irrlehre hielten; in den jüngeren Schriften wie Daniel (12,1-3) kann man sie einfacher nachweisen als in den älteren wie besonders den fünf Büchern Mose. Vielleicht haben sie diese Vorstellung auch abgelehnt, weil ihnen bewusst war, wie revolutionär sie war. (Menschen, die glauben, dass Gott solche Dinge vorhat, stellen mit größerer Wahrscheinlichkeit dramatische politische Aktionen auf die Beine, ohne Angst vor den Folgen.) Und die Sadduzäer waren die Aristokraten, die sich um ihre Macht und Einfluss Sorgen machten. Vielleicht traf beides zu. So erzählten sie diese Geschichte um nachzuweisen, wie dumm ein solcher Glaube scheinbar ist. In den jüdischen Schriften aus jener Zeit findet man noch mehr solcher Rätsel. Wie können die Toten auferstehen, so sagen sie, wenn man dann nicht weiß, wer mit wem verheiratet ist?

Jesus macht in seiner Antwort zwei grundlegende Punkte deutlich. Zuerst einmal wird das Leben der Auferstehung nicht genau gleich sein wie das gegenwärtige Leben. Der Tod wird vernichtet sein; sexuelle Beziehungen und insbesondere die Notwendigkeit, die eigene Familienlinie am Leben zu erhalten, werden deshalb überflüssig. Die Auferstandenen werden deshalb „ähnlich wie Engel sein“: nicht in dem Sinne dass sie *zu Engeln werden* (wie es uns der Volksglaube manchmal weismacht), sondern in dem Sinne, dass sie in einem unsterblichen Zustand ohne Tod sein werden. Jesus sagt hier nicht, dass die Auferstehung nicht körperlich sein wird; lediglich, dass die Leiber der Auferstandenen in wesentlichen Dingen anders sein werden als unsere jetzigen Körper. Alle, die Gott für würdig achtet für das „kommende Zeitalter“, im Gegensatz zum **gegenwärtigen Zeitalter** (Vers 34-35), werden Körper haben, die zu der neuen Welt passen, in welcher es keinen Tod mehr geben wird.

Weiter zeigt Jesus, dass das Buch Exodus, welches auch die Sadduzäer als autoritativ anerkennen, in der Tat die Auferstehung lehrt, wenn es Gott als den „Gott Abrahams, Isaaks und Jakobs“ beschreibt. Die Patriarchen sind immer noch „lebendig für Gott“. Das bedeutet nicht, dass sie schon „von den Toten auferstanden sind.“ Jedem Juden im ersten Jahrhundert wäre klar, dass das nicht der Fall sein kann. Es bedeutet, dass sie in der Gegenwart Gottes leben und auf die endgültige Auferstehung warten. Die Sadduzäer leugneten das, während die **Pharisäer** daran glaubten (siehe Apostelgeschichte 23,6-9). Jesus schlägt sich in dieser Frage deutlich auf die Seite der Pharisäer.

Die Auferstehung Jesu gab natürlich seinen Nachfolgern einen gewaltigen Rückenwind sowohl für ihren Glauben an Jesus selbst als auch für ihr eigenes zukünftiges Leben. Sie erzählten aber weiterhin diese Geschichte über die Diskussion mit den Sadduzäern, nicht nur weil man hier sieht, was Jesus über dieses Thema gelehrt hat, sondern weil Ostern bewiesen hat, dass die Aristokratie, die Wächter des Tempels, falsch lag. Gott konnte entschieden eingreifen und sogar ein Todesurteil umkehren – und er hat es getan. Gott konnte entschieden eingreifen, um die Macht der Sadduzäer zu brechen und seinem eigenen Volk Recht zu verschaffen – und er hat es getan.

Lukas 20,41–21,4:
Davids Sohn und das Opfer der Witwe

41 Jetzt fragte Jesus sie: „Wie können die Leute denn sagen, dass der
Messias Davids Sohn ist? 42 Schließlich sagt David selbst in einem seiner Psalmen:

‚Der Herr sagt zu meinem Herrn:
Setze dich hier an meine rechte Seite;
43 bis ich schließlich deine Feinde
zum Schemel deiner Füße mache.‘

44 Wie ihr seht nennt ihn David ‚seinen Herrn‘; wie kann er also sein Sohn sein?“

45 Während die Leute weiter zuhörten, wandte er sich an seine Jün-
ger: 46 „Nehmt euch in Acht vor den Schriftgelehrten, die gerne in langen Gewändern herumstolzieren, sich auf dem Marktplatz ehrfurchtsvoll grüßen lassen, in der Synagoge auf den besten Plätzen sitzen und bei den Mahlzeiten die Ehrenplätze einnehmen. 47 Sie ver-
schlingen die Häuser der Witwen und machen lange Gebete, die sie

nicht ernst meinen. Über sie wird ein sehr hartes Urteil gefällt wer-
den."
21,1 Er blickte auf und beobachtete, wie reiche Leute ihren Beitrag
zur Schatzkammer des Tempels brachten. 2 Er sah auch, wie eine ver-
armte Witwe zwei Kupfermünzen einwarf.
3 „Ich sage euch die Wahrheit", sagte er dazu, „diese Witwe hat
mehr eingeworfen als alle anderen. 4 Sie haben alle aus ihrem Über-
fluss gegeben, sie aber aus ihrer Armut; und sie hat alles gegeben, was
sie noch zum Leben hatte."

Auf einer Party fragte ich die Kinder: „Könnt ihr diesen Ballon in diese kleine Schachtel bekommen?" Der Ballon war groß, die Schachtel klein. Sie versuchten, ihn hineinzuquetschen, aber er wollte einfach nicht passen. Immer wieder rutschte er ihnen durch die Finger. Ein kleiner Junge schlug vor, eine Nadel in den Ballon zu stechen; die anderen waren sich einig, dass das gemogelt wäre. Dann nahm ein kleines Mädchen mit kleinen geschickten Fingern den Ballon in die Hand, öffnete den Knoten, der die Luft im Ballon hielt, und ließ vorsichtig ungefähr die Hälfte der Luft aus dem Ballon. Schnell knotete sie ihn wieder zu. Mit einem Lächeln steckte sie ihn in die Schachtel. Jetzt passte er perfekt.

Obwohl das nicht die Lösung war, die ich mir vorgestellt hatte, musste ich doch zugeben, dass dieses Vorgehen sehr clever war. In der Zwischenzeit war ein anderes Kind auf die Lösung gekommen. Die Schachtel war aus Karton gemacht und an einigen Stellen doppelt gefaltet. Es löste zwei Klebestellen und entfaltete den Karton zu seiner ganzen Größe. Jetzt passte der ganz aufgeblasene Ballon perfekt in die Schachtel.

Wenn sie mit solchen Fragen konfrontiert werden, wie sie Jesus hier über „Davids Herrn" und „Davids Sohn" stellt, versuchen manche Leute, sie zu beantworten, indem sie Luft aus dem Ballon lassen. Sie stellen sich vor, dass Gott, um Mensch werden zu können, seine Göttlichkeit völlig abgelegt hat (das wäre vergleichbar mit der Nadel im

Ballon), oder mindestens seine Göttlichkeit ganz gewaltig hat zusammenschrumpfen lassen. Das Neue Testament inklusive Lukas wäre damit ganz und gar nicht einverstanden. Für die ersten Christen war ein wichtiger Punkt im Blick auf Jesus, dass der lebendige Gott ganz und persönlich in ihm gegenwärtig war, nicht nur zur Hälfte oder zu einem Bruchteil. Was in Jesus passiert ist, und vor allem in seinem Tod, war das persönliche Handeln Gottes. Er hat keinen Delegierten oder einen Halb-Gott als Ersatz geschickt.

Die richtige Antwort ist in diesem Fall, dass die Bedeutung von „**Messias**“ viel grösser war als das, was die Juden jener Zeit begriffen hatten. Sie stellten sich einfach einen menschlichen König vor, der wie andere menschliche Könige ihre Schlachten schlagen, ihren **Tempel** wiederaufbauen und mit Gerechtigkeit regieren würde. Die Hinweise in den Psalmen und den Propheten, dass der wahre König, wenn er kommt, die Verkörperung von Gott selbst sein würde, waren nicht bis zu ihnen durchgedrungen. Wie könnten diese Hinweise stimmen? Die Schachtel schien zu klein, der Ballon passte einfach nicht hinein.

Das Bild hat natürlich Grenzen. Niemand, der seine fünf Sinne noch beieinander hat, würde ernsthafte Theologie aus einem Kinder-Partyspiel ableiten. Die Frage aber, die Jesus stellte – eine von sehr wenigen Fragen, die er stellte, im Gegensatz zu den Fragen, die andere ihm stellten – dreht sich sehr zentral um das, was er in Jerusalem tut und worum es in seiner ganzen Sendung überhaupt geht.

Große Teile des Lukasevangeliums bestehen aus Warnungen davor, was passieren würde, wenn Israel der Reich-Gottes-Einladung Jesu nicht Folge leisten würde. Der Psalm, den Jesus jetzt zitiert (Psalm 110), beschreibt den Messias als einen, der auf dem Thron sitzt, bis seine Widersacher besiegt sind. Der Messias wird erhöht werden, und Gericht wird über alle kommen, die sich für den Weg von Gewalt und Ungerechtigkeit entschieden haben. Und diesen Messias sieht David, der diesen Psalm wohl verfasst hat, nicht länger nur als seinen Sohn (und ihm deshalb unterstellt), sondern als „seinen Herrn“. Die Schachtel mit dem Etikett „Messias“ ist weit größer als alle gedacht hatten. Sie wurde entworfen, um demjenigen Raum zu bieten, der mit Gott zusammen auf dem Thron sitzen wird.

Aus diesem Blickwinkel betrachtet sollte es uns nicht überraschen, dass die vertrauten menschlichen Arten, um „Größe“ zu messen, irreführend und unwichtig erscheinen. Die **Schriftgelehrten** messen ihren eigenen Wert an der Länge der Kleider, an den schmeichlerischen Grüßen in der Öffentlichkeit und an den Ehrenplätzen im Gottesdienst oder beim Gastmahl. Sie leben nach diesem Maßstab. Gott wird ihr Leben aber am wahren Maßstab messen. Sie setzen ihre Kenntnis des Gesetzes dazu ein, um heimlich das Erbe von Witwen an sich zu bringen, die niemanden haben, der sich für sie einsetzt. Ihre Religion ist nur Trug und Schein, und Gott weiß das.

Den Gegensatz dazu – wo der Maßstab genau andersherum funktioniert als es die Leute erwarten würden – bildet die arme Witwe. Sie hat alles, was sie hatte, in den Schatz Gottes gelegt und deshalb viel mehr gegeben als die reichen Leute, die einfach etwas von dem gespendet haben, was sie ohne Weiteres entbehren können. Zurück zu den Ballons: Wenn aus einem kleinen Ballon ein wenig Luft entweicht, ist er schon völlig flach. Wenn man aus einem großen Ballon die gleiche Menge Luft herauslässt, bemerkt man kaum einen Unterschied.

Diese sehr unterschiedlichen Geschichten – Jesu Frage zu einem hochtheologischen Thema und seine Bemerkungen über die Schriftgelehrten und die arme Witwe – scheinen nicht zusammenzupassen. Für beide gilt aber das gleiche Prinzip, und deshalb dürfen wir sie nicht auseinanderreißen. Weil Gott die Wirklichkeit so anders bewertet als wir – weil es immer schon sein Plan war, dass Davids Herr auch Davids Sohn werden sollte – darum legt er auch Wert darauf, dass wir menschlichem Verhalten und Integrität in großen wie in kleinen Angelegenheiten gleich viel Gewicht geben wie den Fragen, wie wir den Glauben definieren und verteidigen können.

Lukas 21,5-19: Zeichen, die das Ende ankündigen

[5]Einige Leute unterhielten sich über den Tempel. Sie hoben hervor,
wie wunderbar er geschmückt sei mit seinen schönen Steinen und ge-
weihten Gaben.

„Ja“, sagte Jesus dazu; [6]„es werden aber Tage kommen, wenn al-
les, was ihr seht, niedergerissen wird. Kein Stein wird auf dem ande-
ren bleiben.“

[7]Sie fragten ihn: „Lehrer, wann werden diese Dinge geschehen? Was
wird das Zeichen sein, dass all dies bald passiert?“

[8]„Nehmt euch in Acht, dass niemand euch in die Irre führt“,
warnte Jesus sie. „Ja: Viele Leute werden kommen, meinen Namen
benutzen und sagen: ‚Ich bin es!‘ und: ‚Die Zeit ist gekommen!‘
Schließt euch ihnen nicht an. [9]Erschreckt nicht, wenn ihr von Krie-
gen oder Rebellionen hört. Diese Dinge müssen zuerst passieren, das
Ende wird aber nicht sofort danach kommen. [10]Eine Nation wird
sich gegen die andere erheben“, fuhr er fort, „und ein Königreich
gegen das andere. [11]Es wird gewaltige Erdbeben geben, Hungers-
nöte und Seuchen, erschreckende Vorzeichen und auch große Zei-
chen vom Himmel.

[12]Bevor all das geschieht, werden sie Hand an euch legen und euch
verfolgen. Sie werden euch den Synagogen und Gefängnissen auslie-
fern; vor Könige und Gouverneure werden sie euch schleppen auf-
grund meines Namens. [13]Für euch wird das eine Gelegenheit sein, eure
Geschichte zu erzählen. [14]Nehmt euch zu Herzen, dass ihr nicht schon
vorher vorbereiten sollt, was ihr ihnen erzählen könntet; [15]ich gebe
euch einen Mund und Weisheit, welcher keiner eurer Widersacher wi-
derstehen oder widersprechen kann.

[16]Eure Eltern, Geschwister, Verwandte und Freunde werden euch
verraten; einige von euch wird man umbringen. [18]Kein Haar auf eu-
rem Kopf aber wird verloren gehen. [19]Der Weg, auf dem ihr euer Le-
ben rettet, ist der Weg der Geduld.“

Eine Schlagzeile verkündet, dass ein Asteroid sehr nahe an der Erde vorbeiziehen wird. „Nahe" heißt hier: ungefähr ein halbe Million Kilometer. Nach den Maßstäben des Sonnensystems ist das ziemlich nahe dran. Ein Kommentator bemerkte dazu lakonisch: „Wir sehen wieder einmal, dass der Planet Erde sich in einer Art kosmischen Schießbude befindet." Wenn wir im alten Griechenland leben würden (oder Rom oder Ägypten) und nicht in der modernen Welt mit all den effizienten Teleskopen und gut ausgebildeten Wissenschaftlern, die jederzeit alles erklären, was sich da oben bewegt, dann würden wir jedes seltsame Licht, das sich an einem Teil des Himmels bewegt, wo vorher nichts zu sehen war, sofort als Vorzeichen deuten. Etwas Dramatisches muss unmittelbar bevorstehen.

Solche „Beinahekollisionen" kommen ungefähr einmal in hundert Jahren vor. Wenn der Asteroid die Erde getroffen hätte, wäre natürlich unmittelbar etwas sehr Dramatisches passiert; er würde nicht nur ein Loch schlagen, das größer als ein Kilometer ist. Die freigesetzte Energie würde mehreren Atombomben entsprechen. Zweifelsohne wäre das markant.

Zur Zeit Jesu hat man sich aber andere Gedanken gemacht. Wenn unerwartet große Veränderungen am Nachthimmel stattfanden, hat man nicht in erster Linie Angst vor einem Zusammenstoß gehabt, sondern diese als Vorzeichen für den unmittelbar bevorstehenden Aufstieg oder Sturz eines Königs und ganzer Weltreiche gedeutet. Deshalb wurden die Sterne sorgfältig beobachtet. Als Jesu **Jünger** fragten, an welchen Zeichen sie denn erkennen könnten, dass diese erschreckenden Ereignisse bevorstanden, haben sie wohl an diese Art von Dingen gedacht. Jesus würde doch sicher wollen, dass sie es wüssten, und entsprechende Zeichen schicken, nach denen sie Ausschau halten könnten?

Jesus gibt ihnen schon eine Art von Zeichen (im nächsten Abschnitt gehen wir darauf genauer ein). In erster Linie will Jesus ihnen aber beibringen, dass eine Zeit des Wartens bevorsteht, in der sie in gefährlichen und herausfordernden Zeiten Geduld beweisen müssen.

Auf welches große Ereignis warten sie denn überhaupt? Mehr als die anderen **Evangelien** hat uns Lukas bereits auf die Antwort vorbereitet. Jesu Vorhersagen sind für seine aufmerksamen Leser keine Überraschung; viele Aussprüche in den letzten zehn oder mehr Kapiteln hatten sich schon damit beschäftigt. Jesu dramatische Aktion im **Tempel** war ein prophetisches Zeichen, eine Warnung vor den Dingen, die da kommen werden. Der Tempel: das schönste Gebäude, das man sich nur vorstellen kann. Im Verlauf der letzten Jahrhunderte war er liebevoll und kunstfertig immer weiter ausgeschmückt worden. Er war Dreh- und Angelpunkt für die ganze Nation, für das geistliche Leben und für alle Zukunftswünsche. Und dieser Tempel würde zerstört werden. Er war zu einem Symbol dafür geworden, wie Israel seine Berufung verdreht hatte – und während seines ganzen öffentlichen Dienstes hatte sich Jesus gegen diese Verdrehung gestellt. Wenn er recht hatte, war der gegenwärtige Tempel falsch. Wenn Gott ihm recht geben würde, müsste das die Zerstörung des Tempels einschließen. Für einen frommen Juden war das ungefähr so unvorstellbar wie für einen Amerikaner die Zerstörung des Weißen Hauses, des Washington Memorials und der Freiheitsstatue; es war sogar noch schlimmer, weil der Tempel für die tausend Jahre stand, in denen Gott mit Israel unterwegs war.

Den Warnungen Jesu im Blick auf das, was seine Jünger in der kommenden Zeit zu erwarten haben, kann man entnehmen, dass er nicht länger bei ihnen sein wird, dass man sie aber weiterhin als seine Nachfolger kennen wird. Andere werden auftreten und sich für ihn oder für seinen Sprecher ausgeben. (Gerade an diesem Morgen habe ich einen Brief von jemandem bekommen, der sich für eine Reinkarnation Jesu hält.) Die Welt wird von Kriegen und Revolutionen erschüttert werden. In einer Zeit vor Radio, Fernsehen, Telefon und Zeitungen ist das umso erschreckender, weil die Leute nur gerüchteweise von solchen Ereignissen hören: Reisende erzählen etwas weiter, der nächste ergänzt noch ein paar Spekulationen, bis aus einem kleinen Scharmützel an der Grenze ein ausgewachsener Krieg und aus dem gelegentlichen Niesen des Kaisers eine tödliche Krankheit geworden ist.

Jesus erwartet eindeutig, dass seine Nachfolger inmitten dieser Turbulenzen als unerwünscht gelten werden. Den Leuten würde Jesus in Erinnerung bleiben als einer, der Israel in die Irre führen wollte, der die Menschen davon abhielt, die Gesetze zu befolgen und der die nationalen Interessen aufs Spiel setzte mit seinen gefährlichen Reden über das **Reich Gottes**, über Gnade und Frieden. Wenn die Zeiten in Israel und in den jüdischen Gemeinschaften rund um die Welt rauer werden, kommen die, die als Jesus-Nachfolger bekannt sind, schnell in die Schusslinie; und nichtjüdische Gemeinschaften würden sich diesem Beispiel bald anschließen. Familien werden sich spalten; manchmal wird man die Schuld für alles Mögliche den Christen in die Schuhe schieben. Alle werden es lieben, sie zu hassen. Wenn irgendjemand jemals Geduld gebraucht hat: Sie werden sie dann nötig haben.

Jesus verspricht aber auch, dass er ihnen während dieser Wartezeit immer das geben wird, was sie gerade brauchen: „einen Mund und Weisheit". Diese Verheißung dürfen wir natürlich nicht als Freifahrtschein nehmen, um die harte Arbeit zu ignorieren, die erforderlich ist, um Menschen kontinuierlich in der christlichen Lehre zu unterweisen. Die Verheißung bezieht sich auf die Zeiten, wenn Menschen wegen ihrer Verbindung zu Jesus vor Gericht um ihr Leben bangen müssen. Die Geschichte der ersten Generation von Christen – in der Zeit zwischen der **Auferstehung** Jesu und dem Fall des Tempels 70 n. Chr. – bestätigt diese Prophetien. Und viele frühe Christen bezeugen, dass Jesus in der Tat mit ihnen gewesen ist und ihnen Worte gegeben hat, die sie dann sagen konnten.

Auch wenn dieser Abschnitt sich in erster Linie sehr spezifisch auf die Situation der ersten Generation Christen bezieht, hat er auch eine wichtige Botschaft für die spätere Kirche. Wo auch immer Christen wegen ihres **Glaubens** verfolgt werden – und leider überrascht es nicht, dass das auch heute in vielen Teilen der Welt noch passiert –, brauchen sie nicht nur die Gebete und Unterstützung ihrer Glaubensgeschwister, die an glücklicheren Orten leben. Sie benötigen auch den Trost und die Ermutigung dieser Worte: „Nehmt euch in acht, dass niemand euch in die Irre führt"; „eine Gelegenheit, eure Geschichte zu erzählen"; „ich gebe euch Weisheit"; „der Weg euer Leben zu retten, heißt: geduldig zu sein". Das sind immer noch kostbare Verheißungen, die man rechtzeitig lernen sollte, damit sie dann zur Verfügung stehen, wenn man sie braucht.

Lukas 21,20-33: Die Zerstörung Jerusalems wird vorausgesagt

20„Aber wenn ihr seht, dass Armeen Jerusalem einkreisen", fuhr Jesus fort, „dann werdet ihr wissen, dass die Zeit gekommen ist, in der die Stadt zerstört werden wird. 21Die Menschen in Judäa sollten dann in die Berge flüchten. Wer in Jerusalem ist, sollte die Stadt so schnell er nur kann verlassen; wer auf dem Land ist, sollte nicht in die Stadt zurückgehen. 22Es werden schwere Tage des Gerichts sein, in denen sich alle Warnungen der Schrift erfüllen werden. 23Wehe den schwangeren Frauen oder stillenden Müttern in jenen Tagen! Es wird große Not auf der Erde herrschen und Gottes Zorn wird über dieses Volk hereinbrechen. 24Das hungrige Schwert wird sie zu Fall bringen; als Gefangene werden sie in alle Nationen verschleppt werden; Jerusalem wird von den Heiden zertreten werden, bis die Zeit der Heiden abgelaufen sein wird.

25An Sonne, Mond und Sternen wird es Zeichen geben. Die Nationen auf der Erde werden in Angst und Schrecken geraten, weil das Meer braust und wogt. 26Menschen werden vor Angst von Sinnen sein, wenn sie darüber nachdenken, was auf diese Welt zukommt. Die Kräfte des Himmels werden erschüttert werden. 27Dann werden sie ‚den Menschensohn kommen sehen auf einer Wolke', mit Macht und großer Herrlichkeit. 28Wenn all diese Dinge einzutreffen beginnen, dann richtet euch auf, erhebt eure Köpfe, weil dann für euch die Zeit eurer Erlösung gekommen ist."

29Er erzählte ihnen auch folgendes Gleichnis: „Schaut den Feigen-
baum an und alle anderen Bäume auch. 30Wenn das Laub zu sprie-
ßen beginnt, könnt ihr selber sehen und wissen, dass der Sommer bald
kommen wird. 31Genauso ist es auch, wenn ihr all diese Dinge gesche-
hen seht: Dann könnt ihr wissen, dass das Reich Gottes bald kommen
wird. 32Ich sage euch die Wahrheit: Diese Generation wird nicht ver-
gehen, bevor all dies geschehen ist. 33Himmel und Erde mögen verge-
hen, aber diese meine Worte werden nicht vergehen.“

In der Schule mussten wir uns manchmal Geschichten ausdenken, in denen sehr unterschiedliche Gestalten und Gegenstände vorkommen. Der Lehrer konnte uns zum Beispiel auftragen: „Schreibt eine Geschichte, in der ein Hase, ein Teleskop, eine Kathedrale und ein Mann mit einem Holzbein vorkommen.“ Da musste unsere Fantasie manchmal gewaltige Sprünge unternehmen, um eine Geschichte zu entwickeln, in der all diese Dinge vorkamen und die dann auch noch irgendeinen Sinn ergab.

Beim Lesen von Lukas 21 fühlen sich viele Leute, als ob uns Jesus so eine Art von Rätsel vorlegt. Wie soll ein Ereignis für uns Sinn ergeben, in dem Armeen vorkommen, die eine Stadt belagern, aber auch das aufgewühlte Meer, das Kommen des **Menschensohnes** auf einer Wolke und die Ankunft von **Gottes Reich**? Und wie kann was-auch-immer-es-sein-mag innerhalb einer einzigen Generation nach dieser Rede Jesu eintreffen?

Am besten fangen wir einmal mit den Dingen an, die für uns klar und einfach sind – auch wenn es für die Betroffenen alles andere als einfache Zeiten waren. Die Verse 20-24 sind klar und passen zu allem, was Lukas bis jetzt an Worten Jesu überliefert hat. Eine große Krise bahnt sich an. Eine Schlüsselrolle spielt darin Israel als Ganzes und Jerusalem im Speziellen, das sich dem Aufruf Jesu verweigert hat, umzukehren und dem Reich-Gottes-Weg nachzufolgen, den Jesus verkündet hat. Diese Weigerung hat katastrophale Folgen: Die Römer werden kommen (sie werden nicht namentlich erwähnt, aber wenn irgendjemand Jerusalem mit Armeen umzingeln würde, dann sicher sie) und die Stadt belagern. Es kann keinen Zweifel über die Folgen geben.

Wenn das passieren würde, sollten alle, die die Stadt verlassen konnten, die Flucht ergreifen, solange sie noch Gelegenheit dazu hatten. In diesem Punkt sind Jesu Anweisungen sehr klar und konkret; seine Jünger sollten nicht auf die Idee kommen, aus falsch verstandener Loyalität in Jerusalem zu bleiben und mit dem sinkenden Schiff unterzugehen. So wie den Israeliten einst befohlen worden war, Babylon eiligst zu verlassen, bevor das Gericht Gottes über die Stadt kommt (Jesaja 48,20; Jeremia 50,8; 51,6.45), so sollen Jesu Nachfolger Jerusalem verlassen, solange noch Zeit bleibt. Auf alle, die sich dort fangen lassen, wartet gewaltsamer Tod oder die erzwungene Deportation. Anstatt dass die Juden Jerusalem zu einem Schmuckstück machen, werden die Heiden die Stadt einebnen und für sich selbst in Besitz nehmen. Natürlich sind diese Warnungen 70 n. Chr. und danach wahr geworden.

Wie passt das mit dem Rest des Abschnittes zusammen? Wieder heißt die Antwort: Wir müssen die Bildsprache verstehen, die zu jener Zeit gebräuchlich war. „Zeichen an Sonne, Mond und Sternen" könnte man durchaus wörtlich verstehen; dieser Ausdruck könnte genauso gut bedeuten, dass große Nationen und Königreiche der Erde, wie wir ebenfalls bildhaft sagen, „durch gewaltige Erschütterungen gehen". Wer den Sturz des Apartheitsregimes in Südafrika miterlebt hat und den Fall der Berliner Mauer, der weiß, wie schnell und unerwartet riesige Veränderungen durch große Systeme fegen können, mit gewaltigen Konsequenzen, die niemand voraussagen kann. Jeder, der die Jahre 60–70 n. Chr. im Römischen Reich miterlebt hat, teilt diese Gefühle. Das gilt besonders für die letzten drei Jahre dieser Periode. Nach Neros Selbstmord 68 n. Chr. folgten vier Kaiser rasch hintereinander. Jeder hatte eine Armee hinter sich. Der vielgerühmte „römische Friede", den Augustus und seine Nachfolger als ihre Errungenschaft für sich beanspruchten, wurde von innen her in Trümmer gelegt. Eine heftige Erschütterung lief durch die ganze bekannte Welt. Das passt genau zu den Versen 25-26.

Das „Kommen des Menschensohnes“ müssen wir demnach so wie die Juden des ersten Jahrhunderts als die Erfüllung der Prophetie aus Daniel 7 verstehen. Diese Verheißung war damals äußerst populär. Man glaubte, dass sie über die Zeit spricht, wenn Gott seinem wahren Gottesvolk Recht verschaffen würde, nachdem sie unter den „Tieren“, den heidnischen Nationen, welche Israel unterdrückten, gelitten haben. Diese Prophetie zeichnet das Bild eines großen Gerichtshofes, an dem Gott als Richter das Urteil zugunsten seines Volkes, dem „Menschensohn“, und gegen das unterdrückerische „Tier“ fällen wird. Das Urteil, welches auf die heidnischen Nationen kommen wird, ist dasselbe Urteil, das dem „Menschensohn“ recht geben wird; dieser wird in der Folge auf einer Wolke zum Thron Gottes gebracht, um diesen mit Gott zu teilen.

Am besten verstehen wir diesen Abschnitt im Lukasevangelium als eine Verheißung: Wenn das Jerusalem, das seine Botschaft abgelehnt hat, schließlich gestürzt wird, wird genau dies Jesus und seinem Volk recht geben. Es wird das Zeichen sein, dass er an der Seite seines Vaters im **Himmel** den Thron bestiegen hat (siehe Kapitel 20,42-43). Selbstverständlich glaubt Lukas an das „zweite Kommen“ Jesu (Apostelgeschichte 1,11), aber der vorliegende Abschnitt hat ein anderes Thema. Es geht darum, dass Jesus recht bekommt und dass seine Leute von dem System gerettet werden, das sie unterdrückt hat.

Das sind die Zeichen, nach denen die **Jünger** Ausschau halten sollen. Gottes Reich ist nahe gekommen, die Stadt hat es aber zurückgewiesen; die Erfüllung des Reiches Gottes wird die Zerstörung der Stadt einschließen. All das muss innerhalb einer Generation stattfinden, schließlich ist Jesus der letzte Prophet; nachdem der Weinbergbesitzer seinen Sohn gesandt hatte, blieben ihm keine weiteren Boten mehr (Kapitel 20,13).

Christliche Leser, die sich beinahe zweitausend Jahre später den Kopf über diesen Abschnitt zerbrechen, tun sich oft schwer damit zu verstehen, was er für sie bedeuten kann. Für uns liegt die Zerstörung Jerusalems, ein Akt unvorstellbarer heidnischer Grausamkeit, weit zurück in der Vergangenheit. Die Kirche ist später durch so viele weitere Krisen gegangen, dass jenes Ereignis relativ unwichtig erscheinen kann. Und doch: Wir leben und verkündigen das Evangelium in einer Welt, die der Einladung zum Frieden widersteht (wie es Jerusalem mit Jesus getan hatte). Wir haben mindestens die Pflicht, unsere Zeitgenossen zu warnen: Gottes Einladung auszuschlagen kann in einer Katastrophe enden. Und in der Zwischenzeit müssen wir unsere Geduld trainieren. Wir können nie wissen, wann wir sie brauchen werden.

Lukas 21,34-38: Ausschau halten nach dem Menschensohn

*34„Betet also für euch selbst", sagte Jesus, „dass eure Herzen nicht
schwer werden durch Ausschweifung und Trunkenheit und die Sorgen
dieses Lebens. Dann würde jener Tag euch plötzlich überraschen 35wie
eine Falle. Seht ihr, er wird über alle kommen, die auf dem Angesicht
der Erde leben. 36Bleibt jederzeit wach; betet, dass ihr die Kraft habt,
all diesen Dingen, die geschehen werden, zu entkommen und vor dem
Menschensohn zu stehen."*

*37Tagsüber lehrte Jesus im Tempel. In der Nacht ging er jedoch hin-
aus und blieb an dem Ort, der Ölberg genannt wird. 38Schon am frü-
hen Morgen strömten die Leute in den Tempel, um ihn zu hören.*

Kommen Sie mit mir auf eine Zeitreise nach Jerusalem. Wir landen im Jahr 58 n. Chr. Beinahe dreißig Jahre sind seit der Kreuzigung und **Auferstehung** Jesu vergangen. In jenen aufregenden Tagen, die jetzt schon beinahe eine Generation zurückliegen, waren viele zum Glauben an Jesus gekommen. Viele von ihnen lebten immer noch, inzwischen etwas älter und vielleicht auch ein wenig ratlos und irritiert, aber sie hofften, beteten und warteten immer noch.

Es hatte immer wieder schwierige Zeiten gegeben. Als Pontius Pilatus als Gouverneur abgelöst wurde, hatten die Leute gehofft, dass das Leben jetzt besser werden würde. Es kam aber zu einer großen Krise, weil der Kaiser im **Tempel** eine gewaltige Statue von sich selbst aufstellen lassen wollte. Diese Gefahr konnte abgewendet werden: Gaius, der genannte Kaiser, starb bald darauf. Als im Jahre 41 n. Chr. Agrippa, der Enkel von **Herodes**, zum König der Juden gekrönt wurde, stand jedermann in Jerusalem auf und jubelte ihm zu. Vielleicht war es ja besser, von jemandem aus den eigenen Reihen regiert zu werden, als Gouverneure zu haben, die von weither kamen und von den örtlichen Sitten und Gebräuchen keine Ahnung hatten. Die Begeisterung war bald verflogen. Er war kurz darauf gestorben. Einige sagten, dass Gott ihn dafür bestraft hatte, dass er sich selbst eine Art gottgleichen Status gegeben hatte, so wie es seine heidnischen Herren zu tun pflegten. Auf ihn folgte wieder eine Reihe von römischen Gouverneuren, von denen (so scheint es) einer schlimmer als der andere war. Im Jahr 54 aber, als Nero an die Macht kam, schöpften viele Leute neue Hoffnung darauf, dass endlich Friede und Gerechtigkeit triumphieren würden.

Zugleich nahmen die Einwohner Jerusalems die wachsenden politischen Spannungen durchaus wahr. Revolutionäre Bewegungen bildeten sich, hatten ihre kurze Blütezeit und wurden dann brutal niedergeschlagen. Einige munkelten, dass die **Priester** diese Bewegungen heimlich unterstützten. Andere hielten sie für gewissenlose Unruhestifter, die verhinderten, dass gewöhnliche Leute in Ruhe ihren Geschäften nachgehen konnten. Einige strebten nach einem friedlichen Miteinander mit den Römern, andere wollten denen das Leben schwer machen, wieder andere wünschten nichts mehr als dass der **Messias** endlich käme. Der Alltag nahm seinen Lauf: kaufen und verkaufen, Getreide anbauen, Herden bewachen, Holzarbeiten, Lederarbeiten, Geld wechseln, Töpferei, dazu die tägliche Abfolge von Opfern, Musik, Feiern, und die großen Pilgerfeste im **Tempel** als konstante Begleitmelodie. Der Tempel selbst war beinahe komplett: Die Umbau- und Erneuerungsprogramme, die **Herodes** der Große siebzig Jahre zuvor begonnen hatte, näherten sich endlich dem Abschluss.

Und mittendrin lebten diejenigen, die den Namen „Jesus" auf den Lippen führten. Immer noch trafen sie sich, um das Brot zu brechen und seinen Namen anzubeten sowie einander die Geschichten von seinen Taten und Worten zu erzählen. Auch sie waren hin- und hergerissen. Einige von ihnen waren Freunde des Ex-**Pharisäers** Saulus von Tarsus, der jetzt auch als „Paulus" bekannt war. Vor Kurzem hatte er einen Krawall ausgelöst (seine Freunde behaupteten zwar, dass seine Gegenspieler dahintersteckten; auf der Straße munkelte man aber, dass es überall zu Aufruhr kommt, wo Paulus auftaucht). Jetzt war er fort. Man hatte ihn für eine Gerichtsverhandlung nach Rom geschickt, und er würde kaum wieder zurückkehren. Auch Petrus war auf Reisen; seit Jahren hatte man ihn schon nicht mehr gesehen. Andere waren Paulus gegenüber misstrauisch; er hatte Gottes Gesetz verraten, so sagten sie, weil er den **Heiden** erlaubte, Gott anzubeten, ohne zuerst **beschnitten** zu werden. Der Anführer der Jerusalemer Christen, der weise und tiefgläubige Jakobus, der Bruder von Jesus, wurde langsam älter; seine Gebete für die Erlösung seines Volkes wurden scheinbar nicht beantwortet.

Wie schnell konnte es da passieren, dass Christen in Jerusalem müde wurden und resignierten. Wenn durch das **Evangelium** irgendetwas Aufregendes passierte, dann immer nur auf der anderen Seite des Mittelmeers. Sie hörten nur dann und wann etwas darüber, und was sie hörten, gefiel ihnen nicht immer (Heiden, die angeblich Jesus anbeten, die mosaischen Gesetze aber nicht einhielten und solche Dinge). Ihr Leben schleppte sich von Tag zu Tag. Ihre Freunde fragten sie, manchmal sehr provozierend, wann denn ihr angeblicher Messias zurückkommen würde und ob der sich nicht bitte ein bisschen beeilen könne, weil die Römer immer noch hier herumhängen. Wenn die so weitermachten in Rom, würde das noch in einem

Weltkrieg enden, und das Brot wäre schon wieder teurer geworden, und wenn Jesus wirklich der Messias sei, wieso hat sich seit seiner Zeit nicht viel verändert? Es half nichts ihnen zu erklären, dass die Gegenwart und Liebe Jesu in ihren Gottesdiensten fast mit Händen greifbar war. Es nützte nichts ihnen zu erklären, dass Jesus ihnen damals gesagt hatte, sie sollten Geduld haben. Dreißig Jahre sind eine lange Zeit. Alles, was man tun konnte, war, die Geschichten von Jesus wieder und wieder zu erzählen und über das nachzudenken, was er gesagt hatte. Auch über die Worte in unserem Abschnitt: „Bleibt dran! Seid wachsam! Haltet die Augen offen – wahrscheinlich auch die physischen, vor allem aber die geistlichen Augen. Betet um Kraft, um dem gewachsen zu sein, was kommen wird. Dem **Menschensohn** wird recht gegeben werden, und wenn es so weit ist, wirst du zu seinen Füßen sitzen wollen.

Kommen Sie jetzt bitte mit mir in das San Francisco oder Sydney, Bujumbura oder San Salvador des einundzwanzigsten Jahrhunderts. Mit den Leuten zusammen verlassen Sie am Sonntagmorgen die Kirche – den pfingstkirchlichen Lobpreisgottesdienst, den anglikanischen Morgengottesdienst oder die spanische Messe – und sehen vor sich die Welt, die ihren Geschäften oder ihrem Vergnügen nachgeht. Ihre Freunde finden es seltsam, dass Sie immer noch zur Kirche gehen. Heutzutage weiß doch jeder, dass das Christentum veraltet ist, schon lange widerlegt, langweilig und bedeutungslos. Was man braucht, ist mehr Sex, mehr Partys, mehr Geld, mehr Revolution. Hat sich die Kirche in der Vergangenheit nicht einige wirklich schlimme Dinge geleistet? Wie ist es mit der Inquisition? Mit den Kreuzzügen (das Argument kommt immer)? Wer braucht das Christentum noch, wo wir doch heute Weltraumflüge und Computer haben (früher zählte man Elektrizität und moderne Medizin auf)?

Und überhaupt, so führen sie an, wenn euer Jesus wirklich so besonders ist, wieso ist die Welt immer noch so ein Durcheinander? Es interessiert sie nicht, wer die Sklaverei beendet, für Bildung und den Bau von Krankenhäusern gesorgt hat. Sie wollen nichts hören von den Leben, die jeden Tag durch das Evangelium verändert werden. Sie wollen uns mit der Geschäftigkeit des Lebens füllen, mit Ausschweifung und Trunkenheit – buchstäblich und im übertragenen Sinne. Sie wollen uns müde und mutlos machen; sie möchten, dass Sie sich für seltsam und dumm halten. Wieso ein altes Buch studieren, das noch nie etwas Gutes bewirkt hat?

Für uns heute wie für die Christen in Jerusalem im ersten Jahrhundert n. Chr. gilt dieselbe Antwort: Bleibt wachsam. Es wurde euch gesagt, dass ihr genau das erwarten solltet. Geduld ist der Schlüssel. Betet für Kraft, dass ihr standhaft bleiben könnt. Es werden Zeiten kommen, in denen eure Augen vor Müdigkeit zufallen werden, sowohl geistlich als auch mental, emotional und körperlich; dann müsst ihr sie mit Anstrengung wieder aufreißen. Es geht nicht um eine aufregende Schlacht, in der das Adrenalin sprudelt und Banner fliegen, sondern um den beständigen Lauf des Lebens mit Gebet und Hoffnung, Sakrament und Zeugnis, Tag für Tag und Woche für Woche. Das ist es, was zählt. Deshalb ist Geduld eine Frucht des **Geistes**. Lesen Sie die Geschichte nochmals. Erinnern Sie einander an die Worte Jesu. Und bleiben Sie wach.

Lukas 22,1-23: Das letzte Abendmahl

[1]Die Zeit für das Fest der ungesäuerten Brote kam heran, das als Pas-
sahfest bekannt ist. [2]Die führenden Priester suchten eine Gelegenheit,
Jesus ermorden zu lassen. Wegen der Menschenmenge war das aber
eine schwierige Aufgabe.

[3]Der Satan bekam Macht über Judas, der den Beinamen Iskariot
trug; er war einer von den zwölf Jüngern. [4]Er ging zu den führenden
Priestern und Offizieren und besprach mit ihnen, wie er ihnen Jesus
ausliefern könnte. [5]Sie waren begeistert und versprachen ihm eine Be-
lohnung. [6]Er stimmte zu und suchte von da an nach einer Gelegen-

*heit, ihn in ihre Hände zu übergeben, ohne dass die Volksmenge etwas
davon merkte.*

7 *Dann brach der Tag der ungesäuerten Brote an, an dem man das
Passahlamm schlachten musste.* 8 *Jesus schickte Petrus und Johannes
voraus: „Macht euch auf den Weg und bereitet das Passahmahl für
uns vor, dass wir dann essen können."*

9 *„Wo sollen wir es denn vorbereiten?", fragten sie ihn.*

10 *„Passt gut auf", erklärte ihnen Jesus. „Wenn ihr in die Stadt hi-
neingeht, wird euch ein Mann begegnen, der einen Krug mit Was-
ser trägt. Folgt ihm, und wenn er ein Haus betritt, geht ihm hinter-
her.* 11 *Dann redet mit dem Hausbesitzer: ‚Der Lehrer lässt fragen: Wo
ist der Raum, in dem ich mit meinen Jüngern das Passahmahl feiern
kann?'* 12 *Er wird euch daraufhin einen großen Raum im Obergeschoss
zeigen, der eingerichtet und bereit ist. Dort bereitet das Mahl vor."*

13 *So gingen sie los und trafen alles so an, wie er es ihnen gesagt
hatte. Und sie bereiteten das Passahmahl vor.*

14 *Als es an der Zeit war, setzte er sich an den Tisch und seine Apo-
stel mit ihm.*

15 *„Ich habe mich sehr danach gesehnt, dieses Passah mit euch zu
essen, bevor ich leiden muss", sagte er ihnen.* 16 *„Ich sage euch: Ich
werde es nicht wieder essen, bis es in Gottes Reich erfüllt sein wird."*

17 *Dann ergriff er einen Kelch, sprach ein Dankgebet und sagte ih-
nen: „Nehmt diesen und teilt ihn unter euch.* 18 *Ich sage euch, von jetzt
an werde ich nicht mehr von der Frucht des Weinstocks trinken, bis
das Reich Gottes kommt."*

19 *Darauf nahm er etwas Brot. Er sprach ein Dankgebet, brach es
und gab es ihnen mit den Worten:*

*„Dies ist mein Leib, der für euch gegeben wird. Tut das in Erinne-
rung an mich."*

20 *Das Gleiche tat er nach dem Essen mit dem Kelch: „Dieser Kelch",
so sagte er, „ist der neue Bund in meinem Blut, das für euch vergos-
sen wird.*

21 *Schaut aber! Die Hand dessen, der mich verraten wird, ist mit mir*

an diesem Tisch. [22]*Der Menschensohn geht in der Tat den Weg, der für ihn bestimmt ist, aber wehe dem Mann, der ihn verraten wird!"*

[23]*Da fingen sie an, einander zu fragen, wer von ihnen so etwas tun würde.*

Wenn Jesus seinen Nachfolgern – damals wie heute – erklären will, was mit ihm geschehen wird, dann gibt er ihnen keine theoretische Abhandlung.

Theorien darüber, wie denn Jesu Tod mit unseren Sünden fertig geworden ist, sind im Laufe der Kirchengeschichte gekommen und wieder gegangen. Viele von ihnen sind tiefgründig und bewegend. Sie verbinden tiefe geistliche Einsichten, bemerkenswertes theologisches Verständnis und eine tiefe Hingabe, der bedürftigen Welt Gottes rettende Liebe zu vermitteln. Viele dieser Theorien haben Christen eine frische Sicht von Gottes Gnade und Güte vermittelt. Theorien haben also ihren Platz. Sie waren aber nicht das Wichtigste, was Jesus seinen Nachfolgern mitgab.

Er gab ihnen eine Handlung, die sie vollziehen sollten. Insbesondere trug er ihnen auf, ein Mahl zu teilen. Es ist ein Mahl, das mehr aussagt, als jede Theorie vermitteln kann. Der beste Weg, um seine Bedeutung zu verstehen, ist natürlich, es zu genießen und nicht darüber zu reden oder zu schreiben. Weil dies aber ein Buch ist und meine Leser nicht mit mir am **Abendmahl**stisch sitzen, möchte ich doch auf ein paar Dinge hinweisen, die Jesus wahrscheinlich im Sinn hatte – und ein paar Dinge, die Lukas in seinem Bericht darüber besonders betonte.

Das Erste und Wichtigste: Es war ein *Passahmahl*. Lukas hat uns immer wieder gesagt, dass Jesus nach Jerusalem ging, um „seinen **Exodus** zu vollenden" (Kapitel 9,31). Er war gekommen, um für Israel und die ganze Welt das zu tun, was Gott durch Mose und Aaron im ersten Exodus getan hatte. Als die Mächte des Bösen, die Gottes Volk versklavt hielten, am schlimmsten wüteten, griff Gott ein, um Ägypten zu richten und Israel zu retten. Das Passahmahl war Symbol und

Instrument sowohl für das Gericht als auch für die Errettung: Der Todesengel erschlug die Erstgeborenen in ganz Ägypten, er verschonte aber Israel als den Erstgeborenen Gottes. Er „ging an ihren Häusern vorüber[4]“, weil sie das Blut des Lammes an die Türpfosten gestrichen hatten (Exodus 12). Jetzt würde es nicht mehr lange dauern, bis das Gericht über Israel und Jerusalem, von dem Jesus so viel gesprochen hatte, losbrechen würde; Jesus würde sein Volk davor verschonen, *weil er die ganze Wucht des Gerichts auf sich selbst nimmt.* Sein eigener Tod würde seinen Leuten ermöglichen zu entkommen.

Wovor entkommen? Vor den Mächten des Bösen. Wenig später sprach Jesus über die finsteren Mächte, die ihren Augenblick des Triumphs haben (Kapitel 22,53). Wir verstehen das Wesen und die Macht des Bösen heute nicht viel besser als es die Leute zu Jesu Zeiten taten. Wenn wir aber daran glauben, dass Gottes Plan, die Welt zu retten, seinen Höhepunkt in Jesus hat, überrascht es nicht, dass die Mächte des Bösen ihr Bestes tun, um ihn zum Scheitern zu bringen. Jesus ist sein Leben lang auf die Probe gestellt worden (Vers 28); die allergrößte Versuchung steht unmittelbar bevor. Er wird durch sie hindurchgehen, damit seine Nachfolger das nicht müssen. Sie müssen „seinen Leib essen“ und „sein Blut trinken“, um durch seinen Tod **Leben** zu finden.

Jesus hatte sich leidenschaftlich nach diesem Mahl gesehnt. Für ihn war es der Augenblick, in dem er seinen Nachfolgern mit inhaltsschweren und bedeutungsvollen Taten und Worten erklären konnte, was er tun würde und wie sie davon profitieren könnten. Es ist deshalb auch kein Zufall, dass die Geschichte vom Verrat und die Geschichte vom Mahl so eng miteinander verwoben sind. Das **Evangelium** des Johannes berichtet von einem Zeitraum nachdem Judas den Raum verlassen hat, in dem Jesus den elf verbliebenen Jüngern in aller Ruhe Anweisungen geben konnte – auch wenn viel von diesen

---

4 Anm. d. Übers.: Im Englischen klingt im Wort für „vorübergehen“ = „to pass over“ das Wort für „Passah“ = „passover“ an.

Anweisungen sich auf die zu erwartende Verfolgung bezieht (Johannes 13,31-17,26). In Lukas' Beschreibung ist Judas die ganze Zeit anwesend. Wahrscheinlich entfernte er sich unbemerkt gegen Ende des Mahls.

Für sich betrachtet liefert Judas den führenden Priestern nur das, wonach sie schon so lange gesucht hatten: eine Gelegenheit Jesus zu verhaften, ohne dass viele Leute dabeistehen. (Sie wollten damit verhindern, dass Jesus irgendwelche geheimen Pläne am Passahfest umsetzen konnte.) So wie Lukas die Dinge sieht – und das ist entscheidend dafür, wie er das ganze Mahl versteht – benutzt **Satan** Judas für seine Zwecke. Er will immer anklagen. Jesus muss angeklagt werden, ein Verführer, ein Rebell, ein falscher Prophet, ein Pseudo-**Messias** zu sein; anders gesagt: ein Lügner, der Israel in Gefahr bringt. Der Verrat des Judas ist der erste Schritt in diesem Prozess der Anklage.

Lukas wird uns auf hundert Arten zeigen, dass Jesus in jedem einzelnen Punkt, in dem er angeklagt wird, unschuldig ist; Israel dagegen ist schuldig zu sprechen. Die Mischung aus Feier und Verrat in der **Abendmahl**sszene bereitet uns vor auf die Mischung von Tragödie und Triumph bei der Kreuzigung. Jesus vollendet seine wahre Sendung, indem er zu Unrecht angeklagt wird. Er erfüllt seine göttliche Berufung, indem er sich unter die Strafe stellt, welche andere verdient hätten. So wie Gott den arroganten Widerstand das Pharao in Ägypten eingesetzt hat, um seine eigenen Ziele, die spektakuläre Rettung seines Volkes, zu erreichen, ebenso benutzt er jetzt diesen einen Mann beim Essen mit seinen Freunden. Die Mächte des Bösen setzen ihre finstersten Pläne um und kreuzigen den einen, der Gottes Erlösung bringt, und Gott benutzt genau das, um diese Mächte zu besiegen.

Wir, die wir täglich, wöchentlich oder wie oft auch immer dem Gebot Jesu gehorchen, in Erinnerung an ihn Brot zu brechen und Wein zu trinken, werden in diese Errettung, dieses heilende Leben hineingezogen. Die Mächte mögen noch toben, so wie der Pharao und seine Armeen nach dem Passah die Israeliten verfolgt haben; sie sind aber besiegt und können uns die Rettung nicht mehr rauben.

Lukas 22,24-38: Ankündigung, dass Petrus Jesus verleugnen wird

24Es brach aber auch ein Streit unter ihnen aus: Wer von ihnen war der Wichtigste?

25„Heidnische Könige beherrschen ihre Untertanen", sagte ihnen Jesus daraufhin, „und Menschen mit Macht lassen sich gerne ‚Wohltäter' nennen. 26Bei euch soll das nicht so sein. Der Wichtigste unter euch soll wie der Jüngste sein; der Anführer wie der Diener. 27Wer ist eigentlich wichtiger: derjenige, der am Tisch sitzt, oder derjenige, der ihn bedient? Offensichtlich derjenige am Tisch! Ich bin aber wie ein Diener hier bei euch.

28Ihr habt mit mir ausgehalten in allen Anfechtungen, die ich zu bestehen hatte. 29Dies ist mein Vermächtnis für euch: das Reich, das mein Vater mir vermacht hat! 30Was bedeutet das? Ihr werdet in meinem Reich an meinem Tisch essen und trinken, und ihr werdet auf Thronen sitzen und die zwölf Stämme Israels richten.

31Simon, Simon, hör mir zu! Der Satan hat nach dir verlangt. Er wollte dich wie Weizen durchschütteln. 32Ich habe aber für dich gebetet. Ich habe dafür gebetet, dass dir der Glaube nicht verloren geht. Und wenn du zurückkehrst, musst du deinen Brüdern Kraft geben."

33„Herr", gab darauf Petrus zur Antwort, „ich bin bereit, mit dir ins Gefängnis zu gehen oder sogar in den Tod!"

34„Ich sage dir, Petrus", antwortete Jesus, „der Hahn wird heute nicht krähen, bevor du dreimal geleugnet hast, mich zu kennen."

35Jesus wandte sich an alle: „Als ich euch ohne Geldbörse, Vorratstasche und Sandalen ausgesandt habe, hat euch da jemals etwas gefehlt?"

„Nein, nichts", antworteten sie.

36Er fuhr fort: „Ab jetzt soll jeder, der eine Geldbörse hat, sie mitnehmen, ebenso auch Vorratstaschen. Und wer kein Schwert hat, der soll seinen Mantel verkaufen und eins kaufen. 37Ich sage euch: Wenn die Bibel sagt: ‚Er wurde zu den Gesetzlosen gezählt', muss es sich in mir erfüllen. Ja, alles, was über mich gesagt wurde, muss ans Ziel kommen."

38 *„Schau, Meister, wir haben hier zwei Schwerter", erwiderten sie.*
„Das reicht!", sagte er ihnen.

Stellen wir uns einen Fußballtrainer vor, der seine Mannschaft auf das Spiel ihres Lebens vorbereiten will. Der Erzrivale wartet auf sie, und es geht um einen wichtigen Pokal. Er muss sicherstellen, dass sie total auf die Herausforderung fokussiert sind. Er hat ihnen soeben die Strategie erklärt, die sie umsetzen müssen, wenn sie eine Chance auf den Sieg haben wollen. Er hat ihnen auch die Warnung mitgegeben, dass ihre Gegenspieler gerissen sind und jede ihrer Schwächen gnadenlos ausnützen werden.

Kaum, dass er aufgehört hat zu reden, fangen sie eine Kabbelei an, wer von ihnen eigentlich der beste Spieler ist. Sie prahlen mit ihren Toren und halten einander vor, wer in welchem Spiel am besten war. Sie streiten darum, wer eigentlich an welcher Position spielen sollte. Sie zanken, wie sie den Pokal halten sollen, damit die Fotografen die besten Perspektiven haben. Man kann sich kaum ein Team vorstellen, das für ein wichtiges Spiel weniger bereit ist.

Also versucht es der Trainer noch einmal. Er erklärt ihnen, welch ein langer Weg schon hinter ihnen liegt. Er hat sie in herausragende Form gebracht und hat große Pläne für die Zukunft. Er warnt den Kapitän, dass auf ihn ein besonders schwieriges Spiel wartet; gleichzeitig ermutigt er ihn, dass es am Schluss gut ausgehen wird. Der Kapitän protestiert und ist von sich überzeugt, dass er außerordentlich gut spielen wird, aber der Trainer sagt ihm, dass er noch vor dem Pausenpfiff zwei Elfmeter verschießen und Gefahr laufen wird, die rote Karte zu sehen.

Er nimmt noch einen Anlauf. Dieses Spiel wird besonders hart werden, lässt er sie wissen. Er wird nicht bei ihnen am Spielfeld sein. Sie müssen für sich selbst denken und entscheiden. Es wird ein Kampf werden. „Das geht schon in Ordnung", meldet sich einer zu Wort,

„ich kann es gar nicht abwarten, sie fertigzumachen." Der Trainer gibt auf. „Das reicht jetzt", sagt er, „wir hören hier auf."

Der große Fußballtrainer Bill Shankly war nicht einverstanden, als jemand Fußball als „eine Sache von Leben und Tod" bezeichnete – „Es ist viel wichtiger als das." Die Herausforderung, die in der Nacht des letzten **Abendmahls** vor den **Jüngern** lag, war die wichtigste Aufgabe aller Zeiten, wenn Jesus recht hatte und wenn Lukas recht hat. Der Wendepunkt der Weltgeschichte steht vor der Tür, und sie sind in keiner Weise dafür bereit. Sie streiten darum, wer von ihnen als der Größte angesehen wird; Jesus stellt in seiner Antwort die ganze Definition von „Größe" auf den Kopf. Wenn er andeutet, dass Petrus eine Leiterrolle unter ihnen einnehmen wird, macht er klar, dass er ihm schon vor einer Prüfung besonderen Schutz gegeben hat; sonst wäre der Ausgang dieser Versuchung verheerend gewesen. Quasi als Beleg für diesen Punkt wird Petrus noch in der gleichen Nacht leugnen, dass er Jesus überhaupt kennt.

Die eigenartigste Warnung Jesu finden wir im letzten Abschnitt. Sie gehen jetzt auf eine Zeit der Prüfung zu, in welcher die Kraft und der Schutz, die sie erlebt hatten, als Jesus sie vor sich her ausgesandt hatte (Kapitel 9,1-6; 10,1-10), ihnen nicht mehr zur Verfügung stehen. In einer früheren Phase hatte Jesus einen ersten Sieg über die Mächte des Bösen errungen. Jetzt aber geht er auf die größte Schlacht aller Zeiten zu; als Teil davon wird er gejagt und gehetzt werden wie ein gesetzloser Verbrecher. Wenn Jesus schutzlos auszieht, um dem letzten Feind entgegenzutreten, müssen seine Nachfolger auf sich selbst aufpassen. Sie begreifen nicht, dass Jesus in Bildern spricht und denken scheinbar, dass sie sich auf einen realen Kampf vorbereiten müssen. Wenn Jesus sagt: „Das ist genug!" – damit meint er nicht, dass zwei Schwerter ausreichen für die Aufgabe, die vor ihnen liegt (welche Aufgabe könnte das wohl sein?); er setzt müde einen Schlusspunkt hinter das ganze Gespräch, in dem die Jünger ihn anscheinend in jedem einzelnen Punkt missverstanden haben.

In diesem Bild kommt uns die ganze Einsamkeit Jesu entgegen: zuerst bei dem Mahl, nach dem er sich doch so gesehnt hatte; und dann bei seiner Vorbereitung auf den Verrat, die Verhaftung und alles, was danach folgen wird. Bei jeder Art von christlichem Dienst gibt es solche Zeiten: Menschen wurde eine bestimmte Vision, eine Berufung oder ein bestimmter Dienst anvertraut, den sie ausführen müssen, obwohl sie missverstanden werden, Widerstand erleben und ihnen Zweifel und Verleugnung entgegenschlagen, vielleicht sogar von den engsten Freunden und Vertrauten. Wer Träger der Verheißung sein möchte, muss bereit sein, solche Spannungen auszuhalten. Dies scheint untrennbar mit der Art verbunden zu sein, in der das **Reich Gottes** gekommen ist und kommen wird. Ein Teil der Berufung Jesu, das volle Gewicht von Sünde und Schande Israels und der ganzen Welt zu tragen, besteht darin, dass er dies alleine tun muss; und wenn wir diesen Bericht lesen, gewinnt das Wort „allein" eine ganz neue Tiefe.

Und doch leuchten hier drei Prinzipien und Verheißungen auf, welche die heranrückende Finsternis nicht auslöschen kann. Erstens: Jesus bewegt sich unter seinen Nachfolgern wie ein Knecht, der bei Tisch bedient. So stellt er die Vorstellungen der Welt, was „Größe" bedeutet, auf den Kopf. Das ist zentral nicht nur für alle christliche Arbeit und jeden Dienst; es ist der Schlüssel zu dem, worum es Jesus ging. Das verweist auf die zweite Eigenschaft: Jesus erfüllte, und er war sich dessen sehr bewusst, die Verheißungen der Schrift über den Gottesknecht, diese eigenartige Gestalt, Israel in Person, der wir in Jesaja 40-55 begegnen, ganz besonders im entscheidenden Abschnitt Jesaja 52,13-53,12. „Er wurde zu den Gesetzlosen gezählt"; genau in dem Augenblick, als Jesus scheinbar von allen verlassen und vernichtend geschlagen war, genau dann erfüllte er, was die Schrift vorausgesagt hatte.

Umgeben von diesen beiden Prinzipien nimmt das verheißene Reich Gottes endlich Gestalt an. In einem Abschnitt, der fast aus der Feder des Johannes stammen könnte, bestätigt Jesus seinen Jüngern: Genauso, wie der Vater ihm sein Reich vermacht hatte, gibt er es ihnen jetzt als Vermächtnis weiter. Sie verstehen zwar noch nicht, was das

Reich Gottes ist oder wie es kommen soll. Das macht die Verheißung aber nicht ungültig. Genau das ist ja die reine Gnade des **Evangeliums**, von der man in diesem Abschnitt viel zu sehen bekommt, dass Gottes Wirken weitergeht trotz allen menschlichen Versagens ringsumher. Und auf eigenartige Weise ist das sehr tröstlich, sei es im ersten oder im einundzwanzigsten Jahrhundert.

Lukas 22,39-53: Jesus wird verhaftet

39 So machten sie sich auf den Weg. Nach seiner Gewohnheit ging Jesus zum Ölberg und seine Jünger folgten ihm.

40 Dort angekommen sagte er ihnen: „Betet, dass ihr nicht auf die Probe gestellt werdet."

41 Darauf zog er sich von ihnen zurück, etwa einen Steinwurf weit, und kniete nieder um zu beten.

42 „Vater", betete er, „wenn es dein Wunsch ist – bitte nimm diesen
Kelch von mir! Es muss aber dein Wille sein, nicht meiner!" 43 Da er-
schien ein Engel vom Himmel und stärkte ihn. 44 Inzwischen rang er
mit dem Tod und betete leidenschaftlich. Sein Schweiß war wie Bluts-
tropfen, die zu Boden fielen. 45 Danach stand er vom Gebet auf und
kam zu seinen Jüngern. Er sah, dass sie vor lauter Kummer eingeschla-
fen waren.

46 „Weshalb schlaft ihr?", fragte er sie. „Werdet wach und betet, dass ihr nicht auf die Probe gestellt werdet."

47 Während er noch sprach erschien eine Menschenmenge. Der
Mann namens Judas, einer der Zwölf, führte sie an. Er ging auf Jesus
zu, um ihn zu küssen. 48 Jesus aber hielt ihm entgegen: „Judas! Bist du
hier, um den Menschensohn mit einem Kuss zu verraten?"

49 Die Nachfolger Jesu sahen, was jetzt passieren würde.

„Meister!", riefen sie, „sollen wir mit den Schwertern losschla-
gen?" 50 Einer von ihnen hieb auf den Diener des Hohepriesters ein

und schlug sein rechtes Ohr ab.
51 *„Hört auf damit!", wies Jesus sie zurecht; er berührte das Ohr und heilte es.*
52 *Dann wandte sich Jesus an die führenden Priester, die Tempelwächter und die Ältesten, die zu ihm herausgekommen waren.*
„Man könnte meinen, ich sei ein Schwerverbrecher", sagte er, „weil ihr mit Schwertern und Knüppeln angerückt seid!
53 *Dabei bin ich doch jeden Tag bei euch im Tempel gewesen und ihr habt nichts gegen mich unternommen. Jetzt endlich ist eure Zeit gekommen, ebenso auch die Zeit der Macht der Finsternis."*

Eine der auffälligsten Veränderungen in meinem Leben im Laufe der vergangenen dreißig Jahre – abgesehen von meinen schwindenden Haaren – gab es in meiner Einstellung zu einer Sportart, die ich als junger Mann geliebt habe. Noch als Schüler habe ich Bergsteigen gelernt, und rund zehn Jahre lang war ich so oft wie möglich als Bergsteiger unterwegs. Ich war nie ein großer Könner, aber immer begeistert bei der Sache. Mittlerweile liebe ich es jedoch, über sanfte Hügel zu spazieren. Ich habe absolut kein Verlangen mehr danach, mich mit wackelnden Zehen auf einen schmalen Felsvorsprung geklammert und mit hundert Metern frischer Luft unter den Fersen in einer Felswand wiederzufinden.

Neben allem anderen haben viele Bergunfälle einen besonders tragischen Aspekt. Das Seil ist eigentlich dazu da, Leben zu retten, indem es die Bergsteiger verbindet. Es kann aber ebenso auch zur tödlichen Falle werden. Egal wie gut vorbereitet und trainiert eine Gruppe ist: Es geschieht immer wieder, dass ein Bergsteiger oder eine Bergsteigerin stürzt und den Rest der Gruppe mit in die Tiefe reißt. Eine Person stürzt – und das kann alle anderen das Leben kosten.

In diesem Abschnitt ringt Jesus darum, dass genau dies nicht passiert. Die **Jünger** verstanden damals noch nicht, was geschah; im Rückblick aber wurde es ihnen klar. Er wusste nicht nur, dass man ihn verhaften, verhören und töten würde. Ihm war auch klar, dass genau das seine von Gott gegebene Berufung war. Aber er wusste auch, dass er dieser Stunde und der Macht der Finsternis alleine würde entgegentreten müssen. Wenn Rebellenführer festgenommen wurden, hatte man ihre Verbündeten normalerweise mit ihnen zusammen verhaftet, gefoltert und umgebracht; das durfte Petrus und allen anderen nicht passieren. Jesus würde fallen, er durfte sie aber nicht mit in den Abgrund reißen; seine Berufung war es, sein Leben für die Schafe zu geben; die Jünger sollten allerdings nicht mit ihm zusammen ums Leben kommen. Sie waren auf jeden Fall jene, die seine Sendung und seinen Auftrag in Zukunft weitertragen sollten. Ganz besonders hatte er für Petrus gebetet (Kapitel 22,32), und es war entscheidend wichtig, ihn und die anderen aus dem Prozess herauszuhalten, dem er bald zum Opfer fallen würde.

Darum trug er ihnen auf zu beten, dass sie „nicht auf die Probe[5] gestellt werden“. Über welche „Probe“ redet er hier? Zunächst einmal denkt er an das Verfahren, das ihn nach seiner Verhaftung erwartet. Dieses Verfahren wird aber nur die menschliche und irdische Version der größeren „Prüfung“, welche Jesus, Israel und die ganze Welt erwartet. „Jetzt endlich ist eure Zeit gekommen“, sagt Jesus denen, die ihn verhaften wollen, „ebenso auch die Zeit der Macht der Finsternis.“ Wie viele Juden in seiner Zeit glaubte Jesus, dass Israels Geschichte – und mit ihr auch die Geschichte der ganzen Welt – auf einen Augenblick großen Horrors und großer Finsternis, unsäglichem Leid und Trauer zusteuert, und dass Gottes Erlösung, das kommende **Reich Gottes** und alles, was es beinhaltet, auf der anderen Seite des Horrors auftauchen würden. Dies ist die „Probe“, die „Prüfung“, die „große Trübsal“. Anders als all die anderen Anführer seiner Zeit war Jesus überzeugt, dass es seine von Gott gegebene Aufgabe war, ganz allein mitten in diese Finsternis, in diesen Horror hineinzugehen und so das Schicksal Israels und der ganzen Welt auf die andere Seite hindurchzutragen. Er wird sich „der Prüfung“ im doppelten Sinn ganz

---

[5] Tom Wright verwendet hier das englische Wort „trial“, welches sowohl „Prüfung, Probe“ als auch „Versuchung“ und „Gerichtsverfahren“ bedeutet.

alleine stellen müssen.

Nur so können wir den Horror verstehen, dem Jesus dort im Garten gegenüberstand. Auch andere sind ihrem oft schrecklichen und qualvollen Tod anscheinend mit Gleichmut entgegengetreten (Sokrates war dafür berühmt, aber auch Tausende von Märtyrern, christliche und nichtchristliche, berühmte und unbekannte). Jesus hatte soeben ein Mahl gefeiert, bei dem er nicht nur seinen eigenen Tod vorausgesagt hatte; er hatte seinen Jüngern auch seinen eigenen Schlüssel gegeben, um zu verstehen, was sein Tod bedeuten würde. Wieso schreckte er jetzt zurück?

Die beste Antwort ist: Er wusste, dass sein Tod den vollen Horror der Finsternis, der Gottverlassenheit mit sich bringen würde. Er würde an einen Platz gehen, an dem die bösen Mächte der Welt auf jede erdenkliche Art ihre schrecklichste Wut an ihm auslassen könnten und würden. Ein Teil dieser Qualen bestand genau in diesem Kampf, in dieser Frage: Vielleicht gibt es einen anderen Weg; vielleicht hatte er Gottes Signale ja falsch gedeutet? Vielleicht würde ihm ja das Gleiche passieren wie Abraham, als er Isaak **opfern** sollte? Jetzt war er so weit gegangen – vielleicht würde Gott ja jetzt etwas Neues tun, damit er nicht durch all das Schreckliche hindurchgehen musste? Lukas fügt hier ein medizinisches Detail ein, dass Jesus Blutstropfen geschwitzt hat. Neuere Forschungen bestätigen, dass dies unter extremem Stress und Horror geschehen kann und auch beobachtet wurde.

Und mitten in all dem haben die Jünger immer noch nicht verstanden, worum es bei Jesu Reich, bei seiner Botschaft des Friedens überhaupt ging. Ihre Versuche, ihn zu verteidigen, sind ähnlich deplatziert wie die Schwerter und Knüppel der Tempelwachen. Jesus war weder ein Revolutionsführer noch ein militanter **Messias**. Die Zeit für Erklärungen war jetzt aber vorbei. Die Zeit der Macht der Finsternis war gekommen, und niemand würde mehr klar sehen bis zur neuen Morgendämmerung drei Tage später.

Lukas 22,54-71: Petrus verleugnet Jesus

*54 So verhafteten sie Jesus, führten ihn ab und brachten ihn in das Haus
des Hohepriesters. Petrus folgte ihnen mit einigem Abstand. 55 Einige
hatten mitten auf dem Hof ein Feuer angezündet und saßen darum herum; Petrus setzte sich zu ihnen.*

56 Eine Dienerin sah ihn am Feuer sitzen. Sie starrte ihn an und sagte schließlich: „Dieser da war auch mit ihm zusammen!“

57 Petrus verneinte das. „Ich kenne ihn nicht einmal, Frau“, sagte er.

58 Etwas später sah ihn ein anderer Mann und sagte: „Du bist einer von ihnen!“

„Nein, mein Freund, das bin ich nicht“, erwiderte Petrus.

59 Etwa eine Stunde später beharrte ein anderer Mann: „Es ist wahr! Dieser Mann war mit ihm zusammen; er stammt aus Galiläa!“

*60 „Guter Mann“, sagte Petrus, „ich habe keine Ahnung, wovon du redest.“ Und während er noch sprach krähte plötzlich der Hahn.
61 Der Herr wandte sich um und sah Petrus an. Da kamen ihm die
Worte in den Sinn, die der Herr ihm gesagt hatte: „Noch heute, bevor
der Hahn kräht, wirst du mich dreimal verleugnen.“ 62 Und er ging hinaus und weinte verzweifelt.*

*63 Die Männer, die Jesus bewachten, trieben ihre Spiele mit ihm
und schlugen ihn. 64 Sie verbanden seine Augen und forderten ihn auf:
„Prophezeie! Wer hat dich geschlagen?“*

65 Er musste noch viele weitere Spottreden über sich ergehen lassen.

66 Als der Tag anbrach, trafen sich die Ältesten des Volkes, die führenden Priester und die Schriftgelehrten, und sie führten ihn vor ihre Ratsversammlung.

67 „Wenn du der Messias bist“, so forderten sie ihn auf, „dann sag es uns!“

*„Wenn ich es euch sage“, antwortete er, „werdet ihr mir nicht glauben. 68 Und wenn ich eine Frage stelle, werdet ihr mir nicht antworten.
69 Von jetzt an wird der Menschensohn zur rechten Seite der Macht
Gottes sitzen.“*

[70]„So bist du also der Sohn Gottes?", fragten sie ihn.
„Ihr selbst habt gesagt, dass ich es bin", gab er zur Antwort.
[71]„Wieso sollen wir noch Zeugen vorladen", riefen sie, „wir haben es selbst aus seinem eigenen Mund gehört!"

Ich hatte das große Privileg, an einem Gottesdienst teilnehmen zu können, der an das Leben und Zeugnis von Wang Zhiming erinnerte. Er war ein chinesischer Pastor, der in der Zeit von Maos Kulturrevolution am klaren christlichen Bekenntnis festhielt und dafür vor einer großen Menschenmenge hingerichtet wurde. Er ist einer aus Hunderten von Märtyrern, die in jüngster Zeit für ihren christlichen Glauben ihr Leben gelassen haben.

Die Menschen sahen an ihm unter anderem (und genau das erzürnte die Autoritäten), dass er nicht aufhörte, die Wahrheit zu sagen, sogar als es für ihn zuerst teuer, dann gefährlich und am Ende fast selbstmörderisch war. **Glaube** und Wahrheit, die mit Gnade und Würde ausgedrückt werden, sind unüberwindbar. Deshalb wurde eine Statue Wang Zhimings in der Westfassade von Westminster Abbey aufgestellt; an seine Ankläger und Mörder erinnert sich heute hingegen kein Mensch mehr.

In seinem Bericht über die Geschehnisse jener Nacht hebt Lukas hervor, dass Jesus im Glauben und in der Wahrheit blieb. Petrus hingegen leugnet, dass er Jesus auch nur kennt. Die Soldaten amüsieren sich auf Jesu Kosten und verspotten ihn als falschen Propheten genau in dem Augenblick, als seine Ankündigung über Petrus sich erfüllt. Die Ratsversammlung fragt ihn aus. Sie wollen nicht wissen, was er wirklich glaubt, sondern nur etwas finden, dessen sie ihn später beim römischen Gouverneur anklagen können. Und mitten in all dem steht Jesus. Er trauert über Petrus, wird von den Soldaten verwundet, schüttelt den Kopf über die selbstzentrierten jüdischen Leiter und hört nicht auf, die Wahrheit zu sagen.

Es lohnt sich, einige Augenblicke bei dieser Szene zu verweilen, wenn wir darüber nachdenken, was auf dem Spiel steht und was das alles bedeutet. Denken wir an die Feuerstelle in jener kühlen Aprilnacht. Aus Loyalität war Petrus bis hierher gegangen; als sich die Nacht in die Länge zieht, zehrt die Müdigkeit an seiner Entschlossenheit. Dieses Problem ist nur zu vertraut und schlägt mitten in der Nacht, öfters noch mitten in einem Leben oder in einem großartigen Projekt zu. Wir sind entschlossen, Jesus nachzufolgen, und wir meinen es wirklich ernst. Wir beginnen, an dem zu arbeiten, wozu wir berufen sind, und wir haben alle guten Absichten, es auch zu Ende zu bringen. Anfänge sind immer aufregend, auch wenn sie einen manchmal einschüchtern können. Die Mittagshitze aber oder die Mitternachtsmüdigkeit können unsere guten Absichten, unsere Energie, unseren Enthusiasmus einfach wegschmelzen lassen. Nur wenige Christen, wenn überhaupt jemand, werden auf Petrus heruntersehen und ihn verachten. Die meisten, wenn nicht alle von uns werden denken: „Ja, genau so ist es; solche Dinge passieren." Vielleicht können wir sogar erst dann, wenn wir an einem ähnlichen Punkt wie Petrus gestanden haben, anfangen auf eine neue Art zu arbeiten und zu leben; nicht länger aus unserer eigenen Energie, sondern aus einer frischen und demütigenden Berufung Gottes heraus.

Werfen wir einen Blick in den Raum der Wachen, die Jesus die Augen verbunden haben. Einige der Wachen sind brutal und grob, zu jeder Untat bereit, wenn sich eine Gelegenheit bietet. Andere machen einfach ihren Job; sie sind aber nicht fähig, sich zurückzunehmen, wenn es hässlich wird. Ihre Kollegen würden sie für Schwächlinge halten und zur nächsten Zielscheibe ihres Spottes machen. Wenn ein Quälgeist Schwäche sieht, wird er nur umso gewalttätiger; er versteckt seine eigenen inneren Ängste, indem er andere tyrannisiert.

Das passiert nicht nur bei Soldaten in den Wachstuben. In Sitzungszimmern und Büros, auf Spielplätzen und in Restaurantküchen greifen dieselben Mechanismen. Es geschieht überall, wo Menschen vergessen, dass jeder einzelne Mensch ein wunderbares und zerbrechliches Spiegelbild des Schöpfergottes ist, das Respekt und Wertschätzung verdient – und das auch den Auftrag hat, diesen Gott in die

Welt hinein zu reflektieren. Anders gesagt: Es passiert überall dort, wo Menschen sich selber besser fühlen wollen, indem sie dafür sorgen, dass andere sich schlecht fühlen. Und wieder wissen wir alle genau, wie das ist.

Schließlich, und das ist am tragischsten, treten wir in den Ratssaal. Die Mitglieder des Rates haben wirklich Macht, wenn auch nur als Roms Marionetten. Sie sind die Erben einer tausendjährigen Tradition des Glaubens an den Gott der Gerechtigkeit, und sie rühmen ihre Nation als die einzige, die der Welt Gottes diese Gerechtigkeit bringen kann. Ihr wichtigstes Ziel ist jetzt allerdings, Jesus um jeden Preis loszuwerden. Alles andere muss im Moment hintanstehen. Ein einziger Satz von ihm reicht ihnen aus, wie rätselhaft der auch sein mag, solange sie ihn für ihre Zwecke zurechtbiegen können. Diese Taktik ist allen Politikern, Journalisten und Anwälten nur zu geläufig. Jeder, der einen raschen Verstand, eine schnelle Zunge und ein flexibles Gewissen hat, kann sie einsetzen. Und überall, wo sie eingesetzt wird, produziert sie unschuldige Opfer.

Heute fragte mich jemand, was es denn bedeutet, dass Jesus für die Sünden der Welt gestorben ist. Ich gab eine ziemlich weitschweifige, aber hoffentlich zutreffende Antwort. Lukas aber beantwortet diese Frage während dieses ganzen Abschnittes. Die Schwäche des Petrus, die Quälerei der Wachen, die Art, wie der Rat die Gerechtigkeit verdreht; all das und noch viel mehr bringt Jesus ans Kreuz. Es war nicht einfach eine theologische Transaktion; es war wirkliche Sünde, echte menschliche Dummheit und Rebellion, die entmenschlichte Menschheit, die völlig entgleist ist und Gott ins Gesicht spuckt. „Er musste noch viele weitere Spottreden über sich ergehen lassen", und wir alle haben uns daran beteiligt. Lukas nimmt uns an der Hand und führt uns an den Fuß des Kreuzes; er will, dass wir nicht nur Trauer und Mitleid, sondern Scham empfinden.

Lukas 23,1-12: Jesus vor Pilatus und Herodes

1 Die ganze Versammlung stand auf und brachte Jesus zu Pilatus.

2 Sie begannen, ihn anzuklagen. „Wir haben herausgefunden“, sagten sie, „dass dieser Mann unser Volk verführt! Er hat den Leuten verboten, dem Kaiser Tribut zu zahlen und bezeichnet sich als Messias – als König!“

3 Also fragte Pilatus Jesus: „Bist du der König der Juden?“

„Das hast du gesagt“, antwortete Jesus.

4 „Ich finde keine Schuld an diesem Mann“, sagte Pilatus den führenden Priestern und der ganzen Menge. 5 Sie blieben aber hartnäckig.

„Er hetzt die Leute auf“, fuhren sie fort, „und lehrt so in ganz Judäa. Angefangen hat er in Galiläa, jetzt ist er hierhergekommen.“

6 Als Pilatus das hörte fragte er, ob der Mann tatsächlich ein Galiläer sei. 7 Als er herausfand, dass er aus dem Herrschaftsbereich des Herodes kam, schickte er ihn zu Herodes, der zu dieser Zeit zufällig in Jerusalem war.

8 Herodes freute sich, als er Jesus sah. Er hatte sich schon lange gewünscht ihn einmal zu treffen, nachdem er so viel von ihm gehört hatte. Jetzt hoffte er, dass er vor ihm das eine oder andere Wunder tun würde. 9 Er fragte in dieses und jenes, aber Jesus gab ihm nicht eine einzige Antwort. 10 Die führenden Priester und Schriftgelehrten standen daneben und klagten ihn mit Nachdruck an. 11 Herodes und seine Soldaten behandelten Jesus verächtlich; sie verspotteten ihn, indem sie ihm ein prächtiges Gewand anzogen, und schickten ihn zu Pilatus zurück. 12 Auf diese Art wurden Herodes und Pilatus Freunde; bis dahin waren sie verfeindet gewesen.

Viele Theaterstücke, Romane und auch Begebenheiten im echten Leben erreichen ihren Höhepunkt, wenn zwei lange getrennte Personen endlich zusammentreffen – zum Guten oder zum Bösen. „Endlich treffen wir uns, Mr Bond!“, erklärt der Bösewicht mit einem hässlichen Grinsen, als er glaubt, dass er den Geheimagenten endlich in seiner

Gewalt hat. Figuren aus Theaterstücken von Aeschylus bis Goethe und darüber hinaus starren einander an: „Bist du es wirklich?“, proklamieren sie. „Es ist so schön, dich endlich zu sehen!“, rufen wir, wenn der Brieffreund oder der entfernte Cousin endlich aus dem Flugzeug steigt.

Wir werden die Szene zwischen Jesus und **Herodes** nicht begreifen, wenn wir nicht spüren, welche Spannung darin liegt. Im Verlaufe des ganzen Evangeliums war er im Hintergrund anwesend. Nur Lukas lässt uns wissen, dass er Jesus schon viel früher, während seines Wirkens in Galiläa (Kapitel 13,31), jagen ließ, um ihn zu töten; Lukas ist auch der Einzige, der uns diese Szene berichtet, in der sie endlich aufeinandertreffen: Der gegenwärtige „König der Juden“ in etwas prekärer Lage und der wahre und kommende König stehen sich gegenüber. **Herodes** hatte lange auf diesen Augenblick gewartet. Er sah in Jesus eine Mischung aus **Johannes dem Täufer**, dessen Reden ihn fasziniert, dessen Mahnungen ihm aber Angst eingejagt hatten, und einer Art von Zirkusartist, der auf Befehl Zauberkunststücke vorführen würde.

Jesus enttäuscht ihn. Er sagt kein Wort und tut keine **Wunder**. Wir könnten erwarten, dass Jesus, der Anführer des neuen Exodus, ebenso wie seinerzeit Mose am Hof des Pharao entweder **Herodes** das Gericht Gottes androhen oder eindrückliche Zeichen vorführen würde, um seine Ansprüche zu unterstreichen. Er tut nichts von alledem. Er ist nicht diese Art von Prophet und nicht diese Art von König. Lukas, für den Jesus zweifelsohne ein wahrer Prophet und der wahre König der Juden ist, fügt diese Begegnung in eine Reihe von Szenen ein, welche deutlich machen, wie wahr seine Königswürde ist und wie falsch jede andere. In diesem Augenblick kommt die Wahrheit durch Schweigen besser zum Ausdruck als durch Worte.

Wieso hat dann Pilatus gesagt, dass Jesus unschuldig ist in den Punkten, die ihm zur Last gelegt wurden? Wieso pflichtet er den Anklagen der führenden **Priester** nicht bei? Zum Teil wohl, weil Jesus offensichtlich keine dieser Revolutionen anführte, an deren Spitze solche vermeintlichen „Könige der Juden“ normalerweise stehen. Seine wenigen engen Weggefährten waren nur leicht bewaffnet und außerdem sowieso alle davongelaufen. Jesus stieß keine Drohungen aus, leistete keinen Widerstand und sagte kaum etwas. Es war eindeutig, dass Jesus vor allem vor ihm stand, weil die führenden Priester und ihre Verbündeten ihn loswerden wollten – sowohl **Herodes** als auch Pilatus verachteten sie und versuchten, ihren Einfluss zu schwächen. Das war ein Teil des Machtgerangels jener Tage. Wieder einmal war Jesus gefangen zwischen verschiedenen Interessen und Plänen. Nicht nur die Sünden, sondern auch die kleinkarierten Absichten und Pläne der Welt brachten ihn ans Kreuz.

Auch wenn es für Lukas bedeutsam ist, dass Jesus und **Herodes** sich endlich begegnet sind, ist es für ihn noch wichtiger, dass der wahre Herr der Welt auf den Repräsentanten des politischen Weltherrschers trifft. Die Leser des Lukas wissen, dass Jesus den Leuten eben nicht verboten hat, dem Kaiser Tribut zu zahlen; für jemanden, der darüber spricht, dass er als der **Menschensohn** erhöht werden wird (Kapitel 22,69) und der damit zeigt, dass er sich als der rechtmäßige königliche Repräsentant Israels sieht, ist das eine durchaus naheliegende Anklage. Wenn er der König der Juden wäre und dann als König über alle irdischen Mächte erhöht würde, dann würde das auch den Kaiser von seinem Thron stoßen. Und Lukas hat schon am Anfang seiner Geschichte (Kapitel 2,1; 3,1) nahegelegt, dass es beim **Reich Gottes** genau darum geht.

In der doppelten Begegnung mit **Herodes** und mit dem Repräsentanten des Kaisers werfen die Auseinandersetzungen in der Apostelgeschichte schon einen Schatten voraus. Dort wird Jesus zuerst als der König der Juden bekannt gemacht; dieser Teil endet mit dem Tod eines anderen **Herodes** (Apostelgeschichte 1-12). Dann wird er als „ein anderer König" vorgestellt (Apostelgeschichte 17,7) und ist damit ein Rivale des Kaisers; jener Teil endet damit, dass das Evangelium schließlich in Rom ankommt (Kapitel 13-28). Jesus kann nicht zuletzt deshalb öffentlich als der König der Welt bekannt gemacht werden, weil er in dieser Szene stumm bleibt. Das ist eines der Paradoxe des Evangeliums. Seine souveräne Sanftheit und seine Weigerung, herumzuschreien und zu toben (wie es andere getan hätten), hat schon lange vor seinem Gebet am Kreuz (Kapitel 23,34) Bände gesprochen.

Dann ist da noch eine weitere Besonderheit, die typisch für Lukas ist: diese wundervolle Ironie in der neu gefundenen Freundschaft zwischen dem jüdischen König und dem **heidnischen** Herrscher. Das ganze Buch des Lukas spricht darüber, dass sich das Evangelium in neues Land aufmacht, jenseits der Grenzen des Judentums, jenseits der rassischen und geografischen Grenzen Israels, jenseits von Vorurteil und Blindheit, und so Juden und Heiden zusammenbringt, jung und alt, die verhassten Samaritaner, die Zolleinnehmer. Und jetzt versöhnen sich **Herodes** und Pilatus, sogar ohne dass sie an Jesus glauben. Es wirkt, als ob jetzt, da Jesus auf dem Weg ans Kreuz ist, überall ringsumher Versöhnung ausbricht.

Natürlich kann man das schäbige Übereinkommen zwischen dem unbedeutenden Kleinkönig und dem berechnenden Gouverneur nicht wirklich mit der reichhaltigen Gemeinschaft im Evangelium vergleichen, wie die jüdischen und heidnischen Gläubigen sie genossen. Aber Lukas achtet sorgfältig – und er will, dass wir das auch tun – auf jedes Zeichen, dass die Welt durch Jesus und seine Kreuzigung ein neuer Ort wird. Wenn sogar **Herodes** und Pilatus dadurch Freunde werden können, so sagt er sowohl seiner eigenen Kirche als auch unserer, dann stellt euch vor, wie ihr alle miteinander versöhnt werden könnt, wenn ihr erst im Schatten des Kreuzes angekommen seid.

Lukas 23,13-26: Pilatus wird von der Menschenmenge unter Druck gesetzt

13 Pilatus ließ die führenden Priester, die Machthaber und das Volk zu sich kommen.

14 „Ihr habt diesen Mann zu mir gebracht“, erklärte er, „und ihn angeklagt, dass er das Volk aufwiegelt. So seht jetzt: Ich habe ihn in eurer Gegenwart verhört und habe keine Beweise gefunden, die eure Anklage stützen. 15 Auch Herodes nicht; er hat ihn zu mir zurückgeschickt. Seht: Es gibt keinen Hinweis, dass er irgendetwas getan hat, was die Todesstrafe verdient. 16 Ich werde ihn also auspeitschen lassen, dann kann er gehen.“

18 Sie schrien aber alle zusammen: „Halte diesen fest und lass uns Barabbas frei.“ 19 (Barabbas war als Aufrührer und Mörder ins Gefängnis geworfen worden.)

20 Pilatus wandte sich nochmals an sie mit der Absicht, Jesus freizulassen, 21 aber sie schrien zurück: „Kreuzige ihn! Kreuzige ihn!“

22 „Weshalb?“, fragte er zum dritten Mal. „Was hat er verbrochen? Ich kann nichts an ihm finden, was das Todesurteil verdient hat; deshalb werde ich ihn schlagen und dann freilassen.“

23 Sie aber schrien weiter so laut sie nur konnten und forderten, dass er gekreuzigt wird. Schließlich setzten sie ihren Willen durch. 24 Pilatus fällte das Urteil so, wie sie es verlangt hatten. 25 Er entließ den Mann, der wegen Aufruhr und Mord im Gefängnis saß, Jesus aber überließ er ihrer Willkür.

26 Als sie ihn wegführten, hielten sie einen Mann namens Simon an, der aus Kyrene stammte. Er war gerade auf dem Weg von außerhalb in die Stadt hinein. Sie zwangen ihn, Jesus den Querbalken hinterherzutragen.

Shakespeare bevölkerte seine Stücke – wie es Charles Dickens in seinen Romanen auch tat – mit faszinierenden Nebenrollen. Jeder und jede hat eine eigene Geschichte zu erzählen. Sogar der Bär im *Wintermärchen* ist wichtig.

Unter den Evangelisten hat Lukas die interessanteste Sammlung von Nebenrollen. Zwei von ihnen kommen hier ins Blickfeld: Barabbas und Simon von Kyrene. Gemeinsam helfen sie Lukas, nicht nur zu erklären, was mit Jesus geschieht, sondern auch, wieso es passiert und was das für uns bedeutet. Wir müssen uns in ihre Lebensgeschichten hineinversetzen und aus ihrem Blickwinkel sehen, wie sich der tragische Tag entfaltet. Von beiden können wir etwas lernen.

Barabbas war kein gewöhnlicher Krimineller. Lukas teilt uns mit, dass er ins Gefängnis geworfen worden war, weil er sich an einer gewalttätigen Revolte in Jerusalem beteiligt hatte. Über diese spezielle Revolte haben wir keine weiteren Informationen, weil der nichtchristliche Historiker Josefus keinen weiteren Aufstand aus dieser Zeit erwähnt. Wir können aber davon ausgehen, dass solche Ereignisse immer wieder vorgekommen sind und dass der Nahe Osten in der Antike (und leider heute eigentlich auch noch) eine Region war, in der politische und soziale Frustration regelmäßig zu Gewaltausbrüchen führte. Diese waren manchmal sehr zielorientiert, manchmal auch ungeplant und aus der Hoffnungslosigkeit der Situation geboren. Wegen solcher Ereignisse waren die Römer und die führenden Priester sehr misstrauisch populären oder messianischen Bewegungen gegenüber, ganz besonders vor großen Festen. Wir kennen Barabbas mit Namen, müssen aber davon ausgehen, dass er nur einer unter vielen Rebellenführern in dieser Zeit war. Er entkam an diesem Passahfest der Kreuzigung, aber Dutzende, wenn nicht Hunderte starben in jener Zeit am Kreuz – selbst wenn keine größeren Unruhen stattgefunden hatten.

Lukas beschreibt dieses Ereignis in einer Art, dass uns der entscheidende Punkt kaum entgehen kann. Barabbas hat sich genau der Verbrechen schuldig gemacht, wegen derer man Jesus – obwohl unschuldig – anklagte: Aufruhr und Anführen einer Rebellion. Wir wissen nicht, ob er selber oder seine Anhänger ihn als einen möglichen „König der Juden“ ansahen. Das war aber nicht ganz unwahrscheinlich. Einer von ihnen muss sterben, und es trifft Jesus. Anders als Markus und Matthäus erklärt Lukas die Sitte nicht, dass Pilatus zu Ehren des großen Festes jeweils einen Gefangen freizulassen pflegte. (Einige Handschriften haben hier einen zusätzlichen Vers, Vers 17, der diese Erklärung bietet. Ziemlich sicher stand der aber ursprünglich nicht bei Lukas.) Es ist aber klar, dass es hier um eine Auswahl geht. Entweder Barabbas oder Jesus muss sterben; entweder der Mann, der für gewalttätige Revolution steht, oder der andere, der sich diesem Weg von Anfang an widersetzt und den Weg des Friedens angeboten und dazu eingeladen hatte. Am Ende stirbt Jesus den Tod, der für einen gewalttätigen Revoluzzer bestimmt war. Er hatte vorausgesagt, das er „zu den Gesetzlosen gezählt“ werden würde (Kapitel 22,37), und das war nur zu bald wahr geworden.

Die Leser des Lukas hatten sich inzwischen daran gewöhnt, Jesus in der Gesellschaft von Zolleinnehmern und Sündern zu sehen. Uns wurde aus vielen Blickwinkeln und mit vielen Gleichnissen vor Augen geführt, dass sein Dienst sich genau darauf konzentrieren musste; so verkörperte er die Liebe Gottes, die sich zu den Bedürftigen ausstreckt und die verlorenen Schafe sucht, wo auch immer die stecken mögen. Dennoch waren wir nicht wirklich vorbereitet auf so ein Ende. Es ist eine Sache, dass Jesus hingeht und mit einem Mann isst, der ein Sünder ist (Kapitel 19,7). Von dort ist es aber noch ein weiter Weg bis dahin, dass er hingeht und den Tod des gewalttätigen Revoluzzers stirbt.

In Tat und Wahrheit ist dies aber der Höhepunkt und Brennpunkt des ganzen **Evangeliums**. Die ganze Zeit schon hat uns Lukas auf diesen Punkt vorbereitet. Alle Sünder, alle Rebellen, die ganze menschliche Rasse ist eingeladen, in der Gestalt des Barabbas sich selbst zu erkennen; wenn wir das tun, werden wir in dieser Geschichte entdecken, dass Jesus gekommen ist, um unseren Platz einzunehmen und sich unter die Verdammnis für große und kleine Sünden und Bosheiten zu stellen. Gottes Gerechtigkeit geht seltsame Wege, um die ungerechte „Gerechtigkeit" Roms und jedes anderen menschlichen Systems zu überstimmen und sich so dorthin auszustrecken, wo menschliche Gnade nicht ausreicht. Sie teilt nicht nur das Schicksal des Sünders, sondern tauscht in diesem Fall sogar den Platz mit ihm.

Sobald wir realisiert haben, was Jesus für uns getan hat, folgt der Aufruf, dass jeder von uns sein Kreuz auf sich nehmen und ihm nachfolgen soll. Hier kommen natürlich Simon und seine Aufgabe ins Spiel. Er war als Pilger aus einer der jüdischen Gemeinschaften in Nordafrika nach Jerusalem gekommen. (Die Küsten des östlichen Mittelmeeres waren übersät von griechischen und römischen Siedlungen, und in vielen von ihnen gab es eine ziemlich große jüdische Gemeinschaft.) Jetzt befand er sich plötzlich auf einer ganz anderen Art von Pilgerweg. Normalerweise mussten verurteilte Verbrecher den Querbalken ihres eigenen Kreuzes auf dem Weg zur Hinrichtung tragen. Das war Teil der Schande und Qual dieses ganzen Prozederes. Lukas erklärt nicht, wieso Jesus nicht in der Lage war, ihn zu tragen; wir brauchen aber nicht viel Fantasie, um selber darauf zu kommen. Die vorausgegangenen vierundzwanzig Stunden hatten ihn ausgelaugt, und er war kaum in der Lage, durch die Straßen zum westlichen Stadttor zu stolpern. Jesus hatte seine Nachfolger mehrmals im Verlauf des Evangeliums dringlich aufgefordert, ihr Kreuz auf sich zu nehmen und ihm nachzufolgen. Hier sehen wir endlich jemanden, der es wirklich tut, und mehr als das: Indem er Jesu eigenes Kreuz trägt, wird Simon zum Vorbild für alle, die in Hingabe, Heiligkeit und Dienst hinter Jesus den Weg der Demütigung, des Schmerzes und sogar des Todes beschreiten.

Auch wenn Simon und Barabbas die Schlüsselfiguren in diesem Abschnitt sind, sollten wir auch einmal mehr die Menschenmenge beobachten – und uns schmerzlich betroffen mit ihr identifizieren. Eine Mischung aus Enttäuschung, weil die messianische Bewegung gescheitert war, und Angst davor, was passieren würde, wenn die Römer oder die führenden Priester sie für Unterstützer von deren Anführer halten könnten, brachte die Menge dazu, die falsche Entscheidung zu treffen.

Gleichzeitig ist sich Lukas sehr bewusst, dass Gott auch diese falsche Entscheidung für das Ziel der Errettung benutzen kann und das auch tut. Gott bringt sogar menschliche Wutausbrüche und Fehler dazu, seinen Plänen zu dienen.

Wenn wir schon über die Bedeutung von kleinen Rollen innerhalb von Lukas' großem Drama nachdenken, dann dürfen wir uns auch selbst daran erinnern, dass unsere Rollen, so unbedeutend sie uns vorkommen mögen, dennoch einen wichtigen Beitrag dazu liefern, dass die Arbeit des Evangeliums weitergeht. An jenem Tag hätten sich weder Barabbas noch Simon träumen lassen, dass ihre Namen bekannt werden würden und dass man ihre Geschichten noch zweitausend Jahre später auf der ganzen Welt erzählt. Wie viel mehr können wir sicher sein, dass Gott unsere kleine Mühsal und geringen Leiden für seine große Arbeit brauchen wird, wenn wir Jesus nachfolgen und sein Kreuz tragen.

Lukas 23,27-42: Die Kreuzigung

[27]Eine große Menschenmenge folgte Jesus, darunter auch viele Frauen,
die um ihn klagten und weinten. [28]Jesus wandte sich ihnen zu:
„Ihr Töchter von Jerusalem, weint nicht über mich. Weint stattdes-
sen über euch selbst! Weint über eure Kinder! [29]Hört: Es kommt eine
Zeit, in der ihr sagen werdet: ‚Glücklich die Unfruchtbaren! Glück-
lich sind die Frauen, die nie ein Kind zur Welt gebracht, die nie einen
Säugling gestillt haben.‘ [30]In jener Zeit werden die Leute den Bergen
zurufen: ‚Fallt auf uns‘ und den Hügeln: ‚Deckt uns zu!‘ [31]Ja, wenn
man dem grünen Baum dies antut, was wird dann erst mit dem trockenen passieren?“

[32]Zwei andere Verbrecher wurden mit ihm hinausgeführt, um sie
hinzurichten. [33]Sie kamen an den Ort, der „Schädel“ genannt wird,
und kreuzigten ihn dort zusammen mit den Verbrechern, einen rechts und einen links von ihm.

34 Jesus sagte: „Vater, vergib ihnen! Sie wissen nicht, was sie tun!"
Sie warfen das Los und teilten so seine Kleider.
35 Die Leute standen dabei und schauten zu. Die führenden Männer
deckten ihn mit Schmähungen ein:
„Andere hat er gerettet", so riefen sie, „jetzt soll er sich selber ret-
ten, wenn er wirklich der Messias ist, den Gott auserwählt hat!"
36 Die Soldaten verhöhnten ihn auch, traten näher und boten ihm
billigen Wein an.
37 „Wenn du der König der Juden bist", so sagten sie, „dann rette
dich selbst!"
38 Als Anklage stand über ihm: „Dies ist der König der Juden."
39 Einer der Verbrecher, die dort hingen, fing auch an, ihn zu belei-
digen: „Bist du nicht der Messias?", sagte er, „Rette dich selbst – und
uns auch!"
40 Der andere aber wies ihn zurecht: „Fürchtest du Gott nicht? Du
erleidest doch das gleiche Schicksal wie er! 41 In unsrem Fall ist es
nur recht; wir bekommen genau das, was wir verdient haben. Dieser
Mann hat aber nichts Unrechtes getan."
42 Dann fuhr er fort: „Jesus, denke an mich, wenn du deine Herr-
schaft als König antrittst!"
43 „Ich sage dir die Wahrheit", antwortete Jesus. „Du wirst noch an
diesem Tag mit mir im Paradies sein."

Mein erster Tag im Holzfällerlager war wohl der härteste. Man gab mir ein paar dicke Lederhandschuhe und schickte mich zur ersten Baracke. Hier kamen die Planken an, nachdem die gewaltigen Bäume zersägt worden waren. Die Bretter kamen in unterschiedlichsten Formaten quer auf einem gewaltigen Förderband liegend an und mussten dann von Hand auf bereitstehende Lastwagen verladen werden, die sie zur nächsten Station brachten. Bis zu diesem Punkt waren sie schwer und nass, teilweise, weil sie frisch gefällt waren, aber auch, weil sie ins Camp geflößt worden waren. Dieses System von Förderbändern hieß „die grüne Kette"; hier kam das „grüne" Holz an und wurde verarbeitet.

Als Nächstes wurden die Planken in einer gewaltigen Baracke getrocknet. Anschließend wurden sie nochmals geschnitten und dann an die „trockene Kette" weitergeleitet, wo sie zum Versand sortiert wurden. Dort habe ich die meiste Zeit gearbeitet. Das Holz hatte inzwischen die Hälfte seines Gewichts verloren. Alle Feuchtigkeit war den Brettern entzogen worden. So waren sie einfacher zu handhaben und fertig zum Gebrauch.

Der Kontrast zwischen „grünem" und „trockenem" Holz dient Jesus als Ausgangspunkt für einen seiner dunkelsten Aussprüche. Wenn wir aber den Weg zu seinem Herzen entdecken, werden wir eine Menge darüber lernen, was er und auch Lukas im Blick auf die Bedeutung des Kreuzes glaubten. „Wenn man dem grünen Baum dies antut", so sagte er, „was wird dann mit dem trockenen passieren?" (Vers 31).

Jesus war kein Rebellenführer; er war kein „trockenes Holz", fertig zum Verbrennen. Ganz im Gegenteil: Er war „grünes Holz". Seine Sendung drehte sich um Frieden und **Umkehr**, um das **Reich Gottes**, das Israel und den Nationen Versöhnung bringt. Aber, so sagt er, wenn sie schon ihm dies antun, was werden sie dann erst tun, wenn Jerusalem voller junger Hitzköpfe und Aufrührer ist, die auf Gewalt und Mord brennen? Wenn die Römer den Friedefürst kreuzigen, wie werden sie dann mit echten Kriegsherren verfahren?

Wir müssen uns klarmachen, dass Jesus sehr genau wusste, dass er den Tod eines Verbrechers, eines heiligen Revolutionärs starb. Das ist Teil dessen, worum es überhaupt geht. Er selbst trägt das Schicksal, das er dem kriegsliebenden Volk so oft vorausgesagt hatte; die Weherufe über Jerusalem und seine Einwohner (Kapitel 13,1-5) werden für ihn selber wahr. Der Eine trägt die Sünden der vielen. Wenn die vielen es aber auch jetzt noch ablehnen, umzukehren und ihm nachzufolgen, also von ihrer Gewalt Abstand zu nehmen, dann wird das Schicksal, das auf sie wartet, die Kreuzigung Jesu vergleichsweise sanft aussehen lassen. Das Gericht, das Rom über sie ausschütten wird, wird derart grausam sein, dass die Leute darum betteln werden, dass die Erde sich auftut und sie verschlingt, wie die Propheten schon gewarnt hatten (Hosea 10,8).

Dies erklärt auch den Rest des Abschnittes über die Frauen, einschließlich der erschreckenden umgekehrten „Seligpreisung“. Viel früher im Evangelium hatte Jesus den Armen, Sanftmütigen, Hungrigen und Trauernden den Segen Gottes zugesprochen. Jetzt sagt er den Frauen, dass sie bald alle die selig preisen werden, die keine Kinder haben. Normalerweise war dies eine große Schande für eine Frau (siehe Kapitel 1,25). Diese Mütter würden ihre eigenen Söhne zu Revoluzzern gegen Rom heranwachsen sehen und zusehen müssen, wie Rom ihnen das antat, was es immer mit Rebellen tat. Jesus verbindet hier die klare Ankündigung, dass er Israels Schicksal an ihrer Stelle auf sich nehmen würde, mit der deutlichen Warnung, in der die Echos der früher im Evangelium vorausgegangenen Warnungen nachklingen; und diese Warnung richtet sich an die Adresse von allen, die ihm nicht nachfolgen.

Den gleichen Punkt streicht Lukas noch einmal auf eine andere Art heraus: Er stellt die beiden, die links und rechts von Jesus gekreuzigt wurden, einander gegenüber. Der eine lästert, der andere aber bringt zum Ausdruck, wie Lukas die ganze Szene sieht. Wieder ist es so: Jesus stirbt den Tod, der einem Rebellen, einem Verbrecher, einem Kriminellen zusteht; er trägt die Sünden der vielen, obwohl er selber doch unschuldig ist.

Das Herzstück von Lukas' Bild vom Kreuz besteht darin, dass Jesus als König der Juden verspottet wird. Dieser Ausdruck vereint in sich die Bedeutung all der verschiedenen Charaktere und der kleinen Begebenheiten, die in der ganzen Erzählung verstreut sind. Jesus hat die Bedeutung dessen, was ein König ist und tut, auf den Kopf gestellt. Er hat mit den falschen Leuten zusammen gefeiert, den falschen Leuten Frieden angeboten und die falschen Leute vor dem Gericht Gottes gewarnt. Jetzt endlich wird er als König gepriesen, aber es ist nur zum Spott gemeint. Hier kommt sein königlicher Mundschenk; in Wahrheit ist es ein römischer Soldat, der ihm den sauren Wein der armen Leute anbietet. Hier ist das Zeichen, das ihn als König proklamiert; in Wahrheit ist es die Anklageschrift, die seinen grausamen Tod erklärt.

In seinem Gebet und seiner Zusage, die beide nur von Lukas wiedergegeben werden, scheint seine wahre königliche Würde dennoch durch. Anders als viele, die vor ihm hingerichtet worden waren und die noch im Sterben ihre Henker verflucht haben, bittet Jesus für sie um Vergebung. Wie ein König auf dem Weg zur Thronbesteigung verspricht er jemand einen Ehrenplatz, der ihn darum bittet. (Im jüdischen Verständnis war das „Paradies" nicht unbedingt der endgültige Ruheort, sondern ein Ort der Erfrischung und Ruhe, bevor dann in der **Auferstehung** das neue Leben geschenkt wird.) Das Gebet zeigt uns, dass wir diese Verheißung nicht so deuten dürfen, dass das Leben nach dem Tod unsere einzige Hoffnung ist, so wichtig es natürlich ist. Vergebung bringt das Leben des **Himmels** auf die Erde und Gottes Zukunft in die Gegenwart.

Lukas 23,44-56: Jesu Tod und Begräbnis

44Zur Zeit der sechsten Stunde senkte sich eine Finsternis auf das
ganze Land. 45Die Sonne verschwand bis zur neunten Stunde. Der
Vorhang im Tempel wurde mitten entzweigerissen. 46Jesus schrie laut:
„Vater, hier ist mein Geist! Nimm ihn jetzt in Empfang!" Mit diesen Worten starb er.

47Der Zenturio sah das alles und gab Gott die Ehre.

„Dieser Mann", sagte er, „war wirklich ein gerechter Mensch!"

48All die Menschen, die gekommen waren, um das Spektakel zu beobachten, sahen was passierte; darauf schlugen sie sich an die Brust
und gingen nach Hause. 49Alle, die Jesus gekannt hatten, darunter auch die Frauen, die ihm seit der Zeit in Galiläa nachgefolgt waren, blieben in einiger Entfernung stehen und beobachteten die Szene.

50Dann war da ein Mann mit Namen Josef, der Mitglied des Ra-
tes war. Er war ein guter und gerechter Mann, 51der dem Urteil und dem Vorgehen des Rates nicht zugestimmt hatte. Er stammte aus Ari-

mathäa, einer Stadt in Judäa, und er sehnte das Kommen des Reiches
Gottes herbei. [52]*Er kam zu Pilatus und bat um den Leichnam Jesu.*
[53]*Er nahm ihn vom Kreuz, wickelte ihn in ein Leinentuch und legte*
ihn in ein Grab, das in den Felsen hineingehauen war und in das noch
nie jemand gelegt worden war. [54]*Das alles geschah am Vorbereitungs-*
tag unmittelbar vor dem Sabbat.

[55]*Die Frauen, die Jesus nachfolgten und die schon seit der Zeit in*
Galiläa bei ihm waren, sahen das Grab und wie der Leichnam hin-
eingelegt wurde. [56]*Darauf gingen sie nach Hause, um duftende Salben*
und Öle vorzubereiten. Am Sabbat ruhten sie, wie es das Gesetz vor-
schreibt.

Es war wirklich passiert. Es war kein Irrtum. Wir hatten es nicht falsch verstanden. Es ist wahr. Man kann sich darauf verlassen. Das ist es, was Lukas in seinem Bericht über Jesu Tod und Begräbnis vor allem betont.

Er hat sein Buch damit begonnen, dass er „Theophilus" verspricht, dass all diese Ereignisse verlässliche Fakten sind; jetzt, da wir zum allerwichtigsten Ereignis von allen kommen, präsentiert er uns einen Zeugen nach dem anderen. Der Zenturio beobachtete alles und gab seinen Kommentar dazu ab. Die Menschenmassen sahen, was geschah, und kehrten schockiert und traurig heim. Jesu Nachfolger, nicht zuletzt die Frauen, standen in einiger Entfernung, aber auch sie sahen, was passierte. Dann das Begräbnis: Wieder waren es die Frauen, die sahen, was geschah und wie der Leichnam ins Grab gelegt wurde. Beweise. Augenzeugen. Lukas hatte sie versprochen, jetzt zeigt er sie uns.

Lukas interessiert sich an diesem Punkt aber nicht nur für die Tatsache, dass Jesus gestorben ist und begraben wurde. Er macht ebenso deutlich, dass Jesus als unschuldiger, gerechter Mann starb. Im **Evangelium** des Markus konstatiert der Zenturio, der für die Hinrichtung zuständig war, dass Jesus wirklich Gottes Sohn war. Bei Lukas ist sein Kommentar nicht weniger klar, aber er zielt in eine etwas andere Richtung: Er war in der Tat unschuldig, er war gerecht, er war Opfer und nicht Verbrecher, er hatte den Tod nicht verdient. Es könnte ja sein, dass irgendjemand in Lukas' Zuhörerschaft, vielleicht ein gebildeter Römer, anmerken möchte: Es gibt sicher einen guten Grund, wenn die römische Justiz jemanden zum Tode verurteilt. Deshalb präsentiert Lukas hier einen römischen Zeugen, der klarstellt, dass Jesus unschuldig ist und das Todesurteil nicht verdient hat. Ebenso hat er es in der Apostelgeschichte im Blick auf Paulus getan. Dies war natürlich nicht der erste Zenturio, der voller **Glauben** auf Jesus schaut (siehe Kapitel 7,2-10); Lukas möchte natürlich, dass sich seine Leser mit solchen Männern identifizieren, die mit beiden Beinen auf dem Boden stehen, und nicht mit irgendwelchen religiösen Taschenspielern.

Das Dritte, was er in diesem Abschnitt unbedingt vermitteln möchte, ist, dass die Leute, die mit Jesu Begräbnis zu tun haben, gute und gesetzestreue Juden sind, ähnlich wie Elisabeth und Zacharias am Anfang des Evangeliums. Josef ist ein Mitglied des Rates, obwohl Lukas natürlich betont, dass er dem Urteil gegen Jesus nicht zugestimmt hatte. So wichtig es den Frauen auch war, Jesu Leichnam zu salben, sie konnten das nicht schon am Freitagabend tun. Mit Sonnenuntergang begann der **Sabbat** und zu Recht wollten sie ihn einhalten. Sie konnten deshalb erst am Sonntagmorgen zurückkehren, und Lukas will sicherstellen, dass wir wissen, dass sie das richtige Grab aufsuchen werden.

Für Leser im ersten Jahrhundert hat er das Begräbnis auch hinreichend erklärt, sodass sie einen anderen wichtigen Teil der Geschichte verstehen können. Die jüdischen Begräbnissitten können sehr unterschiedlich sein. In diesem Fall fand das Begräbnis in zwei Stufen statt. Zuerst wurde der Leichnam auf einen Felsvorsprung in einer Höhle gelegt. Hier war es eine von Menschen herausgehauene Höhle; es wurden aber auch viele natürliche Höhlen für diesen Zweck verwendet. Er würde zusammen mit duftenden Gewürzen und Salböl eingewickelt werden, um den Geruch des verwesenden Fleisches zu überdecken. Diese Unkosten waren nötig, weil das Grab im Verlauf der kommenden Monate wiederverwendet werden würde, vielleicht mehrfach, noch bevor der Verwesungsprozess ganz abgeschlossen wäre; andere Leichname würden auf andere Felsvorsprünge platziert werden. Wenn schließlich alles Fleisch verwest war, wurden die verbliebenen Knochen ehrerbietig eingesammelt und in ein kleines Ossuarium, einen Knochenkasten, gelegt. Anders als bei modernen westlichen Begräbnissen (und natürlich erst recht anders als bei einer Kremation) markiert die anfängliche Beisetzung in dieser Art einen Schritt auf dem Weg des Abschiednehmens, nicht das Ende dieses Weges. Lukas erzählt es uns nicht, aber er geht davon aus, dass wir es wissen: Gräber dieser Art wurden mit einem großen Stein verschlossen, der vor den Eingang gerollt wurde (siehe Kapitel 24,2).

Darum war es so wichtig zu wissen, welches Grab das richtige ist. Darum war es auch wichtig, uns wissen zu lassen, dass es sich um ein neues Grab handelte, das noch nie zuvor benutzt worden war. Jesu Leichnam war der einzige dort drinnen. Fehler oder Verwechslungen waren ausgeschlossen, wie sie hätten passieren können, wenn drei oder vier Leichname in unterschiedlichen Stadien der Verwesung auf verschiedenen Bänken in einer dunklen Höhle lagen.

So weist Lukas' Bericht von Jesu Tod und Beisetzung ganz natürlich auch schon vorwärts, zum Hauptzweck des Evangeliums: Es will der zuschauenden **heidnischen** Welt die wichtigsten Dinge über Jesus verkünden. Es ist entscheidend wichtig zu wissen, dass derjenige, der gestorben ist und begraben wurde (und im nächsten Kapitel wieder auferstehen wird), derselbe ist, der all die Dinge gesagt und getan hat, die früher im Evangelium beschrieben wurden. Noch wichtiger ist es aber, dass uns bewusst ist, dass derselbe, der das **Reich Gottes** angekündigt und seine Realität ausgelebt hat, mit feierlichen Warnungen und mit verschwenderischen Festen, später gekreuzigt wurde, tot war und begraben wurde. Alle Hoffnungen und Ängste Israels und der ganzen Welt nimmt er mit sich ins Grab, und soweit es Lukas betrifft, sind sie immer noch bei ihm.

Wenn Jesus einfach ein großer Prophet gewesen wäre, hätte sein gewaltsamer Tod seine Jünger nicht vor ein theologisches Problem gestellt. Viele Propheten waren auf grausame Art umgebracht worden und wurden später als Märtyrer verehrt. Jesu Nachfolger glaubten aber, dass er nicht nur ein Prophet war, sondern der **Messias**; und niemand erwartete, dass der Messias durch die Hände der Heiden stirbt. Von ihm erwartete man, dass er sie besiegt, nicht dass er ihrer Grausamkeit unterliegt. Die Kreuzigung hätte Jesus vielleicht zu einem großen Märtyrer machen oder seine Karriere als großer Prophet besiegeln können; sie machte aber auch klar, dass er nicht Gottes Gesalbter, der Messias, gewesen sein konnte.

Wenn Jesus also im Grab geblieben wäre, hätte jedermann, auch seine eigenen Nachfolger, ihn als falschen Messias abgestempelt und der Rat hätte ihn zu Recht angeklagt, die Leute zu verführen. Noch mehr: Wenn die Stadt Jerusalem später kein Gericht getroffen hätte und sie weitere Jahrhunderte bestehen geblieben wäre, wäre das der Beweis, dass er ein falscher Prophet war, so nobel auch sein Sterben gewesen sein mag. Inmitten all der geistlichen (Kapitel 22,53) und wirklichen Dunkelheit zerreißt der Vorhang im **Tempel** in zwei Stücke und symbolisiert so, dass das Gericht die Stadt, das System und den Tempel selbst treffen wird, welche Jesus und seine Botschaft vom Reich Gottes zurückgewiesen haben. Aus der Dunkelheit ertönt der letzte Schrei Jesu, mit dem er seinen **Geist** seinem Vater anvertraut. Und dann, bevor man auch nur eine Spur von Ostern sieht, spricht der Zenturio für alle, die (wie Lukas hofft) in dieser Kreuzigung nicht einen weiteren grausamen Tod, sondern die Hoffnung der Welt sehen: Dieser Mann war wirklich unschuldig.

Hier macht die Erzählung eine Pause, hält den Atem an und bereitet sich auf die außergewöhnlichen Dinge vor, die bald geschehen werden.

Lukas 24,1-12: Die Auferstehung

1 Sehr früh am Morgen des ersten Tages der Woche gingen die Frauen
zum Grab. Sie brachten die duftenden Salben mit, die sie zubereitet
hatten. 2 Weil sie sahen, dass der Stein vom Grab weggerollt worden
war, 3 gingen sie in das Grab hinein. Den Leichnam Jesu fanden sie
aber nicht.

4 Sie waren verwirrt und wussten nicht, was sie davon halten soll-
ten. Plötzlich standen zwei Männer neben ihnen, die leuchtende Klei-
der trugen. 5 Die Frauen waren zu Tode erschrocken, verbeugten sich
und schauten zu Boden.

Die Männer aber sprachen sie an: „Warum sucht ihr den Lebendi-
gen bei den Toten? 6 Er ist nicht hier – er wurde auferweckt! Erinnert
ihr euch nicht daran? Als ihr noch in Galiläa wart, hat er euch gesagt,
dass 7 der Menschensohn den Sündern in die Hände fallen, gekreuzigt
und am dritten Tag auferweckt werden muss."

8 Da kamen ihnen seine Worte wieder in den Sinn.

9 Sie entfernten sich vom Grab, kehrten zurück und erzählten den
Elf und all den anderen all diese Dinge. 10 Bei den Frauen handelte es
sich um Maria Magdalena, Johanna, Maria, die Mutter des Jakobus;
noch andere Frauen begleiteten sie. Sie erzählten den Aposteln, was
sie erlebt hatten. 11 Die Apostel hielten das für Unsinn; sie glaubten ih-
nen kein Wort.

12 Dennoch sprang Petrus auf und rannte zum Grab. Er beugte sich
hinein und sah nur die Grabtücher. Er kehrte zurück, verwirrt darü-
ber, was passiert war.

Vor vielen Jahren veröffentlichte ein Kollege von mir eine Reihe von Artikeln in einer Zeitschrift der Universität. Er bezog Stellung zu verschiedenen Veränderungen im Blick auf die Organisation der Universität und der Colleges. Er warnte davor, was passieren könnte, wenn man bestimmte Dinge tun und andere Dinge nicht tun würde. Seine Warnungen wurden größtenteils ignoriert. Jahre später konnte er mit einer Art unbefriedigender Befriedigung feststellen, dass seine Warnungen wahr wurden. Er sagte mir einmal: „Wenn ich je eine Autobiografie schreibe, wird sie den Titel tragen: ‚Ich hab's euch doch gesagt!'"

Manchmal scheint es Menschen unmöglich zu sein, einfach zu glauben, was ihnen gesagt wird. Sogar in einer Gesellschaft, die auf ihr klares und vernünftiges Denken so stolz ist, sind Ideen und Überzeugungen ebenso wie Kleider Modeströmungen unterworfen. Manche Gedanken sind so aus der Mode gekommen, dass sie fast undenkbar erscheinen. Auch wenn uns bestimmte Dinge wieder und wieder gesagt werden – wenn es die Mode diktiert, dass wir anders denken sollen, ignorieren wir solche Stimmen oder wir können sie schlicht nicht verstehen. Wir hören zwar die Geräusche der Worte; sie dringen aber nicht weiter vor als bis zu unserem Trommelfell.

Seit Kapitel 9,22 hatte Jesus verschiedentlich von seiner **Auferstehung** gesprochen. Zwei seiner großartigsten Geschichten hatten mit einer Anspielung darauf geendet, dass er von den Toten auferstehen wird (Kapitel 15,24.32; 16,31). Niemand hatte aber wahrgenommen, was er gesagt hatte. Sie waren verwirrt, und das kann man gut verstehen; in ihrer Welt bezog sich „Auferstehung" auf das, was Gott am Ende der Zeit mit den gerechten Verstorbenen tun würde: Allen von Abraham, Isaak und Jakob bis hin zu den jüngst verstorbenen gerechten Märtyrern würde ein neuer Körper gegeben werden. Die Leute haben zwar auch davon gesprochen, dass ein Prophet wie Elia oder **Johannes der Täufer** von den Toten zurückkehren würde; darunter verstanden sie aber wohl, dass jemand in demselben **Geist** die gleichen feurigen Prophetien verkündigen würde. „Die Auferstehung" selbst wäre ein großes, umfassendes Ereignis. Nach dem großen abschließenden Leiden Israels würde das ganze Gottesvolk neues **Leben**, neue Körper bekommen.

Darum kann es uns nicht überraschen, wie überrascht sie am Ostermorgen waren. Sie haben nicht nur aus Mangel an **Glauben** nicht verstanden, was Jesus ihnen schon damals in Galiläa über seine

Auferstehung gesagt hatte. Es hatte einfach noch nie jemand auch nur im Traum daran gedacht, dass eine einzelne Person wirklich getötet und dann zu einer neuen Art von körperlichem Leben jenseits des Grabes auferweckt würde, während sich die restliche Welt weiterdreht wie gewohnt.

Offensichtlich hatten die Frauen nichts dergleichen erwartet. Sie haben sich nicht mit dem Gedanken auf den Weg gemacht: „Lasst uns das Duftöl mitnehmen, einfach für den Fall, dass er immer noch tot ist; aber lasst uns hoffen, dass er wieder lebt!“ Sie wussten nur zu gut, dass Tote tot blieben. Die Elf (das sind die Zwölf ohne Judas; Lukas erwähnt sein weiteres Schicksal erst am Anfang der Apostelgeschichte) haben es ganz sicher nicht erwartet. Wenn Lukas diese Geschichten eine Generation nach diesen Ereignissen erfunden hätte, wie es sich einige Leute vorstellen, dann hätte er sicher nicht Frauen als Erste zum Grab gehen lassen (in der Antike galten Frauen nicht als glaubwürdige Zeugen; das merkt man auch in dieser Geschichte); und die **Apostel** hätten die Geschichte sofort geglaubt und könnten so als Vorbilder des Glaubens gelten und die junge Kirche in die Zukunft führen. So ist es aber nicht. Es kam ihnen wie ein dummes Ammenmärchen vor, genau das, was man (so haben sie wohl gedacht) von ein paar Frauen erwarten kann, die bei zu viel Trauer zu wenig Schlaf bekommen hatten.

Lukas versucht auch nicht, ebenso wenig wie die anderen **Evangelien**, den eigentlichen Moment der Auferstehung zu beschreiben. Dieser Teil ist ein Meisterstück der Spannungsliteratur. Dieses Kapitel ist ein weiteres Beispiel für die Kunstfertigkeit des Lukas. Der lange Mittelteil (die Zwei auf dem Weg nach Emmaus, Kapitel 24,13-35) wird auf beiden Seiten von Berichten über die Frauen und die Elf eingerahmt. Die einleitenden Verse lassen die Frage aufkommen: Etwas sehr Ungewöhnliches ist passiert, aber was? Die mittlere Geschichte enthüllt Schritt für Schritt die Antwort, weil Lukas sehr daran gelegen ist, dass wir verstehen, was wir hier zu hören bekommen. Erst dann begegnen wir, die Leser, dem auferstandenen Jesus persönlich, wissen, wer er ist und was passiert.

Am Anfang des Ostermorgens wird die Stimmung von Überraschung, Staunen, Angst und Verwirrung geprägt. Ja, Jesus hatte irgendetwas über seine Auferstehung gesagt, das stimmt. Wir begreifen aber immer noch nicht, was passiert, was das alles zu bedeuten hat, was als Nächstes geschehen wird. Hier wird in keiner Weise der Eindruck vermittelt – wie man ihn manchmal zur Osterzeit in einigen Kirchen gewinnen kann –, dass Jesus während seines Leidens diese ganzen Ereignisse als unbequeme Aufgaben ansah, die man halt erledigen muss, aber die ja schnell vorübergehen, und dass wir als Leser der Geschichte in einer ähnlichen Haltung folgen können. Ostern kommt immer überraschend, ob wir ihm begegnen, wenn wir das Fest feiern oder dann, wenn plötzliche Wogen der Gnade Gottes tragische Situationen in unserem eigenen Leben oder irgendwo in der Welt auf den Kopf stellen.

Zweifelsohne wird auch unsere eigene Auferstehung eine Überraschung sein, auf ihre ganz eigene Art, so wie es bei Jesus auch der Fall war. Das Evangelium ist von allem Anfang an **Gute Nachricht**, weil es sich getraut, uns Dinge zu berichten, die wir nicht erwartet hatten, nicht einmal glauben wollten und erst recht nicht verstanden haben. Hatten wir erwartet, dass das Evangelium etwas Offensichtliches sein würde, etwas, das wir uns selber hätten ausmalen können?

Lukas 24,13-27: Unterwegs nach Emmaus

13 An eben diesem Tag waren zwei von ihnen unterwegs in ein Dorf namens Emmaus, das etwa elf Kilometer außerhalb von Jerusalem liegt.
14 Unterwegs redeten sie miteinander über all die verschiedenen Dinge,
die passiert waren. 15 Während sie noch miteinander redeten und diskutierten, schloss sich Jesus selbst ihnen an. 16 Sie waren wie blind für
ihn und erkannten ihn nicht.

17 Er sprach sie an: „Offensichtlich diskutiert ihr sehr wichtige Dinge miteinander. Worum geht es denn?“

Sie blieben stehen und boten ein trauriges Bild. 18Schließlich antwortete ihm einer von ihnen, der Kleopas hieß:

„Du musst die einzige Person in Jerusalem sein, die nicht mitbekommen hat, was in den letzten Tagen dort passiert ist."

19„Was ist denn passiert?", fragte er.

„Das mit Jesus von Nazareth", gab er zur Antwort, „der ein Prophet gewesen war. Er hat voller Kraft gehandelt und gesprochen, vor Gott und allen Menschen. 20Unsere führenden Priester und Machthaber haben ihn aber ausgeliefert, sodass er zum Tode verurteilt wurde. Schließlich wurde er gekreuzigt. 21Dabei hatten wir gehofft, dass er Israel erlösen wird!

Inzwischen ist es drei Tage her, dass dies geschehen ist. 22Einige Frauen aus unserer Gruppe haben uns in Aufregung versetzt. Heute Morgen gingen sie sehr früh zum Grab. 23Sie konnten seinen Leichnam nicht finden. Daraufhin kamen sie zurück und behaupteten, dass sie Engel gesehen hätten. Diese hätten ihnen gesagt, dass er lebt. 24Ein paar von uns sind zum Grab gerannt und haben alles genau so angetroffen, wie es die Frauen berichtet hatten. Ihn selbst haben sie aber nicht getroffen."

25„Ihr seid ziemlich einfältig!", hielt er ihnen vor, „so träge in euren Herzen, all die Dinge zu glauben, welche die Propheten euch vorhergesagt hatten. Seht ihr es denn nicht? 26All dies musste geschehen: Der Messias musste leiden und dann in seine Herrlichkeit kommen!"

27So erklärte er all die Dinge, welche die Schrift über ihn vorausgesagt hatte. Er begann mit Mose und ging dann alle Propheten durch.

Man sagt, das Gleichnis vom verlorenen Sohn sei das eindrücklichste Gleichnis, das Jesus je erzählt hat. Ähnlich ist der Bericht von den zwei Männern auf dem Weg nach Emmaus wohl die eindrücklichste von allen Geschichten, die Lukas schildert. Es ist eine Schande, sie in zwei Hälften aufzuteilen, wie wir es hier tun (der Bericht geht weiter bis Vers 35); aber es wäre noch schlimmer, die ganze Geschichte in einem kurzen Kommentar abzuhandeln, da sie doch voller Details steckt und eine klare Linienführung hat.

In puncto Dramatik werden alle Register gezogen: Trauer, Spannung, Verwirrung, langsames Aufdämmern des Lichts; in der zweiten Hälfte dann unerwartete Handlungen, erstauntes Wiedererkennen, ein Wirbel aus Aufregung und Aktivitäten. Es ist sowohl eine wunderbare, einzigartige, bezaubernde Geschichte als auch ein Modell dafür (und Lukas ist sich dessen sicher bewusst), worum es im Leben eines Christen überhaupt geht – damals wie heute. Das langsame traurige Eingeständnis, dass menschliche Hoffnungen versagt haben; man wendet sich an jemanden, der vielleicht helfen kann; die Entdeckung, dass die Bibel – vielleicht völlig unerwartet – Schlüssel enthält, die die zentralen Rätsel erklären und es uns ermöglichen, die Wahrheit zu finden; die plötzliche Entdeckung, dass Jesus, der hier bei uns gegenwärtig ist, unsere Herzen mit seiner Wahrheit wärmt, indem er sich uns zeigt als das gebrochene Brot: Dies alles beschreibt die Erfahrung unzähliger Christen und es erklärt uns zu einem Großteil, um was es beim christlichen Glauben geht, der uns packt und festhält, obwohl in der Welt, in der Kirche und in unserem eigenen Leben so vieles falsch läuft.

Oft vertiefen sich Menschen, die in schwierigen Lebenssituationen stecken, besonders gern in diese Geschichte, und das völlig zu Recht. Nehmen Sie Ihr eigenes Problem, Ihre Verzweiflung und Ausweglosigkeit mit Kleopas und seinem Freund mit auf den Weg nach Emmaus; seien Sie bereit, es im Gebet mit dem Fremden zu teilen, der auf Sie zukommt; lernen Sie, auf seine Stimme zu hören, wenn er erklärt, weiterführt, Ihr Herz erwärmt durch die Art, wie er die Bibel auf das anwendet, was gerade jetzt passiert. Lernen Sie, in dieser Geschichte zu leben, und sie wird sich nie abnutzen.

Möglicherweise war das Paar auf dem Weg nach Emmaus auch ein Ehepaar. Kleopas und Maria (Johannes 19,25; dort handelt es sich wahrscheinlich um denselben Kleopas). Wir können das nicht mit Sicherheit sagen. Trotzdem haben viele Paare in dieser Geschichte einen wunderbaren Weg entdeckt, um ihr Leben, ihre Probleme und ihre Fragen vor Jesus zu bringen.

Noch bevor wir nach tieferen Bedeutungen innerhalb der Geschichte suchen, ist das, was man auf den ersten Blick erkennt, schon kraftvoll genug. Kleopas muss zunächst gedacht haben, dass der Fremde ein Spion ist. Es hat wohl eine gehörige Portion Mut gebraucht – vielleicht war ihnen inzwischen auch schon alles egal –, um dazu zu stehen, dass sie auch zu den Nachfolgern Jesu gehörten. So oder so, die Geschichte, die er erzählt, ist einfach, tiefgründig und auf den Punkt gebracht. Sie hatten Jesus für einen Propheten gehalten, und für mehr als das. In seinen **Wundern** und in seiner Lehre war Gott gegenwärtig gewesen, und für sie gab es keinen Zweifel: Gott hatte diesen Mann erwählt. Er war derjenige, der Israel erlösen würde. Aus ihrer Sicht bezog sich das (wie Lukas immer wieder hervorgehoben hat) auf den neuen **Exodus**: So wie Israel im ersten Passahfest aus der ägyptischen Sklaverei „erlöst" werden musste, so hofften sie auch jetzt, dass Israel „erlöst" wird, dass Gott ihnen die Freiheit erkaufen würde. Sie hofften, dass Israel ein für alle Mal von der heidnischen Herrschaft befreit würde, um Gott in Frieden und Heiligkeit dienen zu können.

Deshalb war die Kreuzigung so verheerend. Es ging nicht nur darum, dass ihr Hoffnungsträger Jesus jetzt tot und erledigt war. Weit schärfer als das: Wenn Jesus derjenige war, der Israel erlösen sollte, dann sollte er die Heiden *besiegen*, nicht durch ihre Hände sterben! Wir müssen den Satz des verwirrten Kleopas nur ein wenig verändern, und schon wird daraus ein freudevolles Bekenntnis des frühen christlichen **Glaubens**: „Sie haben ihn gekreuzigt, dabei hatten wir gehofft, dass er Israel erlösen wird!" würde schon bald zu „Sie haben ihn gekreuzigt, und genau so hat er Israel erlöst!" Natürlich macht die **Auferstehung** den Unterschied aus.

Bevor sie aber verstehen konnten, was passiert war, brauchten sie noch Vorbereitung. Wie alle anderen in Israel hatten sie die Bibel durch das falsche Ende des Teleskops hindurch studiert. Sie hatten sie verstanden als den langen Bericht darüber, wie Gott Israel *aus dem* Leiden erlösen wird; in Wahrheit ist sie aber die Geschichte, wie Gott Israel *durch das* Leiden erlösen wird; insbesondere natürlich durch das Leiden, das der Repräsentant Israels, der **Messias**, auf sich nehmen wird. Wenn Lukas hier sagt, dass Jesus ihnen „all die Dinge, welche die Schrift über ihn vorausgesagt hatte", erklärt, dann heißt das nicht, dass er hier und da willkürlich ein paar oder auch ein paar Dutzend isolierter Texte aus der Bibel herausgepickt hat. Es heißt, dass die ganze *Geschichte*, von Genesis bis Chronik (das letzte Buch der hebräischen Bibel; die Propheten kommen früher), vorwärts auf die Erfüllung hinweist, die man erst finden konnte, als Gottes Gesalbter das Leiden Israels auf sich nahm, und damit auch das Leiden der ganzen Welt. Der Gesalbte Gottes starb unter diesem Gewicht und erstand als Anfang von Gottes neuer Schöpfung, von Gottes neuem Volk wieder auf. Das alles musste so geschehen, und genau jetzt war es geschehen.

Die Tatsache, dass sie ihn nicht erkennen konnten, war ebenfalls kein nebensächliches Detail. Dieses eigenartige Kennzeichen der Auferstehungsgeschichten begegnet uns auch bei Matthäus (28,17) und Johannes (20,14; 21,4.12). In der jüdischen Auferstehungshoffnung gab es keinen Anhaltspunkt, der darauf hindeutete, dass so etwas passieren konnte. Es scheint aber auch, dass der Leib Jesu, der aus dem Grab auftauchte, umgestaltet war. Es war derselbe Körper, und doch ganz anders – ein Geheimnis, das wir vielleicht nie ganz verstehen können, bis wir einmal selbst bei unserer Auferstehung dasselbe erleben. Die Tatsache, dass sie Jesus nicht erkennen konnten, hängt zuerst einmal damit zusammen, dass sie in den Ereignissen, die soeben passiert waren, nicht Gottes erlösendes Handeln erkennen konnten. Vielleicht will Lukas uns so verdeutlichen, dass wir Jesus nur dann erkennen können, wenn wir lernen, ihn im Rahmen der wahren Geschichte Gottes, Israels und der Welt zu sehen.

Dafür müssen wir lernen, die Schrift zu lesen; dazu brauchen wir den auferstandenen Herrn selbst als Lehrer. So bildet dieser Abschnitt eine der kraftvollsten Ermutigungen, um seine Gegenwart und um seine Leitung zu beten, wann immer wir die Bibel lesen, ob alleine, als Paare oder in größeren Gruppen. Wir müssen bereit sein, dass er uns für unsere beschränkten und glaubenslosen Arten, die Schrift zu lesen, zurechtweist, und auf seine frische Auslegung hören. Nur wenn er an unserer Seite ist, wird das Herz in uns brennen (Vers 32) und uns an den Punkt führen, an dem wir ihn von Angesicht zu Angesicht sehen.

Lukas 24,28-35: Jesus offenbart sich in Emmaus

28 *Sie kamen nahe an das Dorf, das sie erreichen wollten. Jesus vermit-*
telte ihnen den Eindruck, dass er weitergehen wollte, 29 *sie drängten*
ihn aber, das nicht zu tun.

„Bleibe bei uns“, sagten sie ihm. „Es ist schon fast Abend; der Tag ist schon fast vorbei.“ Und er ging mit hinein, um bei ihnen zu bleiben.

30 *Als sie mit ihm zusammen am Tisch saßen, nahm er das Brot und*
dankte dafür. Er brach es und gab es ihnen. 31 *In dem Augenblick wur-*
den ihre Augen geöffnet, sodass sie ihn erkannten; und er verschwand
vor ihren Augen.

32 *Da sagten sie zueinander: „Erinnerst du dich daran, wie unsere*
Herzen in uns brannten, als er unterwegs mit uns sprach und uns die
Schriften öffnete?“

33 *Sofort machten sie sich auf und liefen nach Jerusalem zurück.*
Dort trafen sie die Elf und weitere Leute bei ihnen versammelt.

34 *Die erzählten ihnen: „Der Herr wurde wirklich auferweckt! Er ist*
Simon erschienen!“ 35 *Daraufhin erzählten sie, was auf der Straße pas-*
siert war und wie sie ihn am Brechen des Brotes erkannt hatten.

Denken Sie an die allererste Mahlzeit in der Bibel. Der Augenblick ist bedeutungsschwer: „Die Frau nahm etwas von der Frucht und aß; sie gab sie ihrem Mann, der auch davon aß; da wurde ihnen beiden die Augen geöffnet und sie erkannten, dass sie nackt waren" (1. Mose 3,6-7). Wieder und wieder wurde diese Geschichte erzählt, um zu erklären, warum alle diese Nöte auf dem Menschengeschlecht lasten. Der Tod selbst wurde auf diesen Augenblick der Rebellion zurückgeführt. Die ganze Schöpfung war dem Verfall, der Sinnlosigkeit und Trauer preisgegeben.

Lukas beschreibt die erste Mahlzeit der Neuschöpfung wie ein Echo auf diese Geschichte. „Er nahm das Brot und dankte dafür. Er brach es und gab es ihnen. In dem Augenblick wurden ihre Augen geöffnet, sodass sie ihn erkannten" (Vers 31). Das Paar in Emmaus – wahrscheinlich Kleopas und Maria, ein Ehepaar – entdeckte, dass der uralte Fluch gebrochen war. Der Tod selbst war besiegt. Gottes neue Schöpfung, die vor Leben und Freude übersprudelt, ist in die Welt voller Trauer und Verfall eingebrochen.

Jesus selbst, auferstanden vom Tod, ist der Anfang und das Zeichen dieser neuen Welt. Er ist nicht einfach wieder lebendig geworden wie die Tochter des Jairus oder der Sohn der Witwe zu Nain. Diese beiden sind leider über kurz oder lang wieder gestorben. Er war, wie es aussieht, durch den Tod hindurch auf die andere Seite durchgedrungen in eine neue Welt, in die neue Schöpfung ohne Tod; sie ist immer noch physisch und doch irgendwie transformiert. Im nächsten, dem letzten Abschnitt des Evangeliums, werden wir das noch genauer betrachten.

Natürlich erzählt Lukas die Geschichte so, dass wir ohne Schwierigkeiten in sie hineinschlüpfen und sie so miterleben können. Wir sind auch eingeladen, auf eine neue biblische Entdeckungsreise zu gehen; so können unsere Herzen neu Feuer fangen, wenn uns aus den alten Seiten frische Wahrheit entgegenkommt und uns ansteckt. In diesem und dem nächsten Abschnitt betont Lukas das, was die Kirche nur zu schnell vergisst: dass das sorgfältige Studium der Bibel Kopf und Herz, Verständnis und begeisterte Anwendung zusammenbringen soll. Wenn wir die Geschichte von Gott mit dieser Welt, von Jesus und uns nicht auf die Art lesen, wie es unsere Tradition vorschreibt, sondern so, wie Gott selbst sie skizziert hat, wird genau das passieren.

Wir können das Alte Testament nur verstehen, wenn wir sehen, dass es in Jesus seinen natürlichen Höhepunkt erreicht. Ebenso können wir Jesus nur verstehen, wenn wir ihn kennenlernen als denjenigen, auf den die Schriften hinweisen, nicht nur in ein paar isolierten Belegtexten, sondern im ganzen Fluss der Geschichte. Wenn wir dies verstehen, ebenso wie Kleopas und Maria, dann werden wir feststellen, dass auch unser Herz in uns zu brennen beginnt.

Ebenso sind wir eingeladen, Jesus im Brotbrechen zu erkennen. Die Art, wie Lukas dieses einfache Abendessen beschreibt, nimmt unsere Gedanken zurück in jenen Raum im Obergeschoss und auch zu vielen weiteren Mahlzeiten, die Jesus mit seinen Nachfolgern geteilt hat. Kleopas und Maria gehörten nicht zu den zwölf Aposteln und waren deshalb nicht beim letzten **Abendmahl** dabei gewesen; Jesus brach das Brot dort (abgesehen natürlich von den besonderen Worten) wahrscheinlich genauso, wie er es immer zu tun pflegte. Lukas möchte durch die Beschreibung dieser einfachen Mahlzeit die Gedanken der Leser aber auch vorwärtslenken zu dem Brotbrechen, das bald zu der zentralen symbolischen Handlung von Jesu Leuten werden würde. Auch wenn Jesus nicht mehr körperlich anwesend war, konnten sie durch dieses Mahl entdecken, dass er mit und in ihnen lebt (Apostelgeschichte 2,42). Schrift und Sakrament, **Wort** und Mahl gehören hier wie überall untrennbar zusammen. Wenn man die Bibel weglässt, wird aus dem Sakrament ein magisches Ritual. Wenn man das Sakrament weglässt, wird aus dem Bibellesen eine intellektuelle oder emotionale Übung ohne Bezug zum wirklichen Leben.

Wir können hier ein weiteres Zeichen von Lukas' Kunstfertigkeit entdecken. Er erzählt diese Geschichte als Teil des Rahmens für sein ganzes Evangelium. In Lukas 2,41-52 lesen wir, dass Josef und Maria sich eine Tagesreise weit von Jerusalem entfernt hatten, bevor sie entdeckten, dass Jesus gar nicht bei ihnen war. Sie suchten ihn drei Tage lang und fanden ihn schließlich im **Tempel**. „Wusstet ihr nicht", hielt er Maria entgegen, die völlig außer sich war, „dass ich mich am Werk meines Vaters beteiligen muss?" Jetzt haben wir hier ein weiteres Paar, die auch drei qualvolle Tage von gedanklichem und geistlichem Suchen hinter sich hat. Auch ihnen hält Jesus indirekt entgegen: „Wusstet ihr nicht, dass ich das Werk meines Vaters tun musste?“ Das ganze Evangelium wird von diesen beiden menschlichen Szenen umrahmt. Lukas hat uns eingeladen, ihn auf einer Reise des **Glaubens** zu begleiten; des Glaubens, der uns durch Angst und Trauer zur Begegnung mit Jesus führt, der das Werk seines Vaters vollendet hat und jetzt darauf brennt, dieses Geheimnis – und das Geschenk seiner Gegenwart – mit uns, seinen Nachfolgern, zu teilen.

So hat uns Lukas also wie versprochen den neuen **Exodus** beschrieben, den Jesus in Jerusalem vollziehen würde (Kapitel 9,31). Der wahre Sklaventreiber, der die ganze Menschheit in Fesseln hält, ist der Tod selbst. Irdische Tyrannen haben Kraft vom Tod ausgeliehen, um ihre eigene Herrschaft zu stützen; deshalb ist das Kreuz zu einem Symbol der Autorität Roms geworden. Der Sieg über den Tod nimmt den Mächten ihre machtvollste Bedrohung. Sünde bedeutet, dass Menschen gegen Gott rebellieren und sich mit dem Tod verbünden gegen Gottes gute Schöpfung; auch die Sünde ist besiegt. Jesus hat Gottes neues Volk aus der Sklaverei geführt und lädt sie jetzt ein, ihn auf der neuen Reise in das verheißene Land zu begleiten. Der Weg nach Emmaus ist erst der Anfang. Jesu Stimme in der Schrift zu hören und ihn im Brotbrechen zu erkennen ist der Weg. Willkommen in Gottes neuer Welt.

Lukas 24,36-53: Jesu Verheißungen und Himmelfahrt

36Als sie noch redeten, stand Jesus selbst mitten unter ihnen und
grüßte sie: „Friede sei mit euch!“ 37Sie erschraken und hatten Angst,
weil sie glaubten, ein Gespenst zu sehen.

38„Wieso seid ihr so verwirrt?“, fragte er sie. „Woher kommen all
diese Zweifel in euren Herzen? 39Schaut meine Hände und Füße an;

ich bin es wirklich! Berührt mich und seht! Gespenster haben nicht
Fleisch und Knochen, so wie ich sie habe."
40 Mit diesen Worten zeigte er ihnen seine Hände und Füße.
41 Weil sie es vor lauter Freude und Staunen immer noch nicht glau-
ben konnten, fragte er sie: „Habt ihr hier etwas zu essen?" 42 Sie ga-
ben ihm ein Stück gebratenen Fisch. 43 Er nahm es und aß es vor ihren
Augen.
44 Daraufhin erinnerte er sie: „Darüber habe ich schon mit euch ge-
sprochen, als ich noch bei euch war. Alles, was über mich im Gesetz
des Mose, bei den Propheten und in den Psalmen geschrieben steht,
muss sich erfüllen." 45 Dann öffnete er ihnen das Verständnis, damit
sie die Schriften verstanden.
46 Er erklärte ihnen: „So steht es geschrieben: Der Messias muss lei-
den und am dritten Tag von den Toten auferstehen, 47 und in seinem
Namen muss die Umkehr zur Vergebung der Sünden allen Nationen
verkündigt werden, angefangen in Jerusalem. 48 Ihr seid Zeugen für all
dies. 49 Jetzt schaut: Ich werde euch senden, was mein Vater verheißen
hat. Bleibt aber in der Stadt, bis ihr mit Kraft aus der Höhe bekleidet
werdet."
50 Dann führte er sie hinaus bis nach Bethanien, erhob seine Hände
und segnete sie. 51 Während er sie noch segnete, wurde er von ihnen ge-
trennt und in den Himmel getragen.
52 Sie beteten ihn an und kehrten dann voller Freude nach Jerusalem
zurück. 53 Sie verbrachten ihre ganze Zeit im Tempel und priesen Gott.

Lukas' Schlussszene rückt bei aller Begeisterung und Aufregung noch einmal das wirkliche Problem der Osterereignisse ins Zentrum. Welche Art Leib hatte Jesus? Wie konnte er zur gleichen Zeit einen feststofflichen und realen Körper mit Fleisch und Knochen haben; daher fähig sein, gebratenen Fisch zu essen und damit demonstrieren, dass er kein Gespenst war – und gleichzeitig nach Belieben auftauchen und verschwinden und am Ende in den **Himmel** getragen werden? Über was für eine Art Körper reden wir hier überhaupt?

Ich denke, dass dies der am schwierigsten zu begreifende Teil der **Auferstehung** ist. Paulus benötigt ein ganzes langes Kapitel, um das auszuführen (1. Korinther 15), und viele missverstehen es trotzdem noch. Viele Leute denken, dass „Auferstehung" einfach bedeutet: „**Leben** nach dem Tod" oder „in den Himmel kommen". In der jüdischen Welt des ersten Jahrhunderts bedeutete es ein neues *körperliches* Leben in Gottes neuer Welt; ein Leben *nach* dem „Leben nach dem Tod", wenn man es so ausdrücken will. Der neue Leib, den wir am Ende bekommen werden, ist aber nicht identisch mit dem bisherigen. In einem neuen Schöpfungsakt, der dem ursprünglichen Schöpfungsakt ähnelt, erschafft Gott aus der alten eine neue Art von Materie, die nicht länger dem Tod unterworfen sein wird. Im Falle Jesu geschah das unmittelbar; sein Leib ist nicht verwest, sodass der neue Leib tatsächlich die Verwandlung des alten war. Für die übrigen von uns, deren Leiber verwesen und deren Knochen vielleicht verbrannt werden könnten, wird es einen völlig neuen Schöpfungsakt geben.

Der neue Leib – und das ist der wesentliche Punkt – wird zu *beiden* Dimensionen von Gottes Welt gehören: zum Himmel *und* zur Erde. (Am Ende des Buches Offenbarung werden Himmel und Erde endlich wieder miteinander verbunden, sodass es kein Hin und Her mehr zwischen beiden geben wird; beide Dimensionen werden schließlich miteinander verschmelzen.) Im Moment sind unsere Leiber rein irdisch; Jesu neuer Leib ist im Himmel und auf der Erde zu Hause. Vielleicht müssen wir unsere Vorstellung davon, was der „Himmel" denn eigentlich ist, verändern, weil sie nicht zu dieser aufregenden Möglichkeit passt. Das ist die einzige Erklärung für diese sehr verwirrenden Geschichten, die wir hier und bei Johannes antreffen. Selbstverständlich fordern Auferstehung und Himmelfahrt unser Denken weit mehr heraus, als wir es gewohnt sind. Unser Denken als Menschen, die jetzt leben – und das gilt auch für uns Christen –, ist ganz stark von der Welt der Sünde und des Todes geprägt. Darum ist es ein gewaltiger Kampf, das Denken an Gottes neue Welt anzupassen. Das ist ein Teil der Herausforderung, die das Evangelium darstellt.

Wenn Ihnen jetzt der Kopf brummt vom Versuch, all das irgendwie zu begreifen – das wäre wenig überraschend; so wie es aussieht ist es den **Jüngern** nicht anders ergangen –, dann ist das, was Jesus in seinen letzten Tagen zu sagen hatte, sehr praktisch und weist den Weg zum gesamten Auftrag der Kirche. Ich werde oft gefragt: „Was ist denn eigentlich das Besondere daran, dass Jesus starb und wieder auferstand? Für ihn war es sicher ganz nett, wieder am Leben zu sein. Was aber hat das mit dem Rest von uns zu tun?" Die Antwort steht hier, in ein paar wenigen Sätzen, für die wir aber ein ganzes Leben oder eigentlich sogar die ganze Kirchengeschichte lang Zeit brauchen, um sie auszuleben. Kirche muss in der Schrift verwurzelt und in der Mission aktiv sein. „**Umkehr** und Vergebung der Sünden müssen allen Nationen verkündigt werden." Für die Bibel war es immer klar: Wenn Gott endlich eingreift, um all die Verheißungen an Abraham, Mose und die Propheten zu erfüllen, dann würde die ganze Welt die Umarmung von Gottes rettender und heilender Liebe erfahren. Und genau das muss jetzt geschehen.

„Umkehr" und „Sündenvergebung" sind deshalb nicht nur Themen, die jeden Einzelnen betreffen, obwohl sie das sicher auch sind. Herzstück vom Christsein ist, sich persönlich von der Sünde abzukehren und die Vergebung Gottes zu feiern; das ist schließlich auch das Herzstück des Vaterunsers. Diese beiden Worte umfassen aber viel mehr als das. Sie sind das Mittel, um die Welt zu verändern.

Die heutige Welt ist voller Streitereien, großen und kleinen. Die wenigsten davon landen in den Zeitungen. Nationen, ethnische Gruppen, politische Parteien, Stämme und Wirtschaftsbündnisse streiten um die Vorherrschaft. Jede von ihnen kann Geschichten über die Gräueltaten ihrer Gegner erzählen. Jede von ihnen fühlt sich der anderen deshalb moralisch überlegen und beansprucht Entschädigung, Rache und Wiedergutmachung. Jedermann, der die komplizierte Geschichte des Nahen Ostens, Ruandas oder Nordirlands studiert hat, wird bestätigen, dass es schlicht unmöglich ist, den Konflikt so darzustellen, dass eine Seite für alles Böse verantwortlich ist, während die Gegenseite immer das unschuldige Opfer ist. Der einzige Weg aus der Sackgasse ist dieser eine Weg, der uns am schwersten fällt: Umkehr und Vergebung. Der einzige Weg vorwärts, um neue Hoffnung zu schaffen und neue Möglichkeiten zu eröffnen ist die entschlossene Anwendung des Evangeliums, unter der Herrschaft des auferstandenen Jesus. In den letzten Jahren des zwanzigsten Jahrhunderts hat die Wahrheits- und Versöhnungskommission unter der Leitung von Erzbischof Desmond Tutu Außerordentliches geleistet und weist uns damit den Weg. Sie bildet ein wunderbares Beispiel – wer wird folgen?

Jesus hat seinen Nachfolgern versprochen, dass sie mit der Kraft Gottes ausgerüstet werden, um die neuen Aufgaben anzupacken; die Apostelgeschichte erzählt, was als Folge davon zu passieren begann. Das **Evangelium** des Lukas endet aber dort, wo es begann: im **Tempel** in Jerusalem. Den lebendigen Gott anzubeten, der sich jetzt in Jesus von Nazareth offenbart hat, ist ein Herzstück von Lukas' Vision für das Leben der Christen.

Glossar

Abendmahl / Eucharistie
Das Mahl, mit dem die ersten Christen die Aufforderung befolgten, die Jesus beim letzten Abendmahl gab: „Tut dies zu meinem Gedächtnis" (Lukas 22,19; 1. Korinther 11,23-26). Das Wort „Eucharistie" stammt vom griechischen Wort für „Danksagung"; der Begriff bedeutet grundsätzlich „das Mahl der Danksagung". Er blickt auf die vielen Gelegenheiten zurück, als Jesus Brot nahm, für das Brot dankte, es brach und es an Menschen weitergab (z. B. Lukas 24,30; Johannes 6,11). Andere frühe Wendungen für dasselbe Mahl sind „das Herrenmahl" (1. Korinther 11,20) und „das Brechen des Brotes" (Apostelgeschichte 2,42). Später wurde es „die Messe" genannt (vom lateinischen Wort „missa" am Ende des Gottesdienstes, das „Aussendung" bedeutet) sowie „heilige Gemeinschaft" (Paulus spricht davon, „Anteil" am oder „Gemeinschaft" mit dem Leib und Blut Christi zu haben). – Spätere theologische Kontroversen über die genaue Bedeutung der verschiedenen Handlungen und Elemente des Mahles sollten seine Zentralstellung im frühchristlichen Leben und seine fortdauernde entscheidende heutige Bedeutung nicht verdunkeln.

Ankläger, *siehe* Satan

Apostel, Jünger, die Zwölf
„Apostel" bedeutet: „jemand, der gesandt ist". Das Wort konnte einen Botschafter oder einen offiziellen Delegierten bezeichnen. Im Neuen Testament wird das Wort manchmal spezifisch in Bezug auf den inneren Kreis der Zwölf um Jesus benutzt; doch Paulus sieht nicht nur sich selbst, sondern etliche andere außerhalb des Zwölferkreises als „Apostel" an, wobei das Kriterium für den Apostelstatus darin besteht, ob jemand den auferstandenen Jesus persönlich gesehen hat. Jesus selbst symbolisiert mit seiner Auswahl von zwölf engen Mitarbeitern seine Absicht, Gottes Volk, Israel, zu erneuern (Israel bestand nach eigener Ansicht traditionell aus zwölf Stämmen). Nach dem Tod von Judas Iskariot (einer aus dem Kreis der Zwölf; Matthäus 27,5) wurde per Losentscheid Matthias an seiner Stelle gewählt, um die symbolische Zwölfzahl aufrechtzuerhalten (Apostelgeschichte 1,18). Während Jesu Lebzeiten wurden die Zwölf und viele andere, die ihm folgten, als seine „Jünger" angesehen, was „Schüler" oder „Lehrling" bedeutet.

Auferstehung

Fast im gesamten biblischen Denken ist der Körper des Menschen von Bedeutung; er ist nicht bloß das verzichtbare Gefängnis der **Seele**. In Zeiten, in denen Israel um die Güte und Gerechtigkeit **JHWHs**, des Schöpfergottes, rang, fand man letztendlich zu der Überzeugung, dass er die Toten auferwecken müsse (Jesaja 26,19; Daniel 12,2-3) – ein Vorschlag, der klaren Widerspruch durch das klassische heidnische Denken erfuhr. Die ersehnte Rückkehr aus dem **Exil** wurde auch in dem Bild von JHWH thematisiert, der verdorrte Knochen zu neuem Leben erweckt (Hesekiel 37,1-14). Diese Vorstellungen wurden in der Zeit des zweiten **Tempels** weiterentwickelt, nicht zuletzt in Zeiten des Martyriums (z. B. 2. Makkabäer 7). Auferstehung war nicht bloß „Leben nach dem Tod", sondern ein neu verkörpertes Leben *nach* dem „Leben nach dem Tod"; die gegenwärtig Toten wurden entweder als „Schlafende" bezeichnet oder als „Seelen", „Engel" oder „Geister" angesehen, die auf ihre erneute Verkörperung warteten.

Die frühchristliche Überzeugung, dass Jesus von den Toten auferweckt worden war, meinte damit nicht, dass er „in den **Himmel** gekommen" oder dass er „erhöht worden" sei oder „göttlich" war; all das glaubten die frühen Christen auch; doch jede dieser Überzeugungen hätte ohne die Erwähnung der Auferstehung ausgedrückt werden können. Nur die körperliche Auferstehung Jesu erklärt den Aufstieg der frühen Kirche, insbesondere ihren Glauben daran, dass Jesus der Messias ist (seine Kreuzigung hatte das infrage gestellt). Die frühen Christen glaubten, dass auch sie selbst zum Zeitpunkt der Wiederkunft oder **Parusie** des Herrn zu einem neuen, verwandelten körperlichen Leben auferweckt werden würden (Philipper 3,20f.).

Beschneidung

Die Entfernung der Vorhaut. Die Beschneidung der Männer war ein wichtiges Identitätsmerkmal für Juden. Sie geschah auf das ursprünglich an Abraham gerichtete Gebot hin (1. Mose 17), das von Josua neu bekräftigt worden war (Josua 5,2-9). Andere Völker, z. B. die Ägypter, beschnitten ebenfalls ihre männlichen Kinder. Eine gedankliche Linie von 5. Mose (z. B. 30,6) über Jeremia (z. B. 31,33) bis zu den **Schriftrollen vom Toten Meer** und zum Neuen Testament (z. B. Römer 2,29) spricht davon, dass das, was Gott eigentlich ersehnt, die „Beschneidung des Herzens" sei. Durch diese wird ein Mensch innerlich zu dem, was ein männlicher Jude äußerlich ist, also zu einem Angehörigen des Volkes Gottes. In Zeiten jüdischer Assimilation versuchten einige Juden, die Spuren der Beschneidung zu entfernen (z. B. 1. Makkabäer 1,11-15).

Botschaft, ***siehe*** **Gute Nachricht**

Bund

Im Zentrum des jüdischen Glaubens steht die Überzeugung, dass der eine Gott, **JHWH**, der die ganze Welt erschaffen hat, Abraham und seine Familie berufen hat, damit er auf besondere Weise zu ihm gehöre. Die Verheißungen, die Gott Abraham und seiner Familie gab, und die Anforderungen, die als Resultat daraus ihnen auferlegt wurden, wurden entweder im Sinne einer Übereinkunft verstanden, die ein König mit einem unterworfenen Volk traf, oder im Sinne eines Eheschlusses zwischen Mann und Frau. Ein üblicher Begriff, mit dem diese Beziehung beschrieben wurde, war „Bund", was auf diese Weise sowohl Verheißung als auch Gesetz umfassen kann. Der Bund Gottes mit Israel wurde mehrfach erneuert: am Berg Sinai mit der Gabe der **Tora**; in 5. Mose vor dem Eintritt ins verheißene Land; und auf eine stärker fokussierte Weise bei David (z. B. Psalm 89). Jeremia 31 verhieß, dass Gott nach dem Gerichtshandeln des **Exils** mit seinem Volk einen „neuen Bund" schließen würde; er würde ihnen vergeben und sie enger an sich binden. – Jesus glaubte, dass diese Verheißung sich durch seine **Reich-Gottes**-Verkündigung und seinen Tod und seine **Auferstehung** erfüllte. Die frühen Christen entfalteten diese Vorstellung auf verschiedene Weise, da sie glaubten, dass die Verheißungen in Jesus endlich erfüllt worden waren.

Buße, ***siehe*** **Umkehr**

Christus, ***siehe*** **Messias**

Dämonen, ***siehe*** **Satan**

Davids Sohn, ***siehe*** **Sohn Davids**

Essener, ***siehe*** **Schriftrollen vom Toten Meer**

Evangelium, ***siehe*** **Gute Nachricht**

Ewiges Leben, ***siehe*** **Zeitalter, gegenwärtiges**

Exil

Das 5. Buch Mose (29–30) spricht die Warnung aus: Wenn Israel **JHWH** ungehorsam sein würde, würde er sein Volk ins Exil schicken. Doch wenn sie umkehren würden, würde er sie in ihr Land zurückbringen. Als im Jahr 597 v. Chr. die Babylonier Jerusalem einnahmen und das Volk Israel ins Exil führten, interpretierten Propheten wie Jeremia dieses Ereignis als Erfüllung dieser Prophezeiung und machten weitere Vorhersagen darüber, wie lange das Exil dauern würde (laut Jeremia 25,12; 29,10 siebzig Jahre). Und tatsächlich begann die Rückkehr aus dem Exil für einige Menschen im späten sechsten Jahrhundert v. Chr. (Esra 1,1). Die nachexilische Zeit war jedoch weithin eine Enttäuschung, da das Volk nach wie vor an fremde Mächte versklavt war (Nehemia 9,36). Auf dem Höhepunkt der Verfolgung durch die Syrer sprach Daniel 9,2.24 davon, dass das „eigentliche" Exil nicht 70 Jahre dauern würde, sondern 70 Jahrwochen, also 490 Jahre. Die Sehnsucht nach der eigentlichen „Rückkehr aus dem Exil", nach der Zeit, in der die Prophetien von Jesaja, Jeremia etc. erfüllt und die Erlösung von der heidnischen Unterdrückung bewerkstelligt werden würden, charakterisierten nach wie vor viele jüdische Bewegungen, und diese Sehnsucht war ein Hauptthema in der Verkündigung Jesu und seiner Aufforderung zur **Umkehr**.

Exodus

Der Exodus (= Auszug) aus Ägypten fand dem gleichnamigen biblischen Buch zufolge (Exodus = 2. Mose) unter der Führung von Mose statt, nach langen Jahren, in denen die Israeliten dort versklavt gewesen waren. (Laut 1. Mose 15,13f. war diese Versklavung und dieser Auszug Teil der Bundesverheißungen Gottes an Abraham.) Der Exodus zeigte den Israeliten und dem Pharao, dem König von Ägypten, dass Israel Gottes besonderes Kind war (2. Mose 4,22). Sie wanderten dann vierzig Jahre lang durch die Wüste des Sinai, wobei Gott sie in einer Wolken- und einer Feuersäule führte. Zu Beginn dieser Zeit wurde ihnen am Berg Sinai die **Tora** (das Gesetz) gegeben. Nach dem Tod von Mose und unter der Führung von Josua überquerten sie den Jordan und zogen in das verheißene Land Kanaan ein, das sie schließlich eroberten.

Dieses Ereignis, dessen jährlich beim Passahfest und anderen jüdischen Festen gedacht wurde, gab den Israeliten nicht nur eine kraftvolle Erinnerung daran, was sie zu einem Volk gemacht hatte. Es gab ihrem **Glauben** an **JHWH** auch eine bestimmte Gestalt und einen bestimmten Inhalt. JHWH war nicht nur der Schöpfer, sondern auch der Befreier, der Erlöser. In späteren Versklavungen, besonders im **Exil**, wartete Israel auf eine weitere Erlösung, die im Grunde ein neuer Exodus sein würde. – Wahrscheinlich beherrschte kein anderes Ereignis der Vergangenheit die Vorstellungswelt der Juden des ersten Jahrhunderts so stark wie der Exodus. Zu diesen Juden gehörten auch die ersten

Christen, die im Anschluss an Jesu eigene Praxis weiterhin auf den Exodus zurückverwiesen, um ihren eigenen entscheidend wichtigen Ereignissen, insbesondere dem Tod und der **Auferstehung** Jesu, Bedeutung und Gestalt zu verleihen.

Gehenna, Hölle
Gehenna ist wörtlich verstanden das Tal von Hinnom an den südwestlichen Hängen Jerusalems. Seit uralter Zeit wurde das Tal als Müllhalde benutzt, in der ständig ein schwelendes Feuer brannte. Bereits zur Zeit Jesu benutzte man im Judentum das Wort als Bild für den Ort der Bestrafung nach dem Tod. Jesu eigener Gebrauch des Wortes vermischt die beiden Bedeutungen in seinen Warnungen, die er sowohl an Jerusalem richtete (wenn die Stadt nicht umkehren würde, würde sie zu einem schwelenden Müllhaufen werden), als auch an Menschen im Allgemeinen (damit sie im Gericht Gottes nicht verurteilt werden).

Geist, *siehe* Leben, Heiliger Geist

Gesetz, *siehe* Tora

Gesetzeslehrer, *siehe* Pharisäer

Glaube
Der Begriff Glaube deckt im Neuen Testament einen großen Bereich des menschlichen Vertrauens und der Vertrauenswürdigkeit ab. Am einen Ende des Spektrums verschmilzt er mit der Liebe, am anderen Ende mit der Loyalität. Im jüdischen und christlichen Denken umfasst Glaube auch das Für-wahr-Halten, die Akzeptanz gewisser Dinge als wahre Aussagen über Gott und über das, was er in der Welt getan hat (z. B. dass er Israel aus Ägypten befreit und herausgeführt oder Jesus von den Toten auferweckt hat). Für Jesus, so scheint es, bedeutet „Glaube" oft: „anerkennen, dass Gott entscheidend am Werk ist, um das **Reich Gottes** aufzurichten, und zwar durch Jesus". Für Paulus ist „Glaube" sowohl die konkrete Überzeugung, dass Jesus der Herr ist und dass Gott ihn von den Toten auferweckt hat (Römer 10,9), als auch die dankbare Liebe des Menschen als Antwort auf die souveräne göttliche Liebe (Galater 2,20). Dieser Glaube ist für Paulus das einzige Merkmal der Zugehörigkeit zum Volk Gottes in Christus, ein Merkmal, das dieses Volk auf eine Weise kennzeichnet, wie es die **Tora** und die von ihr vorgeschriebenen Werke niemals tun können.

Gleichnisse
Seit alttestamentlichen Zeiten benutzten Propheten oder andere Lehrer verschiedene Formen der Erzählung von Storys, um Israel aufzurütteln (z. B. 2. Samuel 12,1-7). Manchmal handelte es sich auch um Visionen mit Interpretationen (z. B. Daniel 7). Ähnliche Techniken wurden von den **Rabbinern** angewendet. Jesus adaptierte diese Traditionen auf seine eigene kreative Weise, um die Weltanschauung seiner Zeitgenossen aufzubrechen und sie einzuladen, stattdessen seine Vision vom **Reich Gottes** zu teilen. Seine Storys porträtierten dieses Gottesreich nicht nur als eine zeitlose Wahrheit, sondern als etwas, das geschah. Und sie versetzten seine Zuhörer in die Lage, in die Story einzutreten und sie sich zu eigen zu machen. Wie manche alttestamentliche Visionen haben auch einige Gleichnisse Jesu ihre eigenen Interpretationen (z. B. der Sämann in Markus 4); andere sind kaum verhüllte Nacherzählungen der prophetischen Story Israels (z. B. die bösen Weingärtner in Markus 12).

Gute Nachricht, Evangelium, Botschaft, Wort
„Gute Nachricht", oder „Evangelium", hatte für Juden im ersten Jahrhundert zwei Hauptbedeutungen. Zunächst bedeutete es die Nachricht von **JHWHs** lange erwartetem Sieg über das Böse und von der Rettung seines Volkes. Die Wurzeln dieser Vorstellung reichen zurück in das Buch des Propheten Jesaja. Zum Zweiten wurde das Wort in der römischen Welt benutzt, um die Nachricht von der Thronbesteigung oder Geburt des Kaisers zu bezeichnen. Da die Verkündigung des anbrechenden **Reiches Gottes** für Jesus und Paulus sowohl die Erfüllung der Prophetie als auch eine Herausforderung der gegenwärtigen Herrscher der Welt war, wurde das Wort „Evangelium" eine Art wichtiges Kürzel sowohl für die **Botschaft,** die Jesus selbst verkündigte, als auch für die apostolische Botschaft über Jesus. Paulus sah diese Botschaft als Träger der rettenden Kraft Gottes an (Römer 1,16; 1. Thessalonicher 2,13).

Die vier kanonischen „Evangelien" erzählen die Story von Jesus auf eine Weise, dass beide Aspekte ans Licht gebracht werden (im Unterschied zu einigen anderen sogenannten „Evangelien", die im zweiten und in späteren Jahrhunderten zirkulierten. Diese neigten dazu, die biblischen und jüdischen Wurzeln des Wirkens Jesu abzuschneiden und den Lesern eine private Spiritualität anstelle der Konfrontation der Herrscher der Welt einzuimpfen). Da diese schöpferische, Leben schenkende **Gute Nachricht** bei Jesaja als Gottes eigenes kraftvolles Wort angesehen wird (40,8; 55,11), konnten die frühen Christen die Begriffe „Wort" oder „Botschaft" als weitere Kurzformel für die grundlegende christliche Verkündigung benutzen.

Heiden

Die Juden unterteilten die Welt in Juden und Nichtjuden. Das hebräische Wort für Nichtjuden, goyim, hat Anklänge sowohl an Familienidentität (d.h. nicht von jüdischer Abstammung) als auch an Anbetung (d.h. Anbetung von Götzen, nicht des wahren Gottes **JHWH**). Obwohl viele Juden gute Beziehungen zu Heiden aufbauten, nicht zuletzt in der jüdischen Diaspora (also in der Zerstreuung der Juden außerhalb von Palästina), gab es offiziell Tabus gegen den Kontakt, z. B. das Verbot der Mischehe. Im Neuen Testament vermittelt das griechische Wort ethne, „Nationen", dieselbe Bedeutung wie goyim. Es gehörte zu Paulus' Gesamtprogramm, darauf zu bestehen, dass Heiden, die an Jesus glaubten, in der christlichen Gemeinschaft die vollen Rechte genossen wie Juden, die an Jesus glaubten, ohne dass sich die an Jesus glaubenden Heiden der **Beschneidung** unterziehen müssen.

Heiliger Geist

In 1. Mose 1,2 ist der Geist die Gegenwart und Kraft Gottes *innerhalb* der Schöpfung, ohne dass Gott mit der Schöpfung identifiziert wird. Derselbe Geist war bestimmten Menschen gegeben, besonders den Propheten, und befähigte sie, für Gott zu sprechen und zu handeln. Jesus wurde bei seiner Taufe durch **Johannes** in besonderer Weise mit dem Geist ausgerüstet, was in seinem bemerkenswerten öffentlichen Werdegang resultierte (Apostelgeschichte 10,38). Nach seiner **Auferstehung** wurden auch seine Nachfolger von demselben Geist erfüllt (Apostelgeschichte 2), der nun als der Geist Jesu identifiziert wurde: Der Schöpfergott handelte auf neue Weise, erneuerte die Welt und auch die Jesusnachfolger selbst. Der Geist befähigte sie, eine Heiligkeit auszuleben, die die **Tora** nicht hervorbringen konnte. Der Geist brachte „Früchte" in ihrem Leben und gab ihnen „Gaben", mit denen sie Gott, der Welt und der Kirche dienten, und er sicherte ihnen die zukünftige **Auferstehung** zu (Römer 8; Galater 4–5; 1. Korinther 12–14). Von ganz früher Zeit an (z. B. Galater 4,1-7) gehörte der Geist im Christentum zur neuen revolutionären Definition Gottes als „der, der den Sohn und den Geist des Sohnes sendet".

Herodes/Herodianer

Herodes der Große regierte über Judäa von 37–4 v. Chr. Nach seinem Tod wurde sein Herrschaftsgebiet zwischen seinen Söhnen Archelaus, **Herodes** Antipas (der **Herodes** der **Evangelien**) und Philippus aufgeteilt. Die Herodianer unterstützten den Anspruch von Antipas, der wahre König der Juden zu sein. Obwohl die **Pharisäer** normalerweise solch einen Anspruch zurückweisen würden, konnten sie doch mit den Herodianern gemeinsame Sache machen, wenn es eine gemeinsame Bedrohung abzuwenden galt (vgl. Jesus, Mk 3,6).

Himmel
Der Himmel ist Gottes Dimension der geschöpflichen Ordnung (1. Mose 1,1; Psalm 115,16; Matthäus 6,9), während die „Erde“ die Welt aus Raum, Zeit und Materie ist, die wir kennen. „Himmel“ steht daher manchmal aus Ehrfurcht für „Gott“ (wie in der bei Matthäus regelmäßig auftauchenden Wendung „Himmelreich“ = **Reich Gottes**). Normalerweise dem Menschen verborgen, wird der Himmel gelegentlich offenbart oder enthüllt, sodass Menschen die Dimension Gottes hinter dem gewöhnlichen Leben sehen können (z. B. 2. Könige 6,17; Offenbarung 1,4-5). Himmel wird daher im Neuen Testament im Allgemeinen nicht als ein Ort verstanden, an den das Volk Gottes nach dem Tod gelangt; vielmehr kommt am Ende das neue Jerusalem *vom* Himmel *zur* Erde, sodass beide Dimensionen auf ewig vereint werden. „Ins Himmelreich eintreten“ heißt nicht, „nach dem Tod in den Himmel kommen“, sondern in der Gegenwart zu den Leuten gehören, die ihren irdischen Lebenskurs anhand der Maßstäbe und Absichten des Himmels steuern (vgl. das Gebet Jesu: „wie im Himmel, so auf Erden“; Matthäus 6,10) und die sich der Teilhabe am **kommenden Zeitalter** sicher sein dürfen.

Hohepriester, *siehe* Priester

Hölle, *siehe* Gehenna

JHWH
Der alte israelitische Name für Gott spätestens seit der Zeit des Exodus (2. Mose 6,2f.). Vielleicht wurde der Name ursprünglich „Jahwe“ ausgesprochen, doch zu Jesu Zeiten galt er als zu heilig, um ihn überhaupt laut auszusprechen. Dies geschah nur einmal pro Jahr vom **Hohepriester** im Allerheiligsten im **Tempel.** Beim Lesen der biblischen Schriften sagten fromme Juden stattdessen *Adonai*, „mein Herr“. Dabei fügte man die Vokale von *Adonai* den Konsonanten von JHWH hinzu, was im Endeffekt zu der Mischform „Jehova“ führte. Das Wort JHWH wird vom Verb für „sein“ her gebildet. Es kombiniert die Bedeutung „Ich bin, der ich bin“ mit „Ich werde sein, der ich sein werde“ und vielleicht auch mit „Ich bin, weil ich bin“ und betont so die souveräne schöpferische Kraft JHWHs.

Johannes (der Täufer)
Johannes ist der Cousin Jesu mütterlicherseits; ein paar Monate vor ihm geboren. Sein Vater war ein **Priester.** Er wirkte als Prophet und taufte im Jordan. Damit brachte er erneut den **Exodus** aus Ägypten auf dramatische Weise auf die Bühne und bereitete die Leute auf Gottes kommendes Gericht vor, indem er sie zur **Umkehr** aufrief. Es könnte sein, dass er Kontakte zu den **Essenern** hatte, obwohl sich seine öffentliche Botschaft von der dieser Gruppierung unterschied. Jesu eigene Berufung wurde bei seiner **Taufe** durch Johannes auf entscheidende Weise bestätigt. Im Rahmen seiner Botschaft vom **Reich Gottes** kritisierte Johannes Herodes Antipas öffentlich dafür, die Ehefrau seines Bruders geheiratet zu haben. Herodes ließ ihn gefangen nehmen und auf Bitte seiner Frau hin enthaupten (Markus 6,14-29). Noch eine ganze Zeit lang existierten Johannesjünger als separate Gruppe, ohne mit dem Christentum zu verschmelzen (z. B. Apostelgeschichte 19,1-7).

Jünger, ***siehe*** **Apostel**

Leben, Seele, Geist
Die Menschen der Antike vertraten viele verschiedene Ansichten zur Frage, was den Menschen zu dem besonderen Geschöpf macht, das er ist. Manche, darunter viele Juden, glaubten, dass zum vollständigen Menschsein sowohl der Körper als auch ein inneres Selbst gehört. Andere, darunter viele, die von der Philosophie Platons (4. Jahrhundert v. Chr.) beeinflusst waren, glaubten, dass der wichtige Teil eines Menschen die „Seele“ sei (griechisch *psyche*), die im Tod glücklicherweise aus ihrem körperlichen Gefängnis befreit wurde. Verwirrend für uns ist die Tatsache, dass dasselbe Wort *psyche* im Neuen Testament oft innerhalb eines jüdischen Bezugsrahmens verwendet wird, wo es dann ganz klar „Leben“ oder „das wahre Selbst“ bedeutet, ohne einen Leib-Seele-Dualismus zu implizieren, der den Körper entwertet. Die Innerlichkeit der menschlichen Erfahrung und des Verstehens kann auch „Geist“ genannt werden. *Siehe auch* **Heiliger Geist; Auferstehung.**

Lepra, Leprakranker
In einer Welt ohne die moderne Medizin waren strenge medizinische Kontrollen notwendig, um die Ausbreitung ansteckender Krankheiten zu verhindern. Mehrere solcher Krankheitszustände, hauptsächlich schwerwiegende Hautprobleme, wurden als „Lepra“ bezeichnet. Zwei lange biblische Kapitel (3. Mose 13–14) widmen sich der Diagnose und Prävention dieser Krankhei-

ten. Wer daran litt, musste außerhalb der Städte leben und, wenn sich jemand näherte, „unrein" rufen, um andere zu warnen (13,45). Wenn jemand von der Lepra geheilt worden war, musste das von einem **Priester** attestiert werden.

Menschensohn

Auf Hebräisch oder Aramäisch bedeutet dieser Begriff schlicht „Sterblicher" oder „Mensch"; im späteren Judentum wird er manchmal verwendet, um „ich" oder „jemand wie ich" zu sagen. Im Neuen Testament wird die Wendung oft mit Daniel 7,13 verbunden, wo „jemand wie ein Menschensohn" auf den Wolken des **Himmels** zum „Hochbetagten" gebracht wird, wo er nach einer Zeit der Leiden rehabilitiert wird und königliche Macht bekommt. Obwohl Daniel 7 dieses Szenario selbst als eine Verschlüsselung interpretiert, die „das Volk der Heiligen des Höchsten" bezeichnet, verstand man im Judentum des ersten Jahrhunderts die Stelle als eine **messianische** Verheißung. Jesus entwickelte diese Vorstellung auf seine eigene Weise in bestimmten Schlüsselsprüchen weiter, die am besten als Verheißungen zu verstehen sind, dass Gott ihn nach seinem Leiden rehabilitieren und jene richten würde, die ihm widerstanden hatten (z. B. Markus 14,62). Jesus konnte so die Wendung als kryptische Selbstbezeichnung verwenden, die auf sein kommendes Leiden, seine Rehabilitierung und seine von Gott verliehene Autorität hinwies.

Messias

Das hebräische Wort bedeutet wörtlich „der Gesalbte" und bezeichnet daher theoretisch entweder einen Propheten, **Priester** oder König. Auf Griechisch wird der Begriff mit *Christos* übersetzt; im frühen Christentum war „Christus" ein Titel und wurde nur schrittweise zu einem alternativen Eigennamen für Jesus. Der Begriff „Messias" ist praktisch auf die Vorstellung vom kommenden König beschränkt, der der wahre Erbe Davids sein würde, durch den **JHWH** Israel von seinen heidnischen Feinden befreien würde, eine Vorstellung, die im antiken Judentum verschiedene Formen annahm. Es gab nicht die eine singuläre Vorlage für die Erwartungen an einen Messias. Storys und Verheißungen aus den alttestamentlichen Schriften leisteten ihren Beitrag zu verschiedenen Idealvorstellungen und Bewegungen, die sich oft (a) auf einen entscheidenden militärischen Sieg über Israels Feinde und (b) auf den Wiederaufbau oder die Reinigung des **Tempels** fokussierten. Die **Schriftrollen vom Toten Meer** sprechen von zwei „Messiassen", von einem priesterlichen und einem königlichen. Die universale frühchristliche Überzeugung, dass Jesus der Messias war, ist angesichts seiner Kreuzigung durch die Römer (die eigentlich als klares Zeichen verstanden worden sein musste, dass er nicht der Messias war) nur aufgrund der Überzeugung erklärbar, dass Gott ihn von den Toten auferweckt und damit die impliziten messianischen Ansprüche seines früheren Wirkens bestätigt hatte.

Mischna
Die wichtigste Kodifizierung des jüdischen Gesetzes (**Tora**) durch die **Rabbiner**, erstellt um 200 n. Chr. Die Mischna reduzierte die „mündliche Tora" (die Auslegung der schriftlichen Tora), die zu Jesu Zeiten mit der „schriftlichen Tora" parallel existierte, auf einen geschriebenen Text. Die Mischna ist wiederum die Grundlage der viel umfassenderen Sammlungen von Traditionen in den beiden Talmuden (um 400 n. Chr.).

Opfer
Wie alle Völker der Antike brachten die Israeliten ihrem Gott Opfer in Form von Tieren oder Feldfrüchten. Anders als andere besaßen sie einen sehr detaillierten schriftlichen Kodex (hauptsächlich in 3. Mose) zu der Frage, was und wie sie opfern sollten; diese Dinge wurden dann in der **Mischna** weiter entfaltet (rund 200 n. Chr.). Das Alte Testament bestimmt, dass Opfer ausschließlich im Jerusalemer **Tempel** dargebracht werden durften. Nachdem dieser im Jahre 70 n. Chr. zerstört worden war, hörten die Opfer auf und das Judentum entwickelte eine Vorstellung weiter, die bereits in einigen seiner Lehren angelegt war: die Vorstellung, Beten, Fasten und das Geben von Almosen seien alternative Formen des Opferns. Die frühen Christen benutzten die Sprache vom Opfern in Verbindung mit Dingen wie Heiligkeit, Evangelisation und **Abendmahl / Eucharistie**.

Parusie
Wörtlich „Gegenwart" im Gegensatz zu „Abwesenheit" und von Paulus manchmal in diesem Sinne benutzt (z. B. Philipper 2,12). Der Begriff wurde bereits in der römischen Welt für die feierliche Ankunft z. B. des Kaisers in einer unterworfenen Stadt oder Kolonie benutzt. Obwohl der zum Himmel aufgefahrene Christus in seiner Kirche nicht „abwesend" ist, wird sein „Erscheinen" (Kolosser 3,4; 1. Johannes 3,2) bei seinem „zweiten Kommen" im Grunde eine „Ankunft" wie die des Kaisers sein, und Paulus benutzt den Begriff auf diese Weise in 1. Korinther 15,23; 1. Thessalonicher 2,19 etc. In den **Evangelien** findet er sich einzig in Matthäus 24 (Verse 3, 27, 39).

Pharisäer, Gesetzeslehrer, Rabbiner
Die Pharisäer waren eine inoffizielle, aber mächtige jüdische Interessensgruppe während eines Großteils des ersten Jahrhunderts vor und nach Christus. Sie wurden hauptsächlich von Laien geleitet, hatten aber auch einige **Priester** in ihren Reihen. Ihre Absicht bestand darin, Israel durch die intensivierte Einhaltung des jüdischen Gesetzes (**Tora**) zu reinigen. Dabei entwickelten sie ihre eigenen Traditionen über die genaue Bedeutung und Anwendung der Schrift, ihre eigenen Gebetsformen und andere Frömmigkeitsübungen und ihre eigenen Berechnungen im Blick auf die nationale Hoffnung. Zwar waren nicht alle Gesetzeslehrer Pharisäer, aber doch die meisten Pharisäer Gesetzeslehrer.

Sie erreichten eine Demokratisierung des Lebens Israels, da für sie das Studium und Praktizieren der Tora gleichbedeutend war wie der Gottesdienst im **Tempel** – auch wenn sie unerbittlich versuchten, ihre eigenen Regeln für die Tempelliturgie einer widerwilligen (und oft **sadduzäischen**) Priesterschaft aufzuzwingen. So waren sie in der Lage, das Jahr 70 n. Chr. zu überleben. Sie verschmolzen mit der frühen rabbinischen Bewegung, um neue Wege in die Zukunft zu entwickeln. Politisch standen sie für die angestammten Traditionen ein und standen an der Spitze verschiedener revolutionärer Bewegungen sowohl gegen die heidnische Vorherrschaft als auch gegen kompromissbereite jüdische Führer. Zu Jesu Lebzeiten gab es zwei eigenständige Schulen, die strengere von Schammai, die stärker der bewaffneten Revolution zuneigte, und die mildere Schule von Hillel, die bereit war, nach dem Motto zu handeln: leben und leben lassen.

In den Auseinandersetzungen, die Jesus mit den Pharisäern führte, geht es mindestens so sehr um Programm und Politik (Jesus stand in klarer Opposition gegen ihren separatistischen Nationalismus) wie um Details von Theologie und Frömmigkeit. Saulus von Tarsus war bis zu seiner Bekehrung ein leidenschaftlicher Pharisäer des rechten Flügels, vermutlich ein Anhänger Schammais.

Nach dem katastrophalen Krieg von 66 bis 70 n. Chr. setzten diese Schulen von Hillel und Schammai ihre erbitterten Debatten um die angemessene Politik fort. Im Anschluss an das weitere Desaster des Jahres 135 n. Chr. (der gescheiterte Bar-Kochba-Aufstand gegen Rom) wurden ihre Traditionen von den Rabbinern weitergeführt. Diese holten sich zwar Inspiration bei den früheren Pharisäern, aber sie entwickelten eine Torafrömmigkeit, in der an die Stelle der politischen Programme die persönliche Heiligkeit und Reinheit trat.

Priester, Hohepriester
Aaron, der ältere Bruder von Mose, wurde zu Israels erstem Hohepriester ernannt (2. Mose 28–29), und theoretisch waren danach seine Nachkommen die Priester Israels. Andere Mitglieder seines Stammes (Levi) waren „Leviten“, die andere liturgische Aufgaben ausführten, aber nicht Opfer darbrachten. Priester lebten im ganzen Land unter dem Volk und spielten vor Ort eine Rolle als Lehrer (3. Mose 10,11; Maleachi 2,7). Nach einem Rotationssystem gingen sie nach Jerusalem, um die Liturgie im **Tempel** auszuführen (z. B. Lukas 2,8).

David ernannte Zadok (dessen aaronitische Abstammung gelegentlich infrage gestellt wird) zum Hohepriester, und seine Familie stellte danach die Hauptpriester in Jerusalem, wahrscheinlich die Vorfahren der **Sadduzäer**. Eine Erklärung der Ursprünge der **Essener** besagt, dass sie eine Gruppe von Dissidenten waren, die sich für die rechtmäßigen Hauptpriester hielten.

Qumran, *siehe* Schriftrollen vom Toten Meer

Rabbiner, *siehe* Pharisäer

Rechtfertigung
Als Richter über die ganze Welt erklärt Gott, dass jemand im Recht ist, trotz allgemeiner Sünde. Diese Erklärung wird am letzten Tag auf der Grundlage des gesamten Lebens abgegeben werden (Römer 2,1-16). Auf der Basis des Verdienstes von Jesus wird sie aber schon jetzt zugesagt, da die Frage der Sünde durch das, was am Kreuz geschehen ist, geklärt ist (Römer 3,21–4,25). Der Weg, diese Rechtfertigung bereits jetzt zu erlangen, ist allein der Glaube. Das bedeutet besonders, dass Juden und Heiden gleichermaßen vollgültige Mitglieder der Familie sind, die Gott dem Abraham verheißen hat (Galater 3; Römer 4).

Reich Gottes, Himmelreich
Der Begriff ist am besten zu verstehen als Königs*herrschaft* oder souveräne und rettende Herrschaft von **JHWH**, dem Gott Israels, wie sie in etlichen Psalmen (z. B. 99,1) und Prophetien (z. B. Daniel 6,26f.) gefeiert wird. JHWH war der Schöpfergott. Wenn er schließlich in der Weise König werden würde, wie er es immer beabsichtigt hatte, dann würde das umfassen, dass die Welt ins Lot gebracht und insbesondere Israel von seinen Feinden gerettet werden würde. „Reich Gottes“ und verschiedene äquivalente Wendungen

(z. B. „Kein König außer Gott!") wurden ungefähr in der Zeit, in der Jesus lebte, zu revolutionären Slogans. Jesu eigene Verkündigung des Reiches Gottes definierte diese Erwartungen neu im Sinne seiner eigenen, ganz anderen Pläne und seiner eigenen Berufung. Mit seiner Einladung, in das Reich Gottes „einzutreten", rief er die Menschen zur Loyalität ihm und seinem Programm gegenüber, das als Beginn der lange erwarteten rettenden Herrschaft Gottes verstanden wurde. Für Jesus kam das Reich Gottes nicht mit einem einzigen Schachzug, sondern schrittweise. Sein eigener öffentlicher Werdegang war ein solcher Schritt, sein Tod und seine Auferstehung ein weiterer und eine noch in der Zukunft liegende Vollendung wieder ein anderer Schritt. Man beachte, dass „**Himmel**reich" der von Matthäus bevorzugte Begriff für dieselbe Sache ist. Er folgt damit einer üblichen jüdischen Praxis, „Himmel" statt „Gott" zu sagen. Er verweist damit nicht auf einen Ort (den „Himmel"), sondern auf die Tatsache, dass Gott in und durch Jesus und sein Werk König wird. Paulus spricht davon, dass Jesus als **Messias** bereits im Besitz seines Reiches ist und darauf wartet, es letztendlich dem Vater zu übergeben (1. Korinther 15,23-28; vgl. Epheser 5,5).

Sabbat
Der jüdische Sabbat, der siebte Tag der Woche, war ein Tag der Erinnerung sowohl an die Schöpfung (1. Mose 2,3; 2. Mose 20,8-11) als auch an den **Exodus** (5. Mose 5,15). Wie die **Beschneidung** und die Speisegesetze war die Sabbatheiligung eines der Identitätsmerkmale des Judentums inmitten der heidnischen Umwelt der Spätantike. Ein beträchtlicher Teil des jüdischen **Gesetzes**kodexes und der Verhaltensgewohnheiten rankt sich um das Thema der Sabbatheiligung.

Sadduzäer
Zur Zeit Jesu bildeten die Sadduzäer die Aristokratie des Judentums. Sie verfolgten ihre Ursprünge möglicherweise zurück bis auf die Familie von Zadok, den **Hohepriester** Davids. Sie waren in Jerusalem ansässig und umfassten den Großteil der führenden priesterlichen Familien. Sie hatten ihre eigenen Traditionen und versuchten, dem Druck der **Pharisäer** zu widerstehen, sich deren Traditionen anzupassen. Sie behaupteten, sich einzig auf den Pentateuch (die fünf Bücher Mose) zu stützen, und lehnten jegliche Lehre über ein zukünftiges Leben, insbesondere über die **Auferstehung** und andere damit verbundene Vorstellungen, ab. Der Grund dafür lag vermutlich darin, dass derartige Überzeugungen eine Ermutigung für revolutionäre Bewegungen darstellten.

Von den Sadduzäern sind keine Schriften erhalten, es sei denn, das apokryphe Buch Ben Sira (Jesus Sirach, Ecclesiasticus) stammt von ihnen. Die Sadduzäer überlebten die Zerstörung Jerusalems und des **Tempels** im Jahre 70 n. Chr. nicht.

Satan, „der Ankläger", Dämonen
Die Bibel macht über die Identität der Gestalt, die als „Satan" bekannt ist, nirgends präzise Aussagen. Das hebräische Wort bedeutet „der Ankläger", und bisweilen scheint Satan ein Mitglied des himmlischen Rates **JHWHs** zu sein, mit der besonderen Verantwortung als Chefankläger (1. Chronik 21,1; Hiob 1–2; Sacharja 3,1 f.). Die Gestalt wird jedoch verschiedentlich mit der Schlange im Garten Eden identifiziert (1. Mose 3,1-15) und mit dem rebellischen Morgenstern, der aus dem Himmel geworfen wurde (Jesaja 14,12-15). Von vielen Juden wurde sie als gewissermaßen persönliche Quelle des Bösen angesehen, das sowohl hinter der Bösartigkeit des Menschen als auch hinter der weltbeherrschenden Ungerechtigkeit steht und manchmal durch nur teilweise unabhängige „Dämonen" wirkt. Zu Jesu Zeiten wurden verschiedene Wörter verwendet, um diese Gestalt zu bezeichnen, u. a. „Beelzebul/b" (wörtlich „Herr der Fliegen") und schlicht „der Böse"; Jesus warnte seine Nachfolger vor den Täuschungen, die diese Gestalt anrichten konnte. Jesu Gegner beschuldigten ihn, mit Satan im Bund zu sein. Die frühen Christen dagegen glaubten, dass Jesus Satan besiegt hat – sowohl in seinen eigenen Kämpfen mit der Versuchung (Matthäus 4; Lukas 4), in seinen Dämonenaustreibungen und in seinem Tod (1. Korinther 2,8; Kolosser 2,15). Daher ist der endgültige Sieg über diesen ultimativen Feind bereits sichergestellt (Offenbarung 20), obwohl der Kampf für Christen immer noch ein erbitterter sein kann (Epheser 6,10-20).

Schriftgelehrte
In einer Welt, in der viele nicht oder nicht gut schreiben konnten, übernahm eine ausgebildete Klasse von Schreibern („Schriftgelehrte") die wichtige Aufgabe, Geschäfts- und Eheverträge etc. aufzusetzen. Viele Schriftgelehrte waren daher Gesetzesexperten und recht wahrscheinlich **Pharisäer**, auch wenn man als Schriftgelehrter verschiedene politische und religiöse Ansichten vertreten konnte. Die Arbeit von christlichen Schriftgelehrten war anfänglich von großer Bedeutung für die Vervielfältigung christlicher Schriften, insbesondere der Storys über Jesus.

Schriftrollen vom Toten Meer
Eine Sammlung von Texten, einige davon in erstaunlich gutem Zustand, andere extrem fragmentarisch, die Ende der 1940er-Jahre in der Gegend von Qumran gefunden wurden (nahe der nordöstlichen Küste des Toten Meers). Mittlerweile sind fast alle Schriften herausgegeben, übersetzt und der Öffentlichkeit zugänglich. Diese Schriften bildeten die Bibliothek (oder einen Teil davon) einer strengen klösterlichen Gruppe, höchstwahrscheinlich von Essenern, die von der Mitte des 2. Jahrhunderts v. Chr. bis zum jüdisch-römischen Krieg (66–70 n. Chr.) bestand. Die Schriftrollen umfassen die frühesten erhaltenen Manuskripte der hebräischen und aramäischen biblischen Schriften sowie mehrere andere wichtige Dokumente mit Gemeinschaftsregeln, Bibelauslegung, Hymnen, Weisheitsschriften und weiterer Literatur. Sie erhellen sehr deutlich ein kleines Segment des Judentums zur Zeit Jesu und helfen uns zu verstehen, wie zumindest einige Juden damals dachten, beteten und die Bibel lasen. Trotz Versuchen, das Gegenteil zu beweisen, finden sich in den Schriftrollen keine Verweise auf Johannes den Täufer, Jesus, Paulus, Jakobus oder das frühe Christentum im Allgemeinen.

Seele, *siehe* Leben

Sohn Davids
Ein alternativer und selten verwendeter Titel für **Messias**. Die messianischen Verheißungen des Alten Testaments konzentrierten sich oft auf den Sohn Davids, z. B. 2. Samuel 7,12-16; Psalm 89,19-37. Josef, Marias Ehemann, wird von dem Engel in Matthäus 1,20 „Sohn Davids“ genannt.

Sohn Gottes
Ursprünglich ein Titel für Israel (2. Mose 4,22) und für den davidischen König (Psalm 2,7); wurde auch in Bezug auf alte Engelsgestalten verwendet (1. Mose 6,2). In neutestamentlicher Zeit wurde der Begriff bereits als ein **messianischer** Titel verwendet, z. B. in den **Schriftrollen vom Toten Meer**. Dort und wenn die **Evangelien** den Titel in Bezug auf Jesus verwenden (z. B. Matthäus 16,16), bedeutet oder verstärkt er den Begriff „**Messias**“ ohne die spätere Bedeutung einer „göttlichen“ Dimension. Der Übergang zu einer umfassenderen Bedeutung (der, der Gott gleich war und von Gott gesandt wurde, um Mensch und Messias zu werden) ist allerdings bereits bei Paulus sichtbar, ohne dass dabei die Bedeutung „Messias“ verloren geht (z. B. Galater 4,4).

Taufe

Wörtlich das „Untertauchen“ von Menschen unter Wasser. Vor dem Hintergrund einer breiteren jüdischen Tradition von rituellen Waschungen und Bädern praktizierte **Johannes der Täufer** seine Berufung, Menschen im Jordan zu taufen. Diese Taufe war kein Ritual unter anderen, sondern ein einzigartiger Moment der **Umkehr**, durch die sich die Menschen auf das **Reich Gottes** vorbereiteten. Jesus selbst wurde von Johannes getauft. Dadurch identifizierte er sich mit dieser Erneuerungsbewegung und entwickelte sie auf seine eigene Weise weiter. Seine Nachfolger tauften wiederum andere Menschen. Nach seiner **Auferstehung** und der Sendung des **Heiligen Geistes** wurde die Taufe zum üblichen Zeichen und Eintrittsmodus in die Gemeinschaft der Jesusleute. Schon bei Paulus, also sehr früh, wurde die Taufe sowohl mit dem **Exodus** aus Ägypten (1. Korinther 10,2) als auch mit Jesu Tod und Auferstehung (Römer 6,2-11) in Beziehung gesetzt.

Tempel

Der Tempel in Jerusalem war von David (rund 1000 v. Chr.) geplant und von seinem Sohn Salomo als zentrales Heiligtum für ganz Israel gebaut worden. Nach Reformen unter Hiskia und Josia im 7. Jahrhundert v. Chr. wurde er 587 v. Chr. von den Babyloniern zerstört. Der Wiederaufbau durch aus dem **Exil** zurückgekehrte Israeliten begann im Jahre 538 v. Chr. und wurde im Jahr 515 vollendet, womit die „Zeit des zweiten Tempels“ begann. Judas Makkabäus reinigte den Tempel im Jahre 164 v. Chr., nachdem er von Antiochus Epiphanes entweiht worden war (167 v. Chr.). Herodes der Große begann im Jahre 19 v. Chr., den Bau des Tempels zu erneuern und zu verschönern; diese Arbeiten wurden im Jahre 63 n. Chr. vollendet. Der Tempel wurde von den Römern im Jahre 70 n. Chr. zerstört. Viele Juden glaubten, er sollte und würde wieder aufgebaut werden; einige glauben das heute noch. Der Tempel war nicht nur der Ort der **Opfer**; er wurde auch als einziger Wohnort **JHWHs** auf Erden angesehen, der Ort, an dem sich **Himmel** und Erde berührten.

Tora, Gesetz

Die „Tora“ besteht, wenn man sie eng definiert, aus den ersten fünf Büchern des Alten Testaments, den „fünf Büchern Mose“ oder dem „Pentateuch“. (Diese Bücher erhalten viele Gesetzestexte, aber auch viele narrative Texte.) Der Begriff kann auch in Bezug auf die gesamten alttestamentlichen Schriften benutzt werden, auch wenn das gesamte AT streng genommen aus dem „Gesetz, den Propheten und den Schriften“ besteht. Im weiter gefassten Sinne verweist der Begriff auf das gesamte sich entwickelnde Korpus der jüdischen Rechtstradition, und zwar in geschriebener wie in mündlicher Form; die mündliche Tora wurde zunächst um 200 n. Chr. in der **Mischna** kodifiziert; Weiterentwicklungen finden sich im babylonischen und im palästinischen Talmud, die um 400 n. Chr. kodifiziert wurden. In der Zeit, in der Jesus und Paulus lebten, hielten viele Juden die Tora so sehr für gottgegeben, dass sie in gewissem Sinne selbst göttliche Qualität annahm; einige (z. B. Ben Sira 24) identifizierten die Tora mit der Figur der „Weisheit". Das Tun dessen, was in der Tora vorgeschrieben wird, galt nicht als Mittel, um Gottes Wohlwollen zu verdienen, sondern vielmehr als Ausdruck der Dankbarkeit und als Schlüsselmerkmal der jüdischen Identität.

Umkehr, Buße
Wörtlich meint das Wort Buße „sich umwenden, umdrehen, umkehren". Es wird im Alten Testament und in der nachfolgenden jüdischen Literatur häufig benutzt und bezeichnet sowohl eine persönliche Abwendung von Sünde und Israels gemeinschaftliche Abwendung vom Götzendienst als auch die Rückkehr zu **JHWH**. Beide Bedeutungen verbinden den Begriff mit der Vorstellung von der „Rückkehr aus dem **Exil**"; wenn Israel im umfassenden Sinne „zurückkehren" wollte, dann musste es zu JHWH „zurückkehren". Dies steht im Zentrum des Aufrufs zur Umkehr sowohl bei **Johannes dem Täufer** als auch bei Jesus. In den paulinischen Schriften wird das Wort hauptsächlich in Bezug auf Heiden benutzt, die sich von ihren Götzen abwenden, um dem wahren Gott zu dienen; es wird auch im Blick auf in Sünde geratene Christen benutzt, die zu Jesus zurückkehren müssen.

Wort, *siehe* Gute Nachricht

Wunder
Wie einige der alten Propheten, insbesondere Elia und Elisa, vollbrachte auch Jesus viele Taten von erstaunlicher Vollmacht, insbesondere Heilungen. Die Evangelien verweisen darauf mit den Begriffen „gewaltige Taten", „Zeichen", „Wundertaten" oder „Paradoxe". Unser Wort „Wunder" neigt zu der Unterstellung, Gott sei normalerweise „außerhalb" des geschlossenen Systems der Welt und würde manchmal „intervenieren". Daher wurden Wunder oft von Skeptikern aus Prinzip geleugnet. In der Bibel ist Gott jedoch immer gegenwärtig, wenn auch oft auf seltsame Weise, und „Machttaten" werden als *spezielle* Handlungen eines *gegenwärtigen* Gottes verstanden, im Gegensatz

zu *in die Welt eindringenden* Handlungen eines *abwesenden* Gottes. Die „gewaltigen Werke", die Jesus selbst vollbrachte, werden im Anschluss an prophetische Texte insbesondere als Beleg für seine Messianität verstanden (z. B. Matthäus 11,2-6).

Zukünftige Welt; Zeitalter, gegenwärtiges und kommendes; ewiges Leben Zur Zeit Jesu unterteilten viele jüdische Denker die Geschichte in zwei Perioden: „das gegenwärtige Zeitalter" und „das kommende Zeitalter". Letzteres wäre die Zeit, in der **JHWH** endlich entscheidend handeln würde, um das Böse zu richten, Israel zu retten und eine neue Welt der Gerechtigkeit und des Friedens zu erschaffen. Die frühen Christen glaubten: Obwohl die vollständigen Segnungen des kommenden Zeitalters immer noch in der Zukunft lagen, hatte es doch schon mit Jesus begonnen, insbesondere mit seinem Tod und seiner **Auferstehung**. Sie selbst waren durch den **Glauben** und die **Taufe** befähigt, bereits in das kommende Zeitalter einzutreten. „**Ewiges Leben**" meint nicht einfach „unendlich weitergehende Existenz", sondern „das Leben des kommenden Zeitalters".

Zwölf, die, *siehe* Apostel

N. T. Wright

… für heute

Bisher sind folgende Bände erschienen:

Matthäus 1 und 2
Römer 1 und 2
Apostelgeschichte 1 und 2
Offenbarung

Die Bibel, erklärt und ausgelegt von N. T. Wright. Intelligent, aber nicht hochgestochen. Eingängig, aber nicht zu simpel. Die einzelnen Bibelabschnitte werden verständlich vor dem Hintergrund dessen, was wir heute über Jesus und seine Zeit wissen. Und sie werden lebendig für das Leben mit Jesus heute.

Hat Ihnen dieses Buch gefallen?
Schreiben Sie's uns auf www.brunnen-verlag.de
Ihre Meinung zählt!